Brigitte Seebacher-Brandt

Ollenhauer

Brigitte
Seebacher-Brandt

Ollenhauer

Biedermann und Patriot

Vorwort
von Ernst Nolte

im
Siedler Verlag

Als Dissertation angenommen vom Fachbereich Geschichtswissenschaften der Freien Universität Berlin, Prof. Dr. Ernst Nolte, Sommer 1984.

CIP-Kurztitelaufnahme der Deutschen Bibliothek

Seebacher-Brandt, Brigitte:
Ollenhauer: Biedermann u. Patriot
Brigitte Seebacher-Brandt. Vorwort von Ernst Nolte.
Berlin: Siedler, 1984
ISBN 3-88680-144-6

Satz: Utesch Satztechnik GmbH, Hamburg
Druck und Buchbinder: May & Co., Darmstadt
Printed in Germany 1984
ISBN 3-88680-144-6

Inhalt

Vorwort

Man kann gewiß nicht sagen, daß die Geschichte der Sozialdemokratischen Partei Deutschlands im Zeitraum ihrer ersten, freilich sehr begrenzten Machtausübung während der Weimarer Republik, ihrer Verfolgung in der Epoche des Dritten Reiches und ihres Wiederaufbaus nach dem Kriege beziehungsweise ihrer Oppositionsrolle in der Bundesrepublik bis zum Jahre 1966 kein wissenschaftliches Interesse gefunden hätte und nicht durch Quelleneditionen erschlossen worden wäre; es genügt, an die verdienstvollen Arbeiten von Erich Matthias zu erinnern. Einigen sozialdemokratischen Politikern dieser Zeit sind umfangreiche und eindringende Biographien gewidmet worden, etwa Otto Braun, Kurt Schumacher und Fritz Erler. Aber es gibt keinen sozialdemokratischen Politiker, der während dieses ganzen langen Zeitraums von beinahe vierzig Jahren so eng und kontinuierlich mit der Führung der Partei verbunden war wie Erich Ollenhauer, zunächst als Sekretär und Vorsitzender des Jugendverbandes, dann als Mitglied des Parteivorstandes im Exil und schließlich als Stellvertretender Vorsitzender und Vorsitzender nach 1945 bis zu seinem Tode im Jahre 1963. Über ihn gibt es bisher mit Ausnahme einiger kurzer Würdigungen durch Freunde und Mitkämpfer so gut wie nichts; Brigitte Brandt hat also einen Gegenstand gewählt, welcher der wissenschaftlichen Untersuchung und Darstellung ohne Zweifel bedürftig und würdig ist.

Brigitte Brandt verfügte über einen ganz ungewöhnlichen Positionsvorteil: An verschiedenen Stellen wird deutlich, daß Willy Brandt ihr aus der Fülle seiner Erfahrungen viel erzählt haben muß. Aber mindestens ebenso wichtig war die Verbindung mit Martha und Hilde Ollenhauer, der Gattin beziehungsweise der Schwester von Erich Ollenhauer, denen sie eine ganze Anzahl von Kenntnissen verdankt, die auf anderem Wege nicht zu beschaffen gewesen wären. Das gleiche gilt in wohl noch höherem Maße für den engen Kontakt mit Fritz Heine; Mitteilungen zahlreicher anderer Politiker – meist Emigranten oder Familienangehörige von Emigranten – runden das Bild ab, unter ihnen nicht zuletzt diejenigen von Richard Löwenthal. Die Arbeit beruht also zu einem beträchtlichen Teil auf »oral history« und erhält damit selbst den Charakter einer Quelle.

Alle diese mündlichen Mitteilungen dienen der Abrundung oder Veranschaulichung: keine involviert wesentlichen Korrekturen des aus dem schriftlichen Material zu gewinnenden Bildes. Brigitte Brandt hat es auch in diesem Bereich an Fleiß und Sorgfalt nicht fehlen lassen. Ihr Hauptarbeitsplatz ist natürlich das Archiv der sozialen Demokratie in Bonn gewesen, das über Ollenhauers Nachlaß verfügt, aber sie hat auch zahlreiche andere Archive und Bibliotheken besucht, darunter das Zentrale Parteiarchiv der SED, wo paradoxerweise die Protokolle der Sitzungen des exilierten Parteivorstandes aufbewahrt werden. Es verdient besondere Erwähnung, daß sie auch vor dem Zentralen Staatsarchiv in Prag nicht zurückzuschrecken brauchte, da ihr tschechische Freunde behilflich waren.

Die äußeren und inneren Grenzen der selbstgestellten Aufgabe waren von Anfang an deutlich; Erich Ollenhauer scheine dazu ausersehen, vergessen zu werden, heißt es gleich im ersten Satz. Es ist das Leben eines »Parteiarbeiters« oder eines Bürokraten oder eines »Bonzen«, das hier gezeichnet wird, und von diesem Leben wird nur der Teil dargestellt, der diesseits der »großen Politik« liegt, das Leben des Jugendfunktionärs und des Exilpolitikers. Der Parteivorsitzende und Kanzlerkandidat, der Mann, welcher bei den grundlegenden Entscheidungen der fünfziger Jahre eine bedeutende Rolle gespielt hat, wird in dem abschließenden Kapitel skizziert. Und doch ist Ollenhauer schon in seiner ersten und zweiten Phase trotz seiner Nüchternheit und Betulichkeit keineswegs ein zu kleines oder gar langweiliges Thema, im Gegenteil.

Der Verfasserin stellt er sich gerade in seiner Begrenztheit als der typische Repräsentant seiner Partei dar, einer Partei ohne Kühnheit, ohne Schwung und ohne Ideen, die aber in ihrer Verläßlichkeit und Beständigkeit nicht den schlechtesten Teil des deutschen Daseins ihrer Zeit verkörperte. So zeichnet Brigitte Brandt zunächst ein anschauliches Bild jenes proletarischen und doch auch sehr soliden und »deutschen« Milieus in Magdeburg, dem Erich Ollenhauer entstammte und dem er in gewisser Weise nie entwachsen wollte. Als unjugendlicher Jugendführer, mit einem »Vollbart bis zum Knie«, hielt er gleichwohl einen großen Verband zusammen, in dem es viele »interessante« Tendenzen gab, linke sowohl wie rechte, aber Tendenzen, von denen keine eine genuine Chance hatte, sich durchzusetzen, weil auf der Linken das Beispiel der sowjetorientierten KPD abschreckend wirkte und weil für die jungsozialistische Rechte, die mit Hermann Heller eine genuine Staatsbejahung verlangte, das marxistische Erbe der Partei ein übermächtiges Hindernis war. Ob die Partei im ganzen zu sehr oder nicht umgekehrt zu wenig mit dem Staat von Weimar verbunden war, ist ein nach wie vor offenes Problem, und die Frage, ob die Partei »zu wenig revolutionär (und marxistisch)« oder »noch zu sehr revolutionär, d. h. systemfeindlich und marxistisch« gewesen sei, wird wohl auch weiterhin in der Unentschiedenheit bleiben, mit der sie bereits 1934 in der »Zeitschrift für Sozialismus« erörtert wurde. Daß Ollenhauer ausgerechnet für 1933 seinem Verband das Motto gab »Die rote Jugend rüstet«, könnte eine der vielen und gegensätzlichen Entscheidungshilfen sein. Paradoxerweise waren es dann im Exil gerade die Kommunisten, welche mit der Volksfrontidee die gravierendste Änderung ihrer Taktik und, tendenziell, ihrer Auffassungen vornahmen, während die Sopade mit dem »Prager Manifest« zunächst den entgegengesetzten Weg einschlug.

Von den Schwierigkeiten und Kämpfen der Prager Exilzeit zeichnet die Verfasserin ein detailreiches, die tägliche Kleinarbeit anschaulich illustrierendes Bild. Eine der interessanten und wenig bekannten Episoden ist die Geschichte der »Umgarnung« durch den Führer der spanischen Volksfront, Santiago Carrillo. Die dramatischsten Seiten schildern das Schicksal der Sopade-Mitglieder in Frankreich nach dem Ausbruch des Krieges und ihre geglückten oder mißglückten Fluchtversuche nach der französischen Niederlage; in diesem Abschnitt werden zahlreiche neue Einzelheiten aus erster Hand angeführt. Besonders wertvoll ist der Bericht über die Ereignisse in der Londoner Emigrationszeit, der dasjenige mit mancherlei neuen Belegen herausstellt, was nicht unbekannt war und doch erstaunlich ist: daß die neuvereinigte sozialdemokratische Emigration in London die Konstellation des Kalten Krieges größtenteils vorwegnahm und im Hinblick auf die sowjetische Besatzungszone ganz ähnlich dachte, wie Konrad Adenauer es um die gleiche Zeit tat. Hier ist unzweifelhaft eine der wesentlichsten Wurzeln der Bundesrepublik zu sehen, und es ist sehr passend, wenn die Arbeit praktisch mit der Konferenz von Wennigsen endet, wo sich Schumachers innerdeutscher Widerstand gegen die Ansprüche der neuen Zentralstelle in Ost-Berlin mit den korrespondierenden Auffassungen der Reste des exilierten Parteivorstandes zusammenfand.

So weist die Biographie eine unverkennbare Geschlossenheit auf, und man wird hinzufügen müssen, daß sie gut und lebendig geschrieben ist. Man merkt der Verfasserin die journalistische Schulung an, und wenn der akademische Historiker an manchen elliptischen Wendungen oder an »Kolloquialismen« Anstoß nehmen und Kringel anbringen mag, so ist die Grenze doch oft nur schwer zu ziehen, und im ganzen wäre es zu bedauern gewesen, wenn der Pedanterie der Hauptperson ein pedantischer Stil seiner Biographin entsprochen hätte.

Zu fragen wäre allenfalls, ob Frau Brandts Kritik an Ollenhauer beziehungsweise an der Partei ganz überzeugend und in sich konsistent ist: Sie vermißt »konzeptionelle Kraft« und »kämpferische Entschlossenheit«. Damit kann schwerlich diejenige Kraft und Entschlossenheit gemeint sein, die von den Kommunisten an den Tag gelegt wurde, und die kleinen Organisationen wie die SAP oder »Neu Beginnen« konnten für eine Massenpartei schwerlich ein Vorbild sein; sie hatten sich nur früher und entschiedener auf die Illegalität, d. h. auf die vorläufige Niederlage eingestellt. Der Weg vom Sozialismus zur Sozialdemokratie, vom Kommunistischen Manifest zum Godesberger Programm *mußte* langwierig und schwierig sein, nur wenn er grundsätzlich verworfen wird, nimmt er sich im Rückblick einfach und eindeutig aus, nämlich als Irrweg.

Ollenhauer war ein einfacher Mensch – aber eben nicht im Marxschen Sinne als »klassenbewußter Proletarier«, sondern nach dem Titel des vorliegenden Buches als »Biedermann und Patriot«, und darin war er ein Repräsentant seiner Partei. Eben deshalb mußte der Weg schwierig sein: Der wirkliche und das heißt der deutsche und kleinbürgerliche Proletarier verlegte dem idealen oder abstrakten oder Marxschen Proletarier den Weg, und daraus erklärt sich, wie mir scheint, der Mangel an »konzeptioneller Kraft« und »kämpferischer Entschlossenheit«, der mit dem zögernden Festhalten an der alten Konzeption und der Ausrichtung auf »den« Sozialismus identisch war. Aber letzte Gewißheit ist in diesem Punkt sicherlich nicht zu erreichen.

Brigitte Brandt hat auf der Grundlage ausgedehnter Forschungen die gutgeschriebene und lesenswerte Biographie eines Mannes vorgelegt, der prädestiniert schien, vergessen zu werden, und der dennoch der Vergegenwärtigung würdig ist.

Ernst Nolte

Einführung

Solange August Bebel in Deutschland noch keinen Biographen gefunden hat, dürfen andere Lücken in der Literatur zur deutschen Arbeiterbewegung kaum getadelt werden. Doch warum sollten weniger geschichtsträchtige und weniger große Sozialdemokraten der Vergessenheit anheimgegeben werden, nur weil sich an ihn noch niemand herangewagt hat?

Erich Ollenhauer scheint dazu ausersehen, vergessen zu werden. Nichts an ihm sticht hervor, nichts Außerordentliches und nichts Besonderes. Alles an ihm scheint auf ein bescheidenes Maß zu deuten und nicht auf den langjährigen Inhaber des höchsten sozialdemokratischen Parteiamts. Siebzehn Jahre lang stand Erich Ollenhauer an der Spitze der Nachkriegs-SPD, von 1946 bis 1952 als Stellvertreter Kurt Schumachers und dann bis zu seinem Tod Ende 1963 als Vorsitzender. Diese Zeit liegt so offen zutage, wie die Zeit, die voranging, im Dunkeln blieb. Wie aber wurde er, was er war? Wie wurde einer wie er Parteivorsitzender, wenn er doch so wenig dafür gemacht schien? Wie mußte die Umgebung beschaffen sein, die ihn so hoch hat steigen lassen? Stand nicht zu erwarten, daß die Beschäftigung mit der Person neue Einsichten auch über die Partei gestatten würde? So galt es das, was er war – Parteiführer –, gleichsam nur als Folge dessen zu resümieren, was voraufgegangen war. Die Vermutung sprach von vornherein dafür, daß eine ungewöhnlich enge Beziehung zwischen der Partei und ihrem Funktionär bestanden hat, und so durften die Grenzen einer Biographie im engeren Sinn überschritten werden. Im Lebensweg Erich Ollenhauers sollte sich der politische Weg der Partei spiegeln und im Weg der Partei der persönliche Weg durchscheinen. Ich wüßte keinen Repräsentanten der deutschen Arbeiterbewegung, dessen Leben so sehr in den Bahnen der Gemeinschaft verlaufen ist wie das Erich Ollenhauers. Darin lag der Reiz, sich mit seiner Person auseinanderzusetzen.

Fast alle noch lebenden Weggefährten Erich Ollenhauers, die ich um mündliche und schriftliche Auskünfte bat, haben sich große Mühe gegeben, mir zu helfen, indem sie informierten und korrigierten. Dafür möchte ich ihnen allen danken. Ohne ihre Mitarbeit, allein gestützt auf die Fülle schriftlicher Zeugnisse, wäre diese Biographie anders, weniger nah am Leben, ausgefallen. Ich teile nicht die Auffassung jener Historiker, die die Befragung von Zeitzeugen wegen ihrer Subjektivität für irrelevant, wenn nicht irreführend halten. Gewiß, der einzelne Zeitzeuge verkörpert häufig einen nur begrenzten Ausschnitt von Wirklichkeit. Aber sind alle schriftlichen Quellen objektiv? Sind sie es nicht um so weniger für einen Zeitabschnitt, über den noch mehr einseitige und willkürliche Zeugnisse vorliegen als über andere? Warum eigentlich sollte ein Historiker die Konfrontation mit der Erinnerung jener, die dabei waren, scheuen und sie nicht als Herausforderung betrachten, das eigene Urteil noch einmal zu überprüfen? Im übrigen: In der Politik werden persönliche Eigenheiten selbstverständlich berücksichtigt; in der Geschichte ist dies hinreichend nuanciert meist nur dann noch möglich, wenn Zeugen Auskunft geben über Typen und Temperamente.

Zwei Zeitzeugen waren für diese Arbeit von herausragender Bedeutung. Professor Richard Löwenthal hat nicht nur meine den gesamten Zeitabschnitt betreffenden Fragen aus einem faszinierenden Erinnerungsvermögen heraus beantwortet, er hat auch jene Teile des Manuskripts gelesen und ergänzt, die der Londoner Emigration – als er Ollenhauer aus nächster Nähe erlebte – gewidmet sind. Fritz Heine, der wohl engste lebende Gefährte und Freund Ollenhauers, hat mir mit unendlicher Geduld viele Fragen beantwortet und Hinweise gegeben, und er hat das Manuskript gelesen. Es sei nicht verschwiegen, daß Fritz Heine einer Reihe grundsätzlicher Urteile und Schlußfolgerungen widersprochen hat. Um so mehr danke ich ihm für seine nicht abreißende Unterstützung.

Erich Ollenhauer hat persönliche Zeugnisse nicht hinterlassen, weil ihm seine Person so gar nicht wichtig war. Ich hätte über ihn nichts oder nicht viel erzählen können ohne die Gesprächsbereitschaft Martha Ollenhauers, der Lebensgefährtin seit 1920. Martha Ollenhauer hat mir während des Entstehens der Arbeit ihre Freundschaft geschenkt und mir mehr vermittelt als einige Tatsachen über die persönliche Existenz ihres Mannes; an seinem politischen Leben hat sie stets engsten Anteil genommen, sie war Teil davon.

Der hier veröffentlichte Text unterscheidet sich nur unwesentlich von meiner Doktorarbeit an der Freien Universität Berlin. Von den mehr als tausend Anmerkungen sind allerdings nur einige wenige übriggeblieben; auch wurde hier auf eine Bibliographie verzichtet.

In allen Archiven, dreizehn an der Zahl, in denen ich über Ollenhauer gearbeitet habe, ist mir die gewünschte Hilfestellung zuteil geworden. Ich möchte dennoch eines besonders hervorheben, nicht nur weil ich dort den Großteil der Akten durchgesehen habe, sondern weil die Arbeit im wesentlichen dort entstanden ist und mir seine Mitarbeiter mit mehr als sachlich gebotener Hilfe zur Seite gestanden haben: das Archiv der sozialen Demokratie in Bonn. Mein Dank gilt schließlich meiner Freundin Kati Ellgaard, die mir durch unermüdliche Schreibarbeit und ebenso unermüdliche Ermunterung eine außerordentliche Stütze war.

Ein ordentlicher Sohn aus ordentlichem Arbeiterhause

Als Erich Ollenhauer am 27. März 1901 in Magdeburg zur Welt kam, war das Jahrhundert keine drei Monate alt. August Bebel, der Kaiser der Arbeiter und der kleinen Leute, stand auf dem Gipfel seiner Macht, und die SPD, bestorganisierte und meistbewunderte Partei der Internationale, wurde, äußerer Bedrohungen und innerer Gegensätze zum Trotz, von Wahl zu Wahl stärker und schließlich Massenpartei. Für Proletarier und Handwerker, die auf der Schattenseite des jungen Reiches lebten, waren Bebel und seine Partei Sinnbild der Hoffnung; der Hoffnung, daß es einmal anders werde; daß die Not ein Ende habe; daß Schluß sei mit wirtschaftlicher Ausbeutung und politischer Knechtschaft. Die Stimmung war nicht revolutionär – weder unter Anhängern noch unter Mitgliedern und schon gar nicht unter Funktionärsträgern der Sozialdemokratie. Revolutionär sein – auf die Barrikaden gehen – stand ihrem ganzen Empfinden entgegen. Ihre kleinen Erfolge und vor allem das Gefühl, irgendwo dazu zu gehören, hatten sie den Siegen an der Wahlurne und der wachsenden Macht ihrer Organisation zu verdanken.

In einem erregenden Wortgefecht auf dem Amsterdamer Kongreß der Internationale warf Jean Jaurès, der französische Sozialistenführer, Bebel 1904 vor, die SPD sei unfähig zu politischen Aktionen, zu revolutionärer Aktion ebenso wie zu parlamentarischer. Jaurès hatte das Dilemma der deutschen Sozialdemokratie offengelegt: In einem halbfeudalen Klassenstaat, der dennoch kein Willkürstaat zaristischen Zuschnitts war, konnte die Sozialdemokratie weder nur revolutionär noch nur parlamentarisch handeln. Zunächst Tausende, dann Hunderttausende, schließlich Millionen, die Bebel Gefolgschaft leisteten und denen die SPD Heimat wurde, hatten stets mehr zu verlieren als ihre Ketten – auch wenn ihnen politische und soziale Zustände verhaßt blieben und sie ahnen mußten, daß dieser Staat nicht reformwillig und kaum reformfähig war. Eduard Bernstein zu Ende des vergangenen und Rosa Luxemburg zu Beginn des neuen Jahrhunderts suchten beide auf ihre Weise nach einem Ausweg, doch weder der revolutionäre noch der konsequent reformerische konnte die Partei im ganzen überzeugen. Ihr Cheftheoretiker, Karl Kautsky, mühte sich, das Dilemma aufzulösen: Sein vermeintlich marxistischer Glaubenssatz, die bürgerlich-kapitalistische Gesellschaftsordnung treibe mit Notwendigkeit ihrem Zusammenbruch entgegen, fand breiten Widerhall. Bis es soweit sei und der Sozialismus Wirklichkeit werde, sollten die Sozialdemokraten innerhalb des bestehenden Systems mitarbeiten.

Wenn es die sozialdemokratische Führung als ihre Hauptaufgabe betrachtete, die materielle Lage der Arbeiter zu verbessern, stand sie in Einklang mit den Erwartungen ihrer Gefolgschaft, jener Gefolgschaft, die nicht an Umsturz oder Revolution dachte und die es doch als unerträglich empfunden hätte, »wenn die Arbeiterpartei als eine unter anderen Parteien aufgetreten wäre«. Dieser »revolutionäre Attentismus« wirkte auf die Gegner ebenso furchterregend wie auf die Arbeiterschaft anziehend. Die SPD hielt auf »die strenge Scheidelinie«, die sie von anderen Parteien trennte und die selbst der dem reformerischen Flügel zuneigende Ignaz Auer auf dem Erfurter Parteitag 1891 kräftig nachzeichnete. Sie war Bewegung, deren Faszination auch darin begründet lag, daß sie in August Bebel einen überragenden Führer besaß – einen, der die Massen mitzureißen wußte. In einem seiner frühesten Artikel schrieb der in die Bebel-Partei gleichsam hineingeborene Erich Ollenhauer: Bebel habe die Herzen der Jugend erobert, »weil er durch feurige Reden, noch bis in sein hohes Alter hinein, mit jugendlichem Enthusiasmus an die Verwirklichung seiner Ideen unerschütterlich glaubte«. Nie sei er der ›ergraute Alte‹ gewesen, sondern »stets der Führer einer unbeugsamen, vorwärts drängenden sozialistischen Bewegung, deren Idee durch seine Worte Gestalt annahm, der Idee, für die er aufging und für die er so intensiv lebte wie wohl keiner vor ihm« und, so sei hinzugefügt, erst recht keiner nach ihm.

Bis 1906, in etwas abgeschwächter Form auch danach und noch während der Weimarer Republik, waren der Partei die Gewerkschaften und die Konsumgenossenschaften zugeordnet. Neben ihrer politischen und sozialen Agitation war die junge Sozialdemokratie in besonderem Maße auf Bildungsarbeit fixiert – Bildung als Hebel zur Macht und zugleich als Ausdruck des Ringens um Selbstverwirklichung, damit auch um gesellschaftliche Anerkennung; so entwickelte sich um die Partei herum eine Vielfalt selbsttätiger kultureller Vereinigungen. Worauf es ankam, erinnert sich Erich Schmidt, der 1933 Ollenhauers Gegenspieler in der Arbeiterjugend werden sollte und der einem ähnlichen Milieu entstammte, war die Organisation von Partei, Gewerkschaften, Genossenschaften, aber auch von Freidenkern, Arbeitersportlern, Arbeitersängern und Zeitungen. Auf diesen Säulen »ruhte der Koloß der Macht der Entrechteten und der Ausgebeuteten, Wahrzeichen der besseren Welt. Dazu gehören, dabei sein, das Mitgliedsbuch in der Tasche und in Ordnung zu haben, das waren die Kriterien, auf die es ankam«. Vieles von dem blieb auch dann noch erhalten, als die Politik der Sozialdemokratie erstarrte und schließlich scheiterte. Auch nach dem Ersten Weltkrieg verwischte sich die »Scheidelinie« nur sehr bedingt.

Eine der sozialdemokratischen Hochburgen im wilhelminischen Deutschland war Magdeburg, preußische Festungsstadt an der Mittelelbe, die viele Kasernen und noch mehr Schornsteine hatte; im Zuge der Industrialisierung war die Zahl der Einwohner von 100 000 im Jahre 1871 auf 280 000 im Jahre 1910 hochgeschnellt. »Rote Stadt im roten Land« hieß der Sonderdruck der »Volksstimme«, der 1929 anläßlich des SPD-Parteitages in Magdeburg herauskam; der Titel bezeichnete die politische Mehrheit in der Stadt und die geologische Färbung im Land der Magdeburger Börde. Großgeworden in nicht enden wollenden Kämpfen mit der preußischen Justiz, wurde die Magdeburger Sozialdemokratie durch Eigenschaften geprägt, die Gustav Schmidt-Küster, Magdeburger wie Ollenhauer und Freund aus frühen Jugendtagen, »aufbauwillig, fortschrittlich und konservativ« nennt. Die 1890 reichsweit bekanntgewordene Auseinandersetzung mit den Magdeburger »Jungen«, einer kleinen Gruppe Intellektueller, die die parlamentarische Arbeit der SPD bekämpften und denen die Reichstagsfraktion zu kleinbürgerlich geworden war, blieb Episode und änderte nichts an dem Bild einer SPD, deren solide Basis in der Facharbeiterschaft lag und die, wenn überhaupt, durch Solidarität und Biederkeit, aber auch durch stille Entschlossenheit auffiel.

In den Wahlrechtskämpfen zu Beginn des Jahrhunderts traten die Magdeburger Arbeiter mit Demonstrationen hervor, die Zehntausende umfaßten. In den Jahren der Spaltung während und nach dem Weltkrieg blieb Magdeburg eine Bastion der Mehrheitssozialdemokratie; es gab noch weniger Unabhängige als später Kommunisten. Der Magdeburger Arbeitersohn Ernst Thape hat dies darauf zurückgeführt, daß anders als im Merseburger Braunkohlengebiet und im Mansfeldischen Kupferbergbau in den Magdeburger Maschinenbetrieben handwerkliches Können gefragt gewesen sei. Wo aber die Handwerker »entscheidend waren, gab es immer ein konservatives Element in der Arbeiterbewegung«. (Dies freilich war nicht überall in Deutschland so, wie sich in Berlin oder im Württembergischen zeigte.) Von einem starken konservativen Grundzug zeugt auch die Magdeburger »Volksstimme« jener Jahre vor und noch mehr während des Ersten Weltkrieges und erst recht danach, als sie all die, die ihren Platz links von der Mehrheitssozialdemokratie gefunden hatten, mit besonderer Feindseligkeit überzog.

Zur Gründergeneration der Magdeburger SPD zählte die Familie Ollenhauer. Beide Großväter Erich Ollenhauers hatten in der Magdeburger Börde ein mehr als karges Dasein gefristet und Protest gegen ihr Schicksal durch Anschluß an die Sozialdemokratie bekundet. Wie Millionen Landarbeiter in der zweiten Hälfte des 19. Jahrhunderts verdingte sich Großvater Seeger in den entstehenden Fabriken der nächstgelegenen Stadt, in Magdeburg; hier starb seine Frau, wie Millionen Proletarierfrauen, an der Schwindsucht. Die Großeltern Ollenhauer – der Großvater hatte Zimmermann gelernt – waren auf dem Land geblieben, dem Enkel eine ihm lieb werdende Ferienzuflucht bietend. Ihr Sohn Wilhelm, Erichs Vater, der Maurer lernte und Sozialdemokrat von Jünglingsbeinen an war, zog nach Magdeburg und heiratete hier 1900 Marie Seeger, die sich ihr Brot als Büglerin für Feinwäsche verdiente. Ihre Wohnung in einem Mietshaus in der Sieverstorstraße 41 in der Alten Neustadt war winzig und das Geld immer knapp.

Nacheinander waren vier Kinder zur Welt gekommen – Erich 1901, Hilde 1902, Willi 1905 (er kam in jungen Jahren auf dem Bau ums Leben), Elli 1911. Niemand in der Familie konnte je einen Augenblick für sich sein, aber alle hatten satt zu essen. Im Sommer wurde gespart, damit auch im Winter, wenn der Vater allenfalls Gelegenheitsarbeit fand, nicht gehungert zu werden brauchte. Daß die Kinder eine andere als die Volksschule besuchten, war nicht vorstellbar, daß sie einen Beruf erlernten, jedoch selbstverständlich. Zu Weihnachten wurde der Tannenbaum, auf den die Familie nicht verzichten mochte, mangels Platz an die Decke der Wohnstube gehängt und bei Bedarf herabgelassen. Die Eltern gehörten zur evangelischen Kirche, und die Kinder waren sämtlich getauft. Doch Hoffnung auf ein leichteres Los im Diesseits bot ihnen nicht die Kirche, sondern die Arbeiterbewegung. Die Gesinnungsgemeinschaft von Sozialdemokratie und Gewerkschaften und Genossenschaften und kulturellen Vereinigungen – die Bewegung also – gab ihnen einen Halt, ohne den der tägliche Existenzkampf sehr viel verzweifelter gewesen wäre. Und sie bot jenes Maß an sozialer Anerkennung, das die Gesellschaft des Kaiserreichs versagte. Vater Ollenhauer kündigte nicht einmal in den Wintermonaten, wenn jeder Pfennig umgedreht werden mußte, seine Abonnements auf sozialdemokratische Blätter; in der engen Stube waren ständig ausgebreitet: Die Magdeburger »Volksstimme«, der »Vorwärts«, die unterhaltende »Neue Welt«, der humoristisch-satirische »Wahre Jakob« sowie die Zeitung der Bauarbeiter-Gewerkschaft. »Dem Erich ist der Sozialismus wie die Margarine aufs tägliche Brot gestrichen worden«, erinnert sich die Schwester, Hilde Ollenhauer.

Das unansehnliche Mietshaus in der Sieverstorstraße, in dem die Ollenhauers seit 1901 lebten, hat sich seit der Jahrhundertwende nicht verändert. (Geboren war Ollenhauer ›um die Ecke‹, in der Moldenstraße, wo die Eltern für einige Monate untergekommen waren, im zweiten Krieg blieb hier kein Stein auf dem anderen.) Inmitten des nahezu völlig zerstörten und modern wiederaufgebauten Magdeburg ist die Sieverstorstraße erhalten geblieben: ein düsteres Denkmal aus längst versunkener Proletarierwelt. Die einen Steinwurf entfernte

Kaum hatte der junge Ollenhauer die Schulbank verlassen, meldete er sich »ganz gradlinig« bei der Arbeiterjugend. 1918 wurde er SPD-Mitglied. Dazugehören, dabei sein, das Mitgliedsbuch in der Tasche und in Ordnung zu haben, das waren die Kriterien, auf die es ankam. Um 1920.

Schule, ein riesiger roter Backsteinkasten im Kaiser-Wilhelm-Stil, hat gleichfalls die Zerbombung der Stadt überstanden – mit doppelter Veränderung: Aus Erich Ollenhauers Volks- ist eine Oberschule geworden, und diese trägt heute den Namen des KPD-Führers Ernst Thälmann. Am Schäferbrunnen, vor den Toren der Stadt, bewirtschaftete der Vater einen kleinen Schrebergarten, der zur Versorgung der Familie beitrug und der dem jungen Erich eine erste Probe praktischen Sachverstands und ausgeprägten Verantwortungssinns abverlangte. Als Wilhelm Ollenhauer 1914 zum Landsturm eingezogen wurde, übernahm der dreizehnjährige, noch die Schulbank drückende Erich, ohne daß ihn jemand aufgefordert hätte, die Stelle des Haushaltsvorstands. Seine Anbaupläne für den Garten schickte er dem Vater an die Front im französischen Priesterwald, wartete, bis dieser sie abgesegnet und zurückgesandt hatte und machte sich dann an die Arbeit. So kam die Familie besser über den Krieg als viele andere.

Erich selbst gehörte zum ersten Jahrgang, der nicht mehr eingezogen wurde. Er war ein guter, wenn nicht sehr guter Schüler, aber alles andere als ein Streber. Und zur Wirklichkeit des kaiserlichen Deutschland gehörte es eben auch, daß ein begabtes Arbeiterkind die Aufmerksamkeit eines aufgeschlossenen Lehrers erlangen konnte. So erschien eines Tages, kurz vor Kriegsausbruch, Rektor Köpenick in der elterlichen Wohnung und legte dar, daß der Junge – seinem Wunsch gemäß – Lehrer werden müsse. Das hätte bedeutet, die Lehrerschule zu besuchen; eine längere Ausbildung aber erschien der Familie nicht tragbar. So trat er 1915, als die Schule beendet war, ins Kontor der Lack- und Farbenfabrik Friedrich Köhler in Magdeburg ein. Der Rektor hatte dafür gesorgt, daß sein Lieblingsschüler, wenn er schon nicht Lehrer werden, wenigstens die kaufmännische Lehre in einer der angesehensten Firmen der Stadt machen konnte.

Kaum hatte er die Schulbank verlassen, meldete sich der junge Ollenhauer bei der Arbeiterjugend; er war da »ganz gradlinig«, wie die Schwester sagt, und wie diese selbst hineingewachsen. Zu Hause machte sich das dadurch bemerkbar, daß er über seinem Bett ein kleines Regal anbrachte und ein Schreibpult, an dem erste Reden und Artikel aufgesetzt wurden. Die Arbeiterjugend war das jüngste Kind der selbst gerade erst großgewordenen Arbeiterbewegung. Es war nicht gewollt, aber schließlich doch angenommen worden – und dann hatte es sich nach eigenem Sinn zu entwickeln begonnen. Als Erich Ollenhauer zur Arbeiterjugend stieß, hatte sie bereits eine bewegte und bewegende, in jedem Fall eine sie prägende Vergangenheit hinter sich.

1904 war im Berliner Grunewald ein Schlosserlehrling erhängt aufgefunden worden – voller Blut und Striemen, die von Züchtigungen des Lehrmeisters herrührten. Für den sechzehnjährigen Graveurlehrling Max Peters war dies der letzte Anstoß, einen »Verein der Lehrlinge und jugendlichen Arbeiter« zu gründen. In erster Linie eine Abwehrorganisation gegen die Ausbeutung der jungen Arbeiter und Arbeiterinnen, ging es der sozialistischen Jugendbewegung von Anfang an auch um die Pflege geistiger Interessen, um Fortbildung, um Erziehungsarbeit, nicht zuletzt um Geselligkeit. Mit der ersten sozialistischen Jugendzeitung, der »Arbeitenden Jugend«, entstand eine Tribüne bitterster Anklage und zugleich ein wirksames Werbeinstrument. Polizei und Justiz gingen sofort massiv gegen den »roten Verein« vor; sein Aufschwung war dennoch unaufhaltsam. Binnen kurzem fand das Berliner Beispiel im Norden und Osten Deutschlands Nachahmung; die Lehrlingsvereine schlossen sich 1906 zusammen. Die Initiative Max Peters' stieß in der Partei und mehr noch in den Gewerkschaften auf Zurückhaltung, wenn nicht auf Ablehnung. Die Jugendlichen aber, so erinnerte sich Peters rückblickend, »wollen nicht ein Anhängsel der alten Generation sein; sie wollen sich ihr Leben selbst gestalten, ein jugendgemäßes Leben mit Hilfe einer Organisation, in der sie allein zu bestimmen hätten«. Auf Initiative des jungen Mannheimer Rechtsanwalts und Reichstagsabgeordneten Ludwig Frank war in den süddeutschen Ländern fast zur gleichen Zeit eine Arbeiterjugendbewegung ins Leben gerufen worden. Nur herrschten in Süddeutschland vergleichsweise liberale Zustände, und die Jugendorganisation wurde in einem anderen Umfeld groß als in Preußen. In ihrem Organ, der »Jungen Garde«, schlug sie durchaus radikale Töne an, und auch sonst war man nicht besonders vorsichtig.

Der preußisch-deutschen Obrigkeit in Berlin hingegen blieb jeder gesellschaftliche Protest gleichermaßen verhaßt. 1908 ließ der Reichstag auf preußischen Druck ein Vereinsgesetz passieren, das Personen unter 18 Jahren die Mitgliedschaft in politischen Vereinen im ganzen Reich untersagte; die Gruppen der Arbeiterjugend wurden zu solchen erklärt. Erreicht wurde jedoch nicht, was bezweckt war: die Zerschlagung der noch jungen Organisation, sondern daß sich Partei und Gewerkschaften der Jugendfrage nun selbst annahmen. Auf ihrem Nürnberger Parteitag fand die SPD noch im selben Jahr 1908 einen Ausweg, der die Jugendlichen nicht zu sehr entmutigte, der den mißtrauischen Gewerkschaften – sie hatten selbständige Jugendorganisationen stets abgelehnt – eben noch gerecht wurde und der vor allem das gesetzliche Verbot umging. An die Stelle der autonomen Jugendvereine traten Jugendausschüsse; ihre Mitglieder waren SPD- und Gewerkschaftsvertreter auf der einen, jugendliche Vertrauensleute auf der anderen Seite. Zusammengefaßt wurden diese örtlichen Ausschüsse in der »Zentralstelle für die arbeitende Jugend Deutschlands«. Ihr Sprachrohr: die von Karl Korn redigierte, vierzehntägig erscheinende »Arbeiter-Jugend«. Ihr Vorsitzender: Friedrich Ebert, der dies bis zur Übernahme der Reichskanzlerschaft im Jahre 1918 auch blieb. In der Führung der Geschäfte ließ Ebert dem Sekretär Max Peters weitgehend freie Hand. Doch wie begrenzt der Freiraum war, machte Ebert auf der internationalen Jugendkonferenz in Kopenhagen 1910 deutlich: »Wir in Deutschland sind der Meinung, daß die Jugendbewegung ein Bestandteil der Partei und Gewerkschaften ist; für sie bindende Beschlüsse können deshalb nur von den Parteitagen oder den internationalen Kongressen gefaßt werden.« Tatsächlich erschöpfte sich in den Jahren bis zum Weltkrieg das Leben der Arbeiterjugend-Vereine in der Jugendpflege. Und das bewegende Element schien fast verloren, als die Wirren des Krieges auch diesen Teil der Arbeiterbewegung erfaßten.

Im selben Jahr 1916, da Erich Ollenhauer in Magdeburg die ersten Kontakte knüpfte, hatten die schweren Auseinandersetzungen um den Kriegskurs der SPD-Führung ihr Echo längst auch in der Arbeiterjugend gefunden. Die Dreifach-Spaltung der Partei machte vor der Jugend nicht halt; jugendliche Anhänger der USPD fanden sich mitten im Krieg in der »Sozialistischen Proletarierjugend« zusammen; die Spartakus-Gruppe gründete 1918 die »Freie Sozialistische Jugend«, aus der ein Jahr später der »Kommunistische Jugendverband« hervorgehen sollte. Doch auch in jenen Gruppen, die der Mehrheitssozialdemokratie Treue bekundeten, blieb nichts beim alten. Auch in Magdeburg nicht; auch hier ließ der Krieg die Jugendlichen zu einem neuen Bewußtsein ihrer selbst kommen. Die erwachsenen Jugendbetreuer mußten weichen, und Anfang 1918, wie zuvor nur in Hamburg, wurde ein neuer Jugendbund aus der Taufe gehoben. Sein bezeichnender Name: »Freiheit«. Sein Führer: der nun bald siebzehnjährige Erich Ollenhauer. »Sein politischer Verstand, sein ernstes Wesen und die Gabe, unsere Forderungen auch formulieren zu können, machten ihn ganz einfach zum Jugendführer«, erinnert sich Schmidt-Küster, der dabei war. Wie sich das Leben in der Magdeburger Arbeiterjugend nun gestaltete – und ihr Beispiel machte rasch Schule – schildert der Jugendfreund so: »Im zentralen Jugendheim im Hause der ›Volksstimme‹ fanden unsere Veranstaltungen, die Vortragsabende, Gruppen-Veranstaltungen, Spiel- und Tanzabende statt.« Man sei hier fast täglich zusammengekommen und habe auch Vorstandssitzungen und Funktionärsschulungen abgehalten. »Darüber hinaus gab es 1918 Wochenendkurse für Funktionäre und interessierte Mitglieder in einem Jugendheim, das in einem alten Fort vor den Toren der Vorstadt Sudenburg lag. Hier waren wir ganz unter uns und konnten neben den Vorträgen noch nach Herzenslust spielen und tanzen. Für Wochenendfahrten und Sonnenwendfeiern hatten wir ein eigenes Jugendheim in schöner Waldlandschaft im Elbe-Vorland erbaut. Dort waren wir ganz ungebunden und fühlten uns wohl in der nicht gerade fruchtbaren, sandigen Gegend. Wir machten Spiele und Gymnastikübungen zur körperlichen Erholung. Hier konnte jeder sich nach Lust und Laune austoben.« Bildung gepaart mit Schulung und einer von der »bürgerlichen« Jugendbewegung geprägten Geselligkeit – das waren die Merkmale der zur Mehrheitssozialdemoraktie zählenden Jugend. Weiterreichender politischer Kampf war hier nicht gefragt, auch nicht, als Deutschland aus der militärischen Niederlage heraus zur Republik wurde.

Erich Ollenhauer hatte also rasch in der Arbeiterjugend seine Verankerung gefunden, und die politische – die parteipolitische – Verantwortung war ihm früh nahegebracht worden. 1918 noch wurde er SPD-Mitglied, und in seinem Kaufmannsberuf hielt es ihn nicht länger. Als er die Lehre beendet hatte, holte ihn E. R. Müller, »Sonnen-Müller«, wie man ihn seines Buches »Sonnige Jugend« wegen nannte, und geistiges Oberhaupt der Magdeburger Arbeiterjugend, als Volontär in die »Volksstimme«, das »Sozialdemokratische Organ für den Regierungsbezirk Magdeburg«. Unter dem Chefredakteur Paul Bader arbeiteten hier so bekannte Parteijournalisten wie Franz Klühs, der bald zum »Vorwärts« ging, Wilhelm Riepekohl

Silvesterfeier im Kreise der Arbeiterjugend. Zweiter von links, stehend, Ollenhauer; sitzend, in der Mitte, Gustav Schmidt-Küster.

und Ernst Thape. Redaktionssekretärin war Martha Müller, ein Mädchen aus der Arbeiterjugend, die erste Sekretärin in einer sozialdemokratischen Zeitungsredaktion überhaupt; in der Partei war ihre Einstellung als eine kleine Revolution empfunden worden. Ernst Thape erinnert sich: »Bei so vielen Männern das eine junge Mädel – da tönte es immer wieder laut durch die zusammenhängenden Räume ›Martha‹ hier und ›Martha‹ dort, und Martha wurde mit allen fertig und war bei allen beliebt. Die Enttäuschung, daß sie ging, war groß, aber alle gönnten sie dem jungen Ollenhauer, der sich trotz seiner Jugend schon sehr reif und sicher benahm.« Martha Müller, Tochter eines arbeitslosen Schachtmeisters, die »Putz« gelernt hatte, sollte bald die Frau Erich Ollenhauers werden.

Der Krieg war aus, und die Republik von Weimar hatte Gestalt angenommen. Das Vereinsgesetz war ebenso in der Versenkung verschwunden wie das Züchtigungsgesetz der Lehrmeister. Statt dessen war der Achtstundentag auch für Lehrlinge errungen, die Koalitionsfreiheit garantiert und die Neuregelung der Fortbildungsschulen versprochen, jedenfalls auf dem Papier. Es herrschte Aufbruchstimmung, und der Tatendrang kannte keine Grenzen. »Es muß alles anders werden« – das war die Losung, unter der die Arbeiterjugend sich neu zusammenfand.

»Die junge Garde« – der Partei

Die Wahl des Ortes für den ersten Arbeiterjugendtag war ebenso Programm wie der Zeitpunkt. Weimar, das war die Stadt der deutschen Klassik, und der Eröffnungstag, der 28. August 1920, fiel nicht zufällig auf Goethes Geburtstag. Weimar, das war aber auch die Stadt, in der die Nationalversammlung getagt und in der Friedrich Ebert, ein Jahr zuvor, auf die republikanische Verfassung vereidigt worden war. In der ausdrucksgewaltigen Sprache jener Jahre erinnert sich Johannes Schult, ein der Arbeiterjugend verpflichteter Hamburger Lehrer und einer der Initiatoren von Weimar: »Große Welten vereinigten sich hier im Seelenleben der Arbeiterjugend: die Welt der Dichtkunst und Musik, die von der Jugend selbst mitgestaltete Welt der Volkskunst in Lied, Reigen und Tanz, und die Welt des Aufbruchs zum Zukunftsziel des Sozialismus, der neuen Lebensordnung, die die Menschen glücklicher und menschlicher machen sollte, als sie es bisher waren.« E. R. Müller, der Förderer des jungen Ollenhauer, hielt den Gefühlsüberschwang der Weimarer Tage fest in einem Büchlein voller Poesie: »Das Weimar der arbeitenden Jugend«. Von der Auferstehung des sozialistischen Menschen war da die Rede und vom heiligen Land der Freude und der Freiheit, aber auch von jenem Ereignis, das über den weiteren Werdegang Ollenhauers bestimmen sollte.

Am ersten Tag des Treffens waren die rund zweitausend Teilnehmer zum Goethe-Schiller-Denkmal gezogen, um einen Kranz niederzulegen. Als sich der Kreis schloß, trat Ollenhauer, für seine Umgebung unerwartet, selbst aber gewiß nicht unvorbereitet, nach vorn und hielt seine erste Ansprache über den Magdeburger Bereich hinaus: »Nun ist der Tag gekommen, an dem wir uns hier zum ersten Mal Aug' in Aug' gegenüberstehen. Wir sind nach hier gekommen mit frohem Herzen, denn in unsern heimatlichen Bezirken ist unsre Bewegung groß und stark geworden. Tausende stehen zu uns, und bis in den kleinsten Landort sind unsre Ideen gedrungen. Wir sind Arbeiterjugend, emporgewachsen aus der Not des Proletarierlebens; aber trotzdem lebt in uns der Geist eines Goethe und Schiller. Wir sind hergezogen, um an diesem Tage kundzutun, daß wir jetzt und in alle Zukunft unser Bestes darangeben werden, daß die Schätze der deutschen Literatur, geschaffen von diesen Meistern, ins Volk getragen werden, bis zu den Ärmsten der Klasse. Wir wollen aber in dieser Stunde auch der historischen Ereignisse gedenken, die sich vor Jahresfrist in diesen Mauern abspielten. Fast genau ein Jahr ist ins

Land gegangen seit dem Tage, an welchem von dem Balkon dieses Hauses der Reichspräsident Ebert der Volksmenge mitteilte, daß die Verfassung der jungen deutschen Republik soeben von der Nationalversammlung verabschiedet wurde. An der Geburtsstätte der deutschen Republik wollen wir nicht vergessen, daß sie uns erst unsern Aufstieg und diese Tagung ermöglichte. Möge uns unsre Tagung die Gewißheit geben, daß wir in allen Teilen des Reichs zusammenstehen als eine einzige große Bewegung, die unter ihrem Banner die arbeitende Jugend zum Sozialismus führt. Am Geburtstage Goethes wollen wir ihm diesen Kranz darbringen als ein Gelöbnis, damit aus der Arbeiterjugendbewegung von heute eine neue glückliche Menschheit erwächst.« E. R. Müller setzte hinzu: »Brausendes Heil! ›Wir sind die junge Garde des Proletariats‹ singt der Kreis. Der Jubel der Tausenden schallt sonnenwärts.«

Mit dieser besinnlichen Rede, vor allem mit den Bezügen zur Gegenwart, hatte der neunzehnjährige Ollenhauer andere – politische – Töne angeschlagen, als sie sonst auf dem Weimarer Treffen üblich waren. Obwohl er sich zum Sprecher seiner Zuhörerschaft machte, ließ er sich von keiner Gefühlsseligkeit treiben, huldigte auch keinem Radikalismus der Worte, predigte nicht die damals beliebte Flucht ›zu den Klassikern und in die Wälder‹. Er nahm die Stimmungen auf und suchte sie zurückzuführen – in die rauhe Wirklichkeit des Jahres 1920. August Albrecht, 1919 der erste Verbandssekretär der Arbeiterjugend, erinnerte daran, daß Ollenhauer die Weimarer Tage eher als stiller, denn als aktiver Teilnehmer mitgemacht habe und schon dadurch aufgefallen sei. Aufgefallen war er jedenfalls! Und die im Anschluß an den Jugendtag zusammentretende Reichskonferenz beeilte sich, Ollenhauer schon jetzt in den Hauptvorstand zu wählen.

Am 25. Mai 1919 hatte eine Reichskonferenz der Jugendausschüsse die Zentralstelle aufgelöst, und die SPD hatte zugestimmt, daß die Partei die Sorge auch für den neuen »Verband der Arbeiterjugendvereine Deutschlands« übernehme. Die Altersgrenze setzte der Weimarer Parteitag entgegen manchen Wünschen aus der Jugend auf 14 bis 18 Jahre fest. Mit Heinrich Schulz, dem Parteipädagogen, blieb ein Mann des Vorstands an der Spitze auch des neuen Verbandes. Auf der Suche nach einem jungen Mann, der vor allem des Schreibens mächtig sein sollte, wurde Erich Ollenhauer kurze Zeit nach der Wahl von Weimar zum hauptamtlichen Sekretär ernannt; seine wichtigste Aufgabe sollte zunächst die Redaktion des Funktionärorgans »Der Führer« sein. Ab 1. Dezember 1920 gehörte Ollenhauer damit zur engeren Führungsspitze der Arbeiterjugend, die zu diesem Zeitpunkt in einem tiefen Umbruch steckte und ihren Platz zwischen Jugendbewegung und Sozialdemokratischer Partei noch nicht bestimmt hatte;

daß die Gewerkschaften nach 1918 ihre eigenen, zahlenmäßig bald starken Jugendsektionen aufbauten, machte die Wegfindung nicht einfacher.

Vorerst stand die Organisation noch im Bann des Weimarer Jugendtages und strebte nach neuen Lebens- und Gemeinschaftsformen. Sozialismus – das war ihr Ausdruck der Lebensfreude oder, wie Karl Korn, der Nestor der Arbeiterjugendbewegung, niederschrieb: Der Sozialismus könne und wolle »einzig als Ethos, als geistig-sittliches Soll von der Jugend erfaßt werden«. Der Refrain des »Lieds von Weimar«, jenes von Hermann Claudius ursprünglich für die Hamburger geschriebenen »Wann wir schreiten Seit' an Seit'«, erklang auf den nun überall im Reich stattfindenden regionalen Jugendtagen: »Mit uns zieht die neue Zeit«. Weimar wirkte wie ein zündendes Feuer, in den drei Monaten danach strömten der Arbeiterjugend zehntausend neue Mitglieder zu. Ende 1920 zählte sie runde 75 000 Mitglieder – und ihr Streben nach geistiger Autonomie erreichte einen Höhepunkt. Es waren jene Monate, in denen die Arbeiterjugend alles war, nur nicht der Jugendverband der Sozialdemokratischen Partei. In seinem autobiographischen, das Schicksal einer Hamburger Arbeiterfamilie nachzeichnenden Roman »Die Söhne« schildert Willi Bredel, wie sehr die jungen Menschen in einem Ethos lebten, das vom Wandervogel geprägt war; die eigene Verantwortung ging über alles, auch über die Parteidisziplin. Manès Sperber, der aus einer jüdisch-sozialistischen Gruppe kam, räumt ein, daß der Traum vom ewigen Frühling aus der deutschen Jugendbewegung gekommen sei, »von jenem Schwur auf dem Hohen Meißner, mit dem junge Menschen gelobt hatten, ihr Leben fortan in innerer Wahrhaftigkeit zu führen«. Die Bünde vom Wandervogel bis zu den Pfadfindern auf der einen, die Arbeiterjugend auf der anderen Seite – wer hätte da in diesen ersten Nachkriegsjahren einen scharfen Trennungsstrich ziehen mögen?

Im Januar 1921 veröffentlichte Erich Ollenhauer – zum Einstand gleichsam – in der »Arbeiter-Jugend« einen Artikel, in dem er zunächst die »Offenbarung« von Weimar beschwor: Die Arbeiterjugend habe gezeigt, daß sie jung sein und daß sie natürliche Jugendhaftigkeit als reine Freude zum Ausdruck bringen könne. »Wir waren glücklich im Herrgottskittel und im Reformkleid und erkannten blitzartig den Widersinn der heutigen ›Kultur‹. Das war ein Stück Sozialismus, denn hier wurde Sonne ausgeschüttet über alle Menschen ohne Ansehen der Person und des Herkommens. Die neue Menschheitsgemeinde war geboren.« Unter Berufung auf die Daheimgebliebenen dann, in abruptem Übergang, das, worauf es ihm ankam: »Besinnen wir uns! Es ist hohe Zeit. Wir sind Arbeiterjugend! Wir sind Klassenkämpfer! Wir sind Sozialisten! Wir müssen die

Revolution sein!« Kämpfen heiße »entsagen und opfern«. Und dann, den Weimarer Geist in sein Gegenteil verkehrend: Das Schlagwort, die Jugend gehöre nur sich selbst, käme, würde es befolgt, einer »Versündigung am Sozialismus« gleich.

Ollenhauer beläßt es nicht bei der offenen Polemik gegen »Verirrungen«, gegen »Jugendkultur« und »Klassenkampf der Jugend«, gegen »Volkstänze« und »romantische Feiern«, einer Polemik, die nur scheinbar im Widerspruch zum ersten Teil des Artikels steht. Er legt dar, wohin er die Arbeiterjugend haben möchte: »Die Organisation muß der Fels sein, auf dem wir das neue Reich aufbauen. Darum gilt ihr und dem Kampf um die wirtschaftliche Besserstellung der Jugend unser erstes Wirken. Dann müssen wir die Kräfte verteilen nach ihrer Eigenart auf die Pflege der neuen sozialistischen Kultur, die nicht nur der Freude dient, sondern die in gleichem Maße uns für den Kampf rüsten muß, der uns den Sieg des Sozialismus bringen soll.« Wo lag hier noch die Brücke zu jenem Weimarer Gefühlssozialismus, den er selbst gerade noch bemüht zu haben schien? Kündigte sich hier nicht jener Riß an, der bald durch den Jugendverband hindurchgehen sollte?

Für Walther G. Oschilewski, selbst einen »Jugendbewegten«, war schon am Aufzug zu erkennen, ob jemand vom Weimarer Geist, vom Geist der Jugendbewegung also, durchdrungen war oder nicht. Wer jugendbewegt war, der trug »Reformkleidung«: die Mädchen einfarbige Hängerchen, die Jungen kurze Hosen und farbige, von einer Schnur zusammengehaltene Kittel mit Schillerkragen. Über Ollenhauer lächelten die Jugendbewegten. Denn in ihrer Tracht wurde er nie gesehen, sondern stets nur mit Schlips und Kragen (wie auch alle Photos zeigen). Seine Bemerkung über den Herrgottskittel, in dem sie glücklich gewesen seien, den er aber nie getragen hat, war Koketterie und dazu angetan, den Leser nicht sofort mit seiner ernüchternden Kritik vor den Kopf zu stoßen. Im übrigen rauchte er Pfeife und trank Alkohol – für einen Jugendbewegten verpönt und verboten. Oschilewski, der ihn Anfang der zwanziger Jahre in Berlin beobachtete, meint, Ollenhauer sei niemals jugendbewegt und nicht einmal jung gewesen, sondern »irgendwie immer fertig«. Kurt Hiller habe damals über Ollenhauer geäußert: »So jung und schon Privatdozent.« August Albrecht faßte es noch drastischer, als er den jungen Ollenhauer, mit dem er Zimmer an Zimmer arbeitete, kurzerhand als »Bonzen« charakterisierte. Bonze – das hieß für ihn: »Rauchen, Trinken und tun, was der Parteivorstand sagt.«

Und der Betroffene selbst? Traf ihn der Vorwurf? In der »Arbeiter-Jugend« beschäftigte er sich mit dem Achtstundentag, erläuterte den im Reichstag anhängigen Gesetzentwurf und resümierte mit deutlichem Seitenhieb auf die Jugendbewegten: »So nüchtern und

›unjugendlich‹ manchen unter uns die eingehende Behandlung des Entwurfs vielleicht auch erscheinen mag: von dem Ausgang dieses Kampfes hängt in starkem Maße mit die weitere Entwicklung unserer Bewegung ab.« War in Erich Ollenhauer also eine Wandlung vorgegangen, seit er in die Dienste der Partei getreten war? Oder war es vielmehr so, daß er – aus einem sehr früh entwickelten Verständnis von praktischer Verantwortung heraus – meinte, jugendbewegtes Gehabe sei eines und die Partei ein anderes? Er lehnte die neuen Geselligkeitsformen nicht rundweg ab und war auch selbst ein fröhlicher Geselle. In der »Volksstimme« hatte er, bevor er nach Berlin übersiedelte, jugendbewegte Töne angeschlagen und unter der Überschrift »Neue Jugend, neues Leben« eine Versammlung beschrieben, die »wie das Sprießen eines Frühlingstages« gewirkt habe und »echte, reine Lebensfreude in eine neue Zeit« trage. Doch das klang aufgesetzt und war nicht seine Sprache. Es war ihm, von Anfang an, auf anderes angekommen! In einem Versammlungsbericht, noch aus dem Jahre 1919, hatte der »Jugendgenosse Ollenhauer«, so der vermutlich von ihm selbst verfaßte Artikel, über die Tätigkeit der Jugendschutzkommission berichtet und die Arbeiterjugend beschworen, sich »zu tüchtigen Mitarbeitern in der Arbeiterbewegung« heranzubilden. In seinem Schlußwort habe Ollenhauer festgestellt, »daß die Arbeiterjugend nicht Zeit hat, sich mit radikalen Schlagwörtern zu betäuben, sondern sie muß sich durch festen und einigen Zusammenschluß in den Organisationen ihre Rechte zu erkämpfen suchen«.

Erich Ollenhauer war zum Jahreswechsel 1920/21 nach Berlin gezogen. Als er seine Zelte in Magdeburg, einem Vorort von Berlin, wie die Magdeburger sagten, abbrach, vertraute er seiner Schwester an: »Mein Leben gehört nun der Partei. Und ich muß wissen, auf wen ich mich verlassen kann.« Er brauchte Martha Müller, die tüchtige Sekretärin in der »Volksstimme«, nicht zu drängen, sie waren sich längst einig geworden. Die Hochzeit wurde am 27. Mai 1922 in der Magdeburger Sonnenhütte, dem Heim der Arbeiterjugend, mit Gesang und Lautenspiel gefeiert: »Eine richtige Arbeiterjugendhochzeit«. Die anschließende Hochzeitsreise ging, hierin durchaus jugendbewegt, durch den Teutoburger Wald.

In Berlin lebten Martha und Erich Ollenhauer zunächst in mehr als bescheidenen Verhältnissen. Die erste Wohnung, nahe dem alten Sportpalast gelegen, steckte voller Wanzen; den Winter verbrachten sie in einer Gartenlaube, bis Martha bei Piet Voogd, dem Freund und Vorsitzenden der holländischen Arbeiterjugend sowie der Jugend-Internationale, nahe Amsterdam vorübergehende Zuflucht fand. Mit dabei: der erste Sohn Peter. Peters Zigeunerleben, so schrieb der

Martha war Redaktionssekretärin bei der Magdeburger »Volksstimme«. Bei so vielen jungen Männern das eine junge Mädel – da tönte es immer wieder laut »Martha« hier und »Martha« dort. Am 27. Mai 1922 wurde mit Gesang und Lautenspiel eine richtige Arbeiterjugendhochzeit gefeiert. Um 1922.

Vater 1945 an Freunde, habe damit begonnen, »daß uns unsere Schlummermutter im Alten Westen aus dem einzigen möblierten Zimmer heraussetzte, weil die Jöre so unruhig war. Wir landeten in einer Schrebergarten-Laube in Baumschulenweg. Da bekam Peter die ersten eisgekühlten Bäder, denn wir mußten erst morgens den Brunnen mit heißem Wasser auftauen, ehe wir Wasser für das tägliche Bad hatten. Schließlich ging es nicht mehr, Weihnachten 1923 ging er mit seiner Mutter für acht Wochen zu Freunden nach Holland, und als er im März zurückkam, hatten wir, auch wieder dank der Hilfe von Marie Juchacz, eine richtige Wohnung. Und damit zählten wir noch zu den Glücklichen und Auserwählten. Tausenden ging es noch schlechter.« Die neue Dreizimmerwohnung, die weit draußen in

Karlshorst lag, hatte Ollenhauer gekauft – mit Hilfe eines Baukostenzuschusses der Partei, die allmonatlich hundert Mark vom Gehalt einbehielt. (»Das war sehr viel«, wie Martha zu berichten weiß.) In der Erinnerung Martha Ollenhauers waren die Jahre von 1924 bis 1930 – 28 wurde der zweite Sohn Hermann geboren – glückliche Jahre, bis eben die Nazis angefangen hätten, die Straße zu terrorisieren, und sie in der Angst gelebt habe, ob die Männer gesund von ihren Versammlungen nach Hause kämen. Doch so weit war es noch nicht.

1924/25 war man zunächst einmal froh, daß Max, August und Erich »wenigstens dem Arbeiter gegenüber jetzt ganz gut« verdienten und man sich »doch wieder gut ernähren« konnte. So jedenfalls drückte es Alice Westphal aus, die Frau von Max Westphal. Sechs Jahre älter als Erich Ollenhauer und aus Hamburg gebürtig, war er ebenfalls 1920 in den Hauptvorstand der Arbeiterjugend gewählt worden und seither Erichs bester Freund. Die Familien, gerade auch die beiden Frauen mit den Kindern, führten ein reges freundschaftlich-geselliges Leben, hielten, wie Martha sagt, »engste Verbindung«, gingen zusammen in die Volksbühne und verbrachten zwei- oder dreimal gemeinsame Sommerferien an der Ostsee. Photographien zeugen von zwischenfamiliärer Nähe. Entspannung fand Erich Ollenhauer schon damals im Skatspiel, das ihm sein Magdeburger Schwiegervater beigebracht hatte. Doch wenn diese frühen Berliner Jahre glücklich waren, dann auch deshalb, weil Erich in seiner Arbeit aufging (und Martha sich mit ihr identifizierte). Die Arbeit im Büro am Belle-Alliance-Platz, zum Komplex des Parteihauses in der Lindenstraße gehörig, hatte ihn sofort gefangengenommen. Die Partei, die Bewegung oder die Organisation, wie er gesagt hätte, war sein Leben geworden. Es wurde bei aller Selbstbeschränkung ein inhaltsreiches Leben.

Der zweite Jugendtag – Sommer 1921 in Bielefeld – war zugleich der erste, den Ollenhauer organisieren half und den er zu prägen suchte. Dieser Bielefelder Jugendtag wie auch der folgende in Nürnberg sollten für den Verband eine neue Etappe markieren. Da war zunächst die Zahl der Teilnehmer: Zehntausend Lehrlinge, junge Arbeiter und Arbeiterinnen hatten sich die Fahrt zusammengespart oder zusammengeborgt. Dann war da die starke organisierte Arbeiterschaft, die nicht nur die Quartiere gab, sondern auch mit der Jugend gemeinsam durch die Straßen der Stadt zog und sichtbar werden ließ, wie sehr die Arbeiterjugend Teil der größeren, der Arbeiterbewegung war. Und schließlich waren da die ausländischen Delegationen, die in die »Nie-wieder-Krieg«-Rufe einstimmten.

Im Vorblick auf die Bielefelder Tage hatte Ollenhauer gemahnt, jeder möge »in seinem Innersten die Größe unserer Aufgabe, die Bedeutung unseres Kampfes in der Gegenwart und das freudige

Familie Ollenhauer und Familie Westphal Anfang September 1927 im Ostseebad Ahlbeck.

Aufwärtsschreiten der arbeitenden Jugend tief empfinden«. Konsequent und zielstrebig machte sich der junge Funktionär daran, die Parteijugend von ihren gefühlsseligen Höhenflügen herunterzuholen und hineinzuführen in die Gegenwart des politischen und sozialen Alltags. Er ging dabei sehr behutsam vor und bediente sich immer wieder der Sprache auch der Jugendbewegten – ohne verbergen zu können, daß dies seine Sprache eben nicht war. »Möge dieses Büchlein«, so hatte er sein Grußwort für Bielefeld geschlossen, »hinausgehen als ein lebenserweckender Maiengruß in die Welt der Arbeit zu jungen Menschen, die einen starken Frühlingsglauben an eine Erneuerung der Menschheit durch den Sozialismus im Herzen tragen.« Tatsächlich vollzog sich in Bielefeld – auch dank Ollenhauers Regie – die Hinwendung zur Sozialdemokratischen Partei, wenn nicht die Unterordnung unter die Partei. Äußeres Zeichen: die Wahl von Max Westphal zum neuen Vorsitzenden des Verbands der Arbeiterjugend-Vereine Deutschlands. Westphal und Ollenhauer, die Freunde und seelenverwandten Funktionäre der Bewegung, führten die Arbeiterjugend fortan gemeinsam – hin zu *dem* Jugendverband der SPD und weg von der Gefahr der Sonderbündelei. Oder, wie es Karl Otto Paetel, der in der bündischen Jugend zu Hause war, ausdrückte: Die Arbeiterjugend habe sich nach Weimar darauf beschränkt, ein »Jungbrunnen« der SPD zu sein. Daß sie dabei diejenigen abstieß, die nicht ins enge Parteikorsett gezwängt werden wollten, hat sie in Kauf genommen. Oschilewski erzählt, wie ihm die Arbeiterjugend zu

Beginn der zwanziger Jahre »zu eng« geworden sei und er sich in seinem Entfaltungsdrang gehemmt gefühlt habe. Und Franz Osterroth nennt namentlich Westphal und Ollenhauer, die die Zügel fest in der Hand gehalten und lokale Selbständigkeitsregungen unterdrückt hätten; Ollenhauers »Führer« schimpften er und seinesgleichen, die stets ihre eigenen kleinen Blätter herausbrachten, »ein ledernes Funktionärsbulletin«, und »empört« forderten sie die Absetzung des verantwortlichen Redakteurs.

Schon Ollenhauers erste größere Rede – betitelt »Arbeiterjugend und Republik« und gehalten ein Jahr nach Bielefeld – war der nun auch in der Sprache ungeschminkte Versuch, Sachlichkeit und Vernünftigkeit und Selbstbescheidung in das Verhalten der Mitglieder zu tragen. Die Zeitläufte hatten der Ernüchterung den Weg geebnet, und Erich Ollenhauer tat das Seine dazu, um einen Rückfall in die überschäumende Emotionalität der unmittelbaren Nachkriegszeit nicht aufkommen zu lassen. »Diese Jugend«, so meinte er, »fordert vom Leben das Letzte und Absolute. Jeder Kompromiß ist ihr zuwider, und oft genug sind andere Gruppen der deutschen Jugendbewegung in der Negation und Selbstisolierung steckengeblieben, weil sie sich nicht entschließen konnten, mit der Wirklichkeit einen Kompromiß zu schließen.« Dem setzte er sein Verständnis vom Idealismus entgegen: Für die sozialistische Jugend bedeute das Bekenntnis zur Republik einen »Kompromiß zwischen dem Tatsächlichen und dem Ideal«. Diesen höheren Idealismus wollte er in allen Teilen der organisierten Arbeiterjugend wecken. Ollenhauer beschwor »Kleinarbeit im Alltag«, »zähe Energie und unermüdliche Ausdauer« und immer wieder »Erziehung«, denn die Gestaltung der Republik sei nicht nur eine Macht-, sondern auch eine »Erziehungsfrage«. Damit hatte Ollenhauer sein Programm in einem Augenblick skizziert, da die Einigung mit den Überresten der linkssozialistischen Jugend herbeizuführen war.

Erich Ollenhauer widmete sich der Einigung der Jugendorganisationen von Mehrheitssozialdemokraten und dem Teil der »Unabhängigen«, der sich nicht mit der KPD vereinigt hatte, hartnäckig und im Bewußtsein eigener Stärke. Er war nicht bereit, der mit der USP verbundenen Sozialistischen Proletarierjugend, die ihm unpolitische Erziehungsarbeit vorwarf, entgegenzukommen. Er hatte nicht das Autonomiestreben der Jugendbewegten abgewehrt, um nun der Parteijugend ein eigenes politisches Mandat zuzugestehen! Man könne, so schrieb er noch vor vollzogener Einigung, die Jugend politisch erziehen, ohne das Wort Politik bei jeder möglichen und unmöglichen Gelegenheit im Munde zu führen. »Die Richtigkeit unserer Erziehungsarbeit« sah er »in glänzender Weise« bestätigt, und er mahnte, daß man sich zu dieser Erkenntnis bekennen solle –

auch auf die Gefahr hin, von den Kommunisten angerempelt zu werden. Deren jüngste Propagierung der Einheitsfront, so bekundete er fast gleichzeitig in einem ersten Artikel, der ausschließlich dem Verhältnis zu den Kommunisten galt, sei »ein neues taktisches Manöver«, mit dem sie die »starken, führenden sozialistischen Organisationen« unterhöhlen wollten. Schlußfolgerung: »Solange die kommunistische Jugend mit dieser unheilvollen und wahnwitzigen Methode immer wieder die Geschäfte des Kapitals besorgt, wollen und müssen wir es im Interesse der eigenen Reinheit und im Interesse der gesamten sozialistischen Jugendbewegung sehr überlegen, ob und welche Gemeinschaft wir mit dieser kommunistischen Jugend pflegen können.« Tatsächlich war es kein Zufall, daß er den Trennungsstrich den Kommunisten gegenüber erneuerte und verstärkte, als die Einigung mit den Unabhängigen auf der Tagesordnung stand. Es hatte auch für Erich Ollenhauer erst des Klärungsprozesses innerhalb der USP bedurft, ehe die Kräfte einzubeziehen waren, die sich 1920 – auf dem Parteitag in Halle – den Bedingungen der Komintern und damit der Anpassung an das bolschewistische Parteimodell wie der Unterordnung unter das Moskauer Kommando widersetzt hatten und sich allein nun nicht mehr behaupten konnten.

Ollenhauers Urteil über die Kommunisten war niemals, auch unmittelbar nach der Oktoberrevolution nicht, anders als von schroffer Ablehnung bestimmt gewesen. Schon 1919, in der Geburtsstunde der KPD, hatte er zu seiner Schwester von russisch-sowjetischen Vorherrschaftsansprüchen und diktatorischen Auswüchsen des bolschewistischen Regimes gesprochen und damit, wie sich sein Freund Schmidt-Küster erinnert, die Meinung aller »Magdeburger Arbeiterjugendbündler« ausgedrückt: In Magdeburg hätten sie, was den Umsturz in Rußland anging, »von Anfang an« alle »eine ganz klare Einstellung der Verneinung« gehabt. Das Verhältnis zu den Kommunisten war für Erich Ollenhauer niemals unter Gesichtspunkten der Opportunität zu bestimmen. Daß der Graben unüberbrückbar war, galt ihm als sozialdemokratischer Grund-, ja Glaubenssatz. Daß er aus seinem Wesen heraus – ganz ähnlich wie der seinerzeitige Parteivorsitzende Ebert – jedweden abrupten Bruch einer Ordnung ablehnte, hat seine Rolle gespielt. Doch ebenso wichtig war, daß sich in der Mehrheitssozialdemokratie, in die er hineingewachsen war, schon zu Zeiten des deutschen Umsturzes ein eindeutig negatives Bild vom Bolschewismus verfestigt hatte. Ein Bild, das zusammengesetzt war aus eingefressener Ablehnung des rückständig-blutrünstig-asiatischen Rußland und überzeugter Ablehnung von Gewalttätigkeiten, die durch Nachrichten aus Rußland zunehmend bekräftigt wurde.

Das Gefühl, Deutschland vor dem Bolschewismus gerettet zu

haben, beruhte auf einer Übertreibung und diente der Verdrängung eigener Unzulänglichkeiten; Richard Löwenthal bescheinigte den sozialdemokratischen Führern einmal, sie hätten den Ernst der kommunistischen Gefahr eben überschätzt, und Erich Matthias nannte die Bolschewistenfurcht, von der die mehrheitssozialdemokratischen und zum Teil auch die unabhängigen Führer besessen gewesen seien, weniger durch die realen Kräfteverhältnisse innerhalb der deutschen Arbeiterbewegung genährt »als durch eine Psychose«. Tatsächlich stand das Klischee vom Bolschewismus, das sich in der deutschen Sozialdemokratie herausgebildet hatte und dem Karl Kautsky beredten Ausdruck gab, einer realistischen Analyse von Veränderungen in der Sowjetunion entgegen und behinderte eine klare Sicht der deutschen Verhältnisse. Die Folge: Mit größter Selbstverständlichkeit hat die SPD die keineswegs zwangsläufige Entwicklung der KPD zur Massenpartei hingenommen. Die Verantwortung selten bei sich selbst zu suchen, aber öfter Sündenböcke für eigenes Fehlverhalten auszumachen, sollte ein Wesensmerkmal der Weimarer SPD werden und, um noch einmal Erich Matthias zu zitieren, jene deutsche Ideologie der Weimarer Republik begründen, die in die Formel »Versailles und Moskau« gekleidet wurde und »schwerste Hypotheken für die erste deutsche Demokratie« heraufbeschwor.

Auch Erich Ollenhauer, Fleisch vom Fleisch und Geist vom Geist der deutschen Mehrheitssozialdemokratie, fragte lange Jahre nicht nach einer Verantwortung der eigenen Partei oder auch der eigenen Person. Schuld hatten fast immer die anderen; Wehleidigkeit und Selbstgerechtigkeit wurden Ausdruck schwindender politischer Kraft und erstarrten Selbstbewußtseins. Er beklagte den Rückzug der sozialdemokratischen Arbeiterschaft und spottete über »Desorganisation und Maulheldentum« im kommunistischen Lager und darüber, daß nichts mehr übriggeblieben sei »von den kommunistischen Blütenträumen«. Sein »Interesse an der eigenen Reinheit«, das er bekundete, ließ keinen Raum für unmittelbare Auseinandersetzung und verbaute auch den Weg zur Gewinnung junger Anhänger von links. Wer Kommunist war, der hatte sozusagen selber schuld. Zeichen der Stärke?

Es war fast selbstverständlich, daß Ollenhauer 1925 eine Einladung der Kommunistischen Jugend-Internationale, die Sowjetunion zu besuchen, ablehnte. Gewiß, er hatte gute Gründe; die Kommunisten gingen auf seine Bedingungen – eigene Entscheidung über die Delegation, freie Reiseroute, Besuch inhaftierter Genossen – nicht ein. Doch ließ die Art, in der Ollenhauer die Angelegenheit regelte, keinen anderen Schluß zu als den, daß er ohnehin nicht reisen wollte. Jeder, der sich auf diese kommunistischen Machenschaften einlasse, so sein Fazit, »macht sich zum Werkzeug kommunistischer Heuchelei und Schaumschlägerei«; unbeirrt »von dem Geschrei der Kommunisten« werde man die »als richtig erkannten Wege allein gehen«.

Die Abgrenzung nach weiter links also war eindeutig gezogen, als sich am 29. Oktober 1922 in Leipzig die Sozialistische Proletarierjugend und der Verband der Arbeiterjugend-Vereine zur Sozialistischen Arbeiterjugend Deutschlands (SAJ) zusammenschlossen; erst einen Monat zuvor hatten die beiden sozialdemokratischen Parteien zueinandergefunden. Im gesetzten Ziel konnten sich zunächst alle Strömungen wiedererkennen: »Der Verband der Sozialistischen Arbeiterjugend Deutschlands erzieht seine Mitglieder im Geist der sozialistischen Weltanschauung zu Kämpfern für die sozialistischen Ideale. Er vertritt die wirtschaftlichen, sozialen und kulturellen Forderungen der proletarischen Jugend.« Die bislang zwischen Vertretern der Partei und der Arbeiterjugend bestehende Parität im Hauptvorstand wurde aufgegeben; sieben Jugendliche, meist hauptamtliche Funktionäre wie Ollenhauer, standen fortan fünf Abgesandten des Parteivorstands gegenüber. Der neue Verband zählte runde hunderttausend Mitglieder, darunter etwa 15 000 aus der ehemaligen USP-Jugend.

Auf der Leipziger Einigungskonferenz hatte Ollenhauer in seiner Eigenschaft als Sekretär der Arbeiter-Jugend-Internationale das Wort genommen; in dieses Amt war er auf dem Gründungskongreß der Jugend-Internationale, Pfingsten 1921, in Amsterdam berufen worden. Die deutsche Einigung begrüßte er als die »Erfüllung der wichtigsten Vorbedingung für die internationale Einigung der sozialistischen Jugend«. Der Verband der Arbeiterjugend-Vereine gehörte der Arbeiter-Jugend-Internationale an, während sich die Sozialistische Proletarierjugend der im Februar 1921 unter österreichischer Führung gegründeten Internationalen Arbeitsgemeinschaft sozialistischer Jugendorganisationen angeschlossen hatte, dem Ableger der Wiener oder auch – scherzhaft so genannten – II½. Internationale. Nach der deutschen Einigung stand der Gründung der Sozialistischen-Jugend-Internationale nun nichts mehr im Wege, die im Anschluß an den Gründungskongreß der Sozialistischen Arbeiter-Internationale Pfingsten 1923 in Hamburg vollzogen wurde. Ollenhauer, der das Referat über »Die Schaffung einer sozialistischen Jugendinternationale« hielt, deutete die Einigung: »Das Programm spricht von den drei großen Aufgabengebieten der sozialistischen Jugendarbeit: Erziehung, Jugendschutz, Antikriegsarbeit, und es hält auch an der Abgrenzung der gewerkschaftlichen Bewegung fest.« Er war sich seiner Sache sicher, auch hier, obwohl die Dinge so eindeutig nicht waren, auch hier nicht.

Um den Sitz des Sekretariats wurde so heftig gestritten, daß die Entscheidung zugunsten Berlins und damit Erich Ollenhauers erst nach einer Kampfabstimmung fiel; mehrere Verbände fürchteten ein zu starkes Gewicht der Deutschen, die die Notwendigkeit des politischen Kampfes nicht sehen würden, und plädierten für Wien (und damit einen österreichischen Sekretär). Erich Ollenhauer hielt in der Internationale die gleichen Prinzipien hoch wie in der deutschen Arbeiterjugend: Die internationale Solidarität, so verkündete er, setze »eine bestimmte Erkenntnis der internationalen Zusammenhänge« voraus, und diese müsse der arbeitenden Jugend »durch unsere politische Erziehungsarbeit« verschafft werden. Er wußte, was er wollte, und es kann kein Zweifel sein, daß er der Jugend-Internationale seinen Stempel aufgedrückt und sie zielstrebig zum politischen »Anhängsel« der SAI gemacht hat.

Seine Organisationsgabe und sein gewaltiger Arbeitseinsatz – Korrespondenzen, Berichte, Artikel, Sitzungen, Kongresse, Aussprachen und Schulungen, Reisen zu den Mitgliedsverbänden – machten ihn unentbehrlich und verschafften ihm rasch Respekt. Als Piet Voogd 1926 aus seinem Vorsitzendenamt ausschied, bekannte er: »Wenn ich nicht die Unterstützung der Büromitglieder und im besonderen des wackeren Genossen Ollenhauer, der durch seine treffliche Arbeit alles so gut vorzubereiten wußte, gehabt hätte, dann hätte ich doch eigentlich wenig leisten können.« Sein vielfältiges internationales Engagement machte ihm stets besondere Freude. Und wenn Martha Ollenhauer die Jahre nach 1923 glücklich genannt hat, dann auch deshalb, weil die Freundschaften wuchsen – mit den Dänen und Schweden, den Holländern und den Deutschen aus der Tschechoslowakei, die alle deutsch sprachen (Ollenhauer konnte keine Fremdsprache). Doch bevor man wieder ans Reisen denken konnte, hatten Ollenhauer und Westphal Mühe, im eigenen Land die gerade errungene Einheit der Sozialistischen Arbeiterjugend zu wahren.

In der Arbeiterbewegung und so auch in der Jugend wurde leidenschaftlich darum gerungen, ob der deutsch-französische Konflikt mehr als ein Ausdruck überkommener kapitalistischer Konkurrenz sei. Während die einen die Betonung darauf legten, daß das Monopolkapital in zunehmendem Maße nationale Grenzen überschreite, meinten die anderen – zumal eine sich neu formierende »rechte« Opposition –, daß die deutsche Arbeiterschaft unbeschadet ihres Ringens um eine gerechtere Wirtschaftsordnung ein positives Verhältnis zu Staat und Nation entwickeln müsse. Max Westphal und Erich Ollenhauer, die beiden Arbeiterjugend-Führer, suchten die Einheit zu retten, indem sie zum Kampf gegen französischen Militarismus *und* deutschen Nationalismus aufriefen. Der entbrannte Streit hatte Ollenhauer auf der Görlitzer Reichskonferenz 1923 veranlaßt, sich zur Nation zu bekennen – freilich ohne daraus die aktivistischen Konsequenzen der jungen sozialdemokratischen Rechten ziehen zu wollen. »Der nationalistischen Überhitzung«, so hatte er die Gemüter zu beruhigen gesucht, »müssen wir ein gesundes Empfinden für die Zusammenhänge zwischen Arbeiterschaft und Nation entgegensetzen«, um dann hinzuzufügen: »Wer heute, nachdem wir beinahe ein Jahrzehnt hindurch schmerzlich erfahren mußten, wie sehr wir mit dem Geschick des deutschen Volkes verbunden sind, noch behauptet, es gebe für uns keine nationale Frage, der muß mit Blindheit geschlagen sein.«

Mehr noch als ein Bekenntnis *für* die Nation lag in Ollenhauers Görlitzer Sätzen denn auch ein Bekenntnis *gegen* Klassenkampf und Revolution – in jenem bewegten Jahr 1923 von besonderer Aktualität. Das Echo, das die SAJ in diesen Monaten fand, war hoch; zum Nürnberger Jugendtag am 11. August 1923, auf dem Höhepunkt der Inflation, strömten 50 000 Jugendliche, und an der Kundgebung nahmen 250 000 Menschen teil. Es war der Tag, an dem es in Berlin zu einem von kommunistischen Betriebsräten geführten Streik kam, die SPD der Regierung Cuno ihre Unterstützung entzog, der Verfall der Währung das staatliche Gefüge bedrohte und »Novemberstimmung« aufkam; zwei Tage später trat die SPD in Stresemanns Große Koalition ein. Für die SAJ und ihre Führung aber zählten nicht die politischen Impulse, die von einer großartigen Kundgebung ausgehen können, und es zählten auch nicht die großen Erwartungen der Massen. Gebannt starrte man allein auf die Zahl der Teilnehmer, mit der man nicht gerechnet hatte und aus der der Schluß gezogen wurde, daß die SAJ nun einen politischen Machtfaktor darstelle.

Nach Ablauf des Krisenjahres 1923 – mit Ruhrkampf, Münchner nationalistischen Abenteuern, Einmarsch der Reichswehr in Sachsen und Thüringen – lehnte Ollenhauer es rundweg ab, daß in der Arbeiterjugend zu politischen Ereignissen kritisch Stellung genommen werde: Die politische Erziehung der Jugend sei auf das äußerste gefährdet, »wenn wir den politischen Tageskampf und taktische Streitfragen als das wichtigste Mittel der politischen Schulung betrachten«. Wenn heute noch erwachsene und somit vernünftige Arbeiter den Phrasen der Kommunisten und Völkischen nachliefen, sei das kein Beweis für die Richtigkeit der Taktik der Extreme, sondern für die politische Unreife der Mitläufer. Schlußfolgerung: »Der Mangel kann nur durch politische Erziehung behoben werden, die unsere Bewegung in erster Linie zu leisten hat.« Ohne jeden taktischen Vorbehalt umschrieb Ollenhauer, was er unter »politischer Erziehung« verstanden wissen will: erstens Bildungsarbeit wie die »Vermittlung von Wissen etwa über den Stand der Weltwirtschaft, das Wesen der Demokratie, über das Wirken Lassalles, oder über die Reden Fichtes« und zum zweiten praktische Wahlkampfhilfe wie »Flugblattverteilung, Plakatierung von Aufrufen, Stimmzettelverteilung«. Dadurch werde die Jugend in das politische Leben hineingestellt.

Nur wenige Monate später, im Vorfeld der Weimarer Reichskonferenz von 1924, mußte Ollenhauer erstmals einen Rückgang der Mitgliederzahlen zugeben. Doch auch daraus wußte er das beste zu machen: Angesichts der Ereignisse – zeitweise seien neunzig Prozent der Mitgliedschaft arbeitslos gewesen – war ihm ein Rückgang auf 90 000 bis 95 000 »der beste Beweis«, wie sicher der Verband den Weg durch die Krise gefunden habe. Zutiefst glaubte Erich Ollenhauer daran, daß sich notwendigerweise alles zum Guten wende, hin zu den sozialistischen Zielen, die er niemals näher bestimmte, und daß es allein darauf ankomme, dem im Kleinen durch Vermittlung eines Tugendsystems nachzuhelfen. In diesem deterministischen Welt- und Menschenbild, das er mit fast allen führenden Sozialdemokraten seiner Zeit teilte und das vielleicht auch eine Folge der Erfolglosigkeit der Partei war, konnte weder Raum sein für konzeptionelle Kraft noch für kämpferische Entschlossenheit. Diese Defizite aber waren es, die die Weimarer Sozialdemokratie in nicht geringem Maße kennzeichneten.

Die äußeren Anlässe, die 1923 für innerparteilichen und innerverbandlichen Zündstoff gesorgt hatten, sollten sich so rasch nicht wiederholen. Im Zuge allgemeiner Stabilisierung schliffen sich die inneren Gegensätze auch in der Arbeiterjugend ab, und Ollenhauer nutzte die Gelegenheit, die Entpolitisierung der Organisation zu beschleunigen. Es wurden weitere organisatorische Änderungen vollzogen, die den hauptamtlichen Funktionären einen größeren Spielraum ließen; Reichskonferenzen sollten fortan nur noch alle zwei Jahre stattfinden. Auf dem Wege, die organisierte Arbeiterjugend ausschließlich auf die Partei auszurichten, kam Ollenhauer in der Ruhe nach dem Sturm ein gutes Stück voran. (Und dennoch: Daß die Wirklichkeit der Arbeiterjugend vielfältig blieb und im Streben nach einer parteigebundenen – in sich weitverzweigten, aber nach außen abgeschlossenen – Erziehungsorganisation nur bedingt erfaßt war, konnte auch er nicht verhindern. Die SAJ war immer ein Stück Lehrlingsbewegung gewesen, sie war ein Stück Jugendbewegung geblieben und ein Stück politischer Bewegung geworden. Sie war nie nur das eine oder nur das andere, immer auch das eine und das andere. Vor allem war sie ihren Mitgliedern, gleich wie eine Ortsgruppe ausgerichtet war, eine Zuflucht, eine Heimat, vielleicht ein Familienersatz.)

Mit Blick auf den bevorstehenden Hamburger Jugendtag ließ Ollenhauer 1925 die bisherigen, soviel Aufbruchstimmung verkörpernden Treffen Revue passieren und skizzierte den Weg von einstiger Himmelsstürmerei zur Selbstbescheidung: Weimar war das Bekenntnis zum Sozialismus als einer neuen Lebensform gewesen, Bielefeld das Bekenntnis zu internationaler Solidarität, Nürnberg das Bekenntnis zur demokratischen Idee des Sozialismus, Hamburg nun sollte das Bekenntnis zu Jugendschutz und Jugendrecht sein. »Die augenblickliche Lage zwingt uns, die politische Gegenwartsaufgabe so stark zu betonen, daß das letzte große Ziel oft nur im Unterbewußtsein der großen Zahl der Teilnehmer mitschwingt.« Ein Prinzip Zukunft kannte Ollenhauer nicht; es hätte in seiner täglichen Arbeit – »Kleinarbeit«, wie er selbst sagte – keinen Platz gehabt. Sein eigenes Hauptreferat über »Jugendschutz und Jugendrecht« war von äußerster Nüchternheit und stand in krassem Gegensatz zu dem begeisternden Drumherum des Jugendtages, der für so viele noch einmal die Vision einer Welt von morgen verkörperte. Ein Jahr später, auf dem Internationalen Jugendtreffen in Amsterdam 1926, ging Erich Ollenhauer wiederum einen Schritt weiter. In seinem Referat über »Die Bedeutung der Kulturarbeit in der Jugendbewegung für den Sozialismus« gestand er ein, daß der sozialistischen Bewegung gegenwärtig der mitreißende Schwung fehle. Der Kleinkrieg um die Positionen in Staat und Wirtschaft nehme ihr jenen hinreißenden Elan, den sie früher einmal gehabt habe. Bedauerte er dies? Mitnichten. Gegenwartsaufgabe und Kleinarbeit auf der einen, Schwung und Elan auf der anderen Seite – für Ollenhauer war der Gegensatz nicht überbrückbar, und er sollte es nicht sein. Er setzte voraus, daß die Gegenwartsaufgabe so geführt werden mußte, wie sie geführt wurde – und dies in einer Zeit, da die Mitgliederzahl der Arbeiterjugend nun fast dramatisch zurückging.

Mitte der zwanziger Jahre verlor die SAJ – im Reich und in den einzelnen Bezirken – fünfzig Prozent ihrer Mitgliedschaft. Von den 100000 zum Zeitpunkt der Vereinigung 1922 blieben ihr 1928 rund 50000. Die Erwartung, daß in Zeiten relativer Ruhe die Mitgliedsziffern steigen müßten, hatte getrogen; die Führung der SAJ tröstete sich und die Organisation über den Mitgliederschwund hinweg, indem einmal die »gute organisatorische Verfassung unseres Verbandes« und zum anderen die »Vertiefung der Erziehungs- und Bildungsarbeit« herausgestellt wurde. Mit Angaben über die Zahl abgehaltener Versammlungen und anderer organisatorischer Leistungen sollte »das Bewußtsein« vermittelt werden, »daß es jetzt wieder aufwärts geht«. Selbstkritische Fragen, warum die Anziehungskraft unter den jugendlichen Arbeitern und Arbeiterinnen – von anderen Schichten gar nicht zu reden – nachgelassen habe und ob dies zwingend sei, wurden in keinem der zahlreichen Artikel und Reden Erich Ollenhauers gestellt. Auch in der Auseinandersetzung mit den Jungsozialisten nicht, die der SAJ erneut Gelegenheit gab, den eigenen Kurs festzulegen.

Die Jungsozialisten hatten sich 1920 organisiert, um denen, die nicht von der Arbeiterjugend unmittelbar in die Partei hinüberwechseln mochten, eine politische Heimat bieten zu können; die Altersgrenze lag zwischen 18 und 25 Jahren. Tatsächlich waren die Jungsozialisten, deren Mitgliedszahl immer auf einige tausend beschränkt blieb, von Anbeginn an eine Heimstatt sozialdemokratischer Intellektueller geworden – mit allen Folgen für Flügelbildung und Gruppenkämpfe. 1923 hatte sich eine national-bewußte, der Jugendbewegung verbundene junge SPD-Rechte im Hofgeismarer Kreis zusammengefunden; ihr geistiger Führer war der Leipziger Rechtsprofessor Hermann Heller; auch der Einfluß von Hendrik de Man war nicht zu verkennen. Die Linke war unter Führung des Wiener marxistischen »Neukantianers« Max Adler im Hannoveraner Kreis vereinigt. Ostern 1925, auf der Reichskonferenz der Jungsozialisten in Jena, kam es

Ab 1920 gehört Ollenhauer zur Führungsspitze der Arbeiterjugend; 1928 wird er Vorsitzender der SAJ. »Wir sind in der großen Arbeiterbewegung lediglich ein Glied, und unser Ziel muß sein, möglichst viele und gute Funktionäre an die Erwachsenen abzugeben.« Ollenhauer (hinten links) mit Vertretern der Jugend-Internationale, deren Sekretär er mit 18 Jahren geworden war.

zum längst erwarteten Zusammenstoß zwischen beiden Flügeln, die beide in mehr oder minder scharfer Opposition zur Politik der SAJ-Führung standen. So war Max Westphal, der zusätzlich zu seinen Verpflichtungen an der Spitze der SAJ die »Jungsozialistischen Blätter« redigierte, niemandem genehm, den Rechten nicht und den Linken erst recht nicht. Nach einer erregenden Debatte – Heller hatte zum Thema »Nation, Staat und Sozialdemokratie« referiert, Adler über »Die marxistische Lehre vom Staat« – stimmte eine Mehrheit der Resolution der Hannoveraner zu, in der »die nationale Romantik in jeder Form« abgelehnt und einer »Verwässerung des revolutionären Klassenkampfes« der Kampf angesagt wurde. Die Folge war, daß die Hofgeismarer die Konferenz verließen und den jungsozialistischen Verband sprengten. Für die SAJ-Führung, die ihrerseits keinen Zweifel zuließ, daß sie, obwohl selbst alles andere als links, mit dem rechten Jungsozialisten-Flügel nichts gemein hatte, war dies das Signal zur Offensive. In einem ersten Kommentar hieß es, daß die SAJ die theoretische Einstellung von Jena nicht teile – als Maßstab galt die Haltung zur Republik – und sich alles weitere vorbehalten müsse. »Alles weitere« – das bedeutete im Klartext Heraufsetzung der Altersgrenze in der SAJ auf 20 Jahre. Ein entsprechender Beschluß wurde von der Hildesheimer Reichskonferenz der SAJ 1926 gefaßt und ein Jahr später vom Kieler Parteitag der SPD bestätigt. Damit sollte »die Kette«, wie Ollenhauer es ausdrückte, geschlossen werden: »Kinderfreunde – Arbeiterjugend – Partei«. Es sei nicht tragbar, daß man sich vier Jahre um die Seelen und Hirne Tausender junger Menschen bemühe, diese aber dann abwanderten und nicht zu den Jungsozialisten gingen. Denn: »Wir sind in der großen Arbeiterbewegung lediglich ein Glied, und unser Ziel muß sein, möglichst viele und gute Funktionäre an die Erwachsenen abzugeben. Das ist doch der Sinn unserer Bewegung, daß wir wissen, die 70000, die wir bei uns sammelten, sollen später in den Organisationen der erwachsenen Arbeiterschaft wieder auftauchen.«

Wer sich allein am automatischen Übergang zur SPD orientierte, der mußte als Konkurrenz empfinden, was keine Konkurrenz war. Fast gleichzeitig mit der ›Regelung‹ der Jungsozialisten-Frage wandte sich die SAJ-Führung scharf dagegen, daß das Reichsbanner – als republikanischer Zusammenschluß ehemaliger Frontkämpfer – eine eigene Jugendorganisation aufbaute, und in einer konzertierten Aktion mit dem Parteivorstand betrieb sie den Ausschluß des Internationalen Jugendbundes, der Anhänger des Göttinger Professors Leonard Nelson, der im November 1925 vollzogen wurde. Unter den Ausgeschlossenen befand sich auch der junge Willi Eichler. (1)

Ein namentlich nicht gezeichneter Artikel – der, wenn er nicht aus Ollenhauers Feder stammte, jedenfalls seine Billigung hatte – trug folgerichtig den Titel »Der Wille zur Partei«. Die Lebensgewohnheiten und die Ansichten über die Lebensgestaltung sozialistisch organisierter Arbeiter bei den Alten und Jungen, so die Klage, gingen noch weit auseinander. Die Jungen, die in der Jugendbewegung das Erlebnis einer Gemeinschaft gehabt hätten, die weit über die Verbindung zu politischen Aktionen hinausgegangen sei, seien unbefriedigt vom Leben in der Parteiorganisation, so die in ihrer Aufrichtigkeit überraschende Beschreibung des Zustands, der zu »überwinden« sei. Und zwar dadurch, daß wir »in der jungen Generation bewußt den Willen zur Partei wecken«. Es war zugleich von »politischem Wirken« die Rede, was für die SAJ heißen sollte, »recht viele Junge zur stärksten Parteibereitschaft zu erziehen« und die von der Partei verfolgte Linie nicht kritisch zu hinterfragen. In einem der vielgesungenen Lieder der Arbeiterjugend – »Dem Morgenrot entgegen«, von Heinrich Eildermann, nach der Melodie der Mantua-Hymne auf Andreas Hofer – lautete der Refrain: »Wir sind die junge Garde des Proletariats!« Unter Max Westphal und Erich Ollenhauer hätte es richtiger »die junge Garde der Partei« heißen sollen! Ein Beispiel: der Kommentar der »Arbeiter-Jugend« zur Reichspräsidentenwahl von 1925, in dem es hieß: »Es ist ganz gewiß nicht diese Republik, die Hindenburg und seine Leute meinen, wenn sie sich ihr anschließen. Aber ebenso gewiß ist es, daß sie auf dem Wege liegt, den die staatsrechtliche Entwicklung Deutschlands seit der Umwälzung des Jahres 1918 eingeschlagen hat, und nur auf diesem Weg. Wie wir sozialistischen Republikaner uns zu unserem sozialistischen Endziel bekennen, so bekennen wir uns darum folgerichtig auch zu allen Etappen dieses Zieles. Und so akzeptieren wir auch die Etappe Hindenburg, denn wir wissen, daß wir sie überwinden werden.« Dies war, wohlgemerkt, das Jahr 1925, nicht 1932, als die SPD, »um Schlimmeres zu verhüten«, keine andere Wahl sah, als Hindenburg wiederzuwählen.

Der »Wille zur Partei« markierte das vorläufige Ende einer Entwicklung, an dem 1927/28 die Arbeiterjugend angelangt war und an dem ihr immer noch junger Sekretär – Ollenhauer war jetzt 26 Jahre alt – erstaunliche Selbstsicherheit demonstrierte. Anläßlich des Amsterdamer Internationalen Jugendtages forderte er Disziplin und mahnte: »Die ausländische Jugend, und vor allem die ausländische Öffentlichkeit, sieht in den internationalen Gästen ... nicht Müller oder Schulze aus Posemuckel, sondern deutsche sozialistische Arbeiterjugend.« Wie kaum einer sonst verkörperte Erich Ollenhauer einen Jugendverband, der in Disziplin, Selbstgenügsamkeit und nach innen gewandter Blickrichtung zum Abbild jener Partei geworden war, die seit der Revolution, die keine war, der Republik mehr gab, als die Arbeiter von ihr erhielten. Doch jetzt noch weniger als in den früheren Jahren war die Arbeiterjugend ein monolithischer Block, und so pochten ihre führenden Funktionäre nachdrücklich auf Gehorsam und Disziplin. Sie taten dies um so mehr, als in der zweiten Hälfte der zwanziger Jahre sich innerhalb der SAJ eine Opposition erneuerte, die, von marxistischen Vorstellungen beeinflußt und vom linken Parteiflügel inspiriert, einen politischen und kämpferischen Verband wollte.

Schon auf der Hildesheimer Reichskonferenz 1926 war, diesmal noch auf einem Nebenschauplatz, die Polarisierung zwischen den Anhängern von Ollenhauers vorstandstreuer Erziehungsorganisation und der linken, auf politische Aktion drängenden Opposition hervorgetreten. Dabei war niemals die Erziehung als solche umstritten, wohl aber ihr Inhalt; für die Linke hatte Erziehungsarbeit nur dann einen Sinn, wenn sie auf den politischen Kampf vorbereitete. Die »Arbeiter-Jugend« hatte schon des öfteren im Kreuzfeuer der Kritik gestanden, Anlaß war immer wieder ihre politische Enthaltsamkeit gewesen. So nun auch in Hildesheim, wo Ollenhauer in entwaffnender, von Selbstgefälligkeit kaum zu unterscheidender Selbstsicherheit den redaktionellen Kurs der »Arbeiter-Jugend« verteidigte – und damit auch seinen eigenen Führungsstil. »Ich bin mir darüber klar«, rief er aus, »daß nicht die ›Arbeiter-Jugend‹ in ihrem Inhalt unzulänglich ist, sondern daß die Jugendlichen sie nicht recht zu lesen verstehen.« Das war sehr von oben herab geurteilt, auch wenn das Blatt besser war als sein Ruf. Am 1. Januar 1927 übernahm Ollenhauer auch offiziell die Redaktion der »Arbeiter-Jugend«, die er faktisch schon innegehabt hatte; die redaktionelle Verantwortung für den »Führer« behielt er zunächst bei. So hatte er innerhalb der SAJ eine mittlerweile beachtliche Machtposition aufgebaut; seine intensive organisatorische Arbeit führte er ebenso fort wie sein Amt in der Internationale. Wie sah er sich selbst in diesen Jahren des persönlichen Aufstiegs? Hatte er ein Leitbild?

Bald nach dem Tod Friedrich Eberts 1925 hatte Erich Ollenhauer die Umbenennung des Thüringer SAJ-Heims Tännich in Friedrich-Ebert-Heim zum Anlaß einer Würdigung des verstorbenen Reichspräsidenten genommen. Es war eine Würdigung, die ihm unversehens zu einer Aussage über sich selbst geriet. So wie Ebert wollte er sich einen Vormann der Sozialdemokratie vorstellen. Ebert, das war für ihn der Mann, der sich trotz beispiellosen Aufstiegs selbst treu geblieben sei, der Mann, den weder Ehrgeiz noch Ruhmsucht umgetrieben hätten. »Ohne große Geste, aber mit dem Willen zur Tat und mit dem Mut zur Verantwortung.« Nur Persönlichkeiten aus diesem Geist könnten die sozialen Demokratien mit blutwarmem Leben erfüllen. Mit Ebert verband den jungen Ollenhauer politische Seelenverwandtschaft. »Er war uns Vorbild in unserem eigenen Streben

»An ihm war nichts«, urteilte Torsten Nilsson, »was die Aufmerksamkeit hätte auf sich ziehen können. Rundlich, eher kurz gewachsen, die Gesichtshaut rötlich. Der Blick hinter den Brillengläsern kurzsichtig forschend.« Aber Nilsson hebt auch die Ehrlickeit und Aufrichtigkeit hervor, und Bruno Kreisky erinnert sich, Ollenhauer sei immer gern gesehen gewesen, »wegen seines Sinnes für Humor und seiner rundlichen Bonhomie«. Aufnahme 1929.

nach der Reife für die Mitarbeit in der demokratischen Republik«, schrieb er in seinem Nachruf. In ihm hätten sich die Eigenschaften verbunden, »die der künftigen Generation unseres Volkes das Gepräge geben müssen: lauterer Charakter, strengste Pflichterfüllung, starker Wille, politischer Scharfblick und vor allem unantastbare Gesinnungstreue.«

Torsten Nilsson, damals Vorsitzender der schwedischen sozialdemokratischen Jugend, kam 1929 zu einem Besuch nach Deutschland und traf Ollenhauer wieder, den er 1925 kennengelernt hatte. »In mehreren unserer Gespräche«, erinnert sich der spätere schwedische Außenminister, habe Ollenhauer den toten Parteiführer verteidigt: Ebert habe »auf stille Weise und ohne sich hervorzutun, gewußt, was er wollte und was die Lage erforderlich machte«. Über Ollenhauer selbst, der 1928 auf einem Kongreß der Schwedischen Arbeiterjugend in Stockholm sprach, schreibt Nilsson in seinen Memoiren: »An ihm war nichts, was die Aufmerksamkeit hätte auf sich ziehen können. Er hätte ein Jedermann sein können. Rundlich, eher kurz gewachsen, die Gesichtshaut rötlich. Der Blick hinter den Brillengläsern kurzsichtig forschend. Als Redner gehörte er nicht zu denen, die unmittelbar gefangennehmen und glänzen.« In seiner Art, die Gedanken vorzutragen, habe er an »uns Skandinavier« erinnert. Torsten Nilsson hat sein Urteil später ergänzt und wertvolle Qualitäten, zumal in Ollenhauers Art zu argumentieren, entdeckt. Ein anderer Freund aus der Jugend, Erich Brost, der Ollenhauer Mitte der 20er Jahre in seiner Heimatstadt Danzig kennenlernte, nennt als den damals hervorstechenden Eindruck »seine Nüchternheit in der Beurteilung politischer Fragen«; Ollenhauer sei auch schon in seiner Jugend »ein ausgezeichneter Ratgeber in allen Organisationsfragen« gewesen – »dabei selbst ein fröhlicher Mensch, der gerne lachte und sang«. Und Bruno Kreisky erinnert sich, daß er »bei uns Österreichern«, die politisch meist in Opposition zu ihm standen, »immer gern gesehen war – wegen seines Sinnes für Humor und seiner rundlichen Bonhomie«.

Als Erich Ollenhauer noch ganz am Beginn seiner Laufbahn stand, 1921/22, hatte der damalige Vorsitzende der schwedischen Arbeiterjugend, Rikard Lindström, nachmals einer der führenden Sozialdemokraten seines Landes, nahezu prophetische Worte gefunden, die vielleicht nur einer skandinavischen Feder entstammen konnten: »Er ist ein guter Kopf und führt eine feine Feder. Innerhalb der sozialistischen Arbeiter Jugend-Internationale hat man schon viel auf die Schultern dieses Zwanzigjährigen gelegt. Aber Erich Ollenhauer ist seinen Aufgaben gewachsen, und es besteht wohl kein Zweifel darüber, daß die deutsche Arbeiterklasse den jungen Magdeburger späterhin zu weit größeren Aufgaben berufen wird.« Er rühmte seinen klaren Verstand, seine pointierte Rede, sein selbsterarbeitetes Wissen und Können, und er lobte, daß der Sozialismus eine Lebensauffassung für Ollenhauer sei. »Er ist absolut immun gegen jedwede pessimistische Anschauung, von der er meint, daß sie unvereinbar sei mit sozialistischer Denkweise. Für das Gefühl eines Weltschmerzes, der immer eine schwere Anfechtung für viele deutsche Begabte seines Alters ist, hat er nichts übrig. Ein gesunder Geist, ein gewandter Intellekt und eine nicht gewöhnliche Aufnahmefähigkeit zeichnen Erich Ollenhauer aus. Der kleine, lebhafte Deutsche ist einer von der Sorte Mensch, über die man sich aufrichtig freut, sie zu seinen Freunden rechnen zu können.« Das war mehr Ruhm, als er bis auf weiteres im eigenen Land ernten konnte.

»Einen Vollbart bis zum Knie«

Der Kieler Parteitag der SPD hatte 1927 Max Westphal, Mitglied im Hauptvorstand der Arbeiterjugend seit 1920 und ihr Vorsitzender seit 1921, als hauptamtlichen Sekretär in den Parteivorstand gewählt; von der »Arbeiter-Jugend« wurde die Wahl als Beweis gefeiert, »daß es dem Parteitag ernst war mit seinen Vertrauenskundgebungen für die Jugend«. Dem Hauptvorstand der SAJ gehörte Westphal weiterhin an, nun als Vertreter des Parteivorstandes. Sein Nachfolger an der Spitze der SAJ? Kein Zweifel, daß es Erich Ollenhauer sein würde. Für ihn sprach seine herausragende Stellung in der SAJ, und dann war sein Mentor kein geringerer als der Parteivorsitzende Otto Wels. »Und was der wollte, das geschah!« so erinnern sich die Zeugen. Die Leipziger Reichskonferenz, die im Frühjahr 1928 den neuen Vorsitzenden zu wählen hatte, stand im Zeichen der Zuversicht. Die Republik hatte sich konsolidiert, die SPD sah den für Mai angesetzten Reichstagswahlen mit Optimismus entgegen, und die SAJ beschwor wieder einmal »Zeichen des Aufstiegs«. Erich Ollenhauer durfte hoffen, daß seine Organisation nun endlich ruhigeres Fahrwasser erreichte. Seine Wahl sollte ein Zeichen setzen.

In seinem »Geschäftsbericht 1927/28« mußte der scheidende Vorsitzende zugeben, daß die Mitgliederzahl weiter gesunken sei und sich seit Ende 1922 eine »langsame Rückentwicklung« zeige. Max Westphal nannte verschiedene Ursachen, so die wirtschaftliche Entwicklung, so die Jugendarbeit von Gewerkschaften, Reichsbanner und Arbeitersport, den Generationswechsel in der Jugendbewegung. Die Frage, ob die grundsätzliche Einstellung falsch gewesen sei, warf er auf, um sie zu verneinen, und zwar ganz entschieden: Man habe es immer abgelehnt, eine Partei oder eine Gewerkschaft im Westentaschenformat zu sein. Erich Ollenhauer nahm die Stichworte seines Mitstreiters auf: »Es trifft nicht zu, daß die politische Einstellung unseres Verbandes einen Einfluß auf die Mitgliederbewegung gehabt hat und daß eine stärkere Linksorientierung einen Aufstieg bedeutet.« Erfolgreiche Arbeit sei erst dann zu leisten, wenn die Jugend erträgliche Lebensbedingungen habe. Damit aber hatte er eingestanden, daß eine alte Scheidelinie in der organisierten Arbeiterjugend wieder aufgebrochen war – äußerer Ruhe zum Trotz.

Die Opposition, die in Sachsen und Thüringen, im Ruhrgebiet und einigen norddeutschen Städten wie Bremen besonders stark war, verband das Verlangen nach Politisierung des Verbandes mit dem nach Linksorientierung. Sie war in Leipzig stärker als jemals zuvor.

Bei der Vorsitzendenwahl erhielt Ollenhauer 85, der Kandidat der Opposition, der ehemalige SPJler Otto Schröter, immerhin 40 Stimmen, und der neue Vorsitzende sprach von einer bisher ungekannten »Kampfabstimmung«. Tatsächlich hatte sich, als Ollenhauer zum Vorsitzenden gewählt war, nicht nur die Entwicklung der Arbeiterjugend zum Jugendverband der SPD vollendet, sondern auch ein zunehmendes Unbehagen an dessen Selbstbescheidung und schwindendem Einfluß breitgemacht, und zwar nicht nur auf der Linken. »Immer wieder«, so schildert Franz Osterroth in seinen Erinnerungen das Jahr 28, »stellte sich uns Jungen die Frage, wie man der ›inneren Verholzung‹ der sozialistischen Organisationen entgegenarbeiten und den lebendigen Geist wecken könne.« Und mit einem Seitenblick auf den frisch gekürten SAJ-Vorsitzenden wetterte er gegen die »Parteisozialisten«. Das Unbehagen an einer rückläufigen Entwicklung, die Westphal und Ollenhauer zwar eingestanden, doch als schicksalhaft hinnahmen, blieb nicht auf die »Wetterwinkel« der SPD beschränkt, jene Parteilandschaften also, in denen die Linke traditionell stark war. Es ließ Initiativen entstehen, die der Arbeiterjugend neue Impulse verliehen und ihr bisheriges Organisationsgefüge durcheinanderbrachten.

Da war erstens die in Wien geborene Bewegung der »Kinderfreunde« und der »Roten Falken«, die ein so großes Echo auch in Deutschland gefunden hatte, daß ihr deutscher Begründer, Kurt Löwenstein, auf der Leipziger Reichskonferenz über »Arbeiterjugend und Kinderfreunde« referieren durfte. Löwenstein, in der Geschichte der Arbeiterjugend eine der wenigen charismatischen Gestalten, der den Proletarierkindern zu Stolz und Selbstbewußtsein verhelfen wollte, sprach von einer »Pionierbewegung«, entstanden im Protest gegen das System der Betreuung und der eingeengten Jugendpflege. Die Roten Falken, in manchem wie sozialdemokratische Pfadfinder erscheinend, wollten nun über das 14. Lebensjahr hinaus beisammenbleiben, und so mußte die SAJ, die sich mit der Falkenbewegung nur schwer anfreunden konnte, durch eine organisatorische Neuregelung den Übertritt von Falken in die SAJ zu gewährleisten suchen. Die Reichskonferenz hielt es für wünschenswert, daß fortan die Jüngerengruppen »möglichst als Rote-Falken-Gruppen der SAJ die Arbeit der Roten-Falken-Gruppen der Kinderfreunde« fortsetzten. Damit aber mußte sich nun – in Verbindung mit der gerade vollzogenen Heraufsetzung der Altersgrenze auf 20 Jahre – eine gewisse Zweiteilung in der SAJ herauskristallisieren. Anders als in der Frage der Jüngerenarbeit, die er anderen überließ, stürzte sich Ollenhauer sofort in die Arbeit der neuen Älterengruppen – »denn von der Älterengruppe soll der Weg direkt in die Partei führen«. Erst als sich die Rote-Falken-Bewegung zu verselbständigen drohte und die Suche nach neuen Formen und Inhalten der Arbeit weit über die Frage nach der Jüngerenarbeit hinausgriff, setzte der neue Vorsitzende seine ganze Autorität ein, um den Verband auf dem Weg zu halten, auf den Max Westphal und er selbst ihn gebracht hatten.

Dann war da zweitens die Bewegung der »Roten Pioniere«, die Ollenhauer womöglich noch bedrohlicher erschien. »Neue Wege unserer Jugenderziehung?« lautete ein Artikel, in dem Heinrich Braune, ein Hamburger SAJler, der sich in England von den Pfadfindern hatte inspirieren lassen, die neue Organisationsform schilderte, die in Hamburg, dem nach Berlin größten SAJ-Bezirk, bereits in der Erprobung war. In Anlehnung an Elemente des Führerprinzips galt Disziplin, eingebettet in ein festes Gefüge von »symbolischen Formen und festgelegten Ordnungen«, als oberste Richtschnur. Auch Heinrich Braune wollte den Funktionär der Arbeiterbewegung von morgen erziehen. Doch anders als Ollenhauer ging Braune, der den »totalen Kontrast zum sonstigen Bild« der Arbeiterjugend erstrebte, von neuen Bedürfnissen in der Jugend aus: »Wir haben es heute mit einem neuen jugendlichen Typus zu tun, der dem von vor acht Jahren völlig fremd gegenübersteht, einem Typus, den Disziplin, Straffheit, festgefügte Ordnung, gemeinsame Tracht begeistern, der sich mit einem Eifer, der den älteren Führern unter uns fast unheimlich ist, sämtlichen daraus resultierenden Pflichten unterzieht und sich des dadurch möglichen flotten Ablaufs freut.« Ende 1928 waren in Hamburg die Rote-Pionier-Gruppen schon ebenso stark wie die hergebrachten Gruppen, und sie begannen zunächst in Norddeutschland, dann auch in anderen Städten Nachahmung zu finden. In der traditionell linken Bremer SAJ, aber auch in Sachsen, wurden sogenannte »Jungordner«-Gruppen gebildet, in Leipzig hießen sie »Kampfstaffeln«; allesamt waren sie in Aufmachung und Ausrichtung den Roten Pionieren vergleichbar. Furore machten sie, als die sächsische, die bremische und Teile der Hamburger SAJ auf dem Reichsjugendtag in Dortmund, August 1928, mit einem hohen Maß an Disziplin paradierten und während der Rede Carl Severings demonstrativ abrückten. Wieder waren über 20 000 SAJler herbeigeströmt, und an der Kundgebung im Stadion Rote Erde hatten 70 000 Menschen teilgenommen. Von einer gewandelten Stimmung unter der Jugend berichteten Chronisten; auf neue Art waren politischer Wille und Kampfbereitschaft bezeugt worden.

Erich Ollenhauer, erstmals als Vorsitzender auf einem Jugendtag, suchte der Stimmung entgegenzukommen. Von dem jungen Holz, das der Bewegung erwachse, sprach er, und davon, daß es härter und kantiger geworden sei. »Wie in der Gesamtarbeiterbewegung ist der Blick fester auf das Gesamtziel gerichtet. Wie stark in der Jugend das Bewußtsein lebt, eine neue soziale Ordnung zu gestalten, dafür ist dieser Jugendtag ein Beweis.« Das war nicht annähernd das, was die Jugendlichen suchten, die diesmal nur rote und keine schwarz-rot-goldenen Fahnen schwenkten. Doch konnte und wollte Ollenhauer überhaupt verbergen, daß er den dem linken SAJ-Spektrum zugehörigen Jungordnern und Pionieren gleichermaßen mit Unverständnis begegnete und sie ablehnte? Er zitierte Braune nach Berlin und herrschte ihn an: »Was Ihr macht, bringt Unruhe in den Verband und leistet dem Militarismus Vorschub.« Braune entwickelte noch einmal die Grundidee der Pioniere, verwahrte sich gegen die Verwechslung von Militanz mit Militarismus, prophezeite, die SAJ werde, wenn sie so langweilig bliebe, von Kommunisten und sich neu formierender bündischer Jugend unweigerlich abgehängt, und er stellte fordernd fest: »Aber pfeifen können wir doch auch!«

In seinem Unverständnis für militante Organisations- und Erscheinungsformen stand Ollenhauer nicht allein. Es bestimmte Teile der SPD in ihrem eher skeptischen Verhältnis zum Reichsbanner, und es war auch nicht neu. Schon drei Jahre zuvor, als das Reichsbanner eine eigene Jugendorganisation aufbaute, hatte die SAJ-Führung gegen das »militärische Drum und Dran« polemisiert und moralische Bedenken geltend gemacht; die Jugend komme nur »um der militärischen Spielerei willen, nicht aus Gesinnung«. So löste das Echo, das Jungbanner auf der einen und Jungordner wie Rote Pioniere auf der anderen Seite fanden, in der SAJ-Führung einen Prozeß des Nachdenkens nicht aus. Von den Roten Pionieren schlossen sich kleine Teile, kaum daß sie die Bühne betreten und erfahren hatten, wie schwer Wirkung zu erzielen ist, dem auf Reichsebene organisierten Jungbanner an. Die meisten Gruppen hingegen, die sich – konkreter als Ollenhauer und der PV – an sozialistischen Zielen orientieren wollten, blieben selbständig und wurden nach der Machtergreifung zu frühen Zellen illegaler Arbeit. Was aber bestimmte Ollenhauer und seine engeren Freunde in ihrer Abwehr gegen neue Organisationsformen, gegen Ausleseprinzipien und gegen Versuche, den Inhalt der Arbeit unter und mit jungen Menschen neu zu bestimmen? War es nicht vor allem ein tiefes Mißtrauen gegen eine Irrationalität, die er nicht kannte und zu der er keinen Zugang hatte? Noch 1931, als der Vorsitzende der SAJ Leitsätze für ihre Arbeit aufstellte, war er allenfalls zur Übernahme von Formen bereit, er weigerte sich jedoch weiterhin, damit verbundene Konzessionen in der Sache zu machen. »Die Vereinheitlichung der Kleidung und der Symbolik«, legte er dar, dürfe nicht »zu einer Veräußerlichung oder zu einem engen Dogmatismus führen«. Die pädagogische Aufgabe des Jugendführers nannte er nun noch wichtiger, seine persönliche Haltung und seine Arbeit müßten bestimmt sein von dem Willen, nicht isolierte Elitegruppen, sondern Stätten sozialistischer Erziehung für den Kampf der Arbeiterbewegung in Gegenwart und Zukunft zu schaffen. Einen Sinn, so hatte er schon 1928 verkündet, erhalte diese Form erst durch den Inhalt, »den wir ihr geben«. Inhalt? Welchen Inhalt meinte er anders als den, der sich aus der jeweiligen Parteilinie ergab?

Als 1928/29 der Streit um die Mittel für einen Panzerkreuzer der durch den Versailler Vertrag kleingehaltenen Reichsmarine die SPD aufwühlte, gingen auch in der SAJ – wie sollte es anders sein? – die Wogen hoch, und der Hauptvorstand erhielt Resolutionen über Resolutionen, von Bezirksleitungen und Ortsgruppen und einzelnen Mitgliedern. Im Wahlkampf waren die Sozialdemokraten für »Kinderspeisungen statt Panzerkreuzer« eingetreten. Die Koalitionsregierung aber schien nur zusammenzuhalten, wenn Mittel für ein erstes der neuen Kampfschiffe eingesetzt würden. Immer wieder verlangte man Maßnahmen gegen jene Minister, die der Partei die Peinlichkeit des gleichzeitigen Dafür und Dagegen nicht zu ersparen vermochten. Doch je höher die Wogen und je erregter die Stimmung, desto stereotyper die Antwort von Partei- und SAJ-Führung. Vor dem Reichsausschuß der Sozialistischen Arbeiterjugend wiederholte ihr Vorsitzender: Die SAJ habe sich in taktische Fragen der Partei nicht hineinzumischen; die Beschlüsse der Parteiinstanzen seien ausreichend.

Auch als leidenschaftlich um die »Wehrfrage« gerungen wurde und es prompt wieder Proteste aus der Organisation hagelte, setzte sich Ollenhauer nicht mit den Kritikern auseinander, sondern machte ihnen das Recht streitig, sich überhaupt in die Wehrdebatte einzumischen. Wiederum mußten »wichtige pädagogische Erwägungen« herhalten, um politische Enthaltsamkeit zu begründen: »Die Partei war und ist die alleinige Führerin des politischen Kampfes um den Sozialismus, sie hat auch die Entscheidung über die Mittel des politischen Kampfes um den Frieden zu fällen.« In Leipzig, einer der Hochburgen der verbandsinternen Opposition, beschwichtigte er die Genossen, die die Jugend auf die ihrer Meinung nach unausweichliche gewaltsame Auseinandersetzung mit der Reaktion vorbereitet wissen wollten und die für die Jugend das Recht forderten, zu politischen Fragen Stellung zu nehmen. Im Falle eines ernsthaften Angriffs auf die Demokratie würde man sich »wie ehedem«, wie beim Kapp-Putsch also, zur Wehr setzen. Es sei schlimm anzunehmen, ein paar Nationalsozialisten könnten die starken Kader der Partei und der Gewerkschaften überrennen, und überhaupt sei es falsch, immer nur die Stärke der Gegner zu betonen. Denn: »Die Organisation ist gesund.« So verlief auch auf der Lüneburger Reichskonferenz im April 1930 alles wie gehabt. Die gleichen Argumente wie eh und je, nur daß sich Westphal, als »Einpeitscher« tituliert, diesmal sogar

»Die Jugend hißt ihre Fahne. Genosse Ollenhauer-Berlin übergibt als Sekretär der SJI dem österreichischen Jugendverband eine Fahne« (Wien 1929). Jung an Jahren und doch unjugendlich wie die Partei im ganzen, ist es Ollenhauer nicht gelungen, den Massen der Jugendlichen das Wort »Sozialismus« sinnlich faßbar zu machen.

darüber erregte, daß Ollenhauers »umfassende« Ausführungen überhaupt zur Diskussion gestellt wurden! »Gebt uns mehr Toleranz«, rief ein Leipziger der Führungsspitze zu. Vergebens. Ollenhauers Position hatte sich eher noch verhärtet, obwohl er auf eine sichere Mehrheit, jedenfalls unter den Delegierten, allemal bauen konnte und wiedergewählt wurde.

Der Sozialismus, so definierte Ollenhauer einmal, solle nicht mehr, aber auch nicht weniger sein, als daß alle Menschen, ob Männer oder Frauen, ob Stadt- oder Landvolk, aus wirtschaftlicher Not befreit würden und gesund und glücklich leben könnten; daß der arbeitende Mensch, heute der Arme und Unterdrückte, Träger des Staates, der Wirtschaft und der Kultur werde; daß die Völker der Welt in Frieden miteinander leben und niemals mehr viele Menschen auf den Schlachtfeldern verbluten oder hinter den Fronten verhungern würden. War das blutleerer Idealismus oder war hier ein undogmatischer Sozialismus angelegt, der ohne scharfe Konturen doch deutlich über die ökonomische Bestimmung hinausreichte? Für »die tätige Mitwirkung an der Durchsetzung der sozialistischen Ziele« wollte er »Voraussetzungen« geschaffen wissen. Das aber hieß für Ollenhauer: bestimmte Verhaltensnormen durchsetzen oder zu Verhaltensweisen erziehen. »Politisches Handeln«, so hielt er seinen Gegnern einmal vor, müsse gelernt werden wie jeder Beruf; das wiederum war nur möglich in Bescheidenheit, Unterordnung, Genügsamkeit. Für Spontaneität war da ebensowenig Platz wie für Wagemut oder auch nur Entscheidungsfreude.

Für Erich Ollenhauer war in diesen Jahren, da die Politik aus den Fugen geriet und er in politische Verantwortung hineinwuchs, genau das Politik, was Julius Leber als die sinkende Kurve der inneren Kraft beschreiben und schließlich als die »Todesursachen« der deutschen Sozialdemokratie diagnostizieren sollte. In das Bild, das Leber in der Bitternis seiner Gefängniszelle von den »Bürokraten der Politik«, den eher langweiligen Bürokraten in der Führung der SPD, zeichnete, fügte sich Erich Ollenhauer gut ein. Seine in der Schlußphase der Weimarer Republik beginnende Parteikarriere war insoweit auch typologisch bedingt. »Worauf es heute ganz allein ankommt«, schrieb Theodor Haubach im selben Jahr, da Ollenhauer die Jugend immer wieder mahnte, zurückzustehen und sich zu fügen, »ist die Erkenntnis der sachlichen Ziele, der geistigen Richtpunkte. Es wird sich dann vielleicht zeigen, daß diejenigen, die sich um besondere und neue Ziele sammeln, zugleich diejenigen sind, die die biologisch Jüngeren sind. Aber erst werden und müssen die Ziele da sein – die Frage der Jugend und der jungen Generation muß sich dann von selbst erledigen.«

Nicht erst seit den Reichstagswahlen von 1930, doch seither mit sehr viel mehr Leidenschaft, war die unjugendliche Partei – mit Verlust der Jugendlichkeit war also politische Erstarrung gemeint – Gegenstand verzweifelter Diskussionen. Gewiß, die Altersstruktur der sozialdemokratischen Mitgliedschaft und ihrer Führungsgremien war wenig ausgewogen und deshalb unbefriedigend und trug zur schwindenden Attraktivität der Partei bei. Doch daß Haubach den biologischen Aspekt des Themas hintanstellte, hatte er wohl überlegt: Wie stand es denn – beispielsweise – um die SAJ, wo sie sich als Parteijugend darstellte? Die SPD und die Jugend: War das nicht auch die Frage nach der Jugendorganisation der Partei, nach Erich Ollenhauers SAJ also? Die Antwort: Jung an Jahren und doch unjugendlich wie die Sozialdemokratie im ganzen! In zuweilen rüdem Tone wurden die Diskussionen im »Klassenkampf«, dem Organ der innerparteilichen Linken, geführt. In den »Neuen Blättern für den Sozialismus« der jungen Rechten rief man nach der »militanten Partei«. In Ollenhauers »Führer« aber mokierte man sich über das Jugendgerede: »Ein jeder Verein, ob Fußball, Gesang, Hühnerzucht oder Politik pfleglich in ihm behandelt wird, schaut hoffnungsvollen Herzens auf die Jugend. O, diese Reden, diese Aufblicke zur Jugend und Zukunft bei Vereinsfestlichkeiten, diese vollgeblasenen Backen, wenn es gilt, die Jugend hochleben zu lassen – nein: es wird zuviel.« Erich Ollenhauer ärgerte sich darüber, daß es zum guten Ton gehöre, sich um die Jugend zu bemühen, und klammerte sich an ein trotziges »Nun erst recht«. Das Problem der politischen Haltung der Jugend, stellte er fest, sei »nicht in erster Linie ein Problem der Jugend, sondern der Jugendführung«. Die Antwort auf die nationalsozialistischen Sturmscharen hieß für ihn folglich »verstärkte politische Erziehungsarbeit«. Doch der Druck aus der Partei heraus wurde stärker, und man mußte sich etwas einfallen lassen.

Das Verhältnis zwischen »Partei und Jugend« wurde zu einem der drei Schwerpunkte bestimmt, die der Parteitag, für den Juni 1931 nach Leipzig einberufen, beraten sollte. Und der Referent? Niemand anders als Erich Ollenhauer wurde ausgewählt. Neben zwei so bedeutenden Sozialdemokraten wie Fritz Tarnow, der über »Kapitalistische Wirtschaftsanarchie und Arbeiterklasse« sprechen, und Rudolf Breitscheid, der »Die Überwindung des Faschismus« erklären sollte, stand der SAJ-Vorsitzende damit im Mittelpunkt des Parteitagsgeschehens. Otto Wels und seine Freunde hatten ihre Bereitschaft bekundet, die Jugend zu Wort kommen zu lassen, und doch nichts riskiert. Denn sie hatten die Gewißheit, daß der dreißigjährige Ollenhauer einer von ihnen war und so reden würde, wie sie es gewohnt waren.

Otto Wels, dessen persönliches und politisches Vertrauen in den Vorsitzenden der SAJ seit dessen Wahl noch zugenommen hatte, war in mancherlei Hinsicht ein Prototyp des Weimarer SPD-Funktionärs. Großgeworden in der Partei des alten Bebel (Wels war Jahrgang 1873) und von eher passivem Charakter in seiner Wirkung nach außen, in vertrautem Kreis aber temperamentvoll und zuweilen cholerisch, beherrschte ihn eine abgrundtiefe Abwehr gegen alles, was nicht die eigene Bewegung war. Sein Selbstgefühl bezog er allein aus der Sozialdemokratischen Partei, aus der Bewegung, die seine Welt war. Otto Wels hatte es nach dem Rücktritt Noskes abgelehnt, das Wehrministerium zu übernehmen; der Preis, daß es der SPD insgesamt verlorenging, war ihm nicht zu hoch. Auch andere Regierungsämter wollte er nie. Daß er nur im Kreis seiner eigenen Genossen wirken mochte und sich nur hier wohl fühlte, daraus machte er kein Geheimnis; diesen Kreis zu verlassen, wäre ihm einer Selbstaufgabe gleichgekommen. Emotionale Wirkung war ihm wesensfremd und strikte Ordnungsmäßigkeit sein oberstes Gebot. Erich Ollenhauer mochte für ihn so etwas wie ein junges Abbild seiner selbst sein. Ihn zu fördern, entsprang jedenfalls nicht der Absicht, ein Element von Jugendlichkeit in die Partei zu tragen, sondern dem Bedürfnis, sich auf seinesgleichen stützen zu können. »Nur wer Gewähr bot«, so Lebers sarkastisches Urteil über die Nachwuchsauslese in der SPD, »daß er treu und brav Disziplin hielt, wer weder nach oben noch nach unten anstieß, der wurde hereingelassen. Gute geistige Mittelmäßigkeit und einexerzierte Routine beherrschten weit und breit das Feld, und die Macht der Instanzen sorgte dafür, daß der Weg nach oben sich nur auf diesem Felde öffnete.«

Ollenhauers Leipziger Parteitagsrede war die Summe zehnjährigen Wirkens in der Sozialistischen Arbeiterjugend. Da war nichts, was er in Wort oder Schrift nicht schon dargelegt hätte. Doch vor dem Forum des Parteitages und vor dem Hintergrund des raschen Terraingewinns der Nazis nahmen sich seine Ausführungen seltsam hausbacken – und sogar rechthaberisch – aus. Jugend wurde auf den Begriff der Erziehung gebracht, und dem wurde alles Weitere untergeordnet. So auch das »innere Verhältnis« von Partei und Jugend: »Die Sozialistische Arbeiterjugend hat den Auftrag von der Gesamtbewegung, die arbeitende Jugend zu organisieren, sie sozialistisch zu erziehen und der Partei Mitglieder zuzuführen.« Ihrer altersmäßigen Zusammensetzung nach sei sie eine Erziehungsorganisation. Und damit jedes Mißverständnis ausgeschlossen bleibe, unterstrich er noch einmal: »Die Entscheidung über die Politik der Partei wird in der Partei selbst gefällt.« Die Jugendorganisation sei kein Selbstzweck, sondern solle mit den ihr gegebenen Mitteln der Partei dienen. Er warnte alle, die sich einen politischeren, kampfesmutigeren Jugendverband vorstellten: »Es gibt keine jugendliche Politik.«

Im zweiten, wichtigeren Teil der Rede widmete sich Ollenhauer dem Verhältnis von Sozialdemokratie und Jugend insgesamt. Einerseits lobte er, daß die SPD mehr Jugendliche in ihren Reihen habe als die Kommunistische Partei Mitglieder, doch gab er andererseits zu, daß sich bei den September-Wahlen 1930 ein erheblicher Teil der Jungwähler nicht für die SPD, sondern für Nationalsozialismus und Kommunismus entschieden habe. Was also tun? Seine Antwort gab Auskunft über die SPD von Weimar: »Wir müssen alles unternehmen«, beschwor Ollenhauer den Parteitag, »um die junge Generation sobald wie möglich zu einer Revision ihrer ersten Entscheidung im Sinne unserer Auffassungen zu bewegen.« Das wirtschaftliche Elend habe den politischen Wunderglauben heraufbeschworen, der »zwangsläufig« weite Schichten der Jugend zu den neuen politischen

Heiligen führe, zu Hitler und Thälmann. Der durch die Sozialdemokratie verkörperte Sozialismus könne, so Ollenhauer in entwaffnender Redlichkeit, diese Sprache der Jugend – er setzte sie gleich mit der Sprache der Nazis *und* der Kommunisten – nicht sprechen. Die Sozialdemokraten hätten ihre jugendliche Phase, die Phase der Rebellion und der reinen Propaganda verlassen. Sie stünden in der zweiten, vielleicht entscheidenden Etappe des Kampfes, der unmittelbaren Gestaltung der neuen sozialistischen Welt. »Gestaltung aber«, so Ollenhauers Alternative, »erfordert mehr als jugendlichen Elan. Sie erfordert Wissen, Einsicht und Erfahrung. Hier liegt die wichtigste Ursache der Spannung zwischen Sozialismus und Jugend in der Gegenwart.« Für ihre Lösung gebe es kein Radikalmittel. Ollenhauers Rezept: Warten auf Besserung. Er gab sich überzeugt, daß der Sozialismus schon in der nächsten Zukunft die größten Chancen im Kampf um die Jugend haben werde. »Wir müssen der Jugend sagen: Wir haben keine Patentlösung. Wir können euch nicht sagen, in 20 Jahren seid ihr Träger eines sozialistischen Reiches. Aber ich meine, wir bringen der Jugend viel mehr. Wir bringen ihr die Aufgeschlossenheit einer großen Partei, mit den jungen Menschen um die Formen und den Inhalt einer neuen Weltordnung gemeinsam zu ringen, auf alle Probleme, die uns auf den Nägeln brennen, eine neue, eine sozialistische Antwort zu finden.« Für dieses Parteitagsdebüt erhielt Ollenhauer starken Beifall, und seine Resolution »Partei und Jugend« wurde mit überwältigender Mehrheit angenommen. Im »Vorwärts« kommentierte Chefredakteur Friedrich Stampfer: Der Dreißigjährige habe mit seinen älteren Vorbildern erfolgreich konkurriert. Der Einklang also war perfekt. Doch was für ein Einklang! In der »Weltbühne« schrieb Carl von Ossietzky mit spitzer Feder: »In früheren Zeiten waren diese Parteitage Stechbahnen des Geistes. Jetzt sind sie schon lange nur noch Kontrollversammlungen, Schaustücke von Funktionären für Funktionäre mit einer sorgsam rationierten Opposition.«

Unter den jungen Linken und mehr noch unter den jungen Rechten, die das Thema im Vorfeld des Parteitages leidenschaftlich diskutiert und an Rede wie Debatte immer noch Hoffnung auf neue Impulse geknüpft hatten, war das Echo vernichtend. »Das Fazit von Leipzig« überschrieb Carlo Mierendorff seine bittere Abrechnung in den »Neuen Blättern«. Für ihn und seine Freunde war die Frage der Überwindung des Faschismus gerade keine Frage des Abwartens und schon gar nicht nur eine Frage der Organisation. Es war die politische Frage, ob und wie die SPD es mit der Jugend halten wolle. Gewiß spreche die von Ollenhauer vorgelegte Resolution fordernd von dem Sozialismus, der allein den Weg zur Befreiung der Menschheit weise.

»Aber mit keinem Wort sprach Ollenhauer selbst davon, daß es eben für die Jugend mehr denn je darauf ankommt, aus dem Wort Sozialismus eine konkrete, sinnlich faßbare und damit mit höchster Anziehungskraft geladene Vorstellung zu machen. Und daß das Problem Partei und Jugend heute darin besteht, der jungen Generation ihre spezifische Lebensaufgabe zu geben, die sie genau so erfüllt, wie seinerzeit die ältere Generation von ihrer spezifischen Lebensaufgabe im Rahmen der deutschen Arbeiterbewegung erfüllt war. Aber Ollenhauer sprach ja leider auch nicht als Anwalt der Jugend, der bestrebt ist, diesem Parkett von Männern der Tagespolitik die Nöte und Forderungen der Jugend aus der Perspektive der Jugend heraus zu zeigen. Er sprach wie ein Professor, der einem wissenschaftlichen Kongreß das Ergebnis seiner Forschungen an einer neuen Krankheit unterbreitet. Sein Referat trug einen Vollbart bis zum Knie, stellte bissig die Galerie der Spötter fest.« Auf diese Weise, so lautete Mierendorffs Resümee, »scheint uns das Problem ›Partei und Jugend‹ bestimmt nicht lösbar«.

Ein weiteres »Nachwort zu Ollenhauers Referat in Leipzig« nutzte Mierendorff zur Zustandsbeschreibung der Partei – damit die Wechselbeziehung zwischen Ollenhauer und SAJ auf der einen und der Partei auf der anderen Seite unterstreichend: Das Bekenntnis werde zur Phrase, wenn man nicht sagen könne, welcher Inhalt mit diesem Begriff des Sozialismus verbunden sei. »Spürt Ollenhauer nicht, daß seine Methode eine peinliche Verwandtschaft mit dem marktgängigen ›Versammlungssozialismus‹ aufweist, der darin besteht, daß jeder Redner, wenn er sich dem Schluß seiner Ausführungen nähert, die rote Fahne – bildlich gesprochen – aus der Tasche zieht, um sie mehr oder minder schwung- und eindrucksvoll über seinem Haupte zu schwenken? Kaum ein anderer Vorgang illustriert wohl mit gleicher Schlagkraft, an welchem kritischen Punkt der demokratische Sozialismus marxistischer Herkunft heute angekommen ist: Er ist zu einem Requisit der Versammlungsphraseologie erstarrt.«

Wenige Stunden nach Ende des Parteitages erließ der Reichspräsident die Notverordnung »Zur Sicherung von Wirtschaft und Finanzen«, die Einsparungen bei der Arbeitslosenversicherung um zehn Prozent vorsah. In der Hoffnung, später Milderung schaffen zu können und Schlimmeres zu verhüten, in Wirklichkeit ohne die Kraft, an Alternativen auch nur zu denken, hielt die Partei auch jetzt still. Der Preis war hoch, die innerparteiliche Opposition gegen die Tolerierungspolitik wurde im Sommer 31 stärker, auch lautstärker. Ein Kurs des Abwartens, ohne Perspektive und Phantasie, allein unter Berufung auf das kleinere Übel, desintegrierte zunächst die Anhänger, bald auch die Mitglieder. In der Abkehr am entschiedensten: die Jugend. Im Sommer 31 wollte man in der SAJ in Bremen,

Lübeck, Stettin – drei willkürlich gewählte Beispiele – »von denen da in Berlin« nichts mehr wissen. »Die schwebten, und sie wußten nichts. Ollenhauers Erziehungsparolen hatten mit der Wirklichkeit nichts zu tun, und wir machten nur, was wir selber wollten«, erinnerte sich Bremens damaliger SAJ-Vorsitzender, Karl Grobe. In Berlin hatte im Frühjahr 1931 die linke Opposition elf der dreizehn Vorstandssitze erobert; die SAJ wurde fortan von Erich Schmidt geführt, der sich zu diesem Zeitpunkt schon der geheimen »Leninistischen Organisation« verschrieben hatte, LO genannt oder auch Org. oder einfach O., besser bekannt unter ihrem späteren Namen »Neu Beginnen«; er und seinesgleichen spotteten über Ollenhauer, er sei »schon als Vorsitzender auf die Welt gekommen«. So ging die Berliner SAJ nun einen besonderen Weg, wobei die Vorbereitung auf illegale Arbeit im Vordergrund stand. Gab es sie also überhaupt noch – »die« SAJ?

Am 29. September 1931 schließt der Vorstand der SPD die beiden Führer des linken Parteiflügels und Mitherausgeber des »Klassenkampf«, Max Seydewitz und Kurt Rosenfeld, aus der Partei aus. Begründung: organisatorische Sonderbestrebungen. Drei Tage später, am 2. Oktober, tritt in Breslau die erste Ortsgruppe der Sozialistischen Arbeiterpartei (SAP) ins Leben, und noch am selben Tag faßt der Hauptvorstand der SAJ einen Unvereinbarkeitsbeschluß, begründet mit den Richtlinien über die politische Erziehung. Erich Ollenhauer schildert den Konflikt – »entgegen unserer Auffassung, daß die Behandlung derartiger Fragen nicht in die Jugendorganisation, sondern in die Partei gehört«: Der Ausschluß von Seydewitz und Rosenfeld sei nicht wegen abweichender Meinungen, sondern der sonderorganisatorischen Bestrebungen wegen erfolgt, und Seydewitz habe die Spaltung gewollt. Die Eile hatte ihren Sinn: Anders als die SAP, die unter den sozialdemokratischen Genossen mit jahrzehntelanger – emotionaler und oft existentieller – Bindung an die Partei nicht das erhoffte Echo fand, übte ihr Sozialistischer Jugendverband (SJV) erhebliche Anziehungskraft auf jene SAJler aus, die eine andere Politik wollten. In Bremen gingen mehr als 90 Prozent der SAJler zum neuen Verband, aber nur ein einziger Bürgerschaftsabgeordneter von der SPD zur SAP; eine SAJ gab es praktisch nicht mehr. In Wilhelmshaven, Oldenburg, Lübeck war es ebenso, in Breslau wechselte die SAJ geschlossen über, in Dresden zu 80 Prozent. Daß in Berlin, statt der zu erwartenden 4000 nur 800 SAJler ›gingen‹, lag am Einfluß Erich Schmidts; die »Org.« wollte in die SPD, auch in die KPD hineinwirken und hielt den Weg in die »SAP-Sekte« für einen Irrweg.

Überhaupt spielten lokale Bedingtheiten und örtliche Funktionäre eine, wenn nicht die entscheidende Rolle, wohin jeweils die Reise ging. So hielt in Frankfurt Ernst Langendorf die SAJler bei der

Stange, und in Pforzheim beispielsweise, fernab von allen Zentren der Auseinandersetzung, war es allein der toleranten Führung des örtlichen Parteivorsitzenden zuzuschreiben, daß Breslauer Verhältnisse nicht einkehrten; Westphal und Ollenhauer – »eingesponnen im politischen Willensbild von Otto Wels« – hätten es versäumt, so hat eine Lokalstudie die Stimmung festgehalten, »als Anwälte der Jugend deren Forderungen gegen die Tolerierung Brünings nachdrücklich zu vertreten«. Durch seinen Schwur auf »Organisationstreue, Organisationsdisziplin und Solidarität«, die er nun »die elementaren Grundbegriffe sozialistischen Handelns« nannte, machte Ollenhauer die Lage nicht leichter. Mit inhaltsarmer Disziplin ließ sich selbst eine inhaltlich bescheidene Politik nicht durchsetzen. Und so nahmen denn die Dinge ihren Lauf, und schon im Herbst 1931 besaß die SAP den anteilmäßig stärksten Jugendverband in Deutschland.

Was folgte, ist rasch erzählt. 1932 wurde für die sozialdemokratischen Spitzenfunktionäre das Jahr ihrer größten Selbsttäuschung, und Erich Ollenhauer war da keine Ausnahme. Natürlich konnten sie alle glauben und hoffen, daß alles so vorüberziehe und der eigene Stillhaltekurs irgendwann eine späte Rechtfertigung finde. Aber konnten – durften – sie Wahlkampf führen unter der Parole, Hitler bedeute Krieg, und gleichzeitig nur wenig wagen, um seinen Aufstieg zu bremsen? Oder immer wieder die Demokratie beschwören und gleichzeitig zusehen, beschönigen gar, wie sie ausgehöhlt wurde? »Komme was mag«, schrieb Erich Ollenhauer zu Jahresbeginn 32, »wir bleiben, was wir waren, was wir sind und was wir immer sein werden, junge Sozialisten, die unbeirrt durch Not und Kampf ihren Weg gehen, den Weg der sozialistischen Arbeiterschaft zu einer neuen höheren Ordnung in Wirtschaft und Gesellschaft.« Als ein halbes Jahr später, am 20. Juli, die preußische Bastion kampflos gefallen war, lobte Ollenhauer in der »Arbeiter-Jugend« nicht nur die Aufrichtigkeit und den »Mut« von Carl Severing, dem Innenminister, und Albert Grzesinski, dem bei gleicher Gelegenheit abgesetzten Berliner Polizeipräsidenten; seine »Bewunderung« galt vor allem der »eisernen Disziplin«, mit der die Massen der Arbeiterschaft auf den Staatsstreich reagiert hätten. Die »Abrechnung« müsse bei den Reichstagswahlen am 31. Juli erfolgen, und zwar zugunsten geordneter Rechtszustände und gesicherter demokratischer Freiheiten. Der Schluß jenes Artikels zeugte von der lauteren Gesinnung dessen, der ihn schrieb, ebenso wie von seiner – wie der ganzen Parteiführung – Flucht vor der Frage, wie anders als durch Wahlkampagnen und Demonstrationen – die »demokratischen Mittel der Republik« – der Hitlerei Einhalt geboten werden könnte: »Wir stehen vor schwersten Entscheidungen, die unsere Zukunft, das Leben der jungen Generation auf das tiefste berühren werden. In diesen Augustwochen geht es um Sein oder Nichtsein der deutschen Arbeiterbewegung und der deutschen und der europäischen Demokratie. Mit welchen Mitteln wir diesen Kampf zu führen haben werden, das muß die Stunde entscheiden.«

Als zehn Tage nach dem Staatsstreich Papens die Nationalsozialisten mit 37,8 Prozent zur stärksten Partei aufstiegen und die Sozialdemokraten auf 20,5 zurückgingen, da kommentierte der »Führer«: »Die braune Flut steigt an« und – proklamierte eine Reichswerbewoche. Auf die wachsende Stärke der Organisation zu verweisen, dazu war Ollenhauer das 25jährige Bestehen der Jugend-Internationale willkommener Anlaß, und auch auf dem IV. Kongreß der SJI, Oktober 1932 in Prag, wollte er »nur ein paar nackte Zahlen aufmarschieren lassen« und damit zeigen, daß nichts verloren sei. In seinem schriftlichen Bericht an den Kongreß hatte er hervorgehoben, daß es trotz unerhörter Anstrengungen den Nationalsozialisten nicht gelungen sei, bei den Reichspräsidentenwahlen ihren Kandidaten

Auf der Tagesordnung standen Fragen der Organisation und der Abgrenzung gegenüber den Kommunisten. Dem Nationalsozialismus begegnete man abwartend und im Vertrauen auf die Stärke der Organisation: »Es wird für alle Zeiten das geschichtliche Verdienst der Sozialdemokraten bleiben, den Faschismus so lange von der Macht ferngehalten zu haben, bis sein Abstieg in der Volksgunst begann«, hieß es zum Jahreswechsel 1932/33 (Vertreter der SJI Anfang 1930 in Warschau).

durchzubringen, und wieder – und wie oft noch! – hinzugefügt: »Die sozialistische Arbeiterbewegung bildet den stärksten und widerstandsfähigsten antifaschistischen Block, der auch in Zukunft jedem Versuch, das sagenhafte ›Dritte Reich‹ zu errichten, mit allen Mitteln entgegentreten wird.«

Mit allen Mitteln? Vor dem Hauptvorstand der SAJ hatte ihr Vorsitzender im Juni 1932 ausgeführt: Die Rechtspresse bringe »Material« und die Regierung werde zu einem Vorgehen gegen die SAJ aufgefordert; dem Reichstag habe vor seiner Auflösung bereits ein Antrag auf Verbot der SAJ vorgelegen. Die jetzige Regierung werde sie nicht direkt verbieten, doch ihre Arbeit erschweren oder überwachen. »Aus dieser Situation«, so Ollenhauer weiter, »ergibt sich die Notwendigkeit, daß wir überall bei unserem öffentlichen Auftreten alle Provokationen meiden.« Die Dinge sich nicht weiter zuspitzen zu lassen, sondern womöglich mildernd auf die Entwicklung einzuwirken, das hieß für Erich Ollenhauer auch: kein isolierender Widerstand, als es um die Aufnahme der Hitler-Jugend in den Reichsausschuß der deutschen Jugendverbände ging. Auf derselben Sitzung, auf der er vor Provokationen so eindringlich warnte, ließ er sich das Plazet geben: Nur wenn noch andere Verbände die Aufnahme der HJ ablehnten (der KJV war kein Mitglied), würde auch er dies tun. Dazu kam es, wie erwartet, nicht; es stimmten alle anderen zu, und da gleichzeitig die Aufnahme der Wehrverbände, darunter des Jungbanner, anstand, wurde das ganze »im beschleunigten Verfahren« durchgezogen und seitens der SAJ, wie Ollenhauer ausdrücklich bemerkte, »kein Einspruch erhoben«. Am Jahresende bekannte er fast erleichtert: Im Reichsausschuß seien die Nazis »in gar keiner Weise hervorgetreten«.

Das Reichskuratorium für Jugendertüchtigung war eine Einrichtung des Reichsinnenministeriums, stand unter Aufsicht der Reichswehr und unter der Präsidentschaft des Generals Edwin von Stülpnagel. Es sollte der Führerausbildung der Wehrverbände dienen und Reichswehrpläne zur Errichtung einer Miliz fördern. Das Reichsbanner sah darin die Chance, daß ihr eigener Führernachwuchs von der Reichswehr ausgebildet und bewaffnet würde. Die SPD aber und mit ihr die SAJ standen kopf. Eine Mitarbeit lehnten sie rundweg ab. Einzige Schwierigkeit dabei war, daß ihnen ein offener Krach mit dem Reichsbanner widerstrebte. Erich Ollenhauer begründete die Absage an jedwede Wehrertüchtigung mit politischen und pädagogischen Gründen; überhaupt müsse man sich »gegen die militärische Ideologie in unserer Jugendarbeit wenden«. Ohnehin war er auf das Reichsbanner nicht gut zu sprechen, seit dieses einen eigenen Jugendverband ins Leben gerufen und nun auch noch sogenannte Vortrupps für 14- bis 18jährige gebildet hatte. Die tiefere Ursache für die entschiedene Haltung in Sachen Stülpnagel-Kuratorium aber lag in dem Mißtrauen, das Ollenhauer wie viele führende Sozialdemokraten gegenüber dem Reichsbanner und, wie Wels es empfand, »dem ganzen Zeug« erfüllte. Vor dem Parteiausschuß der SPD stärkte Ollenhauer der Führung den Rücken: »Die wehrpolitische Erziehung der Jugend soll der Leitung eines Kuratoriums übertragen werden, das unter der Führung von Reichswehroffizieren steht.« Er sei der Meinung, »daß wir dazu nicht zu einer Bejahung kommen können«. Man wisse, daß bei der Jugend ein Zug nach Disziplin und Straffheit vorhanden sei. (Ollenhauer also akzeptierte nun, was ihm Heinrich Braune wenige Jahre zuvor im Zusammenhang mit den »Roten Pionieren« nahezubringen versucht hatte!) Doch diese Neigung gleichzusetzen mit dem Militarismus, der von Schleicher ausgehe, sei nicht möglich. Im übrigen wolle das Reichswehrministerium nur Schwierigkeiten in ihre Reihen tragen, und das solle doch das Reichsbanner auch einmal bedenken. Das war im November, zwei Tage bevor das Reichsbanner auf einer Gauleitertagung in Bremen seine bisherige Linie bekräftigte. Vier Wochen später aber, kurz vor Jahresfrist, stieß die Partei noch einmal nach, Wels wurde so deutlich wie sonst nie, und forderte gar einen Beschluß zwecks Verurteilung. Reichsbannerchef Höltermann gab widerstrebend nach: Das Reichsbanner würde seine Bereitschaft zur Mitarbeit zurückziehen.

Nach außen hin also war der Bruch vermieden, im Innern war er spätestens sei dem 20. Juli nicht mehr zu kitten. Es war ein Konflikt zum falschen Gegenstand und zum falschen Zeitpunkt: Die Haltung zum Stülpnagel-Verein blieb in der Negation stecken. Der Versuch, auf die deutsche Rechte differenzierend einzuwirken, hätte im Dezember 1932, nach Papens Ablösung durch Schleicher, durchaus Sinn ergeben können, doch zu einer politisch so komplizierten und anspruchsvollen Operation fehlten der sozialdemokratischen Führung Phantasie, Kühnheit und Wagemut. Von der grenzenlosen Enttäuschung unter den Kameraden des Reichsbanners, von denen viele ohne Arbeit und ohne Erwerb waren und Sonntag für Sonntag der Sache opferten, an die sie so fest glaubten, wußten Otto Wels und Erich Ollenhauer nicht sehr viel. Natürlich, Ollenhauer hatte von dem letzten Groschen geschrieben, den letzten Schuhsohlen, dem letzten Rock, von Zeit und Kraft, Leben und Gesundheit, die die Millionen junger Menschen in diesen Wochen drangegeben hätten. Aber wurden sie gefordert? Es wird sich nie feststellen lassen, was sich Erich Ollenhauer unter den drohenden Gefahren und zu befürchtenden Opfern vorgestellt hatte, ob er je bemüht war, sich darüber Klarheit zu verschaffen, oder ob er nicht vielmehr darauf vertraute, daß ›die Partei‹ gerade unter noch schwieriger werdenden Bedingungen eine Art kollektiver Vernunft hervorbringen würde.

Zur Jahreswende 1932/33 hielt man das Schlimmste für überstanden. »Es wird für alle Zeiten das geschichtliche Verdienst der Sozialdemokratie bleiben, den Faschismus so lange von der Macht ferngehalten zu haben, bis sein Abstieg in der Volksgunst begann«, lautete der Aufruf »An die Partei«. Otto Wels fuhr in die dringend benötigte Kur nach Ascona, und Erich Ollenhauer beschäftigten wieder einmal die Kommunisten, die in seiner Sicht der Dinge die Hauptschuld an allem Übel trugen. Daß in Italien »der Faschismus die Folge kommunistischer Experimente« sei, galt ihm als ebenso selbstverständlich wie die Einschätzung, daß die Masse der nationalsozialistischen Wähler »ehemalige Kommunisten und andere Proletarier und dazu Kleinbürger« seien. Am Ende des Jahres 1932 schrieb er: »Die Aussichten für unsere zukünftige Arbeit sind gut.« Die Organisation müsse intakt gehalten und eine planmäßige Jugendarbeit geleistet werden. »Die Kommunisten konnten unsere Organisation nirgends gefährden. Sie selbst konnten keine Erfolge erzielen. Wir müssen uns weiterhin scharf gegen sie abgrenzen. Unsere weitere Entwicklung ist abhängig von der politischen Lage. Wir selbst müssen trotz alledem Versäumtes nachholen und werden zum Ziel kommen.« Er forderte auf, in den ersten drei Monaten des neuen Jahres die Organisation »in Takt zu bringen«. Seine Jahreslosung für 1933: »Die Rote Jugend rüstet!«

Wehrlos, nicht ehrlos

Im Herbst 1932 hatten die Ollenhauers im Zehlendorfer Waldhüterpfad 68 ein Häuschen mit Garten gemietet; es gehörte den Gewerkschaften. Zum erstenmal seit dem Fortgang von Magdeburg hatten sie das Gefühl, ein Heim zu haben, in dem sie nun bleiben würden. Bleiben? In diesen Zeiten?

Erich Ollenhauer erwartete Hitlers Ernennung zum Reichskanzler so wenig wie die führenden Männer der SPD. Die Zeitläufte hatten ihm 1932 kaum noch gestattet, seiner vorrangigen Aufgabe – Arbeit für die Jugend – nachzukommen. Es sollte im neuen Jahr anders werden, eine intensive sozialistische Jugendarbeit stand auf dem Programm. Daß Hitler noch einmal aufdrehen oder ihm die Macht eines Tages zufallen könnte – wenn Ollenhauer je daran gedacht haben sollte, so tat er alles, um nichts davon verlauten zu lassen. Sich und den Getreuen Mut zu machen und nicht auch noch die lähmende Schwarzmalerei zu verstärken, mag ihm selbstverständliche Pflicht des sozialdemokratischen Funktionärs gewesen sein. Dennoch war ihm die Beschwörung der organisatorischen Kraft nichts weniger als eine Pflichtübung, sondern Ausdruck der sozialdemokratischen, sich immer mehr verdichtenden Neigung, angesichts ungeheurer und doch nur dumpf oder diffus wahrgenommener Gefahren, Zuflucht bei sich selbst zu suchen und sich nicht etwa aufzubäumen.

Das Schlimmste anzunehmen, hätte ohnehin der optimistischen Natur Ollenhauers widersprochen. Dem Schlimmsten ins Auge zu sehen, war aber auch Sache der SPD nicht. Wie sollte sie, deren Politik in den Jahren zuvor von dem Grundsatz getragen war, durch Stillhalten das Schlimmste verhindern zu wollen, wie sollte sie nun, da das Ereignis eintrat, anderes erwägen, als zunächst weiter abzuwarten? Woher hätte sie nun noch die Kraft nehmen sollen, das Rad herumzuwerfen? Schließlich änderte sich nichts von heute auf morgen. Die Ernennung Hitlers zum Reichskanzler, so wurde rückblikkend ein knappes Jahr später für die SAJ festgestellt, habe zunächst keine wesentliche Unterbrechung der Arbeit gebracht, und noch im Februar seien in einer großen Anzahl Bezirke Konferenzen durchgeführt worden.

»Bereit sein ist alles« war das Motto jener Rede, die Rudolf Breitscheid am 31. Januar vor dem Parteiausschuß – Teilnehmer: Erich Ollenhauer – hielt und die der Partei, Gewerkschaft, Arbeiterjugend, dem Reichsbanner zumal die sozialdemokratische Antwort auf den Wechsel im Reichskanzleramt geben sollte. Sie spitzte den bisherigen Kurs der Partei zu: Ausgehend von der Einschätzung, die neue Regierung sei »zwangsläufig« ein Stück weiter rechts als die vorangegangenen und bedeute keinen qualitativen Unterschied, setzte Breitscheid auf innere Widersprüche, auf deutsch-nationale Aufpasser und – auf angestammte parlamentarische Mittel; noch am Nachmittag des 30. war der sozialdemokratische Mißtrauensantrag gegen die Regierung Hitler eingebracht worden. Die Erregung »draußen im Lande« war ihm verständlich, eine außerparlamentarische Aktion verwarf er dennoch. »Wenn Hitler sich zunächst auf dem Boden der Verfassung hält, und mag das hundertmal Heuchelei sein, wäre es falsch, wenn wir ihm den Anlaß geben, die Verfassung zu brechen, ihn von dem Boden des Rechts zu entfernen.« Für den Fall, daß er doch die Verfassung breche, gelte es, »bereit« zu sein.

Glaubte Breitscheid und glaubten all die anderen Männer und Frauen in den Führungsgremien der Arbeiterbewegung also noch an Kampfbereitschaft? Glaubte Ollenhauer daran? Weiterhin verdrängend, daß gerade Arbeiterführer nicht ungestraft versprechen dürfen, was sie nicht halten können, richteten sie, wie ein halbes Jahr zuvor nach dem Anschlag auf Preußen, alle Hoffnung auf die Reichstagswahlen. Damit trat ein, was verhindern zu wollen sie sich einredeten: Nicht die SPD bestimmte, wann und wo sie ihre Kräfte einsetze, sondern der Gegner, der nun Hitler hieß. In gleichem Maße, wie der sich in die Macht hineinfraß, wich sie zurück. Göring kannte die SPD besser, als diese sich selbst; er hatte am 30. Januar prophezeit, »die Sozialdemokraten würden höchstens auf die Rednerbank des Reichstags steigen«. Daß diese dennoch auch die besondere Gefährdung empfanden, zeigte ihr persönliches Verhalten, das zu ihren politischen Reden nur scheinbar in Gegensatz stand. Je stärker die Bedrängnis wurde, desto mehr vermengten sich Verzweiflung und Hoffnung, Tatsachenwahrnehmung und Selbstbetrug, Erhabenes und Lächerliches.

Wels sorgte dafür, daß seine Frau aus Berlin herauskam und in Dresden vorläufig Sicherheit fand, er selbst hielt sich spätestens ab 20. Februar nicht mehr in seinem Friedrichshagener Häuschen auf; auch Stellvertreter Vogel schlief außerhalb. Ollenhauer brachte, schon bald nach dem 30. Januar, Martha und die beiden Jungen zu den Schwiegereltern nach Magdeburg. Selbst stürzte er sich in den Reichstagswahlkampf. War er nicht irgendwo im Land unterwegs, ging er wie gewohnt ins Büro, und dies bis weit in den April hinein, vermutlich bis zum 1. Mai. In seinen Erwartungen, die er an die Wahl knüpfte, unterschied er sich wiederum nicht von anderen führenden Genossen, ebensowenig in seinem verzweifelten Bemühen, die Organisation in Gang zu halten. Er beteiligte sich auch nicht an dem Versuch jüngerer Parteiangestellter, allesamt in seinem Alter oder unwesentlich jünger wie Alfred Nau und Fritz Heine, die Partei auf die Illegalität einzustellen. Ohne den Segen der Oberen, die für die keineswegs linke Gruppe – auch »Kleiner Parteivorstand« oder »zbV«, zur besonderen Verfügung, genannt – ohnehin nur eine »Weihfo«, eine Weihnachtsmännerformation, darstellten, verbrannten sie die Parteiakten, und zwar schon seit dem Februar; die Schornsteine des Vorwärts-Hauses hörten über Wochen nicht auf zu qualmen. Sie transferierten nach und nach die Parteigelder auf ausländische Konten, bauten ein Funksystem aus und kauften Waffen.

Ollenhauer blieb seiner Devise treu: Folge zu leisten ist ausschließlich der gewählten Partei-Autorität. Er wollte Wels helfen und ihn unterstützen und auf diese Weise – und nur auf diese Weise – die Partei auf eine Schiene bringen, die ihr ein Weiterleben ermöglichte. Dies geboten ihm sein Parteiverständnis und die persönliche Verpflichtung, die er dem Parteivorsitzenden gegenüber empfand. Im übrigen blieb er sich und seiner eigenen politischen Linie treu: Der Kurs des Beobachtens, Abwartens, Nicht-Provozierens, des Gebannt-auf-die-Wahlen-Starrens fügte sich nahtlos zu jener Politik, die er an der Spitze der SAJ verfolgt hatte. Am 5. Februar, in einer gemeinsamen Sitzung von Parteivorstand und Gewerkschaftsführern, forderte Otto Wels, der noch am 31., aus Ascona kommend, in Berlin eingetroffen war, man müsse sich angesichts der Erregung in der Arbeiterschaft einig werden, was »gegebenenfalls zu tun wäre«. Seine Sorge, bei einem Generalstreik sei »ja an die Wahlen nicht zu denken«, war unbegründet; man verständigte sich, wie gehabt, auf erstens die scharfe Abgrenzung zu den Kommunisten und zweitens die »Wahlbewegung«.

Man tat weiterhin so, als ob – als ob die parlamentarischen Spielregeln noch in Kraft wären –, und man wollte weiterhin nicht wahrhaben, wie brüchig der Boden längst geworden war: erste Verbote sozialdemokratischer Blätter, darunter des »Vorwärts«, Verhaftung von Reichstagsabgeordneten – Leber war in Lübeck noch in der Nacht des 30. Januar zusammengeschlagen und verhaftet worden –, Behinderung, schließlich Lahmlegung erst des kommunistischen, dann des sozialdemokratischen Wahlkampfes, Reichstagsbrand und Ausnahmezustand. Und Otto Wels schrieb an Vizekanzler von Papen, als müsse er sich und die SPD für irgend etwas entschuldigen: Die ganze Geschichte seiner Partei beweise, daß Terrorakte in der SPD niemals gutgeheißen worden seien. Das Ergebnis der »Terrorwahlen« – so sagte man wenige Monate später – erkannte die Partei ausdrücklich an; ebenso konsequent rief sie das Wahlprüfungsgericht wegen der Behinderungen im Wahlkampf an. Friedrich Stampfer orakelte: »Die Herren ... brauchen nur eine legale Regierung zu sein, dann sind wir ganz selbstverständlich auch eine legale Opposition«, und Karl Kautsky prophezeite, die Diktatur müsse »heute im Zeitalter regsten politischen Lebens der Volksmassen« scheitern und könne in Deutschland nur von einer Macht beerbt werden, dem Marxismus.

So wenig die Führer der Partei aus ihrer Haut herauskönnen, so wenig kann es der Führer der Arbeiterjugend. Am 27. Februar trifft er sich mit Koos Vorrink, dem auf dem Kongreß in Prag gewählten neuen Vorsitzenden der Jugend-Internationale, in Köln; den Reichstagsbrand erlebt er nicht in Berlin. Er legt Wert darauf, so hat er seinen Wunsch nach einem Treffen begründet, »daß wir uns noch einmal vor den Wahlen sprechen«. Also doch Unsicherheit? Ja, und mehr noch: Vorkehrungen werden getroffen. Die Notwendigkeit, das SJI-Sekretariat zu verlegen, bringt er hier zur Sprache. Gleichwohl ist für den SAJ-Vorsitzenden nach dem 5. März noch nicht zu übersehen, »wie sich unsere Arbeit als sozialistische Erziehungsorganisation gestalten wird«; die Sache der Partei gegen die Anschuldigungen hätten sie nicht zu führen, denn »das wird die Partei selbst tun«. Es sei aber dies die Stunde, »auf die für jedermann sichtbare und jederzeit beweisbare große kulturelle und pädagogische Leistung unserer Bewegung« zu verweisen. Daraus erwächst ihm »die Sicherheit und die Kraft«, »auch der mit den Wahlen vom 5. März eingeleiteten politischen Entwicklung in Deutschland mit Ruhe und Zuversicht entgegenzusehen«. Die Wahl des 5. März entbinde ihn und seine Genossen nicht von der Verpflichtung zur sozialistischen Erziehungsarbeit.

Unter der Parole »Wir halten stand« beschwört der Vorsitzende der SAJ noch einmal »Disziplin und Solidarität«, »Kameradschaft und Treue« und mahnt, »die Nerven zu behalten und mit Besonnenheit und kühlem Blut die Entwicklung der nächsten Zeit abzuwarten«. Gleichzeitig veröffentlicht er gemeinsam mit den Vorsitzenden der drei anderen sozialistischen Jugendorganisationen – also Gewerkschafts-, Arbeitersport- und Reichsbannerjugend – einen Aufruf an die Jugend der Eisernen Front: »Kampf gegen das System des 30. Januar«. Er ist auf die Angriffe der »Reaktion« abgestellt und gipfelt in einem Bekenntnis zur Eisernen Front und einer neuerlichen Absage an die Kommunisten: »Unsere Einheitsfront ist die Eiserne Front! Ihre Parolen und Ziele sind die Kampfeslosungen der jungen Arbeiterschaft.«

Doch Parolen sind nicht mehr gefragt und Ziele nicht mehr erkennbar. Die Besetzung des Magdeburger Reichsbanner-Hauses am 10. März mit gleichzeitiger Verhaftung des Oberbürgermeisters Ernst Reuter gilt als ein Warnzeichen. »Unter der Führung des Parteibüros«, so schildert Franz Osterroth die Lage in Ollenhauers

Heimatstadt, »trieb unser Magdeburger Parteischiff richtungslos vor dem Sturm. Das ›Büro‹ wartete in alter Weise auf die ›Anweisungen von oben‹ und predigte den Genossen wie stets vorher Ruhe und Geduld.« Anweisungen von oben aber gab es nicht mehr! Hilf- und kopflos trieb die Partei ihrem Zusammenbruch entgegen. Am 3. März hatte Otto Wels Berlin verlassen und sich via Leipzig und München nach Salzburg begeben, ob in Begleitung Ollenhauers ist möglich, nicht sicher. Von Salzburg aus schleuste ihn Hoegner nach München zurück. Man hatte München für sicherer gehalten und daran gedacht, den Sitz des PV in die bayerische Hauptstadt zu verlegen. Doch in der Nacht des 9. März, als Bayern gleichgeschaltet wurde, kehrte Wels Hals über Kopf heim nach Berlin, fuhr von da an wieder täglich ins Büro und konzentrierte sich, gemeinsam mit seinen engsten Gefährten, auf den »Kampf um die Wiedereroberung der Bewegungsfreiheit«; so hatte der Tenor des Aufrufs vom 6. März gelautet. Paul Hertz, mächtiger Fraktionssekretär, übersandte Außenminister von Neurath ein empörtes Dementi des PV, als der »Figaro« gemeldet hatte, zehn SPD-Führer hätten in Paris die Wiederbesetzung des Ruhrgebiets zu erwirken gesucht. Otto Wels schrieb noch einen Brief dazu und bat ergebenst um einen Termin.

Es wurde Wohlverhalten signalisiert. Und das nicht von ungefähr. Auf den wunden Punkt der SPD zielend, gaukelte Göring ihr vor, nur die Deutschland-Berichte in sozialistischen Blättern des Auslands stünden dem Wiedererscheinen der Parteipresse im Wege. An den März-Sitzungen der SAI nahmen deutsche Vertreter daraufhin gar nicht erst teil. In der letzten März-Woche schwärmten sie selbst aus: Wels (in Begleitung von Ollenhauer?) über Prag nach Zürich, Stampfer nach Prag und Wien, Hertz nach Kopenhagen, vielleicht auch nach Stockholm, Victor Schiff, der außenpolitische »Vorwärts«-Redakteur, nach Paris und London. Alle waren sie ausgestattet mit einer besonderen »Reisegenehmigung« des preußischen Innenministers. Göring hatte das AA ersucht, seinerseits die Auslandsvertretungen anzuweisen, »den Herren gegebenenfalls die nötige Unterstützung und Hilfe zuteil werden zu lassen«; das AA verstand und erläuterte (»Eilt sehr«), daß das »zwecks Aufklärung dortiger sozialdemokratischer Kreise zur Lügenabwehr« geschehe. Die Missionen schlugen fehl, die SAI und ihre großen Parteien blieben bei ihrer Auffassung, daß die dringendste internationale Pflicht die »Verbreitung der Wahrheit über Deutschland« sei. Wels' mündliche und fernmündliche Proteste bei Friedrich Adler, dem Sekretär der SAI, nutzten erst recht nichts. Der mochte sich jetzt noch weniger als sonst von der SPD zensieren lassen. Erich Ollenhauer ging, was seine Internationale anbelangte, behutsamer ans Werk. Auch er hatte an der SAI-Sitzung am 18. und 19. März in Zürich nicht teilgenommen, aber zuvor Koos Vorrink gebeten, ihn zu vertreten und auf dem Rückweg »unbedingt« zu treffen; tatsächlich kam der holländische Freund am 20. nach Berlin. Der Affront war vermieden, das Sekretariat wurde stillschweigend nach Amsterdam verlegt, und der Vorsitzende übernahm, bis auf weiteres, selbst die Geschäfte. Otto Wels waren derlei Geschmeidigkeit und Rücksichtnahme, überhaupt diplomatische Umgangstöne fremd. Er telegraphierte am 30. März kurzerhand nach Zürich, daß er aus dem Büro der SAI, ihrem wichtigsten Gremium also, austrete.

Es war derselbe Otto Wels, der eine Woche zuvor mit seiner Rede gegen das Ermächtigungsgesetz die Ehre der deutschen Arbeiterbewegung und der deutschen Demokratie gerettet hatte. Gespaltene Persönlichkeit? Gespaltene Partei? Als sich Otto Wels, weiß im Gesicht und mit zusammengepreßten Lippen, in der Ahnung, es werde seine letzte Rede sein, mit Zyankali in der Rocktasche, schleppenden Schrittes zur Rednertribüne bewegte und ein Raunen durch den Saal in der Krolloper ging, da war er das Symbol all dessen, was diese Partei war und – was sie nicht war. Und sie war nicht die Partei der aktiven, der spontanen, gar der Gewalt einkalkulierenden Gegenwehr. »Die Sozialdemokratische Partei ist traditionell seit dem Ende des Sozialistengesetzes ... eine Propaganda- und Wahlpartei, nicht eine Organisation zum Gewalteinsatz gewesen«, lautete die offizielle Rechtfertigung ein Jahr später. Sie war nicht gemacht für den Kampf mit einem ungleichen und nicht hinreichend bekannten, einem übermächtigen und skrupellosen Gegner, der sie vor sich hertrieb. Hätte sie das Signal zum Losschlagen gegeben, »so hätte sie versucht, als etwas zu erscheinen, was sie nicht war«, urteilte Stampfer später. Was aber blieb dann noch, wenn ihr der Boden »der ruhigen Entwicklung, der verstandesmäßigen Erwägung, der gewaltlosen Verständigung« wegbrach? »Wir sind wehrlos, wehrlos ist aber nicht ehrlos«, hatte Otto Wels vor dem Reichstag hervorgestoßen und die Antwort gegeben, als er hinzufügte: »Freiheit und Leben kann man uns nehmen, die Ehre nicht.« Die SPD wollte die Fahne »der Menschlichkeit und der Gerechtigkeit, der Freiheit und des Sozialismus« hochhalten, um zu bewahren, was sich bewahren ließ. Dies war unendlich viel mehr, als sonst im Deutschland der galoppierenden Anpassung gang und gäbe war. Aber was sich bewahren ließ, auch das bestimmte nur noch der Gegner, und so wurde der Grat, auf dem die SPD noch wandelte, sehr, sehr schmal.

In Berlin hatten weite Teile der SAJ unter dem Einfluß der »Org.«, der späteren Gruppe Neu Beginnen, schon 1932 Vorkehrungen für den Verbotsfall getroffen, ein System von Fünfergruppen aufgebaut und bald nach dem 30. Januar begonnen, die Regeln der Konspiration einzuüben und sich auf illegale Arbeit umzustellen; sie seien einfach, so erinnerte sich Fritz Erler, der im Januar 33 zur »Org.« gestoßen war, von einer längeren Dauer des Nationalsozialismus ausgegangen. Im März ließ die Berliner SAJ den herkömmlichen Gruppenbetrieb auslaufen, brachte ihre Gelder, immerhin 12000 Reichsmark, in Sicherheit und – beschwor damit jene Auseinandersetzung herauf, die als »Berliner Jugendkonflikt« Geschichte machen sollte: Mit der Partei und, in ihrem Gefolge, der Reichsleitung der SAJ, die beide um keinen Preis die Nationalsozialisten provozieren wollten. Erich Ollenhauer, der sein SJI-Sekretariat verlegt und die für Mitte April, mit einjähriger Verspätung, angesetzte Reichskonferenz der SAJ längst ausgesetzt hat, verlangt »die volle Wiederaufnahme der alten Arbeit, die Einstellung der illegalen ›Mätzchen‹ (wörtlich!) und die Wiederherstellung des alten Betriebes im Jugendsekretariat«, und er droht mit der Einsetzung eines »Kommissars«.

Am 3. April kommt es zu einer gemeinsamen Sitzung der Berliner SAJ-Leitung mit Vertretern der Reichsleitung sowie des Berliner Parteivorstandes. In dieser Sitzung erklärt Ollenhauer auf die Frage, was denn die SAJ in den Bezirken des Reiches tue, in denen sie bereits verboten sei: Im Verbotsfall sei eine Weiterführung der sozialistischen Jugendarbeit unmöglich. »Die jüngeren Mitglieder werden«, so erläutert er seine Vorstellungen, »in völlig legalen Jugendgruppen zusammengefaßt. Es soll der Versuch gemacht werden, auf diesem Wege etwa 20000 14–17jährige zu erfassen und sie indirekt sozialistisch zu beeinflussen.« Die älteren Mitglieder müßten in die Partei überführt werden, die sicher länger legal bleibe als der Jugendverband. Diese organisatorische Umgruppierung, so rechtfertigte sein Freund und Gefährte in der SAJ, Erich Lindstaedt, ein dreiviertel Jahr später, habe die sozialistische Jugendarbeit unter anderem Namen in altem Geist fortführen und ein generelles Verbot des Verbandes »praktisch wirkungslos« machen sollen. Den Einwand Erich Schmidts, des Berliner SAJ-Vorsitzenden, daß unter faschistischer Diktatur eine legale Jugendorganisation nicht möglich sei und es auch kein Parteileben mehr gebe, versteht Ollenhauer nicht. Die soziale Welt, aus der beide kommen, ist die gleiche, ihre Partei ist die gleiche, doch Politik haben sie auf ganz und gar unterschiedlichem Wege erfahren, und ihre Verhaltensmuster scheinen von unterschiedlichen Planeten zu kommen.

Am 5. April wird Erich Schmidt seitens der Berliner Partei aufgefordert, die SAJ-Gelder herauszurücken. Als er sich weigert, erklärt ihn der Bezirksvorstand noch selbigen Tages für abgesetzt, und Ollenhauer bestellt seinen Vertrauten, Fritz Ohlig, zum »Kommissar« für den SAJ-Bezirk Berlin. Am 10. April kommen beide Seiten noch einmal zusammen: hier Erich Schmidt und sein Berliner Be-

Otto Wels und Rudolf Breitscheid. Wels, der mit seiner berühmten Rede gegen das Ermächtigungsgesetz im März 1933 die Ehre der deutschen Sozialdemokratie gerettet hatte, starb zwei Wochen nach Kriegsausbruch im Pariser Exil – mit dem Gesicht nach Deutschland. Breitscheid, der am 31. Januar 1933 die Parole »Bereit sein ist alles« ausgegeben hatte, kam 1944 in Buchenwald ums Leben.

zirksausschuß, da Ollenhauers Hauptvorstand und die Berliner Parteivertreter. In mehreren Reichsländern ist die SAJ bereits verboten, einen Hauch von Bewegungsfreiheit hat sie nur noch in Preußen, in Hamburg und Bremen; am 5. April hat ›Reichsjugendführer‹ Baldur von Schirach durch HJ-Formationen das Haus des Reichsausschusses der deutschen Jugendverbände besetzen lassen. Aber Ollenhauer will immer noch nicht und gerade jetzt nicht wahrhaben, daß es für die ihm vermittelte und ihm zueigen gewordene Politik eine Perspektive nicht mehr gibt. Während Erich Schmidt immer wieder darauf pocht, daß es nicht um Disziplin und Geld, sondern um Politik gehe, und er sich deshalb bereit erklärt, das Geld herauszugeben, bekräftigt Ollenhauer: »Die Auseinandersetzung über die Politik der Partei gehört in die Partei.« Dann, fast wörtlich seine Argumente von 1931 wiederholend: Nicht die politische Auffassung des Berliner Jugendvorsitzenden habe den Hauptvorstand zum Eingreifen veranlaßt, sondern sein organisatorisches Verhalten. Es sei unmöglich, daß der 1. Vorsitzende des größten Bezirks feierlich erkläre, sich über die Beschlüsse in einer noch nicht entschiedenen Frage – er meint die Frage der Illegalität – einfach hinwegsetzen zu wollen.

Tags darauf wird Erich Schmidt, des Vertrauens der übergroßen Mehrheit der Berliner Arbeiterjugend gewiß und trotz der Bereinigung der Finanzfrage, gemeinsam mit sechs weiteren SAJlern, darunter Fritz Erler und der spätere langjährige Berliner SPD-Vorsitzende Kurt Mattick, aus der Partei ausgeschlossen; in der Frage der illegalen Arbeit sind sie zu keinem Zugeständnis bereit gewesen. In der Sitzung am 10. hatte Berlins SPD-Chef Franz Künstler den Vorstandsmitgliedern das Einverständnis der Parteispitze mitgeteilt und sich dabei auf Otto Wels berufen, der ihm gesagt habe: »Sofort rausschmeißen.« Doch der sich eher zum linken Parteiflügel rechnende Künstler und Ollenhauer, in denen Erich Schmidt die entscheidenden Gegenspieler sah, hatten eines Auftrages nicht bedurft. Energisches und zielstrebiges Vorgehen gegen verschwörerische Aktivität war ihnen ureigenste Sache.

Erich Schmidt resümiert heute: Ollenhauer sei in allen Auseinandersetzungen stets sachlich gewesen. Doch wenn er sich in die Minderheit und in die Verteidigung gedrängt gesehen habe, wie im April 1933, »konnte er auch rot anlaufen«. In diesem Konflikt habe es ihm auch an menschlicher Größe gefehlt, als Vermittler zwischen den streitenden Generationen aufzutreten. Kein einziger versöhnender Satz sei ihm über die Lippen gekommen, »etwa daß wir alle zusammen furchtbar dran sind und uns jetzt nicht zerstreiten sollten, sondern darüber nachdenken, was zu retten ist«. Statt dessen: der Mitvollstrecker einer disziplinarischen, bürokratischen Aktion. Ausfluß seines Intellekts und seines Charakters sei gewesen, »sich von objektiven Sachzwängen, wie er sie halt sah, leiten zu lassen und nie das Gesamtinteresse oder was die jeweiligen Mehrheiten und ihre exekutiven Organe dafür hielten, aus den Augen zu verlieren. Dabei persönlich stets sauber, korrekt, unbestechlich.«

Daß er nie etwas für sich, aber alles für die Partei gewollt hat, bekunden Freund und Feind. Erich Ollenhauer hat später einmal wissen lassen, es sei ihm nicht darum gegangen, »ernsthafte Ansätze zu illegaler Arbeit in der Jugendorganisation durch organisatorische Maßnahmen zu ersticken, sondern um die Verhinderung einer die Parteieinheit gefährdenden ›Sonderorganisation‹, eines ›illegalen Nebenapparates‹ in der Partei«. In der Tat: Immer war es ihm um die einheitliche Organisation gegangen, und es ging ihm auch jetzt darum, da weder von Einheit noch von Organisation die Rede sein konnte. Glaubte er vielleicht doch noch an ein halbwegs erträgliches Arrangement mit dem Regime, oder wartete er lediglich auf den Entscheid der Altvorderen? War es nicht vielmehr so, daß er – wie Wels und die Genossen vom Parteivorstand – anderes nicht denken mochte, weil dann Konsequenzen zu ziehen gewesen wären, die zu ziehen er nicht disponiert und nicht vorbereitet war? Auf Legalität jetzt noch zu pochen, das war allerdings der Griff nach dem Strohhalm in einer Sturmflut. Die Reaktion gegen Erich Schmidt und seine Freunde wäre gewiß nicht so drastisch ausgefallen, wenn die um ihren Bestand ringende Partei nicht gleichsam an ihrem Traditionsnerv getroffen worden wäre.

Was der Terror noch nicht besorgte, das schaffte die Partei nun selbst. Von jahrelang ausgebliebener Gegenwehr über die spektakuläre Flucht Otto Brauns und Wels' zwischenzeitlichen Rückzug aus dem Büro der SAI bis hin zu den Ausschlüssen der SAJler: Die Arbeiterschaft war demoralisiert und die Arbeiterbewegung tot, noch ehe sich der Strick um ihren Hals zugezogen hatte. Einen tödlichen Stoß hatten ihr die Führer der deutschen Gewerkschaften versetzt. Sie hatten sich im März und im April, um vielleicht einen Rest an Errungenschaften in die Neuordnung überführen zu können, Hitler geradezu angebiedert und dabei jene Grenze überschritten, die die SPD-Führer – trotz allem! – zu wahren wußten. Der Wandel zur »Volksgewerkschaft« vollendete sich. Er war gleichbedeutend mit der Entfremdung von der SPD, die Otto Wels deprimierte, verletzte, vielleicht seine Selbstsicherheit berührte. Die SPD war, schlimm genug, hilf- und kopflos, aber angepaßt hat sie sich nicht!

Um den nicht mehr wegzuwischenden Auflösungserscheinungen entgegenzuwirken und von der Partei zu retten, was zu retten war, berief die Führung um Wels eine sogenannte Reichskonferenz ein; sie trat am 26. April im unversehrt gebliebenen Teil des Reichstagsgebäudes zusammen; der Anschein einer Verschwörung sollte gar nicht erst aufkommen. Diese im Statut nicht vorgesehene Reichskonferenz ersetzte den ordentlichen Parteitag, der im März in Frankfurt am Main hatte zusammenkommen sollen und mehrfach verschoben worden war. Mit Hilfe eines besonderen Schlüssels – drei der in jedem der 33 Parteibezirke schon gewählten Delegierten, von denen höchstens einer im Angestelltenverhältnis zur Partei stehen durfte – sollte ein Parteitag in verkleinertem Maßstab geschaffen werden. Meinte es nun der Parteivorstand ernst, als er der Reichskonferenz bewußt seine Ämter zur Verfügung stellte und auf sein Stimmrecht verzichtete, um – wie es ein Jahr später in der Schrift »Die Sozialdemokratische Partei und Hitler« hieß – »der Partei nach einer so furchtbaren Katastrophe die Möglichkeit eines Führerwechsels« zu geben?

Von den in Leipzig 1931 gewählten zwanzig Vorstandsmitgliedern waren vier bereits ins Ausland gegangen: Breitscheid, Hilferding, Dittmann und Crispien; vakant wurden fünf weitere Sitze, so daß neun neue Mitglieder zu bestimmen waren. »Im Interesse größerer Einheit, aber auch, um die Kritik an der Führung zum Schweigen zu bringen und die Bildung neuer abweichender Splittergruppen zu verhindern«, so der Konferenzbericht, wurden gewählt: zwei Vertreter des rechten Flügels, Sollmann und Löbe, und vier des linken, Aufhäuser, Böchel, Dietrich, Künstler. Vor allem aber wollte man den PV verjüngen, so wurden drei Vertreter der jüngeren Parteigeneration hinzugewählt: der 45jährige Fraktionssekretär Paul Hertz, der 31jährige, gleichfalls in der Fraktion beschäftigte Erich Rinner und schließlich der nun 32jährige Erich Ollenhauer. Wie schon 1931 bei seinem Leipziger Parteitagsdebüt war es jene Mischung von jugendlichem Alter und absoluter Loyalität, die seinen weiteren Aufstieg in der Parteihierarchie fast unausweichlich machte. Otto Wels hatte die Wahl seines jahrelangen Schützlings, der ihm in den vergangenen Wochen unentbehrlich geworden sein mochte, gewollt und wiederum betrieben. Und Wels' Stellung in der Partei war immer noch so unangefochten, daß er durchsetzte, was er wollte. Seine eigene und die Wiederwahl der anderen elf Vorstandsmitglieder stand nicht einen Augenblick in Frage, von »Führerwechsel« keine Spur.

Und dennoch markierte diese Reichskonferenz einen Einschnitt. Zum erstenmal seit dem 30. Januar wurde die Niederlage als »unverrückbar« hingenommen. »Wenn der Himmel einstürzt, sind alle Spatzen tot«, hatte Otto Wels einst prophezeit – nun war es soweit. Den Abfall der Gewerkschaften nicht verwindend und die eigene Gefährdung vor Augen sprach er in seiner Rede am 26. April den Nekrolog auf jene Organisation, in deren Namen er drei Monate bis an die Grenze sozialdemokratischer Selbstaufgabe gegangen war: »Ist die Idee preisgegeben, dann stirbt auch die Organisation. Aber wird die Organisation durch Kräfte von außen zerschlagen, dann bleibt immer noch in Millionen Köpfen und Herzen die Idee, und sie sichert auch die Wiedergeburt der Organisation.« Worauf der Vorsitzende jetzt noch baute, waren das »stille Heldentum der Zehntausende« und »die Unsterblichkeit unserer großen Idee«. »Ihr leben wir«, so schloß er die fünfstündige Diskussion, »ihr dienen wir mit allem, was wir haben bis zum letzten Atemzug: der Freiheit und der Menschlichkeit!« Der Gedanke an eine Auslandsvertretung ließ Wels und seine Vertrauten von nun an nicht mehr los.

Den Abend des 1. Mai verbringt Erich Ollenhauer bei Max Westphal. Auf dem Dach des Hauses in Tempelhof blicken die beiden Freunde, die viele Jahre Seite an Seite gegangen sind und deren Wege sich nun trennen sollen, in das Mai-Feuerwerk der Nationalsozialisten. Am 2. Mai läßt Hitler die Gewerkschaftshäuser besetzen, das Vermögen beschlagnahmen, die führenden Männer verhaften. Wann die SPD an der Reihe ist, kann nur noch eine Frage der Zeit sein. So selektiv die sozialdemokratische Wahrnehmung in den ersten drei Monaten der nationalsozialistischen Herrschaft gewesen ist, der Anschlag auf jene

Männer, die sich willfährig gezeigt haben, zerstört schnell und gründlich auch die letzten Illusionen. Was für viele Hitlergegner der Reichstagsbrand gewesen ist, wird für die Verantwortlichen an der Spitze der SPD der 2. Mai. Zwei Tage später, am 4. Mai, kommt, so die Schilderung Stampfers, »im gewohnten Raum unter den Bildern Bebels und Eberts« der neugewählte Vorstand zu seiner ersten – und letzten – Sitzung zusammen und beschließt, Wels, Stampfer und Kassierer Crummenerl hätten Berlin sofort zu verlassen, »um die Arbeit und Propaganda des Parteivorstands von außen her vorzubereiten«. Am folgenden Tag vereinbaren die hauptamtlichen Vorstandsmitglieder, daß auch Vogel, Hertz und Ollenhauer ins Exil gehen sollen.

Ollenhauers Entsendung kann trotz mancherlei Gerede (»wieso gerade er?«) weder ihn selbst noch irgend jemanden sonst überraschen. Sie liegt auf der Linie seines bisherigen Aufstiegs in die Parteispitze. Wenn er Wels schon bisher zur wichtigen Stütze geworden ist, wie sehr muß er es dann auf dem ungewissen Weg ins Exil sein. Seine überall anerkannte Organisationsgabe, seine internationalen Kontakte, aber auch seine menschliche Verläßlichkeit und Treue und seine praktische Fähigkeit, sich in neuen Verhältnissen rasch zurechtzufinden, haben ohnehin für ihn gesprochen. Ohne Widerspruch, ohne Zieren auch, fügt Ollenhauer sich in die Entscheidung. Eine Überlebenschance für die SPD sieht er ebensowenig mehr wie ihre anderen führenden Männer, und den ›Möbelkomplex‹, der so manche anderen am Gehen gehindert hat, kennen er und seine Frau nicht. Und außerdem: Entschieden ist entschieden! Hätte die Partei ihm den Auftrag gegeben, drinnen zu bleiben, er wäre geblieben.

In den frühen Morgenstunden des 8. Mai 1933 führt Fritz Heine, der das Riesengebirge wie seine Westentasche kennt, Erich Ollenhauer und Siegmund Crummenerl von der Katzensteinbaude aus über einen schmalen Waldpfad auf den Gebirgskamm. Keiner von beiden denkt, als sie für Augenblicke am grauweißen Grenzstein innehalten, daß sie Deutschland gar nicht oder erst in zwölf Jahren wiedersehen würden. Auf der tschechoslowakischen Seite wartet Otto Schönfeld, der persönliche Sekretär von Wels, der beide im Auto noch ein Stück landeinwärts bringt. Heine und Schönfeld kehren sofort nach Berlin zurück, Ollenhauer und Crummenerl fahren per Eisenbahn über Prag und Wien nach Zürich weiter, wo sie am 10. Mai die Nachricht von der Beschlagnahme des damals auf 60 Millionen Reichsmark taxierten Parteivermögens erreicht, aber auch die Nachricht von der Einberufung des Reichstags durch Hitler und der sozialdemokratischen Reichstagsfraktion durch Löbe. Otto Wels, der ebenso wie Vogel bis zum Tag der Beschlagnahme des Parteivermögens in Berlin ausgeharrt und sich dann unter Inanspruchnahme der Reichsbahn-Fahrkarte – sie steht ihm als Abgeordnetem noch zu – nach Saarbrücken begeben hat, beruft seinen Vorstand ins Saarbrücker Hotel Walter ein.

Daß Ollenhauer nicht sofort von Zürich ins Saargebiet eilt, sondern noch einige Tage in der Züricher Pension Plattenberg, Schönleinstraße 8, bleibt, hat einen persönlichen Grund: Am 10. Mai hat Martha Ollenhauer mit den Kindern Berlin im D-Zug 2. Klasse in Richtung Bodenbach, dem tschechischen Grenzort, verlassen. Unsicher, wohin weiter, bleibt sie zwei Tage, um dann auch nach Zürich zu reisen. Ollenhauer hat ihre Ankunft abgewartet und begibt sich erst am 18. nach Saarbrücken. Die Züricher Tage hat er zugleich genutzt, um die Angelegenheiten der Jugend-Internationale zu regeln; für den 12. Mai war eine Bürositzung nach Amsterdam einberufen. Als das Sekretariat von Berlin nach Amsterdam verlegt wurde, hatte auch Ollenhauers SJI-Sekretärin, Gertrud Huhnholtz, den Umzug mitgemacht, und sie war es, die, auf der alten Berliner Schreibmaschine, ihrem alten Chef am 5. Mai die Einladung schrieb; der erste illegale Text, der Ollenhauer erreichte, war an den »Buch- und Warenvertrieb der SAJ« adressiert: »Nachdem wir bereits schriftlich über verschiedene Lieferungen betr. Wander- und Sportartikel verhandelt haben, möchten wir gerne mit einem Ihrer Herren Vertreter die Angelegenheit mündlich besprechen. Wenn es Ihnen möglich wäre, in den nächsten Tagen einen Vertreter nach Amsterdam zu entsenden, würden wir uns sehr freuen, damit wir bald zu einem positiven Ergebnis kommen.«

Ollenhauer konnte natürlich nicht kommen, und so berichtete Vorrink am 13. nach Zürich, daß es eine sehr gute Bürositzung gewesen sei; Vorwürfe gegen Ollenhauer und französisch-belgische Versuche, das Sekretariat neu zu besetzen, verschwieg er taktvoll. Er gab dem jungen Emigranten eine schöne Ermutigung, Zeichen menschlicher Verbundenheit: »Ich freue mich, Dir mitteilen zu können, daß wir einstimmig der Auffassung waren, daß Du nach wie vor der Sekretär der Internationale bist. Schreib, bitte, recht bald, was Du in den nächsten Wochen zu tun gedenkst. Alle haben sich gefreut, zu wissen, daß Du im Ausland und in Sicherheit bist. Hab guten Mut! Freiheit!« Ollenhauer antwortete am Tage, da er nach Saarbrücken fuhr, wo die Entscheidung »über die Form und die Methoden der Parteiarbeit« fallen sollte. Er versicherte dem Freund: »Den Umständen entsprechend geht es uns gut.«

Unterdessen hatte der SPD-Vorstand am 14. Mai in Saarbrücken die Nicht-Teilnahme der Fraktion an der Reichstags-Sitzung am 17. beschlossen. Noch in der Nacht zum 15. waren Vogel und Stampfer, beide unter Benutzung ihrer Reichsbahn-Fahrkarten, nach Berlin zurückgekehrt. Sie sollten den Beschluß von Saarbrücken durchsetzen. Vergebens. Statt dessen werden sie Zeuge, wie nun jener Konflikt aufbricht, der das letzte und traurigste Kapitel in Sachen Hitler und SPD schreiben sollte. Auf der einen Seite: »Den Faden der Legalität weiterspinnen« und jene Linie konsequent fortsetzen, die Wels und die Seinen nach den Ereignissen des 2. Mai verlassen haben, gepaart mit tief wurzelnden Ressentiments gegen Führer, die – wie man sagt – heimlich geflüchtet seien, die Partei im Stich gelassen hätten und ihr nun auch noch Befehle geben wollten; gepaart schließlich auch mit dem ewigen Verlangen nach nationaler Anerkennung und vielleicht auch ganz einfach nur mit Angst. Auf der anderen Seite: Das Selbstgefühl derer, die gebrochen haben und wieder zu sich selbst gekommen sind und erwarten, daß ihnen, wie stets, Folge geleistet werde. Am Tage, da die Restbestände der SPD-Fraktion im Reichstag in das Deutschlandlied einstimmen, nimmt Otto Wels in aller Form seinen Austritt aus dem Büro der SAI zurück. Er zähle »zu den härtesten Opfern«, die er auf sich genommen habe, »um der Arbeiterklasse so viel als möglich von dem zu retten, was sie in jahrzehntelanger Arbeit aufgebaut hat«. Nun aber, »unter den Bedingungen des vollendeten faschistischen Terrors«, hätten sie die Aufgabe, den Kampf der Arbeiterklasse neu aufzunehmen. Die Periode, »wo wir hoffen konnten, durch die Ausschaltung von Vorwänden für Gewaltmaßnahmen etwas zu retten«, ist für Wels und seine Freunde vorüber. Nicht jedoch für Paul Löbe und solche, die ihm nahestehen. Der Bruch, vom frohlockenden Goebbels geschürt, wird unausweichlich.

Am 21. Mai beschließt der Parteivorstand in Saarbrücken, nun in Anwesenheit von Ollenhauer und mit den Stimmen von Max Westphal und Erich Rinner, die aus Berlin angereist sind: Der Sitz des Parteivorstandes ist Prag; der Parteivorstand veröffentlicht in acht bis zehn Tagen einen Aufruf, bis dahin soll die Organisation im Lande umgestellt sein; 30000 Mark werden zur Verfügung gestellt; die Leitung übernehmen Westphal und Rinner. Diese Beschlüsse werden tags darauf in Berlin verworfen. Löbe schreibt am 24.: »Mit Eurer Absicht erreicht Ihr keine Fortführung oder Neubelebung, sondern die Hinrichtung unserer Sache.«

Die Berliner Mitglieder des Parteivorstandes wie auch die Vorstände von Reichstags- und preußischer Landtagsfraktion drängen auf eine neue Besprechung, die am 28. zum erstenmal in Prag stattfindet. Wels, Vogel, Stampfer und Ollenhauer, der sich von Saarbrücken via Zürich nach Prag begeben und wie Wels in der Pension Na Slupi im Haus der Bäder, Na Slupi 8 in der Prager Neustadt vorläufig Unterkunft gefunden hat, konferieren mit den Berliner Abgesandten Stelling, Künstler und Rinner. Daß sich die politische Führung der Partei im Ausland befindet, wird ebenso anerkannt wie ein Plan zur

Widerstandsarbeit. Den der SAI angehörenden Parteien werden am 2. Juni Sitzverlegung und erste organisatorische Maßnahmen mitgeteilt – zusammen mit der Bitte um »kameradschaftliche Hilfe«. Unterdessen erfahren die Prager über ihren Mittelsmann Alfred Nau, daß entgegen den Vereinbarungen auf einer neuen Konferenz am 8. Juni der Berliner »Stillhaltekurs« festgeschrieben werden soll. Der Geduldsfaden reißt, »eine weitere Diskussion« wird rundweg abgelehnt. »Wir sind der Überzeugung, daß die Partei nicht länger im Stadium des Zögerns und Stillhaltens verharren darf, wenn sie nicht der Vernichtung ihrer organisatorischen Grundlagen durch den Faschismus ihre politische Abdankung im Bewußtsein der Arbeiter und der Weltöffentlichkeit folgen (lassen) und den Kampf gegen den Faschismus ausschließlich den Kommunisten überlassen will.«

Über die am 8. in Berlin gefaßten Beschlüsse – u. a. daß sich die politische und organisatorische Führung der Partei in Deutschland befinde – erstattet Rinner am 9. in Prag Bericht. Keiner der sechs Exil-Vorstandsmitglieder will noch Nachsicht üben; in seiner Begründung nimmt Wels den antibolschewistischen Faden wieder auf: Man sehe in Europa jetzt nur eine kommunistische Opposition in Deutschland. Werde dieser Eindruck nicht zerstört, dann wachse die Auffassung: »Besser Faschismus als Bolschewismus.« Am 10. tagt in Berlin die Reichstagsfraktion; die Leitung hat Paul Löbe, die Berichterstattung Max Westphal. Die Restfraktion bekräftigt einmütig, daß der Sitz des Parteivorstandes Deutschland ist, und behält sich weitere Maßnahmen vor. Am 13. treffen sich in Bodenbach die sechs Prager mit drei weiteren Vorstandsmitgliedern und sieben ihnen gegenüber loyalen Vertrauensleuten. Vogel und Ollenhauer erklären sich bereit, nach Berlin zurückzukehren. Doch Löbe will nicht mehr, er läßt Rinner, der ihn informiert, abblitzen. Am 17. sagt Rinner den beiden reisefertigen Genossen telephonisch ab. Es gibt keine Verständigungschance mehr, und vor allem ist die Verantwortung viel zu groß geworden, nachdem über Vogel Zeitungsberichte erschienen sind. So ist die Berliner Gruppe, als sie sich am 19. zur Reichskonferenz erklärt, unter sich; ein sechsköpfiges Direktorium wird an die Spitze gewählt und den ins Ausland gegangenen Parteigenossen das Recht abgesprochen, Erklärungen für die Partei abzugeben. Tags zuvor haben die Prager, die sich in bewußter Abgrenzung zur Berliner Löbe-SPD nun Sopade nennen, die erste Nummer des »Neuen Vorwärts« herausgebracht – Schlagzeile: »Zerbrecht die Ketten«.

Die Nationalsozialisten aber brauchen diesen Anlaß nicht mehr. Die Zeit außenpolitischer Rücksichtnahme ist vorüber, und auch sonst scheint ihnen die Zeit gekommen, mit den Überresten einer legalen deutschen Sozialdemokratie aufzuräumen. Am 14. Juni ist überall in Deutschland eine neue Terrorwelle gegen Sozialdemokraten angelaufen, Tausende von Funktionären verschwinden in den Kellern der SA, aus denen viele nicht mehr wiederkehren. Am 17. hat Baldur von Schirach, neu ernannter »Jugendführer des Dritten Reichs«, den Reichsausschuß der deutschen Jugendverbände aufgelöst und alle Jugendorganisationen der Meldepflicht unterworfen. Am 21. wird der gesamte Berliner SPD-Bezirksvorstand verhaftet, ebenso Löbe und Westphal, Johannes Stelling, letzterer gerade noch in das neue Direktorium gewählt, in der Köpenicker Mordnacht auf grausamste Weise zu Tode gebracht. Am 22. schließlich ist es soweit: Reichsinnenminister Frick läßt die SPD als »staats- und volksfeindliche Partei« verbieten. Wels und ›die Prager‹, unter ihnen Erich Ollenhauer, können sich bestätigt fühlen. Doch nach Schadenfreude ist ihnen wahrlich nicht zumute.

Exkurs: Die Emigration der Akten

Ende Juni 1941 gehen im Reichssicherheitshauptamt in der Berliner Prinz-Albrecht-Straße »neun Mappen mit Schriftmaterial« ein. Absender: »Der Beauftragte des Chefs der Sicherheitspolizei und des SD für Belgien und Frankreich – Dienststelle Paris«. In einem Begleitschreiben, datiert vom 24. Juni, erläutert ein SS-Obersturmbannführer den Inhalt: »Protokolle der Vorstandssitzungen des Parteivorstandes aus den Jahren 1933–39«. Als Fundort wird ein Bankfach genannt, das das Mitglied »des Büros der Sozialdemokratischen Partei Deutschlands (SOPADE) in Paris, Dr. Rinner« gehabt habe. Das Material landet in der Abteilung IV des Reichssicherheitshauptamtes. Die Archive dieser Zentrale für die Verfolgung aller Gegner des NS-Regimes sind nach 1945 zu einem Teil in den Besitz der DDR übergegangen, darunter auch die Protokolle des Sozialdemokratischen Exilvorstands, die nun im »Institut für Marxismus – Leninismus beim ZK der SED«, genauer: in deren Parteiarchiv liegen.

In seinen Prager Jahren von 1933 bis 1938 hatte der Exilvorstand der SPD seine Materialien – Korrespondenzen, Rundschreiben, die Berichte der Grenzsekretäre – in unregelmäßigen Abständen, den Großteil gegen Ende der Prager Zeit, zu treuen Händen der befreundeten dänischen Partei übersandt. Noch unmittelbar vor Abbruch der Zelte in Prag schrieb Erich Ollenhauer an den dänischen Parteisekretär Hans Hedtoft-Hansen, den späteren Ministerpräsidenten Hans Hedtoft, eine weitere Kiste mit »Archivmaterial« sei abgegangen. Im Frühjahr 1939, als ihnen Dänemark nicht mehr sicher genug schien, schafften sozialdemokratische Emigranten in Kopenhagen und dänische Freunde die Kisten nach Stockholm, wo bei Kriegsende vergebens nach ihnen gefahndet wurde. Erst 1967 stießen ein Gebäudeverwalter und ein Maschinist in einem Kellergewölbe des Stockholmer Gewerkschaftshauses auf ein Verlies; zutage gefördert wurden die dreizehn verschollen geglaubten Archivkisten der SPD. (Ursprünglich handelte es sich um sechzehn Kisten, doch eine war schon in Kopenhagen verschwunden, ihr Inhalt – Schriften von Marx und Engels, die nicht mit dem eigentlichen Marx-Engels-Nachlaß ausgelagert waren – wurde später verkauft und dadurch verstreut, zwei andere Kisten wurden schon 1953 in Stockholm entdeckt und zurückgebracht.) In einer feierlichen Zeremonie in Stockholm übergab Tage Erlander, der damalige schwedische Parteichef und Ministerpräsident, die dreizehn Kisten am 11. Februar 1968 dem SPD-Vorsitzenden Willy Brandt. Für die SPD, aber auch für die Geschichtswissenschaft war die Sache damit erledigt. Dabei war bereits Mitte der sechziger Jahre in der DDR eine Kollektivdissertation erschienen, die den Weg der SPD von 1933 bis 45 nachzuzeichnen suchte. Hier wurde aus Quellen zitiert, die zwar nicht als Protokolle von Vorstandsbesprechungen oder -sitzungen ausgewiesen waren, die aber auf die Existenz solcher Schriftstücke schließen lassen mußten. (2)

Diese Protokolle schreiben die Geschichte des sozialdemokratischen Exils gewiß nicht neu. Zum erstenmal aber lassen sie den Meinungsbildungs- und Entscheidungsprozeß innerhalb der Sopade erkennbar werden; sie korrigieren und ergänzen eine Fülle bisher für sicher gehaltener Annahmen. Die Protokolle geben wieder:

- die selten und unregelmäßig stattfindenden Vorstandssitzungen;
- die häufigen, oft wöchentlichen Vorstandsbesprechungen, an denen nicht alle Vorstandsmitglieder, wohl aber einzelne Mitarbeiter teilnahmen;
- Besprechungen mit Grenzsekretären, Stützpunktleitern oder Genossen aus dem deutschen Untergrund. (3)

Alle Protokolle zeichnen sich durch große Sachlichkeit aus, Werturteile oder Kommentare werden nicht gegeben. Einige Lücken lassen sich nachweisen; ob darüber hinaus Sitzungen nicht protokolliert worden oder einzelne Protokolle verlorengegangen sind, wird kaum je zu rekonstruieren sein. Das erste Protokoll faßt die Prager Sitzung vom 14. Juni 1933 zusammen, das letzte jene Pariser Zusammenkunft vom 29. Januar 1940, in der Rudolf Hilferding über die Kriegsziele und das Problem der Vereinigten Staaten von Europa referierte. Sämtliche Protokolle lassen nach Form und Stil auf einen einzigen Autor schließen. Die wenigen handgeschriebenen Korrekturen in den fein säuberlich, offenbar von einer Sekretärin getippten Niederschriften entstammen verschiedenen Federn. Die Vermutung spricht dafür, daß die Sitzungsteilnehmer ihre eigenen Wortbeiträge durchsehen und gegebenenfalls korrigieren konnten.

Auf die Autorschaft Erich Rinners scheint der Hinweis in dem Gestapo-Brief zu deuten, daß die Protokolle im Bankfach Rinners gefunden wurden. Doch abgesehen davon, daß Gestapo-Angaben bei weitem nicht immer richtig sind, lief das Pariser Hauptkonto der Sopade – vermutlich seit der schweren Krankheit von Kassierer Crummenerl – auf den Namen Rinner; zu diesem Konto gehörte ein Safe. So könnte es sehr wohl sein, daß Rinner die Protokolle für einen anderen verwahrt oder ein anderer sie in dem Bankfach deponiert hat, ohne daß Rinner geahnt hätte, um was es sich handelt. Ollenhauer jedenfalls wußte Bescheid. Schon 1942 schrieb er an Erich Brost: »Du weißt, daß wir unser ganzes Material in Paris verloren haben.« Nach der Befreiung Frankreichs bemühte sich Erich Ollenhauer hartnäckig und dank der Umsicht des französischen Bankdirektors schließlich mit Erfolg, die Konten frei zu bekommen; auf seine Bitte schickte Rinner 1945 eine Vollmacht nach Paris. Seine Verbindungsleute in Frankreich wies Ollenhauer ausdrücklich an, auch nach dem Safe zu sehen, »in dem wir Dokumente hatten«. Ob Ollenhauer dabei die Protokolle im Auge hatte und ob es sich um denselben Safe handelte, in dem die Gestapo fündig geworden war, ist nur zu vermuten.

Erich Ollenhauer – und allein diese Spur scheint weiterzuführen – ist im Gegensatz zu allen anderen Vorstandsmitgliedern in nahezu jeder der den Protokollen vorangestellten Anwesenheitslisten namentlich aufgeführt. Tatsächlich kommt von den »Alten« – Wels, Vogel, Stampfer und Crummenerl – niemand als Protokollant in Frage, ebenso nicht Paul Hertz, der erst in heimlicher, dann in offener Fehde zum übrigen PV stand, 1938 ausschied und schon 1939 in die USA übersiedelte. Es bleiben die beiden jüngsten, erst 1933 in den PV gewählten Mitglieder: Erich Ollenhauer und Erich Rinner, der schon an der ersten Prager Besprechung am 14. Juni teilnahm, fünf Tage später aber zur Reichskonferenz der Löbe-Gruppe in Berlin war, um sodann ohne Verzug und entgegen den Absprachen mit den Freunden in Prag ins Exil zu gehen; zur ersten Vorstandssitzung am 2. Juli war er bereits in Prag und hat von da an fast allen Zusammenkünften beigewohnt. Für Ollenhauer sprechen Form und Stil der Protokolle, seine Gabe, sich leicht und klar auszudrücken, vor allem das Vertrauen, das ihm die Alten entgegenbrachten. Und Protokollführung war eine Sache unbedingten Vertrauens, das Rinner nicht hatte; Erich Rinner, Sekretär Hilferdings in dessen Zeit als Finanzminister, nachher in der Reichstagsfraktion beschäftigt, mittels eines Stipendiums der Partei promovierter Volkswirtschaftler, war kein »typischer« Sozialdemokrat. Die Vermutung spricht also dafür, daß Ollenhauer Protokollant war; in den nur vier Fällen – von 1933 bis 1940! – seiner Sitzungsabwesenheit hätte ihn dann ein anderer vertreten. Es bleibt die Frage, warum niemals Durchschläge gemacht wurden und warum die Protokolle nicht mit den anderen Materialien nach Kopenhagen geschickt wurden. Dafür dürften einerseits Sicherheitsgründe gesprochen haben und andererseits die Überlegung, sie jederzeit zur Hand haben zu sollen, nicht zuletzt im innersozialdemokratischen Emigrationsstreit. Wenn es so gewesen ist und Ollenhauer die Protokolle angefertigt und, was fast noch sicherer erscheint, für ihre Verwahrung zu sorgen gehabt hat, dann müßte er sie im Mai 1940, vor seiner Internierung, Rinner übergeben haben, der zwar auch interniert, aber bald wieder auf freien Fuß gelangt und ins Büro zurückgekehrt war. Daß Rinner wußte, worum es sich handelte, ist wahrscheinlich, nicht gewiß.

Als die eigentliche »Sensation des Ost-Berliner Funds« werteten Rudi Leeb, der als rechte Hand des Parteikassierers nach Prag entsandt worden war, und Alfred Nau nicht so sehr den Inhalt, sondern die Tatsache, daß Rinner immer geleugnet hat – schon auf der Flucht 1940 und auch später noch –, daß irgendwelche Dokumente hinterlassen worden seien, und daß er nie auf die Protokolle zurückgekommen ist. Sein Verhalten wird als Ausfluß eines Charakters gedeutet, den sie und manche andere, die ihn kannten, als unkollegial und selbstsüchtig bezeichneten. Ob nun freilich der Charakter herhalten muß, wenn eine Erklärung für Rinners mutmaßliches Verhalten gesucht wird, erscheint zweifelhaft. Aufschlußreich ist Leebs Bemerkung, daß

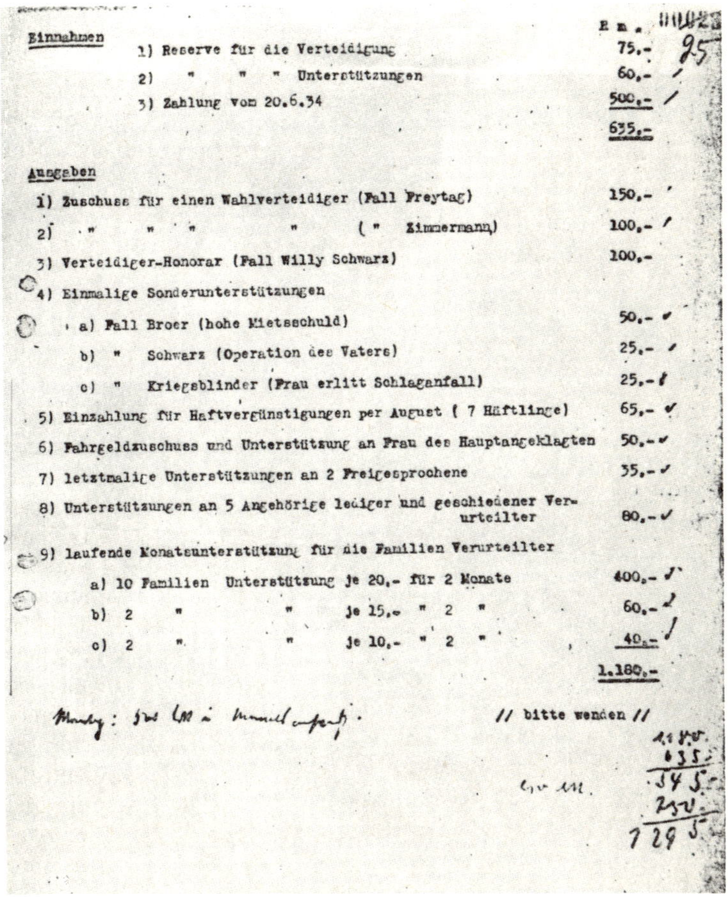

Einnahmen	R.M.
1) Reserve für die Verteidigung	75.-
2) " " " Unterstützungen	60.-
3) Zahlung vom 20.6.34	500.-
	635.-

Ausgaben	
1) Zuschuss für einen Wahlverteidiger (Fall Freytag)	150.-
2) " " " " (" Zimmermann)	100.-
3) Verteidiger-Honorar (Fall Willy Schwarz)	100.-
4) Einmalige Sonderunterstützungen	
a) Fall Broer (hohe Mietsschuld)	50.-
b) " Schwarz (Operation des Vaters)	25.-
c) " Kriegsblinder (Frau erlitt Schlaganfall)	25.-
5) Einzahlung für Haftvergünstigungen per August (7 Häftlinge)	65.-
6) Fahrgeldzuschuss und Unterstützung an Frau des Hauptangeklagten	50.-
7) letztmalige Unterstützungen an 2 Freigesprochene	35.-
8) Unterstützungen an 5 Angehörige lediger und geschiedener Verurteilter	80.-
9) laufende Monatsunterstützung für die Familien Verurteilter	
a) 10 Familien Unterstützung je 20.- für 2 Monate	400.-
b) 2 " " je 15.- " 2 "	60.-
c) 2 " " je 10.- " 2 "	40.-
	1.180.-

// bitte wenden //

Einnahmen und Ausgaben der Sopade, Sommer 1934.

Rinner während der Flucht aus Paris in Panikstimmung gewesen sei. Er, Leeb, habe ihn auch wiederholt auf die Konten angesprochen, auf denen noch Geld war; Rinner aber habe stets nur geantwortet, daß er dafür keine Zeit habe und nicht wegen Devisenhandels verhaftet werden wolle. So mag sehr wohl sein, daß in dem Chaos des französischen Frühsommers von 1940 Rinner nicht kaltblütig genug oder einfach von der Angst um sein persönliches Schicksal zu sehr übermannt war, um sich noch der Dokumente anzunehmen. Und dann mag ihn später das schlechte Gewissen befallen haben, und er hat die Geschichte mit den Protokollen verdrängt. Es wäre auch nicht das erste Mal, daß Flüchtlinge oder Opfer des Terrors sich mancher Ereignisse einfach nicht mehr erinnern mögen.

Die Emigration sozialdemokratischer Akten in die DDR ist nicht die einzige ihrer Art. Zur gleichen Zeit, als die Organe der deutschen Besatzungsmacht in Paris fündig wurden, durchsuchte die französische Polizei die Wohnungen von Hans Vogel und Erich Ollenhauer in Chatenay-Malabry und beschlagnahmte, jedenfalls im Falle Ollenhauer, einige wertvolle politische Dokumente und persönliche Briefe. Der umfängliche Aktenordner befindet sich heute in den Archives Nationales in Paris.

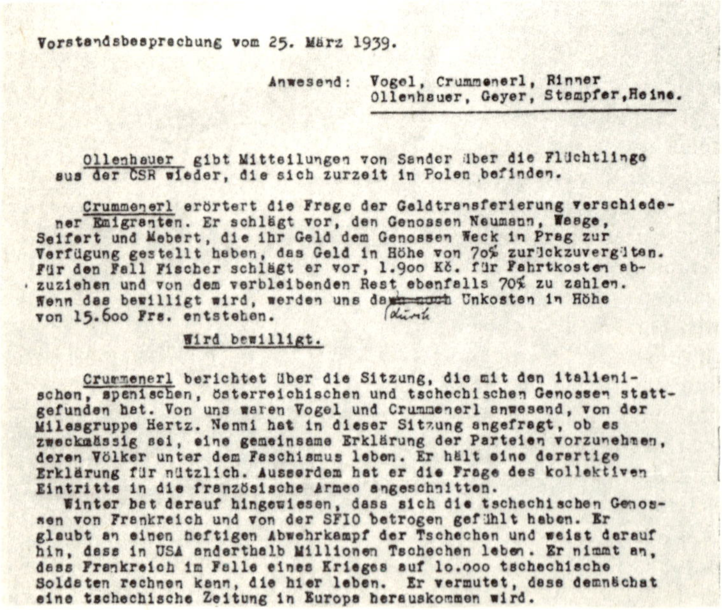

Vorstandsbesprechung vom 25. März 1939.

Anwesend: Vogel, Crummenerl, Rinner
Ollenhauer, Geyer, Stampfer, Heine.

Ollenhauer gibt Mitteilungen von Sander über die Flüchtlinge aus der CSR wieder, die sich zurzeit in Polen befinden.

Crummenerl erörtert die Frage der Geldtransferierung verschiedener Emigranten. Er schlägt vor, den Genossen Neumann, Waage, Seifert und Mebert, die ihr Geld dem Genossen Weck in Prag zur Verfügung gestellt haben, das Geld in Höhe von 70% zurückzuvergüten. Für den Fall Fischer schlägt er vor, 1.900 Kč. für Fahrtkosten abzuziehen und von dem verbleibenden Rest ebenfalls 70% zu zahlen. Wenn das bewilligt wird, werden uns da~~nn noch~~ durch Unkosten in Höhe von 15.600 Frs. entstehen.

Wird bewilligt.

Crummenerl berichtet über die Sitzung, die mit den italienischen, spanischen, österreichischen und tschechischen Genossen stattgefunden hat. Von uns waren Vogel und Crummenerl anwesend, von der Milesgruppe Hertz. Nenni hat in dieser Sitzung angefragt, ob es zweckmässig sei, eine gemeinsame Erklärung der Parteien vorzunehmen, deren Völker unter dem Faschismus leben. Er hält eine derartige Erklärung für nützlich. Ausserdem hat er die Frage des kollektiven Eintritts in die französische Armee angeschnitten.

Winter hat darauf hingewiesen, dass sich die tschechischen Genossen von Frankreich und von der SFIO betrogen gefühlt haben. Er glaubt an einen heftigen Abwehrkampf der Tschechen und weist darauf hin, dass in USA anderthalb Millionen Tschechen leben. Er nimmt an, dass Frankreich im Falle eines Krieges auf 10.000 tschechische Soldaten rechnen kann, die hier leben. Er vermutet, dass demnächst eine tschechische Zeitung in Europa herauskommen wird.

Erste Seite des Protokolls der Vorstandsbesprechung vom 25. März 1939.

In der Fremde wie zu Hause

Als sie 1938 Prag schweren Herzens Lebewohl sagten, ging das Wort von Mund zu Mund: »Jetzt erst beginnt unsere Emigration.« Friedrich Stampfer schrieb von Prag, es sei ein steinernes Märchen und jeder Gang durch seine Gassen ein Traum. »Sehnsucht nach Prag« beschwor für Edgar Hahnewald, den dichtenden Emigranten aus der Dresdner Sozialdemokratie und Ollenhauer-Freund, Erinnerungen herauf, »die einen Abglanz von Prag festhalten wollen, von der Stadt, in der es uns fünf Jahre lang gut gegangen ist«. Seine 1937 gesammelten Emigrantenbriefe aus fünf Erdteilen betitelte er »Ein Land und dreiundzwanzig Länder«; den Briefschreibern sei die Tschechoslowakei, die sie alle passiert hätten, zur zweiten Heimat geworden: »Der unverwüstliche Schwejk als Tröster deutscher Emigranten am Rande des südamerikanischen Urwaldes.« Der Reichstagsabgeordnete Gerhart Seger, der aus Oranienburg geflohen war, nannte Prag, kaum daß er angelangt war, eine »Stätte der Zuflucht«. Sie war es auch deshalb geworden, weil es in Prag deutsche Kaffeehäuser, Zeitungen, Schulen, Theater, Vereine gab. »Man war«, so erinnert sich Heinz Kühn, »umgeben von deutschen Menschen – wohlgesonnen und feindgesonnen, aber deutsch!« Toni und Otto Wels wollten, wenn alles vorüber wäre, nach Prag ziehen und hier und nicht in Berlin ihren Lebensabend verbringen. Und Ollenhauers? Martha Ollenhauer nimmt das Wort von der zweiten Heimat auf und sagt, daß Prag ihnen trotz allem die Heimat ersetzt habe. »In Prag haben wir uns wohlgefühlt und es auch gewußt.«

Dem Saarbrücker Beschluß, den Sitz des Parteivorstandes nach Prag und nicht in eine westliche Hauptstadt zu verlegen, hatte eine nüchterne geographische Überlegung zugrunde gelegen. Die Grenze zwischen Deutschland und der Tschechoslowakei war 1500 km lang, schwer zu überblicken und doch leicht zu überschreiten – eine ideale Voraussetzung für illegale Arbeit, zumal die angrenzenden Gebiete zum Teil traditionsreiche Hochburgen der SPD gewesen waren. Die Bezirksvorstände von Chemnitz und Ostsachsen hatten ihren Sitz hinter die Grenze verlegt, und viele Mitglieder waren schon Ende Mai ins böhmisch-mährische Grenzgebiet übergesiedelt. In ihrem Rückblick auf 1933 führte die Sopade ferner die Vorteile an, »die das deutsche Sprachgebiet in Böhmen bietet, ganz abgesehen von den politischen Vorteilen, die auf der Organisation und auf der Stellung unserer Genossen in der CSR zur Regierung beruhen«. Doch hätten weder diese Vorteile noch die geographischen Gegebenheiten ins Gewicht fallen können, wäre nicht die Mindestbedingung erfüllt gewesen: die Aufnahmebereitschaft der Tschechoslowakei und ihre liberale Asylantenpraxis.

Insgesamt gewährte das Land in den sechs Jahren von 1933 bis 38/39 etwa 10 000 Flüchtlingen, sei es für einige Monate der Durchreise, sei es auf Jahre, Gastrecht und brachte für ihre Unterstützung runde 15 Millionen Tschechenkronen, annähernd zwei Millionen Reichsmark, auf; die Präsidenten Thomas Masaryk und Eduard Benesch, gleichsam ›gelernte‹ Emigranten, zählten zu den Spendern. Voller Stolz erklärte der damalige Außenminister Benesch im Dezember 1934 vor dem Völkerbund, daß das Land der Emigration Asyl geben wolle und eine liberale Tradition begründet habe. »Staatsmänner anderer Nationen haben oft Ähnliches gesagt«, kommentiert Hans Albert Walter, »Benesch jedoch sprach die Wahrheit.« Die Akten in den Prager Archiven und die liberale Presse jener Jahre geben ihm recht. »Von seiten der Tschechoslowakischen Regierung«, so meldete der deutsche Gesandte ans Auswärtige Amt, würden die deutschen Emigranten, deren politisches Zentrum der »hiesige Rumpfvorstand der SPD« sei, »mit ausgesprochenem Wohlwollen behandelt«. Die amtlichen Stellen würden den Standpunkt vertreten, daß den Flüchtlingen erlaubt werden müsse, »in Wort und Schrift ihren politischen Standpunkt zu vertreten«. Um nicht unnütze Vorbehalte zu wecken und gewiß auch, weil sie einen Wink bekommen hatte, versicherte die Sopade Ende Juni, anläßlich einer Zusammenkunft mit der Prager Presse, daß sie sich nicht in die tschechoslowakische Innenpolitik mischen, sondern ausschließlich nach Deutschland hineinwirken wolle, im Rahmen der polizeilichen und pressegesetzlichen Bestimmungen.

Richtlinien für den Umgang mit Emigranten erließ das Innenministerium erstmals am 30. Juni. Trotz wiederholter Neufassungen und Konkretisierungen war damit der Grundstein für eine Emigrantenpolitik gelegt, die in fast allen Emigrantenzeugnissen gewürdigt wird und die die Tschechoslowakei vor anderen Ländern ausgezeichnet hat. Bei der Vergabe von Aufenthaltsgenehmigungen und Pässen und deren Verlängerung war man großzügig, und es galt der Grundsatz, weder politische noch jüdische Emigranten dürften nach Deutschland zurückgeschickt werden. Daß die Praxis nicht einheitlich war, daß es schlimme Ausnahmen von der Regel gab und verschiedene Ämter verschiedene Interessen verfolgten, gehörte zur Wirklichkeit einer Republik, in der eine liberale Öffentlichkeit bedeutenden Einfluß hatte, in der aber auch die emigrantenfeindliche Rechte stark war, deutsche Agenten und Spitzel ohnehin vorhandene Unsicherheitsgefühle schürten und die ab 1935 anschwellende Henlein-Bewegung die staatliche Einheit bedrohte. Dazu gehörte ebenso, daß längst vor dem deutschen Einmarsch Teile der Polizei mit der Gestapo zusammenarbeiteten. Andere ließen größte Umsicht walten, um die reichsdeutschen Emigranten zu schützen. Als im Sommer 33 Entführungspläne gegen Otto Wels bekannt wurden – die Polizei war durch die Gesandtschaft der CSR in Berlin gewarnt worden –, kommentierte die »Neue Weltbühne«: Es sei nur der Aufmerksamkeit der tschechischen Polizei zu danken, daß Wels und Scheidemann nicht wie der am 30. August in seinem Marienbader Exil ermordete Philosoph Theodor Lessing auf tschechischem Boden umgebracht worden seien. Der Entführungsplan war nur ein Ausschnitt aus den mannigfachen Bedrohungen, die über der Sopade lagen.

Wie souverän die Tschechoslowakei ihre Asylpraxis noch handhabte, als sich die Schlinge schon zusammenzuziehen drohte, zeigte die Genfer Flüchtlingskonferenz von 1936. Als einziger der 15 Teilnehmerstaaten weigerte sie sich, das erzielte Übereinkommen zu unterzeichnen. Begründung: Ihre Asylpraxis, der kein Gesetz, sondern Gewohnheitsrecht zugrunde lag, sei ohnehin besser. Das Land und seine Behörden, schrieb Gerhart Seger, als er weiterzog, hätten in besonderen Fällen vorweggenommen, »was der Flüchtlingskommissar des Völkerbundes, James MacDonald, bislang vergeblich zu erreichen sich bemühte: den Flüchtlingen Papiere, Pässe zu geben, die erst ermöglichen, wieder als freier, in seiner Bewegung nicht behinderter Mensch sich zu fühlen«. Für die Emigration bedeutete diese Asylpraxis unendlich viel und dennoch nicht alles. Man brauchte zweitens Unterstützung; Arbeitsbewilligungen gab es in der Tschechoslowakei, die schon 1933 700 000 Arbeitslose hatte, so wenig wie in den meisten anderen Aufnahmeländern. Und man brauchte drittens Anlehnung an einen freundlich gesinnten Kreis, wenn irgend sich ein Gefühl des Heimischwerdens einstellen sollte. Die Möglichkeit solcher Anlehnung gab es nicht nur in den deutschsprachigen Gebieten Böhmens und Mährens, sondern auch im partiell-deutschen Prag.

In Böhmen und Mähren hatte die Wiege der österreichischen Arbeiterbewegung gestanden. Hier war eine solide und stolze, von Zukunftsglauben beseelte und zum Opfer bereite Sozialdemokratie emporgewachsen, die August Bebel so nahe stand wie Victor Adler. 1919, nach Gründung der Tschechoslowakischen Republik, hatte sie sich unter Führung Josef Seligers als Deutsche Sozialdemokratische Arbeiterpartei (DSAP) konstituiert; die Bezeichnung als Sudetendeutsche Sozialdemokratie wurde hier und da schon benutzt, durchgesetzt hat sie sich erst in der Folge der nationalsozialistischen Politik. Unter den dreieinhalb Millionen Deutschen hatten sich die rund 85 000 Parteimitglieder ihre eigene Welt zurechtgezimmert, in der für

Singen, Turnen, Briefmarkensammeln ebenso gesorgt war wie für die Bildung. Nach ihrem Wahlerfolg von 1929 – die DSAP wurde mit über einer halben Million Stimmen stärkste deutsche Partei – trat sie gemeinsam mit der tschechischen Sozialdemokratie in die Regierung ein; Ludwig Czech, seit 1926 ihr Vorsitzender, wurde Sozialminister. Der nationale Ausgleich innerhalb der Republik schien doch noch möglich werden zu können.

Die Beziehungen zwischen SPD und deutscher Sozialdemokratie in Böhmen und Mähren waren immer vielfältig gewesen, auch noch in den Jahren der Weimarer Republik. Ihr Symbol fand die verwandtschaftliche Nähe beider Parteien in der ein Leben währenden Freundschaft zwischen Erich Ollenhauer und Ernst Paul: Jahrgang 1897, aus Steinsdorf bei Bodenbach gebürtig, gelernter Schriftsetzer. Angefreundet hatten sie sich Pfingsten 1921, als in Amsterdam die Jugendverbände der mehrheitssozialdemokratisch orientierten Parteien die Arbeiterjugend-Internationale aus der Taufe hoben. Seither hatten sie sich immer wieder getroffen, auf den Tagungen der Jugend-Internationale und auch sonst. Dann und wann hatten Paul und seine Frau Gisl die Ollenhauers in Berlin besucht. Als Paul 1924 in die Prager Zentrale der DSAP berufen wurde und den Vorsitz der knapp 10000 Mitglieder zählenden Arbeiterjugend an Karl Kern abgab, behielt er seinen Sitz im Büro der Jugend-Internationale dennoch bei; Erich Ollenhauer war er hier eine wesentliche Stütze. Erst 1932, auf dem Prager Kongreß, schied er aus der SJI aus. Er wurde Abgeordneter im Prager Parlament, und vor allem: von 1928 bis 38 wirkte er als Vorsitzender der Republikanischen Wehr, die dem reichsdeutschen Reichsbanner vergleichbar war. Daß Ernst Paul der ›Schirmherr‹ der Sopade und Ollenhauer deren Verbindungsmann zur DSAP wurde, hatte in beider Verbundenheit seinen Ursprung.

Persönliche Beziehungen von diesem Rang hatten in der Entscheidung der SPD-Führung, nach Prag zu gehen, eine größere Rolle gespielt, als man nach außen zugeben mochte. Schließlich waren die Genossen in Prag nicht nur Freunde, sondern übten spätestens seit dem Regierungseintritt der DSAP Einfluß auf die Regierungsgeschäfte aus und hatten gute Verbindungen zu amtlichen Stellen. Daß Ollenhauer zum Beispiel schon im Juni 1933 einen für alle europäischen Staaten gültigen vorläufigen Reisepaß erhielt, ihm die Aufenthaltserlaubnis regelmäßig und ohne Schwierigkeiten verlängert wurde und er 1935 einen Waffenschein erhielt (»Pistole für mehrere Schüsse«), wäre ohne Fürsprache kaum denkbar gewesen. Alte freundschaftliche Bande bestanden im übrigen nicht nur zwischen Ollenhauer und Paul, sondern auch zwischen Stampfer und Czech, die beide aus Brünn stammten. »Daß unsere erste Emigration«, so die Stampfer-Tochter Marianne, »kaum als solche zu empfinden war, ist der Aufnahme zu verdanken, die wir im Hause des alten Jugendfreundes und Kampfgenossen meines Vaters fanden.« Einander eng verbunden waren schließlich auch – der dritte Freundeskreis gleichsam – Hans Vogel und Wenzel Jaksch.

Neben Paul und Czech, nicht selten noch nachdrücklicher als diese, war Siegfried Taub bemüht, der sozialdemokratischen Emigration die Wege zu ebnen. Er war Vizepräsident im Prager Abgeordnetenhaus und Generalsekretär der DSAP. Er war »die Seele« der Partei und, zu arbeitsam, um persönliche Freundschaften pflegen zu wollen, war er derjenige, der letztlich ›alles machte‹. Taub, jüdischer Herkunft wie Czech und Stampfer, war im tschechischen wie im deutschen Sprach- und Kulturkreis gleichermaßen zu Hause, und schon dadurch war er zum Mittelsmann zwischen sozialdemokratischer Emigration und Prager Behörden wie den politischen Spitzen des Landes prädestiniert; Taub hatte leichten Zutritt auch zur Burg, zur Residenz des Staatspräsidenten also. Was die Sopade in Prag ohne Taub gewesen wäre, ist nicht zu ermessen. Allein die Zahl der Unterstützungsfälle, die Ollenhauer mit Taub regelte, ist Legion. »Ist es denn wirklich ein besonderes Verdienst, wenn eine Partei, die mit Euch in dem abgelaufenen Jahrzehnt in so enger Beziehung gestanden ist, es als ihre Pflicht ansieht, den Genossen bei der Errichtung einer Zufluchtsstätte an die Hand zu gehen und ihnen die Möglichkeit einer weiteren Betätigung zu geben?« fragte er in einem Dankbrief für Geburtstagswünsche 1936, um gleich selbst die Antwort zu geben: »Ich halte dafür, daß das eine selbstverständliche Pflicht ist, und ich bedauere es nur außerordentlich, daß wir nicht weit mehr tun können, als gegenwärtig geschieht.«

Es war Taub, auf dessen Initiative die Unterstützung der sozialdemokratischen Emigranten geordnet wurde. Für die Sopade, die mindestens eine moralische Verpflichtung für die zweihundert ›einfachen‹ in der CSR lebenden SPD-Flüchtlinge hatte und in manchem Einzelfall auch selbst Hilfen gewährte, bedeutete Taubs Engagement eine schwere Bürde weniger, für die DSAP war es eine große Sache, aber auch eine riesige Belastung. Als sich herausstellte, daß aus eigener Kraft die erforderlichen Mittel nicht würden aufgebracht werden können, richtete Taub einen Sonderfonds ein, in den alle Parteimitglieder, die noch Arbeit hatten, einen Prozentsatz ihres Monatslohns einzahlten und in den auch sonstige Hilfsgelder, z. B. aus dem Matteotti-Fonds, und Spenden flossen; im eigenen Parteiorgan, dem »Sozialdemokrat«, erschienen bewegende Spendenaufrufe. Die »Sozialdemokratische Flüchtlingsfürsorge«, eine gemeinsame Einrichtung der DSAP und der Sopade mit Sitz im Hause der Prager Bezirksorganisation am Fügnerplatz, nahm Verteilung und Auszahlung vor; die Geschäftsführung oblag dem Vertrauensmann der

Sopade, Willi Sander, zuvor Parteisekretär von Dresden. Aus diesem Fonds erhielt der unterstützungswürdige Flüchtling, der sich in der Regel beim örtlichen Konsumverein gemeldet hatte und über die DSAP an die Flüchtlingsfürsorge weiterverwiesen worden war, 120 bis höchstens 150 Kronen im Monat, das waren zwischen 15 und 19 Reichsmark; Mitte der dreißiger Jahre mußte der Satz weiter herabgesetzt werden. In einem Emigrantenheim oder meist bei einheimischen Genossen, auch wenn sie arbeitslos waren – und das waren die meisten –, fand der Flüchtling Unterkunft und auch Verpflegung, für ›was nebenbei‹ ging er hausieren. Wie sollten Ressentiments da ausbleiben? Ressentiments gegen jene Vorstandsmitglieder, die ein ›angenehmes‹ Leben führten. Wie sollten da nicht die Gerüchte blühen? Gerüchte über ihr, wie es 1937 in einem Schreiben der Polizeidirektion Prag an das Innenministerium vermerkt wird, »bequemes, ja sogar luxuriöses Leben«. Luxuriöses Leben? Was war hier Luxus?

Luxus – das war zunächst jene Sicherheit, die die gerettete Parteikasse bot. Auch wenn noch so sparsam gewirtschaftet wurde und der Schwerpunkt der Ausgaben auf politischer Arbeit liegen sollte, galt als selbstverständlich, daß die, die über die Kasse verfügten, regelmäßig Gehalt bezogen. Luxus – das war zweitens die Geborgenheit, die aus der Zugehörigkeit zu einer homogenen Gruppe erwuchs. Vom Sonderfall Paul Hertz abgesehen, teilten die Männer der Sopade die gleichen politischen Grundauffassungen und standen menschlich einander nahe. »Die Beziehungen waren eng und familiär«, erinnert sich die Crummenerl-Tochter Ruth, und die Söhne Hans Vogels bekunden über Wels und ihren Vater, sie seien »ein Herz und eine Seele« gewesen. Jeder konnte sich auf den anderen verlassen, keiner war auf sich allein gestellt. Luxus – das war drittens die Aufgabe, die sie alle hatten. Sie gingen regelmäßig ins Büro; zum Nichtstun, das so viele Emigranten lähmte, war niemand verurteilt. Ab 1. Juli 1933 hatte man Büroräume in der Palackeho trida 24, im dritten Stock eines ansehnlichen Eckhauses gemietet, gelegen in Karlin oder Karolinenthal. An der Eingangstür prangte das Schild »Sopade«. Im Erdgeschoß befand sich die Gastwirtschaft »Zum grünen Baum«. Einen exakten Lageplan der Büroräume fertigte ein Gestapo-Spitzel 1936 an. Das Haus ist noch immer ansehnlich und scheint äußerlich unverändert, nur daß die Straße nun Křižikova heißt und aus der Gastwirtschaft eine Schnellreinigung, aus dem Büro eine Wohnung geworden ist. Hausnummer ist immer noch 24.

Erich Ollenhauer bekam im Monat, wie alle der Sopade angehörenden Vorstandsmitglieder, 2000 Kronen, runde 250 Reichsmark, was dem Durchschnittsverdienst eines deutschen Facharbeiters entsprach; allerdings war der Lebensunterhalt in Prag weit billiger. Die

Im dritten Stock dieses Eckhauses, Palackeho trida 24, waren von 1933 bis 1938 die Büroräume der Sopade untergebracht. 1936 fertigte ein Gestapo-Spitzel einen exakten Lageplan der Räume an. Im Erdgeschoß befand sich eine Gastwirtschaft, heute ist dort eine Schnellreinigung untergebracht.

wichtigsten Angestellten der Sopade erhielten umgerechnet 200, Grenzsekretäre 150 Mark, Löhne, die für das Existenzminimum reichten; so weisen es in die Protokolle eingefügte Finanzübersichten aus. Die erste Wohnung, die Erich Ollenhauer im Stadtbezirk Dejvice bezogen hatte – Taub besorgte auch die Wohnungen –, war zu teuer, und so zogen die Ollenhauers nach einem halben Jahr, Ende 1933, in eine kleine Wohnung mit einem Zimmer und einer Küche, in der die beiden Jungen schliefen. Das zweistöckige Haus, ebenfalls im Villenviertel Dejvice, auf der Hans Paulka, Na Pískách 26/II, eine halbe Stunde vom Stadtzentrum entfernt, war sehr schön gelegen und eröffnete einen wunderbaren Blick über die Stadt. Hier blieben sie wohnen bis zum Weggang aus Prag.

»Die Sopade hat ja ihre Leute nicht gerade verhungern lassen«, sagt Gisl Paul, »aber weiß Gott nicht üppig ausgestattet.« Ollenhauers seien eigentlich immer sehr knapp bei Kasse gewesen, Martha habe dennoch einen eher ausgabefreudigen als betont sparsamen Eindruck vermittelt. Überhaupt erschien Martha allen, die sie in Prag erlebten, als der Frohsinn der Emigration! Ohnehin kein Kind von Traurigkeit, war sie mit der Gabe gesegnet, sich überall zurechtfinden zu können und allem erst einmal eine gute Seite abzugewinnen: »Wir haben immerhin eine Wohnung gehabt und konnten uns selbst etwas zu essen kaufen. Vor allem war die Familie beisammen. Außerdem war Prag billig und unser Anspruch gering.« Daß ihnen »nichts abgegangen« sei, heben auch die Söhne hervor, die beide deutsche Schulen besuchten. Peter, der 1933 zehn Jahre alt geworden war, ging zunächst auf eine Volks-, später auf eine sogenannte Bürgerschule, deren Abschluß er gerade eben verpaßte, weil eine neue Emigration begann; Hermann, der erst in Prag eingeschult wurde, besuchte eine deutsche Privatschule.

Unverzichtbar für die »anheimelnde« Atmosphäre der Prager Jahre war »das schöne gesellige Leben«, wie Martha sagt, oder wie Peter Ollenhauer sich erinnert: »Die Eltern sind oft ausgegangen.« Dabei im Mittelpunkt: Otto Wels, dem es in den ersten Prager Jahren gesundheitlich besser ging als zuletzt in Berlin. Der Wirkung seines patriarchalischen Wesens – er war jovial und grobschlächtig in einem – hat sich kaum einer entziehen können oder wollen, am wenigsten Erich Ollenhauer. Die Wels'ens hatten in der Na Viničních Horách 44 eine schöne Wohnung mit großem Balkon und Blick auf den Hradschin bezogen, vom Ollenhauerschen Domizil nur Minuten entfernt. (Eine alte tschechische Frau aus der Nachbarschaft erinnerte sich noch 1983: »Der Wels hatte sich auf dem Balkon eine Dusche gebaut, die er eifrig benutzte. Es waren sehr sympathische Leute.«) Es verging kaum ein Tag, an dem man sich nicht auch außerhalb des Büros gesehen hätte. Martha ging meist schon nachmittags hinüber, um mit Toni zu nähen oder sich sonstwie haushälterisch zu betätigen oder einen Ausflug zu machen; oft war auch Gisl Paul mit von der Partie. Oder sie gingen in einen der vielen (deutschen) Vereine, wo gesungen, gespielt, geturnt wurde; Mitgliedsausweise sind noch vorhanden. Abends kamen die Männer hinzu, und Otto kochte, bevor es ans Skatspielen ging. Mindestens einmal die Woche, wenn nicht öfter, versammelte sich die ganze Gesellschaft bei Pauls auf der anderen Seite der Moldau. Lustig war's hier wie dort, und getrunken wurde überall. Vor allem Wels konnte »kolossal lachen und trinken«; andere standen ihm nicht viel nach. Die in Prag begründete Skatgemeinschaft zwischen Paul und Ollenhauer, an der häufig auch Siegmund Crummenerl, Robert Grötzsch, einst Chefredakteur der »Dresdner Volkszeitung« und Arbeiterdichter, oder auch Willi Sander teilhatten, fand nach dem Krieg ihre Bonner Fortsetzung; beide marschierten dann durchs Bundeshaus, auf der Suche nach dem dritten Mann, den sie bisweilen in Ernst Lemmer fanden. Waren Ollenhauers einen Tag einmal nicht mit Wels'ens zusammen, »schnappten die beiden Alten prompt ein, und der Haussegen hing schief«. Die Vater-Sohn-Beziehung zwischen Wels und Ollenhauer war in Prag rasch noch enger geworden, und so war es fast natürlich, daß die beiden

Ollenhauer-Söhne an Enkel Statt angenommen wurden; Wels' eigene Kinder waren in Berlin geblieben. Peter Ollenhauer brachte jeden Morgen auf dem Schulweg Milch und Brötchen zu Wels.

Im Sommer 1937 schreibt Herta Gotthelf, Frauen-Funktionärin der Weimarer SPD, aus ihrem englischen Exil an Erich Ollenhauer, sie habe gehört, es gehe ihm gut und er sehe rund und vergnügt aus »wie immer«. Ollenhauer, der gerade einen dreiwöchigen Slowakei-Urlaub mit Martha, Hermann, »dem großen Otto und seiner Frau« hinter sich hat, antwortet, man müsse sich nun wieder an das »Alltagsleben« gewöhnen. Trotzdem wollten sie sich nicht beklagen, »denn dazu haben wir unter den gegenwärtigen Umständen keinen Grund«. An Karl Raloff schreibt er kurz und knapp, es gehe ihnen gut. Für Rudi Leeb war Ollenhauer in allen Emigrationsjahren der einzige, der »überhaupt nie sein inneres Gleichgewicht verlor und nie depressiv war und nie an sich oder seiner Überzeugung irre wurde«. Heine erinnert sich an einen »durch und durch positiven Menschen, der immer ausgeglichen war und immer ausgleichend wirkte«. Ein halbleeres Glas sei für ihn stets halbvoll gewesen. Ernst Paul nannte den Ollenhauer der Emigrationsjahre »den ruhenden Pol«, und Erich Brost resümierte einen Treff zwischen ihm und Ollenhauer in Danzig einmal mit den Worten: »Er hatte gute Nerven.« Man könnte auch sagen: Ein ins Exil verschlagener Optimist aus der Magdeburger Börde. Ein solches Naturell in solchen Zeiten – wie vieles wurde ihm damit leichter! Lag darin die psychische Voraussetzung begründet, daß einer zum »Flüchtlingskommissar« der Sopade, zur Stütze für jene werden konnte, die Halt und Hilfe suchten, dabei aber innere Anteilnahme und Betroffenheit niemals sichtbar werden ließ? Er hat dies auch dann nicht getan, wenn ihn ein Fall so sehr und so lange umtrieb wie der seines ältesten und besten Freundes, Max Westphal, der den Weg in die Emigration nicht hatte gutheißen mögen.

Im Frühherbst 1933 versuchte Ollenhauer, mit dem Freund wenigstens in Kontakt zu kommen. Mittelsmann war der zwischen Prag und Berlin pendelnde Alfred Nau. Er war es auch, der Max Westphal zu der gewünschten Aussprache bewog. An einem grauen Nachmittag, irgendwann im November 1933 – an das genaue Datum vermochte sich keiner der Beteiligten mehr zu erinnern, und Aufzeichnungen gibt es nicht – trafen sie sich auf der deutschen Seite, in einem kleinen Café in Oberschreiberhau. Den einen hatte Fritz Heine von Prag aus über die Grenze gebracht, den anderen Alfred Nau von Berlin aus hergefahren; wegen seiner Kriegsverletzung konnte Max Westphal nicht übers Gebirge gehen, so mußte Ollenhauer seinen Fuß auf deutschen Boden setzen. Vier Stunden lang redeten sie über Hitler und die SPD: Es war der Versuch zweier Freunde, doch noch miteinander ins reine zu kommen. Dreizehn Jahre lang waren sie ihren politischen Weg gemeinsam gegangen und hatten ihre politischen Überzeugungen geteilt. Nun mußten sie erkennen, daß sie einander nicht mehr verstanden. Max Westphal fuhr zurück nach Berlin, weiter darauf bauend, daß alles so schlimm nicht werde; jede Form illegaler Arbeit lehnte er strikt ab. Im Gegensatz zu einigen prominenteren Genossen wie Severing, Noske, Keil oder auch Wilhelm Kaisen wurde ihm sein Stillschweigen nicht honoriert. Mühsam hielt er die Familie mit einem Kaffeehandel über Wasser. Er wurde mehrfach verhaftet und landete im Winter 39/40 in Oranienburg. Innerlich war er längst gebrochen, als er am 28. Dezember 1942 einer tödlichen Krankheit erlag. 2000 Sozialdemokraten gaben ihm im Krematorium Wilmersdorf das letzte Geleit.

Erich Ollenhauer sollte das Schicksal des Freundes nicht loslassen, auch nach dem gescheiterten Verständigungsversuch nicht und obwohl Max Westphal ebenso wie Paul Löbe die Einstellung der Auslandsarbeit forderte. Moralische Selbstüberhebung war ihm wesensfremd, sie war es erst recht gegenüber einem so engen Weggefährten und in einer so extremen Situation. Wie ein Sozialdemokrat sich unter der nazistischen Gewaltherrschaft zu verhalten habe, darüber hätte er ohnehin nie eine Regel aufgestellt, wohl nicht einmal einen Rat gegeben. Eine Entscheidung, wie sie Max Westphal für sich getroffen hatte, war für ihn selbst undenkbar gewesen. Und dennoch gab es für ihn keine Pflicht zu aktiver Bekämpfung des Regimes. Daß er nichts unversucht ließ, um Max Westphal und anderen Freunden zu helfen, ihr Los zu erleichtern, war selbstverständlich.

Als er sich im Januar 1934 um die Familien verhafteter Kameraden aus der engeren SAJ-Führung kümmerte, bat er Koos Vorrink, den Vorsitzenden der Jugend-Internationale, in die anlaufende Unterstützungsaktion auch Max Westphal und August Albrecht einzubeziehen, »denn beiden geht es materiell nicht gut«. Die Sorge um sie lasse ihn nicht mehr los. Er bedrängte den Holländer, an die Genossen heranzutreten, zu denen besonders enge freundschaftliche Beziehungen bestünden: Dänen, Schweden und Tschechoslowaken. Wenn es gelinge, durch eine solche private Aktion den Familien der bedrängten Genossen wenigstens für die nächste Zeit ihre größten Sorgen abzunehmen, »dann wäre das sicher ein gutes Beispiel internationaler Kameradschaft«. Von sich aus wolle er »aus verständlichen Gründen« diese Sache nicht anregen. Koos Vorrink antwortete umgehend: Das sei alles »selbstverständlich«, und die Aktion laufe schon. Er möge überzeugt sein, »daß wir machen werden, was wir nur irgendwo fertig bringen können. Wir stehen fest zueinander!« Immer wieder erkundigte sich Ollenhauer bei allen, die etwas wissen konnten oder vielleicht Verbindungen hatten, nach Max, seinem besten Freund. Daß er später nichts mehr für ihn tun konnte, empfand er als bedrückend. Als schließlich, 1943, kein Zweifel mehr über den Tod Max Westphals bestand, bekannte er, daß er ihn aus seinen Vorstellungen »für die Zukunft nach Hitler« nicht fortdenken könne.

Am 28. Juli 1933, er war gerade aus Berlin zurückgekehrt, hatte Vorrink an Ollenhauer geschrieben, daß erstens Hermann Maas, der Geschäftsführer des Reichsverbandes der deutschen Jugendverbände und spätere aktive Widerstandskämpfer – er wurde nach dem 20. Juli hingerichtet –, sein Zehlendorfer Häuschen habe ausräumen und das Mobiliar nach Magdeburg transportieren lassen. Zweitens hatte Vorrink von der Stimmung der Genossen berichtet: Lisa und August Albrecht, der sich mit einem Antiquariat am Kurfürstendamm über die Zeit rettete, meinten, »daß das Fortgehen von Erich schlecht verstanden werde und viel Mißbilligung hervorgerufen hat, und daß sogar Max davon sehr überrascht und deprimiert war«, der im übrigen keinen Ausweg mehr sehe. »Persönliches Elend anderer und die eigene Lebensunsicherheit«, so suchte Koos Vorrink die ressentimentgeladene Stimmungslage seinem Freund in Prag zu erklären, »zerdrückt viele der besten Genossen«; Abertausende stünden einfach vor dem Nichts. Man könne »es einfach nicht verstehen, daß alles vernichtet und zerstört ist«. Typisch sei, was Max noch vor seiner Verhaftung gesagt habe: »Die Genossen sehen lieber einen Parteiführer im Gefängnis, wo er nicht arbeiten kann, als im Ausland, wo er wohl arbeiten kann, aber sich nicht direkt in Gefahr befindet.« Daß Erich Ollenhauer jahrelang von der Sorge um Max Westphal umgetrieben wurde, war auch Folge der Betroffenheit und des belasteten Gewissens; der Betroffenheit über die Haltung des Freundes, die ihm vielleicht so fremd nicht erschienen sein mochte, und des dadurch belasteten Gewissens, daß er draußen und in Sicherheit, der Freund und Weggefährte aber drinnen und in Gefahr war.

Vom sozialdemokratischen Glauben an die Nicht-Bestechlichkeit der Massen

Als Beruf pflegte Erich Ollenhauer in Fragebogen der Flüchtlingshilfe oder auf Paßanträgen »Sekretär« anzugeben; auch in Ausweispapieren wurde als Beruf »Sekretär« vermerkt. Aber was konnte »Sekretär« nicht alles bedeuten: Schreibhilfe, persönlicher Mitarbeiter, Geschäftsführer... Tatsächlich war Ollenhauer in den Prager und Pariser Jahren alles in einem und noch ein wenig mehr. Denn so vieldeutig der Begriff auch sein mochte, über politisches Gewicht sagte er nichts aus. Das aber sollte Erich Ollenhauer rasch zuwachsen.

Seit Otto Wels, immerhin vierzehn Jahre Vorsitzender der SPD, als er emigrierte, der weithin geachtete Parteiführer nicht mehr war und über den Berliner Apparat nicht mehr verfügte, seit er sich in einer fremden Umgebung zu behaupten hatte und sich damit unendlich schwer tat, bedurfte es nicht nur der täglichen Gesellschaft des Vorstandsneulings, sondern erst recht seiner Loyalität und seiner Arbeitskraft; Wels führte, mit wenigen Ausnahmen, nicht einmal mehr die Korrespondenz, und außerdem wurde in der Sopade ohnehin keine strikte Trennung nach Verantwortlichkeitsbereichen vorgenommen. Erich Ollenhauer also wurde »Mädchen für alles«, und ihm, der niemals selbst im Vordergrund stehen wollte, war die Rolle – Faktotum und Kronprinz in einem – wie auf den Leib geschnitten. Das unbedingte Vertrauen, das Wels in ihn setzte – er sah in ihm auch selbst seinen Nachfolger –, enttäuschte der Jüngere in keinem Augenblick. Sollte er irgendwann einmal anderer Meinung gewesen sein, so hütete er sich, sie zum Ausdruck zu bringen, versuchte allenfalls, Wels' oft starre und rechthaberische Positionen abzumildern. Erst sehr allmählich, gegen Ende der Prager Jahre und als sich der Gesundheitszustand von Wels verschlechterte, trat er aus dem Schatten des Alten heraus und fand nach und nach zu sich und einer eigenen Linie.

Vorerst aber, in den Jahren 1934 bis 36, in denen die Sopade ihren Alleinvertretungsanspruch innerhalb der sozialdemokratischen Emigration durchsetzen wollte, prägten Wels und Ollenhauer gemeinsam die Entscheidungen der Sopade und sammelten eine, keineswegs konstante, Mehrheit hinter sich. Schon im August 1933 bestand Otto Wels darauf, daß Ollenhauer ordentlicher Delegierter zum SAI-

Kongreß in Paris wurde, jenem Kongreß, der über den Zusammenbruch der deutschen Arbeiterbewegung und die Folgen für die Internationale beraten sollte. Wels' Begründung, Ollenhauer sei wegen der Sitzungen der Jugend-Internationale ohnehin in Paris, war irreführend. Als deren Vertreter hätte er an den Beratungen der SAI ohnehin teilnehmen können. Rudolf Breitscheid wohnte in Paris; er hatte in Frankreich, in der SFIO und in der Internationale einen guten Namen, doch er wurde nicht gefragt. Rudolf Hilferding erhielt zwar die Möglichkeit, den Pariser Beratungen beizuwohnen, ein Mandat aber blieb auch ihm versagt. Kein Zweifel: Wels wollte unterstreichen, daß Erich Ollenhauer, der Mann seines Vertrauens, auch eigenes Gewicht besaß.

In der SAI ist er in diesen Jahren, wie sich Adolf Sturmthal, seinerzeit Mitarbeiter Friedrich Adlers im SAI-Sekretariat, erinnert, »als ein weit über sein Alter hinaus gereifter und bedächtiger Mann angesehen worden, von dem viel zu erwarten war«. Im übrigen galt es schon jetzt, einen Präzedenzfall zu verhindern: Für die SPD sollte nur auftreten dürfen, wer zur Prager Bürogemeinschaft gehörte. Es fügte sich gut, daß auf den anschließenden Sitzungen der Jugend-Internationale Erich Ollenhauer in sein altes Amt als Sekretär zurückkehrte und der Sitz des Sekretariats nach Prag verlegt wurde. Die Entscheidung darüber war zur Formsache geworden, nachdem Koos Vorrink, der Freund der Deutschen, schon auf der Amsterdamer Bürositzung im Mai und dann verstärkt im Laufe des Sommers Vorkehrungen für die Wiedereinsetzung Ollenhauers getroffen und damit auch einem Wunsch von Otto Wels entsprochen hatte. Wels hatte bereits in der ersten Prager Vorstandssitzung am 2. Juli die Wiedereinsetzung Ollenhauers als SJI-Sekretär zur Sprache gebracht und dabei gewiß nicht nur daran gedacht, daß die Jugend-Internationale irgendwann einmal einen Teil des Ollenhauerschen Gehalts übernehmen könnte. So war Erich Ollenhauer in den Prager Jahren zweierlei: die rechte Hand von Otto Wels und eines der wichtigsten Bindeglieder der Sozialistischen Jugend-Internationale. Arbeit also in Hülle und Fülle. Hieß das: Business as usual und keine Zeit zum Nachdenken über das, was geschehen war oder was werden würde? Oder war es eine Flucht in die Arbeit?

Torsten Nilsson, der mit Ollenhauer seit Mitte der zwanziger Jahre befreundet war und ihn regelmäßig traf, erinnert sich nicht, daß er je eine theoretische oder in die Tiefe gehende Auseinandersetzung mit dem Faschismus geführt hätte. Auf dem Kongreß des schwedischen Jugendverbandes, November 1934 in Stockholm, habe Ollenhauer »mit einem Anflug von Resignation« beschrieben, wie in den voraufgegangenen fünfzehn Jahren die SPD immer mehr aus dem Gesche-

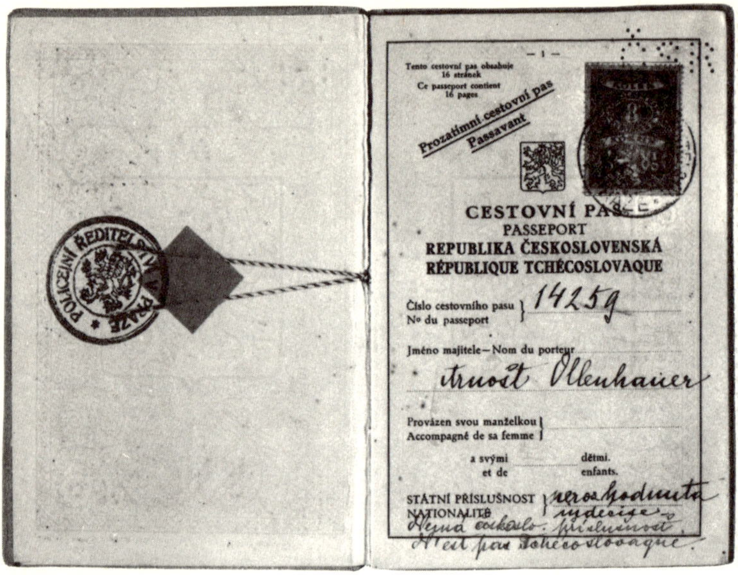

Die 1500 km lange Grenze zu Deutschland, die einflußreiche Stellung der Sozialdemokraten in der CSR und vor allem die liberale Asylantenpraxis förderten den Entschluß, den Sitz des Parteivorstandes im Mai 1933 nach Prag zu verlegen.

hen herausgedrängt worden sei. Das Symbol faschistischer Ideologie, so habe Ollenhauers Resümee in Stockholm gelautet, sei die Gewalt; wer aber an die Gewalt glaube, der verneine die Grundanschauung des Sozialismus und damit die menschliche Fähigkeit, Geschichte zu gestalten. In Stockholm habe Ollenhauer zugleich seiner Bewunderung für die nordische Sozialdemokratie Ausdruck gegeben und die Jugend gepriesen, die an der Seite der Partei den Weg einer aktiven Krisenbekämpfung einschlage. Warum aber die deutsche Sozialdemokratie die Kraft zu einer solchen Politik nicht gefunden hatte, diese Frage habe er, so Nilsson weiter, nie wirklich gestellt. Das »Warum es so ging, wie es ging« belastete ihn so wenig wie jene selbstquälerische Frage, die Julius Bab in einem Brief vom Oktober 1933 an Friedrich Stampfer richtete: »Haben Sie auch Ihren Glauben retten können?«

Erich Ollenhauer hatte sich seinen Glauben bewahrt. Treuherzig berichtete er in Paris über seine Versuche vom Frühjahr 33, die jüngeren SAJler »in anderer Form« zusammenzufassen und die älteren in die Partei zu überführen, und lakonisch fügte er hinzu, die Pläne seien »durch das Gesamtverbot vom Juni erledigt« worden.

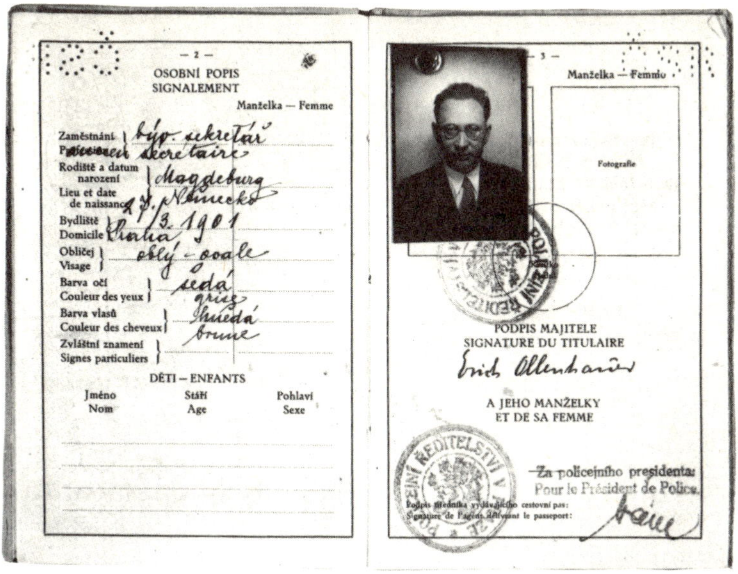

Ollenhauers tschechischer Paß. Als Beruf pflegte Ollenhauer »Sekretär« anzugeben, aber was konnte »Sekretär« nicht alles bedeuten: Schreibhilfe, persönlicher Mitarbeiter, Geschäftsführer. Tatsächlich war er alles in einem und noch ein wenig mehr.

Heute arbeite die Organisation illegal. Wenn Heinrich Mann in seinem Geleitwort zu Segers »Oranienburg« schrieb, das Jahr 1933 habe »jeden von uns um mehr als dieses Jahr älter gemacht und einen zweiflerischen Sinn schwerer enttäuscht als seine ganze vorige Lehrzeit«, so galt das für Ollenhauer vielleicht im Hinblick auf die materielle Existenzsorge; aber ein zweiflerischer Sinn war ihm ohnehin nicht eigen. Zusammengebrochen war für ihn weder eine Welt noch eine Partei noch sonst irgend etwas. Er hatte auch keine »zerbrochenen Illusionen«, und für ihn waren auch die »Fahnen und Feldzeichen« nicht zerbrochen, anders als für Theodor Haubach, der – September 33 – in einer Trauerrede auf einen toten Freund gerade davon gesprochen hatte. Daß das Lebenswerk vernichtet werden könnte, nein, daran dachte Ollenhauer nicht. Daß kein Verbot die Sozialdemokratische Partei töten könne, davon war er tief durchdrungen. Er glaubte an ihre Unzerstörbarkeit.

Noch in seinem letzten Artikel für den »Führer«, das Funktionärblatt der SAJ, hatte er seinen Glauben daran bekundet, »daß im Lauf der Geschichte die Kräfte der gesellschaftlichen Entwicklung und die Macht einer Idee, die geboren ist aus den Notwendigkeiten dieser gesellschaftlichen Entwicklung, sich immer stärker erweisen werden als jede Gewalt«. Doktrinen, Programme, Parteibeschlüsse – das alles mochte vergänglich sein, aber die Partei? Daß Nüchternheit in der Politik und Appelle an die Vernunft der Menschen nicht gefruchtet hatten, war das die Schuld der SPD? Oder war es falsch gewesen? Sie hatte doch stets das Gute gewollt und im Dienst der »ewigen Menschheitsideen« gestanden, die nun, wie er es in einem Aufruf zum 1. Mai 1934 ausdrückte, mit »den Mächten der finstersten Reaktion« einen »gigantischen Kampf« führten. Es war der Kampf der Kultur gegen die Barbarei, gegen das schlechthin Böse oder »die Herrschaft der brutalen Gewalt nach innen und außen«.

So mag die Geschichte der SPD seit dem ersten großen Krieg für ihn gleichbedeutend gewesen sein mit der Geschichte von der Übermacht ihrer Gegner. Wie sollte er da nicht hilflos sein, als in der Jugend-Internationale die Vorwürfe auf ihn niederprasselten und er auch persönlich haftbar gemacht wurde für die kampflose Kapitulation der stärksten Partei der Internationale. Sein alter Gefährte aus der Jugend-Internationale, Boris Sapir, hat die Pariser Szene vom August 33 nie vergessen können: »Ollenhauer erwiderte nichts. Er weinte.« Der kantigen Natur eines Otto Wels aber war es zuwider stillzuschweigen, zumal wenn er das Gefühl haben mußte, vor ein Tribunal gezogen zu werden. Entgegen allen taktischen Geboten und im sicheren Gefühl, daß – anspielend auf eine Äußerung Otto Bauers – kein anderer »General« einen »solchen Krieg« bestanden hätte, geißelte er vor dem Pariser Forum der Internationale die Schuld der Versailler Mächte, vor allem die Frankreichs, um dann – Kautsky gleichsam auf die Spitze treibend – seine wesentliche Aussage zu machen: »Wir waren getrieben durch den Zwang der Verhältnisse in stärkerem Maße als die Parteien irgendeines anderen Landes. Wir waren wirklich nur Objekte der Entwicklung.« Die würgende Schlinge des kleineren Übels habe ihnen den Atem genommen.

Ollenhauer stimmte der Erklärung ohne Vorbehalte zu, nur wäre er viel zurückhaltender gewesen. Erich Matthias hat in seiner Studie zur »Ideengeschichte« des Prager Exilvorstands geurteilt, daß den Mitgliedern das Versagen der Arbeiterbewegung zwar bewußt gewesen sei, daß sie das Versagen aber »nicht als Schuld, sondern als Tragik« empfunden hätten. Verhielt es sich so? Daß sie Schuldgefühle nicht kannten, ist gewiß. Zumindest Wels und Ollenhauer – für andere mag es sich anders verhalten haben, die Sopade kann bei aller Homogenität nicht immer als festgefügtes Kollektiv genommen werden – waren sich nicht bewußt, versagt zu haben. Eher fühlten sie sich schrecklich gestraft, unvorhersehbar, unverdient und ungerecht. Aber Versagen? Das hätte ja bedeutet, daß sie irgend etwas falsch gemacht haben mußten. Im Gefühl eigenen Versagens hätten sie auch kaum so bruchlos zu neuer Aktivität finden und so unerschütterlich darauf pochen können, im Recht zu sein. Wenn also die Partei am Leben geblieben war, wenn sie, in welcher Form auch immer, weiterlebte und gleichsam nur in einen Wartestand getreten war, so mußte dem Ausdruck gegeben werden. In ihrer Gesamtheit konnte sie nicht sprechen, also taten es »Treuhänder«, eben die mit einem »Mandat« versehenen und ins Exil entsandten Funktionäre. Darin, in der Fortführung der Kontinuität der Sozialdemokratischen Partei, lag für Erich Ollenhauer die Legitimation seines Exils.

An die Exekutive der SAI schrieb die Sopade: »Wir sind fest überzeugt, daß wir die moralische Pflicht haben, auf unserem Posten auszuharren, bis die Voraussetzungen gegeben sind, daß ein Parteitag die Leitung der Partei neu bestellt. Bis dahin betrachten wir es als unsere Pflicht, als Treuhänder der deutschen Arbeiterklasse weiter in den Funktionen zu arbeiten, zu denen uns unter ganz anderen Bedingungen das Vertrauen der deutschen Sozialdemokratie berufen hat.« Und im Protokoll der ersten Exil-Vorstandssitzung am 2. Juli 1933 ließ Otto Wels festhalten: »Die Maßnahmen der in Prag anwesenden Mitglieder des P.V. stützen sich auf Beschlüsse des P.V. und der Kontrollkommission, und die in Prag anwesenden Vorstandsmitglieder erkennen nur die Verpflichtung an, sich gegenüber einem ordentlichen Parteitag zu ihren Maßnahmen im Einzelnen zu verantworten.« So beschied Erich Ollenhauer die Ortsgruppe Paris der SPD, die einen raschen (Auslands-)Parteitag gefordert hatte, kurz und bündig und ohne weitere Begründung: Der Parteivorstand sei nicht in der Lage, einem solchen Begehren stattzugeben. Hier war nichts zu diskutieren, und hier konnte es keinen Kompromiß geben, jetzt nicht und später nicht.

Von zeitgenössischen Kritikern und heutigen Chronisten ihres Exils ist der Sopade zu Unrecht unterstellt worden, vor allem die Sorge »um die eigene Stellung« habe sie geleitet. Gewiß: Eine unterschwellige Angst um den eigenen Lebensgrund hat das Verhalten ihrer Mitglieder geprägt und den Hang zur Selbstgerechtigkeit noch verstärkt. Wie hätte es anders sein sollen bei Männern, deren Leben so sehr auf die Partei ausgerichtet und in so festgefügten und so geordneten Bahnen verlaufen war? Waren sie doch so ganz und gar das Gegenteil von dem, was Julius Leber erwartete: »Große Führer kommen fast immer aus dem Chaos, aus der richtigen Ordnung kommen sie selten, aus der Ochsentour nie.« Jedenfalls waren die Männer der Sopade erfüllt von ihrer Mission, die Partei über die Zeit retten zu müssen. Die Mandats- und Treuhändertheorie ist nicht erst allmählich ausgeformt worden, etwa um Ansprüche und Angriffe anderer Exilgruppen abzuwehren; sie war der Sopade in die Wiege gelegt. Allerdings: Politische

Wirksamkeit kam ihr nur mittels der geretteten Parteikasse zu. Ohne die Kasse, die die Sopade zur mit Abstand wohlhabendsten sozialdemokratischen Exilgruppierung machte, wären Mandat und Treuhänderschaft Anspruch ohne praktische Wirksamkeit geblieben. Aber ohne Mandat und Treuhänderschaft hätte sie kaum über das gerettete Barvermögen der Partei – 1,2 Millionen Reichsmark – verfügen können.

»Daß der PV das alte Gedankengut der Sozialdemokratie« vertreten müsse, diese Meinung habe gerade Ollenhauer immer vertreten, bemerkte Paul Hertz noch 1935, hinzusetzend, daß Ollenhauer sich »mit aller Entschiedenheit« dagegen wehre, aus dem PV »eine Aktiengesellschaft zur Verwertung des Restvermögens« zu machen. Der unbedingte Wille zur Treuhänderschaft gründete nicht nur in einem ungebrochenen Traditionsbewußtsein, sondern auch in einer außerordentlich kurzen Zeitperspektive. »Epoche oder Episode«, das war nicht die Frage, die Ollenhauer und seine Freunde belastete. Sie hatten Gewißheit, daß Hitler Episode bleiben würde. (4) Sie machten sich gegenseitig Mut und redeten sich ein, das Regime werde binnen kurzem an seinen eigenen Widersprüchen scheitern, vielleicht sogar von der aufständischen Arbeiterschaft hinweggefegt werden. Sie gelte es anzuleiten und zu unterstützen, ideell und materiell. Der Belehrung Friedrich Adlers über »die Aufgabe der Emigration in der vergewaltigten Partei« hatte es in diesem Fall nicht bedurft. Die Treuhänderschaft für die Gesamtpartei schloß die Pflicht zur Widerstandsarbeit von Anbeginn ein.

Es ging um Widerstand im Sinne einer klassischen Begriffsbestimmung: als Handlung, die bewußt darauf aus war, den totalitären Staat zu schädigen. Der Widerstand der Arbeiterbewegung – dies gilt für Sozialdemokraten, für Kommunisten und für Sondergruppen im Grenzland zwischen SPD und KPD – war nicht erst die Folge der »Empörung des Gewissens« im Angesicht des vollendeten Verbrechens. Der Widerstand der Arbeiterbewegung – und dazu gehört auch der Prager Exilvorstand – stand in der strengen Kontinuität jahrelanger politischer Gegnerschaft gegen den Nationalsozialismus, wie ungenügend diese auch immer gewesen sein und wie unterschiedlich und unzureichend sie sich nun auch darbieten mochte. »Die Frage nach dem Recht des Widerstandes«, so sagte Waldemar von Knoeringen, einer jener Sozialdemokraten, die sich auf illegale Arbeit verstanden, in einer Gedenkrede 1963, habe nie eine Rolle gespielt, »Widerstand war für uns selbstverständliche Pflicht«. Von Anfang an hätten sie auf einem »moralisch sicheren politischen Boden« gekämpft. Die Widerstandsarbeit der Sopade war von den hervorstechenden Wesensmerkmalen der Weimarer SPD geprägt und nicht zu trennen von dem Bild, das sich die Sopade von der nationalsozialistischen Herrschaft gemacht hatte: eine verschärfte Neuauflage der Bismarckschen Verfolgungen und jedenfalls nicht von Dauer.

Die Sopade organisierte ihre Widerstandsarbeit nach der Devise »Je mehr, desto besser«, darin von manchen Verbindungsleuten aus dem Reich bestärkt, und in vollem Vertrauen in die aufklärerische Wirkung des gedruckten Wortes. Sie verschrieb sich einer »Offensive der Wahrheit« in Deutschland und im Ausland. Es wurde ein weitverzweigtes Organisationsnetz aufgebaut, ganz so, als handle es sich um die Fortsetzung der alten Arbeit mit einer neuen Parteiorganisation. Vier hauptamtliche Sekretärinnen, von denen eine, Gertrud Huhnholtz, im Dienst der SJI stand und nur für Ollenhauer schrieb, vermittelten zusätzlich zu manchem anderen die Illusion, daß die Parteiarbeit ihre Fortsetzung finde; eine weit gefächerte Referententätigkeit oblag Fritz Heine: Kurier, Verleger, Fahrer, auch Nachtwächter. Bereits in der ersten Vorstandssitzung am 2. Juli veranschlagte Parteikassierer Siegmund Crummenerl den Jahresetat auf 400 000 Reichsmark; für 150 000 Mark wollte er Gold ankaufen. Allein für die »Besoldung von 6 Vertrauensleuten im Reich und 8 Mitarbeitern in Berlin« sollten monatlich 10 000 und für das Prager Büro monatlich 17 000 Reichsmark aufgewandt werden. Insgesamt beschäftigte die Sopade zunächst 40 hauptamtliche Mitarbeiter, die sieben Angestellten des Neuen-Vorwärts-Verlages nicht eingerechnet.

Unter den Posten ›Prager Büro‹ fielen die Ausgaben für das eigentliche Material, die Propaganda also: Die in deutscher, englischer und französischer Sprache monatlich erscheinenden »Sopade-Informationen«; die »Sozialistische Aktion«, die für den illegalen Vertrieb bestimmte und von Paul Hertz selbständig redigierte Dünndruckausgabe des »Neuen Vorwärts«, die eine Auflage von zwischenzeitlich 30 000 Stück erreichte und im Reich, jedenfalls bis 1935,

November 1933

verhältnismäßig breit gestreut werden konnte; Flugblätter mit Parolen und Tarnschriften; schließlich die Deutschland-Berichte, die ab 1934 erschienen. Umschlagplatz für Material und Information waren zunächst acht Grenzsekretariate mit einer unterschiedlichen Zahl von Stützpunkten, die unmittelbar an der Grenze lagen. Die fünf bis sechs in der Tschechoslowakei gelegenen Grenzstellen – Trautenau, Reichenberg, Bodenbach, Karlsbad, Mies und bald auch Neuern – besuchten Erich Rinner und Erich Ollenhauer, gelegentlich auch Hans Vogel, begleitet von Fritz Heine und Rudi Leeb, regelmäßig, meist sonntags; alle waren sie bewaffnet. Rinner ging an die Grenze als Verantwortlicher für die Deutschland-Berichte, eine der wichtigsten Informationsquellen über die Stimmung im Reich, und Ollenhauer, um das komplizierte Verteilungssystem in Gang bringen zu helfen; den Materialtransport über die Grenze besorgten die vielen namenlosen Genossen aus der DSAP. Ollenhauer wollte und mußte zudem mit den Grenzsekretären und Stützpunktleitern Kontakt halten, diese auch kontrollieren, wie sich rasch herausstellen sollte, und mit Genossen aus dem Reich sprechen, die unter dem Vorwand eines Wochenendausflugs an die Grenze kamen, zumeist aus Sachsen und Schlesien, bisweilen aber auch aus Hamburg oder Berlin.

Erich Ollenhauer oblag in der Sopade eine besondere Verantwortung für diese im eigenen Verständnis wesentliche Aufgabe: die Verbindungen mit Illegalen. Kaum eine Konferenz mit Grenzsekretären, an der Ollenhauer nicht teilgenommen und die er nicht – seitens des Prager Büros – geprägt hätte. In den Sitzungen der Sopade war er der Berichterstatter auch zu diesem Punkt. In der Sprache der Protokolle: »Ollenhauer gibt kurze Auszüge aus neueren Berichten über die Lage in D.« oder, wie noch 1935, er berichtet »über seine, Rinners und Heines Besprechung mit den Berliner Genossen«. Häufigster Grenzgänger und Berichterstatter im ersten Emigrationsjahr war Alfred Nau, der – getarnt als erfolgreicher Versicherungsagent – von Berlin aus die innerdeutschen Verbindungen der Sopade zu halten und ein illegales Netz zu knüpfen suchte.

Für Ollenhauer waren Begegnungen mit ›seinen‹ SAJlern Herzstück aller illegalen Kontakte, die er wahrnahm. Am 29. und 30. Juli 1933 war er mit seinen einstigen engsten Weggefährten in Bodenbach zusammengetroffen: Gustav Weber, Fritz List und Käthe Fröhbrodt. Thema: die Widerstandsarbeit der SAJ und ihre Pläne in den Bezirken. Laut Gestapo ist die illegale SAJ-Organisation Mitte Juni 33 in Berlin ins Leben gerufen worden, auf Betreiben Ollenhauers und in Gegenwart von Koos Vorrink; dort sei beschlossen worden, daß die drei SAJler zwei Wochen nach Pfingsten Ollenhauer in Bodenbach treffen sollten: »Der erste Treff, dem später weitere folgten.« Ollenhauer habe sie aufgefordert, »die ehemaligen Genossen, insbesondere die Jugend in Deutschland zu sammeln und unter Führung des Prager Vorstandes zu stellen«. Berichte über die Organisation im Reich hätten sie Ollenhauer senden sollen. Die illegale SAJ-Führung ist im Januar 1934 ausgehoben worden. Neunzehn SAJler wurden festgenommen und zu Haftstrafen verurteilt.

Sie hätten gehofft, so schrieb Friedrich Stampfer rückblickend, das deutsche Volk würde sich aus eigener Kraft von der Despotie befreien, und sie hätten geglaubt, ihm dabei helfen zu können. Den Illusionen über eine »Massen-Resonanz« der eigenen Propaganda abzuschwören, wurde ein schmerzlicher und keineswegs gradliniger Prozeß. Denn es waren Illusionen, von denen Stampfer auch sagte, sie seien Heilmittel der Seele gewesen. Die Stimmung in Deutschland galt einmal als »tot«, ein andermal als »optimistisch«. Nahezu euphorisch war man, als die ersten Nachrichten über die Ereignisse des 30. Juni 1934 nach Prag drangen; Fritz Heine, der sich gerade zu einem illegalen Treff in der Berliner Kurfürstenstraße eingefunden hatte, vermittelte die ersten Eindrücke. »Du kannst Dir denken«, schrieb Erich Ollenhauer an Vorrink, »daß wir augenblicklich mit größter Spannung die Entwicklung in Deutschland verfolgen. Es ist noch nicht abzusehen, wie diese neue Barbarei in Deutschland enden wird, aber sicher scheint zu sein, daß das Hitlerregime in absehbarer Zeit genauso in Blut und Schmutz untergehen wird, wie es gekommen ist.« Er fügte hinzu, schon an das »Danach« denkend: »Ich fürchte, wir stehen dann wieder in Deutschland vor einer fast übermenschlichen Aufgabe.« Zuvor hatte er nach Kopenhagen telefoniert, mutmaßlich mit Hedtoft-Hansen, und – die Gestapo ließ mithören – erklärt, daß Hitler seine Mitarbeiter ermorden lasse, um sich selbst zu retten. Wahrheit, Sittlichkeit, Ehrlichkeit, das wahre Deutschland würden unterdrückt und verscheucht, das Volk werde schamlos belogen und betrogen.

»Das wahre Deutschland« – das war für ihn nicht die kleine Zahl der aktiven Widerstandskämpfer, sondern das belogene und betrogene Volk, das sich unter das Joch beugen mußte. Hitlers Massengefolgschaft war für ihn kein Thema, und jenes Gefühl, daß ein Land auch das sei, was es erdulde, blieb ihm erspart. Auch darum konnte er so ganz und gar ungebrochen über die Zeit kommen. Nicht einen Augenblick zweifelte er an der weitgehenden Trennung von Hitler und deutschem Volk oder deutscher Arbeiterschaft, was ihm dasselbe war. Nicht die Existenz des »anderen Deutschland« nachzuweisen, war sein Anliegen, sondern daß Hitler und Deutschland zwei verschiedene Dinge seien. »Für Deutschland – gegen Hitler!«, die Schlagzeile des »Neuen Vorwärts« zum dritten Jahrestag der Machtergreifung, war mehr als eine Parole. Es war das Glaubensbekenntnis der Sopade schlechthin. Auch und gerade nach dem 30. Juni 1934, als die Hoffnung auf einen raschen Zusammenbruch des Regimes aufgegeben, der Propagandaaufwand noch deutlicher reduziert wurde und die Verbindungen ins Reich mehr und mehr rissen. Daß die »Sozialistische Aktion« nur noch »in Abständen von zwei Wochen« herausgegeben wurde, hatte Erich Ollenhauer, der Praktiker, noch vor Jahresfrist durchgesetzt, »mit Rücksicht auf die augenblicklichen großen Schwierigkeiten bei der Verbreitung«.

Warum große Schwierigkeiten? Ohne jede Erfahrung in der Kunst der Konspiration hatte die Sopade gerade zu Beginn ihrer Arbeit durch Unbedachtheit manchen Getreuen in Gefahr gebracht und durch die Art ihres Auftretens Unmut und Unwillen unter den Illegalen erregt. (Besonderes Aufsehen machte 1936 der Fall des »umgedrehten« Emigranten Ochmann, Hausmeister im Gebäude der sozialdemokratischen Flüchtlingsfürsorge, deren sämtliche Unterlagen er fotografieren und ins Reich schicken konnte. Beschwichtigungsformeln der nicht unmittelbar verantwortlichen Sopade machten die Sache eher noch schlimmer: »Die Genossen können sich darauf verlassen, daß die illegale Arbeit und ihre Sicherung wie bisher mit einem Höchstmaß an Verantwortungsbewußtsein durchgeführt werden wird. Wir bitten deshalb alle Genossen, allen interessierten Versuchen, den Fall Ochmann zu einer Panikmache auszunutzen . . . auf das Entschiedenste entgegenzutreten.«) Eine Anti-Prag-Stimmung erhielt zusätzliche Nahrung.

Während die große Mehrzahl der kommunistischen Parteimitglieder von sehr viel Opfermut beseelt war – oft genug von der Führung brutal mißbraucht – und im Arbeiterwiderstand die KPD dominierte, blieb der Prozentsatz derer, die aus der sozialdemokratischen Mitgliedschaft heraus zu aktiver Widerstandsarbeit bereit waren, immer noch beachtlich und war vermutlich größer, als sich je wird nachweisen lassen. Im Vergleich aber war er eher klein und nahm im Zuge wachsenden Terrors und konjunkturellen Aufschwungs noch ab. Natürlich hatte Erich Ollenhauer recht, als er einem aus Österreich emigrierten Freund Ende 1934 schrieb, die Sopade verfüge über mehr illegale Mitarbeiter in Deutschland, als Sozialdemokraten in der Emigration seien (nämlich 2000). Aber sie waren nicht repräsentativ, nicht für die Anhänger, nicht für die eine Million Mitglieder und nicht einmal für die Funktionäre. Die große Mehrheit der deutschen Sozialdemokraten hat sich während der nationalsozialistischen Herrschaft auf sich selbst zurückgezogen, die Gesinnung und die Treue zur Partei über die Zeit rettend, oft und solange es ging, in Kontakt mit anderen Genossen. Sie waren es, an die Ollenhauer dachte, als er in seinem Brief an Karl Heinz erläuterte, die Emigration habe nicht das Recht, »die Genossen in Deutschland durch Beschlüsse zu binden oder Taktik und Ziel der Partei in Deutschland zu bestimmen«, und hinzufügte, daß er und die ganze Sopade sich allein »der Bewegung in Deutschland« verantwortlich fühlten. Er verlangte von keinem Sozialdemokraten, daß er sich oder gar noch seine Familie opfere, aber er erwartete von jedem, daß er der Partei die gesinnungsmäßige

Treue halte. Sie, die ins Exil gegangenen Führer, waren die Treuhänder zuerst und vor allem dieser treuen, schweigenden, sich bereithaltenden Mehrheit der alten *und* der künftigen Partei. Und wenn die Prager Karl Kautsky zum 80. Geburtstag am 16. Oktober 1934 schrieben, die stärkste Genugtuung sei, »daß auch in Deutschland der Sozialismus unzerstörbar in den Köpfen und Herzen seiner Anhänger lebt«, dann war genau dies gemeint.

Eine intellektuelle und aktivistische, in der Regel junge (und ledige) Elite der Arbeiterbewegung hatte sich entweder schon vor der Machtergreifung in eigenen Gruppen oder Parteien zusammengefunden – nannten sie sich nun ISK oder Neu Beginnen oder SAP oder KPO – oder später im Jahr 1933 in lokalen Widerstandsgruppen – wie der Sozialistischen Front in Hannover oder dem Roten Stoßtrupp in Berlin oder den Roten Kämpfern oder in einer der vielen anderen Gruppen. Sie alle hatten eine – relativ – wirklichkeitsnahe Einschätzung des Nationalsozialismus und waren – relativ – besser auf illegale Arbeit eingestellt als die beiden Großparteien SPD und KPD. Sie alle bezogen ein wesentliches Antriebsmoment im antifaschistischen Kampf aus der Opposition gegen die KPD und nicht minder oder erst recht gegen die alte SPD, der viele der Gruppenangehörigen entstammten. Es war für sie jene Partei, die versagt und aufgrund eigenen Unvermögens Hitler den Weg geebnet hatte und deren Vorstand draußen auf den Geldern saß und die Zeichen der Zeit verkannte: schonungslos mit der kompromißlerischen Vergangenheit abzurechnen und die Einheit der Arbeiterbewegung wiederherzustellen. Wer in der deutschen Illegalität kämpfte, der wollte in aller Regel von der Sopade in Prag nichts, jedenfalls nicht viel wissen, sondern fühlte sich angezogen von jenen Gruppen, die vorgaben, etwas ganz Neues zu machen und die konspirativen Regeln zu beherrschen.

Schon im Herbst 1933 schlug der Sopade eine Welle des Mißtrauens und der Ablehnung entgegen. Sie konnte sich mühen, soviel sie wollte, um eigene Verbindungsnetze und worum auch immer, sie repräsentierte nun einmal die alte schuldbeladene SPD. Für die Illegalen, selbst wenn sie mit Prag Kontakt hatten, aber auch für viele Emigranten und Emigrantengruppen der nichtkommunistischen Linken, von der KPD nicht zu reden, war sie verantwortlich für die Niederlage. Ihr eigener Mann, Emil Stahl, mußte nach einer Berlin-Reise und schon im Juli 33 von einem »stark ablehnenden Verhalten zu dem Parteivorstand in Prag« berichten; eine Konferenz ostsächsischer Funktionäre verlangte in Gegenwart Stampfers die »Liquidation der alten Partei«; nach dem Besuch Berliner Illegaler in Prag notierte ein Sopade-Mitglied (mutmaßlich Paul Hertz): »Bei fast allen Genossen ist die Abneigung gegen Prag so stark, daß sie, auch als sie in Prag waren, es ablehnten, überhaupt mit einem Mitglied des PV zu sprechen.« Und auf der von der Sopade selbst einberufenen »Neukirchener Konferenz« am 3. und 4. Juni 1934 faßte ein Diskussionsredner, der mit achtzehn anderen Genossen aus dem deutschen Untergrund gekommen war, die allgemeine Stimmung in den Satz: »Prag ist für viele die Vergangenheit.« In dieser Situation äußerer Bedrängnis und innerer Unsicherheit – niemand soll glauben, es habe die nicht auch gegeben, aller starken Worte zum Trotz – entschied sich die Sopade für eine Flucht nach vorn.

Im Juli 33 bereits war die Herausgabe einer theoretischen Monatsschrift, der »Zeitschrift für Sozialismus«, beschlossen und Rudolf Hilferding mit der Redaktion betraut worden. Die erste Nummer erschien im Oktober 1933; sie eröffnete ein Diskussionsforum und bot gerade den Kritikern der Linken Raum. Im »Neuen Vorwärts« wurde, gleichzeitig mit dem Erscheinen der »ZfS«, das Schlußkapitel der Miles-Schrift »Neu Beginnen« abgedruckt, die gesamte Broschüre kam in der Sopade-Reihe »Probleme des Sozialismus« heraus. Geschrieben »In Deutschland im August 1933«, erzielte gerade diese Schrift bei jungen Aktivisten im Reich ein fast sensationelles Echo, ihrem Verlangen – ›neu zu beginnen‹ – entsprach sie genau. Nachhaltig war das Echo aber auch bei einigen Parteien der Internationale, vor allem bei Adler selbst, bei Edo Fimmen, dem finanzkräftigen holländischen Sekretär der ITF, der Internationalen Transportarbeiter-Föderation, und nicht zuletzt auch in der europäischen Presse. Miles, Pseudonym für den damaligen Org.-Chef Walter Löwenheim, lieferte eine in sich geschlossene Faschismus-Analyse, er prophezeite einen langen Kampf, und er rechnete gnadenlos mit den alten Parteiführungen von SPD und KPD ab. Vor allem vertrat er eine Gruppe, die in Deutschland operierte und die mit dem Schleier des Geheimnisvollen umhüllt war. Jede Form von treuhänderischer Vertretung der illegalen Kämpfer durch die Sopade lehnte Miles strikt ab. Insofern entstand eine paradoxe Situation, als die Sopade nicht nur den Druck übernahm, sondern auch dem Ansinnen nach finanzieller Unterstützung nachkam; Prag zahlte monatlich 1500 Reichsmark an Neu Beginnen – bis auf weiteres.

Auf dieser Linie einer gewissen Aufnahmebereitschaft für die von allen Seiten heranbrandenden Vorwürfe lag schließlich der Entschluß, ein neues Programm zu machen. Irgendwann im Spätherbst 1933 ging der Auftrag, einen Entwurf vorzulegen, an Geyer, Rinner und Stampfer; Curt Geyer, »Vorwärts«-Redakteur mit schillernder politischer Vergangenheit, war im Sommer 33 zur Sopade gestoßen, er redigierte zunächst noch mit Stampfer gemeinsam den »NV«. Ihr Werk fand in der übrigen Sopade keine Zustimmung; besonders heftig opponierten Ollenhauer, Vogel und Hertz. So erging ein neuer Auftrag an Rudolf Hilferding. Dessen Vorlage wurde in einer Besprechung im Januar zur Beratungsgrundlage für die Vorstandssitzung am 20. Januar 1934 gemacht und hier mit nur geringen Änderungen – in Anwesenheit Hilferdings – angenommen.

Das Prager Manifest, das der »Neue Vorwärts« unter dem Titel »Kampf und Ziel des revolutionären Sozialismus« veröffentlichte und

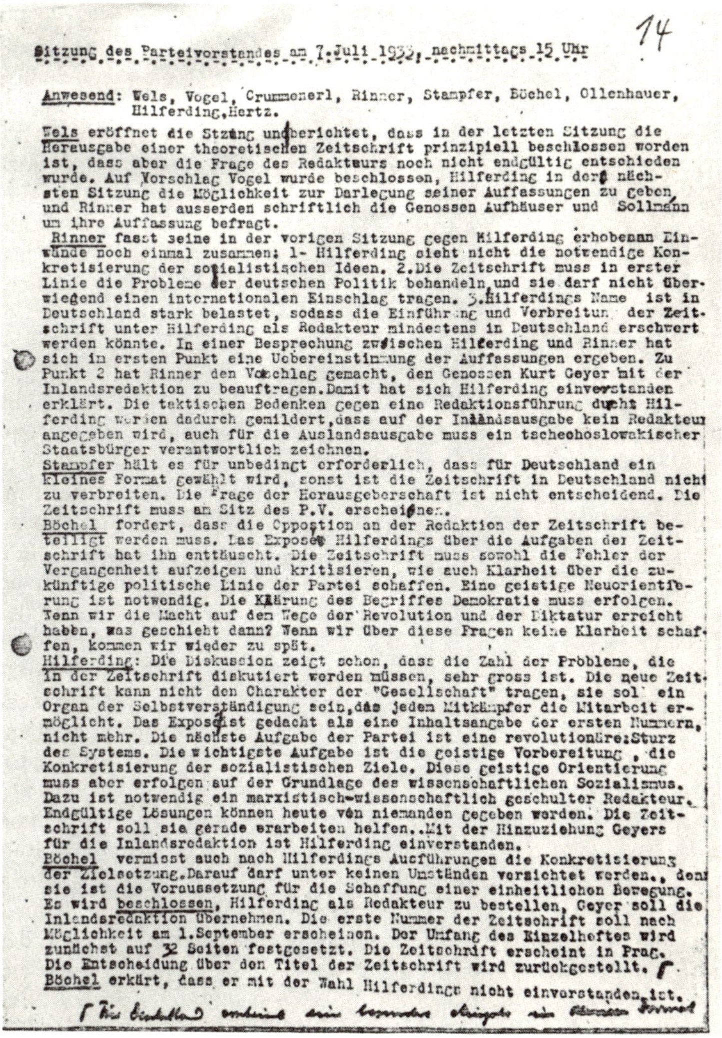

14

Sitzung des Parteivorstandes am 7. Juli 1935, nachmittags 15 Uhr

Anwesend: Wels, Vogel, Crummenerl, Rinner, Stampfer, Böchel, Ollenhauer, Hilferding, Hertz.

Wels eröffnet die Sitzung und berichtet, dass in der letzten Sitzung die Herausgabe einer theoretischen Zeitschrift prinzipiell beschlossen worden ist, dass aber die Frage des Redakteurs noch nicht endgültig entschieden wurde. Auf Vorschlag Vogel wurde beschlossen, Hilferding in der nächsten Sitzung die Möglichkeit zur Darlegung seiner Auffassungen zu geben, und Rinner hat ausserdem schriftlich die Genossen Aufhäuser und Sollmann um ihre Auffassung befragt.

Rinner fasst seine in der vorigen Sitzung gegen Hilferding erhobenen Einwände noch einmal zusammen: 1- Hilferding sieht nicht die notwendige Konkretisierung der sozialistischen Ideen. 2. Die Zeitschrift muss in erster Linie die Probleme der deutschen Politik behandeln, und sie darf nicht überwiegend einen internationalen Einschlag tragen. 3. Hilferdings Name ist in Deutschland stark belastet, sodass die Einführung und Verbreitung der Zeitschrift unter Hilferding als Redakteur mindestens in Deutschland erschwert werden könnte. In einer Besprechung zwischen Hilferding und Rinner hat sich im ersten Punkt eine Uebereinstimmung der Auffassungen ergeben. Zu Punkt 2 hat Rinner den Vorschlag gemacht, den Genossen Kurt Geyer mit der Inlandsredaktion zu beauftragen. Damit hat sich Hilferding einverstanden erklärt. Die taktischen Bedenken gegen eine Redaktionsführung durch Hilferding werden dadurch gemildert, dass auf der Inlandsausgabe kein Redakteur angegeben wird, auch für die Auslandsausgabe muss ein tschechoslowakischer Staatsbürger verantwortlich zeichnen.

Stampfer hält es für unbedingt erforderlich, dass für Deutschland ein kleines Format gewählt wird, sonst ist die Zeitschrift in Deutschland nicht zu verbreiten. Die Frage der Herausgeberschaft ist nicht entscheidend. Die Zeitschrift muss am Sitz des P.V. erscheinen.

Böchel fordert, dass die Opposition an der Redaktion der Zeitschrift beteiligt werden muss. Das Exposé Hilferdings über die Aufgaben der Zeitschrift hat ihn enttäuscht. Die Zeitschrift muss sowohl die Fehler der Vergangenheit aufzeigen und kritisieren, wie auch Klarheit über die zukünftige politische Linie der Partei schaffen. Eine geistige Neuorientierung ist notwendig. Die Klärung des Begriffes Demokratie muss erfolgen. Wenn wir die Macht auf dem Wege der Revolution und der Diktatur erreicht haben, was geschieht dann? Wenn wir über diese Fragen keine Klarheit schaffen, kommen wir wieder zu spät.

Hilferding: Die Diskussion zeigt schon, dass die Zahl der Probleme, die in der Zeitschrift diskutiert werden müssen, sehr gross ist. Die neue Zeitschrift kann nicht den Charakter der "Gesellschaft" tragen, sie soll ein Organ der Selbstverständigung sein, das jedem Mitkämpfer die Mitarbeit ermöglicht. Das Exposé ist gedacht als eine Inhaltsangabe der ersten Nummern, nicht mehr. Die nächste Aufgabe der Partei ist eine revolutionäre: Sturz des Systems. Die wichtigste Aufgabe ist die geistige Vorbereitung, die Konkretisierung der sozialistischen Ziele. Diese geistige Orientierung muss aber erfolgen auf der Grundlage des wissenschaftlichen Sozialismus. Dazu ist notwendig ein marxistisch-wissenschaftlich geschulter Redakteur. Endgültige Lösungen können heute von niemanden gegeben werden. Die Zeitschrift soll sie gerade erarbeiten helfen.. Mit der Hinzuziehung Geyers für die Inlandsredaktion ist Hilferding einverstanden.

Böchel vermisst auch nach Hilferdings Ausführungen die Konkretisierung der Zielsetzung. Darauf darf unter keinen Umständen verzichtet werden., denn sie ist die Voraussetzung für die Schaffung einer einheitlichen Bewegung.

Es wird beschlossen, Hilferding als Redakteur zu bestellen, Geyer soll die Inlandsredaktion übernehmen. Die erste Nummer der Zeitschrift soll nach Möglichkeit am 1. September erscheinen. Der Umfang des Einzelheftes wird zunächst auf 32 Seiten festgesetzt. Die Zeitschrift erscheint in Prag. Die Entscheidung über den Titel der Zeitschrift wird zurückgestellt.

Böchel erklärt, dass er mit der Wahl Hilferdings nicht einverstanden ist.

[illegible]

Sitzung des Parteivorstandes vom 7. Juli 1935 über die geplante Herausgabe einer neuen Zeitschrift.

das mittels »Sozialistischer Aktion« sowie eigener Broschüren – Tarntitel: »Julius Cäsar, Der gallische Krieg« oder »Die Kunst des Selbstrasierens. Neue Wege männlicher Kosmetik« – in verhältnismäßig hohen Auflagen im Reich verbreitet wurde, hat wie kaum ein anderes Dokument der Sozialdemokratie die Phantasie der Historiker beflügelt. Es gilt als die erste und einzige, wie auch immer motivierte, parteioffizielle Absage an Reformismus und unbedingte Legalität. Was ist daran richtig? Die marxistische Phraseologie, die nicht erst eine Erfindung der Emigration war, einmal abgezogen und den Drang nach Selbstdarstellung in Rechnung gestellt, reduziert sich der Revolutionsbegriff des Prager Manifests auf zwei Bedeutungen. Zum einen meint ›Revolution‹ den unbedingten, kompromißlosen Kampf gegen ein Regime, das nicht reformierbar ist und gegen das es keine Legalität gibt; in diesem Sinn hat die Sopade seit Beginn ihres Exils immer wieder von ›Revolution‹ gesprochen. Zum anderen wird der Begriff verwendet, um die ökonomischen und sozialen Bedingungen von Demokratie zu kennzeichnen; aus der in dieser Form zum erstenmal formulierten Einsicht, daß die »desorientierte deutsche Arbeiterbewegung« 1918/19 den alten Staatsapparat fast unverändert übernommen habe, werden ›revolutionäre‹ – strukturelle – Forderungen abgeleitet, die die künftige deutsche Demokratie lebensfähig machen sollen. Daß sich die kommende nach-faschistische Gesellschaftsordnung nur in der Demokratie verwirkliche, daran ließ das Manifest keinen Zweifel. Hilferding hatte vor der Beschlußfassung einem Freund geschrieben, er lege großen Wert darauf, »daß das Bekenntnis zur Demokratie nicht abgeschwächt« werde.

Tatsächlich war das Manifest von einem glühenden Verlangen nach Freiheit durchzogen. Aber hatte sich die Sopade nicht für die Einigung der Arbeiterklasse, also von Sozialdemokraten und Kommunisten, ausgesprochen und damit allem abgeschworen, was der SPD heilig war? Auch hier ein grobes Mißverständnis: Denn grundsätzlich, unter *ihrer* Führung, zu *ihren* Bedingungen, auf *ihrem* Boden, war die SPD niemals gegen die Einheit. Daß sie es jetzt noch einmal ausdrücklich ablehnte, »die Selbstzerfleischung zuzulassen, die um der Frage der Ausnutzung noch nicht errungener Siege willen die Spaltung der Arbeiterklasse, den sichersten Schutz der Diktatur, verewigen will«, war die aktuelle Bekräftigung eines überkommenen Grundsatzes und sagte nichts über die Bereitschaft zur Einheitsfront mit jener KPD, der die SPD-Führung neben den Westmächten die größte Schuld an der Niederlage zuschrieb. Was sich wie ein Bruch mit der Vergangenheit liest, ist in Wahrheit nur eine wenn auch sehr emotionsgeladene Variante sozialdemokratischer Ansichten über den Faschismus und zugleich des sozialdemokratischen Glaubens an die Massen und ihre Nicht-Bestechlichkeit; nirgends trat er plastischer hervor als in der Beschwörung der »Revolution gegen Hitler!«.

Diesem Glauben waren Rudolf Hilferding, der Theoretiker in Zürich, und die Praktiker in Prag gleichermaßen und unverändert verhaftet. Nichts hatte sie bisher an diesem Glauben irre machen können, und es fand im Manifest ja auch keine neue Auseinandersetzung mit dem Faschismus statt. Nochmals »ausführlich das Wesen des Faschismus zu analysieren«, hielt Hilferding für »schädlich«. Wie für seinen geistigen Ahn, Karl Kautsky, der die Notwendigkeit eines solchen Manifests bestritten hatte, blieb Hitlers Sieg für Hilferding zunächst eine »Umformung innerhalb der von der Wirtschaftskrise unterhöhlten und erschütterten bürgerlich-kapitalistischen Gesellschaft«; folglich würden sich eines nicht zu fernen Tages die Massen erheben und das Regime beseitigen. Taktische Erwägungen, vielleicht auch das Gefühl, anderen oder sich selbst etwas beweisen zu müssen, haben die Entstehung des Prager Manifests nicht nur begleitet, sondern maßgeblich bestimmt und jedenfalls den revolutionären Wortschwall begünstigt (und manches Mißverständnis schon unter den Zeitgenossen ausgelöst. Schließlich entfalten Worte bisweilen jenseits des Gehalts ihre Eigendynamik). Der Deutung von Heinz Kühn, damals selbst in Prag, doch ohne Kontakt zur Sopade, ist zuzustimmen: Nicht »eine Veränderung der alten Gesinnungspositionen« bedeutete das Prager Manifest, sondern der »Verlust der alten Kampfbedingungen – Legalität und Reform – bewirkte das revolutionäre Pathos«. Der Verlust der alten Kampfbedingungen und, so muß hinzugesetzt werden, die verzweifelte, schließlich vergebliche Suche nach neuen. »Unsere Taten müssen die Menschen überzeugen. Das Manifest ist eine Tat«, hatte Paul Hertz in der Sitzung am 20. Januar ausgerufen, und alle, die eine solche programmatische Orientierung gewollt hatten, redeten es sich ein.

Von Otto Wels wird berichtet, er sei im Grunde seines Herzens gegen das Manifest gewesen und habe es als eine Konzession an den »Geist der Zeit« betrachtet – zugestanden unter dem Zwang der Verhältnisse. In der beschlußfassenden Sitzung hatte er die Bedeutung herunterzuspielen gesucht. »Wir betrachten diese Erklärung als ersten Willensausdruck und als erste Zielsetzung, sie ist der Versuch, die geistige Führung der Partei hier zu konzentrieren.« Es sei im übrigen nicht möglich, jetzt schon auf alle Fragen eine Antwort zu geben, »deshalb sprechen wir auch nicht von einem Programm, sondern von einem Manifest oder einer programmatischen Plattform«. Erich Ollenhauer hat in der gesamten Debatte um das Manifest, abgesehen von der Zurückweisung des ersten Entwurfs, nicht ein einziges Mal das Wort genommen. Nicht im »Neuen Vorwärts« oder der »Zeitschrift für Sozialismus«, wo monatelang um

Für und Wider gestritten wurde, nicht in den Sitzungen. Wo er sonst zu allem und jedem Bericht erstattete, hier schwieg er und ließ keinerlei Engagement erkennen. Daraus zu schließen, er habe das Manifest abgelehnt, wäre indes voreilig. Nicht nur, weil er in der Schlußabstimmung für das Manifest stimmte, sondern weil er im Falle überzeugter Ablehnung daraus keinen Hehl gemacht hätte; das Beispiel des ersten Entwurfs, der ihm vermutlich zu kritisch gegenüber dem Weimarer SPD-Kurs war, zeigt es. Und gewiß hätte er das Manifest nicht 1944 noch einmal veröffentlichen lassen, wäre er zehn Jahre zuvor dagegen gewesen.

Erich Ollenhauer war nicht für das Manifest – Dafür-Sein im Sinne innerer Zustimmung –, und er war nicht dagegen. Er ruhte viel zu sehr in sich, als daß er sich von Stimmungen hätte mitreißen lassen, von Stimmungen, die er für modisch und jedenfalls für vergänglich gehalten haben mag. Aber der See raste und forderte sein Opfer, und warum auch nicht! Die Sprache war nicht seine Sprache, und daß er theoretische Erörterungen sozialdemokratischer Politik in Vergangenheit und Zukunft für notwendig, gar nützlich gehalten hätte, ist ihm ebensowenig wie Wels zu unterstellen. Andererseits konnte das Unternehmen nicht wirklich schaden, vor allem gab der Text nichts von dem auf, was ihm und seiner alten Partei, für die er gelebt hatte und für die er weiterleben wollte, heilig war! So verhielt er sich denn gemäß jener Doppelregel, die ihn durch sein Leben begleiten sollte: »Das halten wir aus.« Oder: »Da kommen wir nicht drum 'rum.« In diesem Fall also kam man nicht drum 'rum! Ohnehin hatte er seit Beginn des Exils über seine eigenen Empfindungen geschwiegen, selbst im Kreise der Familie. Angeborene Zurückhaltung gegenüber Genossen, deren Sache die politische Theorie war, und Scheu, sich selbst Zweifeln auszusetzen, mögen die Ursachen gewesen sein, daß er sich in die praktische Arbeit stürzte: an der Grenze, in der Organisation des Büros, in der Hilfe für die Flüchtlinge. Es bedurfte eines äußeren Anstoßes, daß er einmal aus sich herausging und artikulierte, was er dachte, eines Anstoßes, der an das Selbstverständnis der deutschen Sozialdemokratie rührte und für Ollenhauer vielleicht zu einer Art Schlüsselerlebnis wurde: Der 12. Februar 1934 in Österreich.

»Die entscheidende Frage, die ja auch in den Debatten in der deutschen Partei noch heute eine große Rolle spielt, ist jedenfalls noch offen«, so schrieb er wenige Tage nach dem Aufstand an Koos Vorrink, »ob nämlich die Arbeiterschaft durch einen bewaffneten Widerstand in der Lage ist, eine so starke reaktionäre Entwicklung, wie wir sie jetzt überall in Europa erleben, aufzuhalten oder gar abzuwehren.« Die Frage stellen, hieß, sie verneinen. Er nannte den Ausgang der Kämpfe »unglücklich«, doch ließ er keinen Zweifel daran, daß er sich und die Politik der deutschen Sozialdemokratie – am 20. Juli 1932 und später – zutiefst gerechtfertigt fühlte, auch wenn er es wiederum nie so kraß und so selbstgerecht formuliert hätte wie Wels. Er wisse, kommentierte der Parteivorsitzende an Alsing Andersen, den dänischen Freund und Parteisekretär, »daß wir deutschen Sozialdemokraten jetzt etwas über die Achsel angesehen werden, daß wir die Konkurrenz mit den Österreichern nicht aushalten, weil in Österreich 4000 Leute einen Kampf führten, sind in den Augen der Welt ja auch die Hunderttausende Arbeiter in Österreich über Nacht zu Helden geworden, die diesen Kämpfen mit Sympathie und Interesse, aber untätig zugesehen haben und den Generalstreik sabotierten«. In Deutschland wären Zehntausende gefallen, fast waffenlos. Und in Anspielung auf die Rolle Otto Bauers fügte er hinzu, er sei mehr denn je überzeugt, daß »die Geschichte uns dereinst Recht geben wird, wenn wir auch heute noch schwer unter dem billigen Heldenmut verhinderter Revolutionäre und von Kämpfern gegen den eigenen Willen zu leiden haben«.

Ollenhauer hatte da mehr Skrupel, doch seine Überlegungen und Empfindungen wiesen in die gleiche Richtung und ließen das gleiche politische Verhaltensmuster erkennen. Wenn man sich rückschauend die Entwicklung in der letzten Woche noch einmal überlege, so fuhr er in seinem Brief an den holländischen Freund fort, »dann steht man immer wieder vor der Frage, ob dieser unerhörte Einsatz von Menschenleben in einem rechten Verhältnis zu dem moralischen Effekt steht«, den die österreichische Partei erzielt habe. Die prinzipielle Überlegung, ob durch einige tausend Opfer nicht einige Millionen gerettet werden könnten, blieb ihm so fremd wie die Erkenntnis Otto Bauers, daß mit einer kampf- und ruhmlosen Kapitulation den Arbeitermassen jener Glauben verlorengeht, der so viel schwerer wiegen kann als nüchterne Argumentation. In Karl Kautskys deterministischer Weltschau gab es das Problem von Führer und Masse nicht, und so lag es in der Logik seines Denkens, daß der greise Dogmatiker in dem berühmt gewordenen Aufsatz »Grenzen der Gewalt« den österreichischen Aufstand als Verhängnis gedeutet und seine Heroisierung scharf verurteilt hat. Auch für Erich Ollenhauer hat sich niemals eine Frage nach dem Verhältnis von Führer und Masse gestellt. Weil er auch hier so ganz und gar ein Kind der Kautskyschen Sozialdemokratie war und einer in sich geschlossenen SPD-Welt entstammte, oder weil ihm so völlig die Gaben des Tribunen abgingen? Wer wollte über Ursache und Wirkung urteilen?

Seine brieflich niedergelegten Gedanken zur politischen Philosophie blieben ohne Einwirkung auf das, was nahe lag, auf die praktischen Aufgaben. Es war Ollenhauer, der der Sopade über »Vorgeschichte und den Verlauf der Kämpfe in Österreich« berichtete; dem Geschehen nahe gewesen war eine Reihe von Genossen aus der DSAP, vor allem Ernst Paul, der Otto Bauer über die Grenze nach Preßburg hatte bringen helfen. Auf ihre Berichte stützte sich Ollenhauer ausdrücklich. Er kümmerte sich sogar um eine Hilfstruppe, zu der sich deutsche Sozialdemokraten spontan zusammengefunden hatten. »Um späteren Vorwürfen zu entgehen«, habe der PV ihnen, so Ollenhauer nicht ohne eine Spur von Hohn, das Fahrgeld bis zur Grenze gezahlt, und, da ihr Vorhaben undurchführbar gewesen sei, auch die Rückreise in die Heimatorte. Schließlich sorgte er für die emigrierten österreichischen Genossen, denen der PV sofort die eigenen Einrichtungen zur Verfügung gestellt habe. Die Frage einer engeren und dauernden Zusammenarbeit mochte er indes nicht beantworten, da waren die Vorbehalte denn doch zu stark.

Über allem, über den großen grundsätzlichen und den kleinen praktischen Fragen, die sich an die österreichischen Ereignisse knüpften, lag Ungewißheit, wie lange ihres eigenen Bleibens in der Tschechoslowakei nun noch sein würde. Der Weg nach dem Westen drohte gänzlich abgeschnitten zu werden, und ob die CSR zwei so relativ große und aktive Emigrantengruppen – Otto Bauer und seine Getreuen, die Revolutionären Sozialisten Österreichs, ließen sich in Brünn nieder – würde verkraften wollen, schien selbst dem optimistischen Ollenhauer »zweifelhaft«; er nannte die Lage »alles andere als erfreulich«, vergaß aber nicht, seinen Brief an Koos Vorrink in der für ihn so charakteristischen Wendung ausklingen zu lassen: »Trotzdem werden wir uns nicht unterkriegen lassen.«

H. C. Hansen, seinem Kopenhagener Freund und Kameraden aus der Internationale, teilte er mit, daß man zunächst »abwarten« wolle, also keine raschen Entschlüsse über eine Sitzverlegung treffe. Ihn beschwor er aber auch: »Laßt Euch durch den Ausgang des Kampfes nicht entmutigen, Skandinavien wird sicher die große demokratische Insel in Europa bleiben.« Seine bewußte Hinwendung zur skandinavischen Sozialdemokratie, die so gar nicht belastet war mit all den Fragen, die die deutsche oder nun auch die österreichische Partei erschütterten, begann in diesem frühen Jahr 1934. Als er im Frühjahr von einer Reise in den Norden nach Prag zurückkehrte, bedankte er sich bei dem anderen Hansen, bei Hans Hedtoft-Hansen, für die schönen Tage von Kopenhagen. »Du weißt«, so fügte er hinzu, »wie gern ich schon in früheren Jahren in Eurem Kreis gewesen bin, aber unter den gegenwärtigen Umständen habe ich Eure Freundschaft und die herzliche Aufnahme doppelt stark empfunden.« In den Jahren, die kamen, sollten ihm die Parteien in Dänemark und Schweden nicht nur zum materiellen, sondern auch zum ideellen Halt werden.

Emigrationsgezänk

Als Siegfried Aufhäuser und Karl Böchel dem Prager Manifest ihre Zustimmung verweigerten, war niemand überrascht. Ihr Nein war einkalkuliert, wenn nicht willkommen. In die Diskussion der Textvorlagen waren sie schließlich nicht einbezogen worden. Während Böchel »die Vertrauensbasis durch eine Analyse der Vergangenheit« hergestellt wissen wollte (»müssen sagen, daß unsere Politik falsch war«), ging Aufhäuser noch weiter und verstörte die Sopade, als er zu dem Ergebnis kam: »Es ist verfehlt, an der alten Form der SPD festzuhalten.« Beide bestritten der Sopade ihren Alleinvertretungsanspruch für die sozialdemokratische Emigration.

Eine Kette von Mißhelligkeiten hatte ihre Mitarbeit in der Sopade von Anbeginn durchzogen. Daß nicht Böchel, sondern Hilferding die ZfS-Redaktion übertragen wurde und es für Böchel nur zum streng kontrollierten Umbruchredakteur reichte, mochte noch hingehen; an Hilferdings Rang als Theoretiker gab es ohnehin nichts zu deuteln. Aber daß Vorstandssitzungen unregelmäßig, selten und nach Laune der Sopade stattfanden und zwischenzeitlich eine Reihe sogenannter Vorstandsbesprechungen ohne die beiden Linken abgehalten wurden, das war denn doch zuviel und für beide Grund zu wiederholten Klagen. Ihm fehle durchaus die Begabung zum Statisten, beschwerte sich Aufhäuser schon im November 33 über die Tätigkeitsweise des PV, ohne daß er eine Antwort bekommen hätte. Umgekehrt hatte Böchel die Sopade frühzeitig mit seinen Vorstößen provoziert, Max Seydewitz wieder in die SPD aufzunehmen. Daß Seydewitz schon zu diesem Zeitpunkt der KPD verpflichtet war und deren Befehl gehorchte, konnte Böchel ebensowenig wissen wie die Sopade, der in diesem Fall ihr angeborenes Mißtrauen gegen Abweichler recht geben sollte. Wels konnte es sich ohnehin einfach machen: Mit dem Hinweis, daß Seydewitz noch in Berlin bedeutet worden sei, er könne prinzipiell wieder aufgenommen werden, daß die Partei aber niemanden zum Mitglied machen wolle, der nicht selbst darum nachgesucht habe, wies er Böchel mehrfach ab. (5) Nun war die Aufnahme von Aufhäuser, vor 33 Vorsitzender der Arbeitsgemeinschaft freier Angestelltenverbände, des AfA-Bundes, und Reichstagsabgeordneter, und Böchel in den Exilvorstand ohnehin nicht Ausdruck politischen Willens gewesen; sie war ein Zugeständnis, das man meinte machen zu müssen, aber im Grunde nicht machen wollte. Sowohl Böchel, ein aus dem Rheinland gebürtiger »Überzeugungssachse« und Chefredakteur der »Chemnitzer Volksstimme«, als auch Aufhäuser waren auf der Reichskonferenz 1933 als Vertreter des linken Flügels in den Parteivorstand gewählt worden; als beide sich im Laufe des Sommers 33 in der Tschechoslowakei niederließen, konnte die Sopade schwerlich anders, als beider – ehrenamtliche – Mitgliedschaft im Exilvorstand zu akzeptieren. Schließlich hatte sie längst die ›genehmen‹ PV-Mitglieder, Erich Rinner und Emil Stahl, die die Partei auch nicht ausdrücklich ins Ausland entsandt hatte, sofort und wie selbstverständlich in ihre Gemeinschaft aufgenommen.

Dennoch fand Böchel mit seiner schon in der ersten Sitzung erhobenen Forderung, alle im Ausland befindlichen Vorständler zusammenzurufen, kein Echo. PV-Mitglied Georg Dietrich, der linke Flügelmann aus Thüringen, der in der Schweiz gelandet war und bei etwas gutem Willen ebenso wie Stahl in die Grenzarbeit hätte eingegliedert werden können, erfuhr vom Prager Manifest aus der Zeitung. Erbost protestierte er in Prag: »Habt doch den Mut, wenn ich euch nicht passe, mich durch Beschluß auszuschalten, aber unterlaßt doch endlich die unfaire Art der Erledigung durch den Apparat, von dem ihr in eurem Aufruf sagt, er sei tot, das ihr übrigens so wenig glaubt, wie ich es euch glaube.« Der Fall der Pariser SAI-Delegation hatte signalisiert, was sich zunehmend bestätigen sollte: Die Neigung, jene auszugrenzen, von denen die Sopade meinte, sie paßten nicht in ihren Kreis. Dies war ein Erbe der Weimarer Sozialdemokratie, seit Emigrationsbeginn deutlich wiederbelebt, nur noch überlagert von mannigfachen Rücksichtnahmen.

So wäre es Böchel und seinem Freund Aufhäuser vermutlich ergangen wie Georg Dietrich, wenn nicht Böchel Vorsitzender eines Parteibezirks – Chemnitz-Erzgebirge – gewesen wäre, der sich frühzeitig auf illegale Arbeit eingestellt und seine eigene Kasse gerettet hatte. »Sie geben also zu, daß der Karlsbader Bezirk 100 000 Mark besitzt?« empörte sich Ollenhauer einmal über diesen ständigen Stein des Anstoßes; Geld bedeutete schließlich Unabhängigkeit gegenüber der Sopade. Die Westsachsen hatten nach langjähriger Opposition gegen die Parteiführung in Berlin, die nach dem Zusammenbruch und im Zuge der ihrer Meinung nach schwerfälligen Aufnahme illegaler Arbeit in blanke Verachtung umgeschlagen war, ein eigenes illegales Netz geknüpft, und zwar mit Hilfe ihrer Bezirksgelder und vieler Genossen diesseits und jenseits der ihnen wohlbekannten Grenze; die Fäden zogen das zunächst bezirkseigene Grenzsekretariat Karlsbad und sein Leiter Willi Lange, nicht die Sopade. Nach einer Vereinbarung Langes mit Erich Ollenhauer übernahm die Sopade noch im Sommer 33 die Grenzstelle, die ihr als Vorbild für die übrigen Sekretariate diente. Die Ablehnung, die der Sopade aus Karlsbad entgegenschlug, wurde dennoch nicht geringer, sondern nahm im Laufe des Jahres 34 noch zu. Daß sich einige Grenzsekretäre – die

Silvester 1934 in einem Prager Hotel. V. l. n. r.: Martha Ollenhauer, Gisl Paul, Ernst Paul, Ollenhauer und Wels.

Praktiker der illegalen Arbeit also – gleichzeitig von der Sopade ab- und Neu Beginnen zuwandten, machte die Sache nicht leichter, zumal sich Verbindungen der oppositionellen Gruppen untereinander abzeichneten und sich Neu Beginnen mittlerweile so stark fühlte, daß Sitz und Stimme in der SAI beantragt wurden; die Sopade kürzte ihr daraufhin die monatlichen Zuschüsse um die Hälfte, auf nun 1500 Reichsmark.

Vor diesem Hintergrund hatte sich die Sopade am 20. April und noch einmal am 22. Juni 1934 mit einer neuen programmatischen Erklärung zu befassen; sie war erarbeitet und vorgelegt von einem »Arbeitskreis Revolutionärer Sozialisten«, nach seinen führenden Köpfen Aufhäuser, Böchel und Seydewitz auch ABS-Gruppe genannt. Daraus sollte die Gruppe »Revolutionäre Sozialisten Deutschlands« hervorgehen. Ihre »Plattform« wollten Aufhäuser und Böchel nun in der parteioffiziellen Broschürenreihe »Probleme des Sozialismus« veröffentlicht wissen. Ein Ansinnen, das Otto Wels brüsk zurückwies, dabei Argumente von 1931, als die SAP sich abspaltete, fast wörtlich wiederholend: Der PV habe die Aufgabe, »die Partei geschlossen zu halten« und »Gruppenbildungen nicht auch noch zu fördern«. Und wenn Ollenhauer, der sich in die Diskussion um die RS, die Revolutionären Sozialisten, immer wieder einschaltete, hervorhob, daß die »theoretischen und politischen Gedankengänge des Programms für unsere Entscheidungen nicht herangezogen zu werden brauchen«, so bewegte er sich in altbekannten und lange bewährten Parteibahnen. Die Organisation ging über alles, und Politik schien zur Nebensache reduziert. Wie hatte doch Ollenhauer 1931 geschrieben: Der Ausschluß von Seydewitz und Rosenfeld erfolge nicht wegen abweichender Meinungen, sondern wegen sonderorganisatorischer Bestrebungen.

Tatsächlich aber ging es jetzt für ihn um mehr als um die Schwächung der Organisation. Aus der Überzeugung heraus, daß die Sozialdemokratische Partei von der Geschichte überholt sei, hatten Aufhäuser und Böchel das Prager Manifest abgelehnt. Daraus wurde nun so etwas wie ein Grundsatz der Revolutionären Sozialisten: SPD und KPD sollten der Vergangenheit angehören, die Zukunft in einer neuen Einheitspartei liegen. Die SPD also sollte nicht mehr sein? Sollte alles falsch und nichtig gewesen sein? Für die Sopade, die Treuhänderin der Partei und gleichbedeutend mit »dem Parteivorstand«, konterte Erich Ollenhauer: »Das Programm stellt die Existenz der deutschen Sozialdemokratie überhaupt in Frage.« Der RS-Forderung nach einer Einheitspartei setzte er sein und seiner Freunde Selbstverständnis entgegen: Der PV sei nicht nur Treuhänder für den materiellen Besitz der Partei, wie Aufhäuser und Böchel es auffaßten. Er habe vielmehr auch »das geistige Gut und die theoretischen Werte der Partei zu wahren«. Wissend, daß die Meinung der Sopade allein nicht hinreichen konnte, fügte er hinzu, daß die Vorstellungen der RS »auch von den in Deutschland tätigen Genossen nicht verstanden werden«. Ob ihm bewußt war und er nur verdrängte, daß unter den Aktivsten im Reich eine breite – emotionale – Stimmung für eine neue, einheitliche linke Partei vorhanden war, ob er sich mit der breiten Masse der Genossen im Reich einig wähnte oder ob er tatsächlich nicht hinreichend informiert war, gleichviel: Im Erbe der Weimarer SPD standen Ollenhauer und die Sopade auch hier. Man wollte weitermachen und recht behalten.

Im zur gleichen Zeit erschienenen Jahresbericht wurde festgestellt: »Wir stehen in Deutschland offensichtlich vor einer Reaktivierung der sozialistischen Arbeiterbewegung. Die Vorstellungen in der ersten Zeit der Illegalität, daß unter den besonderen Bedingungen der illegalen Arbeit die alten organisatorischen Formen der Arbeiterbewegung überwunden werden und eine neue einheitliche revolutionäre sozialistische Arbeiterbewegung an die Stelle der zersplitterten Bewegung vor dem Zusammenbruch treten würde, findet im heutigen Zustand der deutschen Bewegung keine Stütze mehr.« Für Ollenhauer war es eine klare Sache: Mit der Treuhänderschaft des PV war »eine Herausgabe einer Erklärung mit den organisatorischen Vorstellungen des ABS-Programms« nicht zu vereinbaren. Folgerichtig war er wie Wels, Vogel und Stampfer dagegen, daß der Text überhaupt gedruckt wurde. Die Mehrheit der Sopade allerdings, neben Aufhäuser und Böchel auch Crummenerl (»ich bin für Toleranz«), Hertz und Rinner, plädierte für den Abdruck in der »Zeitschrift für Sozialismus«, in deren Oktober-Nummer der Text dann endlich erschien.

Am 10. August 1934 fängt die Sopade einen Brief ab, den Böchel an den Leiter der Pariser RS-Gruppe, Kurt Glaser, den späteren Chef der Hamburger Gesundheitsbehörde, gerichtet hat. Briefe ohne Absender würden, so der lakonische Bescheid, geöffnet und nicht befördert; wo der Wille zur Zusammenarbeit nicht bestehe, da werde jede Zusammenarbeit unmöglich. In dem Brief rechtfertigt Böchel dem Pariser Freund gegenüber, in einer Mischung aus Dichtung und Wahrheit, was die Fakten angeht, und in einem von wenig Selbstdisziplin zeugenden, angeberischen Ton, seine Zugehörigkeit zum Exilvorstand. Die Frage sei nur, wie lange noch: »Da es kein Vergnügen ist, in diesem Gespensterkabinett zu sitzen und immer wieder gegen die alten Knochengerippe kämpfen zu müssen, möchte ich diesen Zeitpunkt nicht zu weit hinausgeschoben wissen.« Weitere Briefe zwischen Böchel und der Sopade gehen hin und her, gemeinsame Sitzungen werden nicht abgehalten, die Sache bleibt in der Schwebe, bis am 9. Oktober der Präsident der SAI, der Belgier Louis de Brouckère, im Büro der Sopade in Prag erscheint; er kommt in Begleitung des holländischen Parteivorsitzenden Albarda, seines Schweizer Kollegen Grimm und von Friedrich Adler. Offiziell sollten sie die Lage der illegalen Parteien prüfen, in Wirklichkeit wollten sie sehen, was eigentlich los sei in der deutschen sozialdemokratischen Emigration.

»Alle Spannungen, die in der Internationale vorhanden sind, spielen hier mit hinein, sie sind nur ekelhaft persönlich vergiftet«, hatte Wels vorher an Albarda geschrieben und darauf angespielt, daß Adler und Grimm erklärte NB-Sympathisanten waren und diese Dreier-Kommission aus einem Ränkespiel hervorgegangen war. Daß er selber durch mehr Aufgeschlossenheit und durch Gesprächsbereitschaft die Situation hätte entkrampfen können, wollte Wels nicht wahrhaben und auch Ollenhauer nicht, der ihn, wohl als einziger, hätte beeinflussen können. »Alle wollen sie zunächst uns beseitigen oder unter Kuratel bringen«, klagte Wels seinem dänischen Freund Alsing Andersen. Die Internationale solle eine Patronanz ausüben, die man noch keiner Emigration zugemutet habe. Er vergaß hinzuzufügen, daß die Internationale gerade aus der Emigration heraus immer wieder um Schlichtung gebeten wurde und im übrigen nicht nur die oppositionellen Gruppen, sondern auch die Sopade selbst einflußreiche Freunde in der SAI hatte. Und so ging denn die Kommission auch sehr behutsam vor. Doch das Unmögliche möglich zu machen, nämlich die wechselseitige Bereitschaft zur Verständigung, das brachte auch sie nicht zuwege. Von der Sopade war der Kommission ein »Bericht« über Neu Beginnen zugegangen, seitens der RS eine Denkschrift über »undemokratische Tendenzen des Apparates«; an der Sitzung mit der Sopade, in der Ollenhauer über die Organisation ihrer Arbeit sprach, nahm Böchel auf ihr Verlangen hin gar nicht erst teil, und Wels machte schließlich die Hoffnung wenigstens auf ein Nebeneinander der Gruppen zunichte. Die wachsende Isolierung der Sopade fürchtete er nicht: »Wir haben unsere Legitimation aus Deutschland, die wir uns nicht streitig machen lassen. Da kann nicht einfach eine Gruppe herkommen, von der wir nichts oder nur sehr wenig wissen und sagen: drei Mann von Euch und drei Mann von uns setzen sich als gleichberechtigte Partner an einen Tisch.«

Das SAI-Unternehmen also verlief im Sande, nur zwischen der Sopade und Böchel brachte Adler eine Annäherung zustande. Indes, sie währte nicht einmal eine Sitzung lang. Denn als gegen Ende der Vorstandssitzung am 19. Oktober 1934 Aufhäuser und Böchel den ZfS-Satz ihrer »Plattform« für einen Sonderdruck verlangten, war's vorbei mit geschliffenen Debatten zum Thema Einheitsfront in Frankreich, Spanien und in deutschen Betrieben. Exemplare der gesamten Zeitschrift – also mitsamt Geyers Sopade-offiziellem, kritischem Kommentar – wollten sie nicht. Unterdessen ließ die Sopade den Satz verschwinden, und die Revolutionären Sozialisten mußten ihn in derselben Druckerei, der Graphia in Karlsbad, auf eigene Kosten noch einmal erstellen. Aufhäuser und Böchel fuhren prompt eine Retourkutsche, indem sie sich nun das Finanzgebaren der Sopade vornahmen, genauer gesagt: ihre fehlende Rechnungslegung. Äußerer Anlaß war das Drängen von Neu Beginnen, deren damals noch bestehende Reichsleitung wieder in den Genuß des ursprünglichen Unterstützungssatzes kommen wollte. Sie verlangte, daß ihre Forderungen »sehr energisch« vertreten würden – eine Garantie für das Nein der Sopade! Wels weigerte sich, die Unterstützung für Neu Beginnen überhaupt als ordentlichen Etatposten anzuerkennen, und »alle gegen 2« lehnten die neuerliche Aufstockung ab.

So standen denn die Zeichen auf Sturm, als der Vorstand am 18. Dezember zu seiner letzten Sitzung im Jahr 1934 zusammentrat. Die Sopade suchte die Entscheidung, benötigte jedoch Beweismittel, um den entscheidenden Schlag gegen die beiden Vorstandskollegen führen und sich von ihnen trennen zu können. Um in den Besitz der Beweismittel zu gelangen, kannten Mitglieder der Sopade – waren sie nicht der Inbegriff des Biedersinns gewesen? – keine Skrupel: »Zu dem Verschwinden meiner Aktenmappe« hat Karl Böchel eine detaillierte und von kriminalistischem Spürsinn geprägte Erklärung abgegeben, die nie dementiert worden ist. Danach ist Böchel nach

Ablauf der regulären Sitzung am 18., als er für einen Augenblick in ein anderes Zimmer gebeten wurde, seine Mappe entwendet worden. Zurückbekommen hat er sie am Heiligabend. Auf seine zwischenzeitlichen Vorhaltungen hin versuchte man, ihm weiszumachen, die Mappe gehöre Ollenhauer. Daß gerade er bemüht wurde, sollte kein Zufall sein.

Die Sopade findet in Böchels Mappe, was sie gesucht hat: einen Briefwechsel zwischen Aufhäuser, Böchel und dem NB-Auslandsleiter Willi Müller alias Paul Hagen, bürgerlicher Name: Karl Frank, der nach der Spaltung der Gruppe im Frühjahr 35 ihr Chef werden sollte. Unter den Papieren befanden sich der Entwurf einer Kartellerklärung der oppositionellen Gruppen und Pläne für die Einheitsfront mit der KPD. Die Sopade hat damit jene Beweise in der Hand, die ihr als Ausschlußgrund hinreichen. Am 30. Januar 1935, dem zweiten Jahrestag der Machtergreifung, und ein Jahr nach dem Prager Manifest, verkündet »Der Vorstand der Sozialdemokratischen Partei Deutschlands, Sitz Prag« – Autor: Erich Ollenhauer – brieflich seinen Beschluß: Gemeinsame Sitzungen mit den Genossen Aufhäuser und Böchel werden nicht mehr abgehalten; das Arbeitsverhältnis mit dem Genossen Lange-Karlsbad wird mit sofortiger Wirkung gelöst; die Unterstützung der sogenannten Miles-Gruppe wird eingestellt. Der kurze vervielfältigte Brief, der an Grenzsekretäre und Stützpunktleiter geht, schließt mit der Bitte, »diese Beschlüsse des Parteivorstandes zur Kenntnis nehmen zu wollen«. In der beigefügten »Materialzusammenstellung über organisatorische Sonderbestrebungen in der Partei« – Autor: Erich Ollenhauer – wird über die angewandten Methoden verständlicherweise kein Wort verloren. Der PV »gelangte« in den Besitz der Briefe, oder es heißt: »In unserem Besitz befindet sich ein Briefwechsel.« Daß dies nicht nur nach dem ungeschriebenen Gesetz, wie Sozialdemokraten miteinander umzugehen haben, fragwürdige Methoden waren, sondern daß dies strafbaren Handlungen nahekam, dafür war ihm und seinen Freunden in der Sopade ein hinreichend waches Gespür verlorengegangen.

Nach dem »Gewaltstreich vom 30. Januar 1935« – Untertitel von Aufhäusers und Böchels »Denkschrift der Parteivorstandsminderheit über die dauernde Verletzung der Parteidemokratie durch das Büro der Sopade in Prag« – hagelte es dort und bei der SAI in Zürich Proteste. Nur wenige Tage nach dem Rausschmiß der beiden kamen in Anwesenheit von Vogel und Ollenhauer die Stützpunktleiter des Karlsbader Grenzsekretariats zusammen, die schon am 30. Januar drei Genossen nach Prag in Marsch gesetzt hatten: Es waren Beweise gefordert worden. In ihrem Bericht an die Konferenz der Stützpunktleiter schilderten die drei den Besuch: »Wir verließen die Sopade um die Erfahrung reicher, daß keinerlei Verständigungswillen beim P.V.

zu erwarten ist.« Ollenhauer habe ihnen die Gründe referiert, »die den P.V. zu seiner Haltung veranlaßt haben« und sich dafür von Böchel der »Fälschungen« zeihen lassen müssen. Im Prozeß gegen die Minderheit sei, so Böchel, Erich Ollenhauer der »Staatsanwalt« gewesen.

Am 4. März 1935 war er es, der den Verlauf der Sitzung bestimmte und die Sopade auf eine ›harte‹ Linie brachte. Zu entscheiden war, ob ein Schiedsgericht der SAI, wie Aufhäuser und Böchel es verlangt hatten, akzeptiert werden sollte. Hertz ist dafür, Stampfer und Vogel raten jedenfalls zu äußerster Behutsamkeit. Ollenhauer aber ist für »klare Linie« und dafür, daß »wir uns auf uns selbst verlassen«. Und dann, den Ton noch verschärfend: »Wir müssen es selbstverständlich ablehnen, uns von der SAI unter Kuratel stellen zu lassen.« Man tut so, als ob: Als ob es die Partei und damit die Organisation noch gebe, wenn auch unter sehr erschwerten Bedingungen, als ob man selbst noch etwas zu bestimmen habe, wenn auch weniger und anders als zuvor. Gruppen zu dulden, »die innerhalb der Partei organisatorische und politische Sonderbestrebungen verfolgen«, müsse, so folgert Erich Ollenhauer, in kürzester Frist zur völligen Auflösung aller organisatorischen Zusammenhänge führen. »Eine Organisation, die derartigen Bestrebungen nicht entgegentritt oder sie sogar toleriert oder unterstützt, gibt sich selbst auf.«

Nun lag es gewiß nahe, unter den Bedingungen einer Emigration, die ins Heimatland hineinwirken, also illegale Arbeit fördern wollte, die Unversehrtheit der Organisation zum obersten Gebot zu machen und diese mit allen, notfalls auch – unter normalen Verhältnissen – unerlaubten Mitteln zu verteidigen. Aber das hätte an Stelle jenes Begriffs von Organisation, den die Sopade sich aus der Weimarer Epoche hinübergerettet hatte, einen Begriff von den spezifischen Aufgaben der Partei in Illegalität und Emigration vorausgesetzt. Doch davon blieb die Sopade weit entfernt. Statt dessen ersetzte sie den erfahrenen Lange, gegen den erst später begründeter Verdacht auf Spionagetätigkeit zugunsten der CSR aufkam, durch einen gewissen Käseberg, der zwar Sopade-treu war, aber von illegalen Praktiken keine Ahnung hatte und durch dessen Unvorsichtigkeit binnen kurzem mehrere Illegale in Zwickau und andernorts hochgingen. Folge: Lange wurde in seine Rechte als Grenzsekretär zunächst wieder eingesetzt.

Im Bewußtsein der führenden Weimarer SPD-Funktionäre, die nun den Exilvorstand repräsentierten, hatte sich wenig gewandelt. Die nationalsozialistische Machtergreifung war nicht verarbeitet worden. Die Verhaltensmuster waren die gleichen geblieben. Erich Ollenhauer und seine Freunde, deutsche Biedermänner im Gefühl der eigenen

Rechtschaffenheit, hatten natürlich keine Neigung zu unrechtmäßigem Tun, auch waren sie von Natur aus weder dazu prädestiniert, anderen Genossen Briefe oder gar Aktenmappen zu entwenden, noch waren sie so abgestumpft, daß sie ein Echo nicht mehr wahrnahmen. Warum erreichte sie aber nun das böse Wort von den »Gestapo-Methoden« nicht? Die Illusion, die sich gewisse Leute in Prag machten, wolle er noch in Kauf nehmen, schrieb Rudolf Breitscheid an Hoegner, aber: »Die Gestapo-Methoden, die sie nach wie vor im Kampf gegen Kritiker anwenden, sind unerträglich.« Das Karlsbader Grenzsekretariat gar nannte die Bluturteile der Hitlerjustiz und die Urteile der Sopade in einem Atemzuge; hier wie da gebe es weder Anklageschriften noch Begründung noch Revision. Und warum merkten sie nicht, in welch schwere Widersprüche sie sich fortwährend verwickelten?

In nahezu jeder schriftlichen Verlautbarung, so auch in ihren Jahresberichten, berief sich die Sopade auf die Reichskonferenz (auf der auch Aufhäuser und Böchel gewählt worden waren) und die Vorstandssitzung vom 4. Mai 1933 (wo lediglich Wels, Crummenerl und Stampfer ins Ausland entsandt wurden). Die tatsächliche Zusammensetzung der Sopade und der Anspruch, den sie erhob, hatten mit den von ihr selbst zitierten Entscheidungen nichts zu tun. Die Prager Erfahrung zeigt: Wenn sich Sozialdemokraten, aus wie ehrenhaften Motiven auch immer und bedingt durch die Wurzellosigkeit des Exildaseins, an eine Macht klammern, die nicht einmal mehr ein Schatten derselben ist, dadurch den Sinn für die Realität verlieren und sich der Selbsttäuschung hingeben, dann werden Scheingefechte geführt, geraten die Maßstäbe ihres Tuns ins Rutschen und werden Maßnahmen zu Mätzchen. Und wie sehr haben sie sich an die Macht geklammert, genauer: an das, was diesen Funktionären als Macht galt, nachdem ihnen der Boden der Millionenpartei weggebrochen war. Die Organisation, die in der Emigration aufgebaut worden war, mit Grenzsekretären, Vertrauens- und Verbindungsleuten im In- und Ausland, mit Beiträgen an die SAI und einer eigenen Kasse, mit Zeitungen, Rundschreiben und einem regulären Bürobetrieb, diente als Ersatz, gewiß auch als Halt. Von ihrer Pflicht zu ideeller Treuhänderschaft waren die Männer der Sopade seit Emigrationsbeginn überzeugt. Doch daß diese Pflicht nun, 1935, immer häufiger beschworen wurde, hatte seinen Grund nicht nur darin, daß, je länger die Emigration währte, die materielle Treuhänderschaft desto brüchiger wurde. Denn allein die These von der Gesinnungsgemeinschaft der großen Masse der Sozialdemokraten im Reich, der die Sopade ihrem eigenen Verständnis nach Ausdruck verlieh, gestattete die Gleichsetzung von Prager Bürogemeinschaft und Sozialdemokratischer Partei; nur so konnte die Sopade es wagen, selbst Recht zu setzen, und den Ausschluß von Parteivorstandsmitgliedern »mit gleichem Rang« verfügen. In einem Anflug von Ehrlichkeit gegen sich selbst gab Ollenhauer zu, eine Entscheidung »in eigener Sache« gefällt zu haben, doch, als habe er Angst vor den Konsequenzen, fügte er rasch hinzu, daß er den Beschluß »für absolut richtig« halte.

Es wird oft behauptet, die Art und Weise, in der die Sopade mit Aufhäuser und Böchel umgesprungen sei, spiegele Verschiebungen im Kräfteverhältnis innerhalb der deutschen Sozialdemokratie zugunsten der Sopade. Ihr erster Jahresbericht, der im Sommer 34 herauskam und in dem die Kontinuität der Sozialdemokratischen Partei und der Fortbestand der Gesinnungsgemeinschaft herausgestellt wurden, gilt als zusätzlicher Beweis, daß das Prager Manifest ebenso rasch in der Versenkung verschwunden sei, wie es entstanden war. Folgerichtiger ›linker‹ Vorwurf an die Revolutionären Sozialisten: Sie hätten es versäumt, die Sopade beim Wort zu nehmen, beim Wort des revolutionären und einheitsfront-freundlichen Manifests. Ein in marxistischem Sinn revolutionäres Manifest hatte es jedoch nicht gegeben, eine Bereitschaft zu umfassender Einheitsfront erst recht nicht, und im übrigen sollten auch die Revolutionären Sozialisten – ein großer Name für eine insgesamt kleine Gruppe – nicht wichtiger genommen werden, als sie tatsächlich waren. Die Sopade war unsicher gewesen in den ersten Monaten der Emigration, und sie war nun dabei, aus dieser fortbestehenden Unsicherheit heraus und gleichsam auf der Flucht vor den gewaltigen Erschütterungen, ihrer ohnehin vorhandenen Neigung nachzugeben: nämlich sich abzukapseln und sich einzuigeln und alle die auszugrenzen, die sie auf ihrem Weg in die Isolierung behinderten. Für viele andere stehen die Namen von Rudolf Breitscheid und Wilhelm Hoegner. »Hätte man in Prag«, so schrieb Breitscheid 1937 an Hoegner, »nicht immer an die eigene Gottähnlichkeit geglaubt, hätte man auf einer der zahlreichen Reisen durch Europa auch nur einmal Gelegenheit genommen, in Paris oder anderswo eine Konferenz der Parteigenossen zu veranstalten, dann wäre vielleicht manches anders gekommen.«

Es war auch kein Zufall, und nicht zuerst mit finanzieller Not zu begründen, daß 1935 das Ende der »Zeitschrift für Sozialismus« besiegelt wurde und sich zugleich das Verhältnis zwischen der Sopade und Rudolf Hilferding merklich abkühlte. Es war jene selbe Sitzung über die ZfS und den Versuch »geistiger Neuorientierung«, die Paul Hertz zu der Bemerkung veranlaßte, daß Wels und Vogel sich gegen jede Erneuerung wehren und Geyer und Rinner als ihre »Hofräte« gelten würden. Was Ollenhauer anlange, »so verstärkt sich immer mehr mein Eindruck, daß er zwar recht fähig, aber auch ungewöhnlich alt ist«.

Emigrationsgezänk beschäftigte die Sopade in ihren Prager Jahren in besonderem Maße, und doch wäre es ein Irrtum, darüber die Mühsal ihres antifaschistischen Einsatzes drinnen und draußen zu vergessen oder gar Streitereien und Zänkereien für allein Sopade-typisch zu halten. Ähnliches vollzog sich auch in den unabhängig-sozialistischen Gruppen, wie aus Unterlagen und Berichten leicht zu belegen wäre; auch aus diesem Grund besteht kein Anlaß, sie zu überschätzen. Und warum auch sollten die, die einander schon in Berlin nicht gemocht hatten, gerade in Prag, unter den verzerrenden Bedingungen der Emigration, miteinander auskommen? Das Elend der KPD-Emigration mag nicht einfach gleichzusetzen sein; sie war in zu hohem Maße durch die Kehrtwendungen der Komintern und der sowjetischen Politik bestimmt. Was Erich Ollenhauer mit sich trug, waren Schwächen und Stärken der alten Partei: eine gewisse Enge und Anspruchslosigkeit auf der einen und auf der anderen Seite viel Treue und ein beachtliches Durchhaltevermögen.

Je länger die Emigration währte, je unangreifbarer das nationalsozialistische Regime zu werden schien, desto schroffer sollten die Schwächen hervortreten. Auch dies war keine Eigenart der Sopade oder auch Ollenhauers. »Zur Psychologie der Emigration« lautet der Titel einer Studie aus dem Jahr 1916. Darin wird als eine Folge des räumlichen Abstands ein Denken in Abstraktionen statt lebendigen Größen ausgemacht und gefolgert, daß dadurch »jenes Schroffe, Sektiererische« in der Emigranten-Psychologie entstehe. Oscar Blum, der Autor der Analyse, fährt fort: »Das Gefühl, das . . . für das Verhältnis der Emigration zur Außenwelt maßgeblich wird, setzt sich zusammen aus einer souveränen Verachtung aller Faktoren, die mit dem abstrakten Kalkül nicht übereinstimmen. Die Emigration hat überhaupt kein Verständnis für das Fremdartige. Sie urteilt regelrecht. Da das Leben aber eine fortwährende Modifizierung der Regel bedeutet, so betrachtet die Emigration seinen realen Verlauf mit unverhohlener Abneigung. Sie überträgt jenes Mißverhältnis zwischen Idee und Wirklichkeit ins Moralische und mißt den Zwiespalt zwischen Theorie und Praxis dem bösen Willen zu. Daher ist sie so maßlos in allen ihren Angriffen gegen Andersdenkende. Daher ist das Polemische ihr Element . . . Es liegt in der menschlichen Natur, die eigene Bedeutsamkeit indirekt dadurch proklamieren zu wollen, daß man fremde Nichtigkeit schonungslos bloßlegt . . . Es ist keine Eigenschaft des individuellen Charakters. Diese Prägung gibt der Seele der Schraubstock des Exils.«

Mitten in jenem Jahr 1935, in dem das Leben im Exil durch so viel Gezänk gekennzeichnet war, verliert Erich Ollenhauer die Staatsbürgerschaft: Am 11. Juni 1935 wird im Reichsanzeiger die 4. Ausbürgerungsliste veröffentlicht. Der Reichsminister des Innern hat sie am 8. Juni ausgefertigt. Neben Brecht, Erika Mann, Erich Mühsam, Walter Mehring stehen auf der Liste: Erich Ollenhauer, Siegmund Crummenerl, Rudolf Hilferding. Einen Tag darauf kommentiert der »Völkische Beobachter«: »38 Volksverrätern die deutsche Staatsangehörigkeit aberkannt«. Die Namen von Wels und Stampfer, ebenso wie die von Breitscheid und Scheidemann, hatten schon auf der 1. Ausbürgerungsliste gestanden, die – veröffentlicht am 25. August 1933 – noch weltweites Aufsehen erregt hatte. In der Zwischenzeit waren auch Hans Vogel und Paul Hertz ausgebürgert worden. Das Verfahren gegen Erich Ollenhauer bestätigt im wesentlichen die NS-Ausbürgerungspraxis. Am 8. Februar 1935 beantragt die Preußische Geheime Staatspolizei (»gez. Heydrich«) beim Reichsinnenminister – eine Abschrift geht ans AA –, Ollenhauer die deutsche Staatsangehörigkeit abzuerkennen. Ollenhauer sei 1933 nach Belgien emigriert (sic!) und habe am 14. 9. 33 an einer Sitzung des Kuratoriums des Matteotti-Fonds teilgenommen (was auch nicht stimmt). Zur Zeit bearbeite er im offiziellen Parteibüro in Prag Jugendfragen. »Damit kennzeichnet sich Ollenhauer selbst als Staatsfeind 1. Ordnung, der seine Lebensaufgabe darin sieht, das neue Deutschland mit allen Mitteln zu bekämpfen; denn die illegale SPD in Prag stellt das Hauptzentrum der internationalen marxistischen Hetze gegen alles, was sich deutsch nennt, dar.«

Am 30. April stimmt das Auswärtige Amt »der Ausbürgerung des Erich Ollenhauer« zu. In einer auszugsweisen Abschrift der vierten Ausbürgerungsliste vom 16. 5. 35 – »Kurze Begründung der Entscheidung« – heißt es: »Erich Ollenhauer, Funktionär der SPD, gehört zu den Führern der landesverräterischen Bestrebungen in der Emigrantenzentrale in Prag.« Am Tag nach der Veröffentlichung im Reichsanzeiger werden die Auslandsvertretungen angewiesen, »bei sich bietender Gelegenheit« den Betroffenen ihre Pässe abzunehmen. Im April 1937 wird auch Martha Ollenhauer ausgebürgert. Und wie haben sie die Ausbürgerung aufgenommen? Natürlich habe man darüber geredet, aber Martha Ollenhauer kann sich nicht erinnern, daß es sie beschwert habe. »Denn das war doch klar: Ist der Hitler am Ende, ist die Ausbürgerung vergessen.«

Non possumus

Daß die Sopade die Hauptschuld an der Niederlage nicht wieder oder weiterhin der KPD zuschieben solle, hatte Gerhart Kreyssig, ein Mann des rechten Parteiflügels und zeitweilig Vorsitzender der Pariser Ortsgruppe der SPD, schon 1933, zu Emigrationsbeginn gefordert. Max Braun, Vorsitzender der Saar-SPD, ermahnte ein Jahr später Erich Ollenhauer, der offenbar einen einheitsfrontfreundlichen Artikel kritisiert hatte, doch »nicht zu empfindlich zu sein«. Tatsächlich kannte Erich Ollenhauer im Verhältnis zu den Kommunisten keine Empfindlichkeiten. Er stand in der streng antikommunistischen Tradition der Weimarer SPD, die sich in der Emigration noch verhärtet hatte, und »immer und von vornherein« – so Fritz Heine über Ollenhauer – war er der Meinung, »die Finger davon lassen« und »keinerlei Manöver mitmachen« zu sollen. Er folgte damit Karl Kautsky, dem eigentlichen Begründer der Totalitarismustheorie, der seine schon früh gegenüber dem Bolschewismus entwickelten Maßstäbe an den Faschismus angelegt hatte – in dieser Reihenfolge! –, beide Erscheinungsformen des Totalitarismus einander gleichsetzte und jeden »Gedanken über die Einheitsfront« leidenschaftlich verwarf; Karl Kautsky vertraute weiter darauf, daß das Proletariat »auch diesmal wieder aus der Zeit seiner Prüfungen geläutert und gekräftigt hervorgehen« werde.

Faschismus und Bolschewismus als Brüder zu betrachten, wie Wels es schon in seiner Leipziger Parteitagsrede 1931 getan hatte, wurde der Sopade nun noch geläufiger. Ein NV-Artikel mit dem Tenor »In Deutschland herrscht der Bolschewismus des Kapitals« oder »In Deutschland ist heute alles, was vor dem wert war, gegen den Bolschewismus verteidigt zu werden, restlos bolschewisiert« war keine Ausnahme. Die Haltung der Sopade also war eindeutig. Und dennoch vermochte dies nicht zu verhindern, daß sie keine Frage so sehr in Atem hielt wie jene, die die deutschen Sozialdemokraten seit der Spaltung 1919/20 als existentiell empfanden und an die unverkrampft heranzugehen ihnen nicht möglich war: Wie halten wir's mit den Kommunisten?

Unter vielen Genossen, die aktive Widerstandsarbeit leisten wollten, hatte sich eine emotionale Stimmung für ein Zusammengehen mit den Kommunisten immer mehr herauskristallisiert. Sie blieb der Sopade nicht verborgen und wurde ein permanenter Streitpunkt in der sozialistischen Emigration; denn mit nichts sonst wurde so sehr

Emigrationspolitik gemacht wie mit den Illegalen. Immer wieder berief sich die Sopade auf Illegale, die eine Einheitsfront ablehnten. »Überraschend« sei es gewesen, so sagte Erich Ollenhauer in seinem Bericht über die sogenannte Westkonferenz, im Spätherbst '34 vermutlich in Antwerpen abgehalten, daß von 30 anwesenden illegalen Genossen sich »nicht ein einziger« für die Einheitsfront ausgesprochen habe, und er knüpfte daran die »allgemeine und eindeutige« Feststellung, daß »die deutsche Sozialdemokratie wieder im Erstarken« begriffen sei. In der unmittelbaren Begegnung mit den eigenen Grenzarbeitern, die über eine Pro-Einheitsfront-Stimmung berichteten, suchte man auszuweichen. Ollenhauer referierte dann »über die organisatorische Situation der Partei drinnen und draußen«, und Wels polterte einfach los: Die dauernden Vorwürfe seien nicht zu ertragen; Besprechungen hatten 1934 auch in Lüttich und in Saargemünd stattgefunden. Den Einheitsfront-Kurs der Saar-SPD, den diese im Vorfeld der Abstimmung vom 13. Januar 1935 gesteuert hatte, überging die Sopade mit Stillschweigen; ihrem Herzen machte sie erst Luft, als alles vorbei war, da allerdings nicht ohne Häme.

Auch als sich in Frankreich die Bildung einer Einheitsfront am Horizont abzeichnete, versuchte die Sopade zunächst so zu tun, als gehe sie das nichts an. Voller Mißtrauen, nicht zuletzt gegen die Person Léon Blums, hätte sie am liebsten ignoriert, was in Paris vor sich ging; ohnehin war den Männern des Prager Exilvorstands die romanische Welt fremd. Otto Wels wähnte das »Hauptbollwerk der europäischen Demokratie« vernichtet, wenn das französische Bürgertum in den Faschismus getrieben würde. Daß dies die Folge der Einheitsfront sein müßte, galt ihm als ausgemacht. Im übrigen fand er, daß »das Wichtigste« in dieser Sache bereits 1920, auf dem Hallenser Parteitag der USPD, gesagt worden sei. Um ein Verständnis der französischen Situation und der Motive, die Blum bewegten, bemühten sich weder er noch sonst jemand aus der Sopade. Ihre gleichsam natürlichen Verbindungen nach Paris hatten sie einschlafen lassen: zur großen Mehrheit der sozialdemokratischen Emigration in Paris, namentlich zu Rudolf Breitscheid, dem Frankreich-Kenner, der für nicht wenige der führenden französischen Sozialisten die deutsche Emigration repräsentierte. Dabei hatte er 1933 begonnen, Berichte über die französische Entwicklung und die SFIO nach Prag zu senden. Der Faszination, die von der heraufziehenden Volksfront ausging, konnte und wollte die Sopade keinen Tribut zollen; alle Versuche, sie in eine »Volksfront für Deutschland« einzubeziehen – vorbereitende Gespräche fanden im Herbst 1935 statt –, wehrte sie entschlossen ab, auch dann noch, als in Paris die Volksfront regierte und – zunächst – Triumphe feierte und die Sopade sich anhören mußte, daß die Genossen außerordentlich beeindruckt seien.

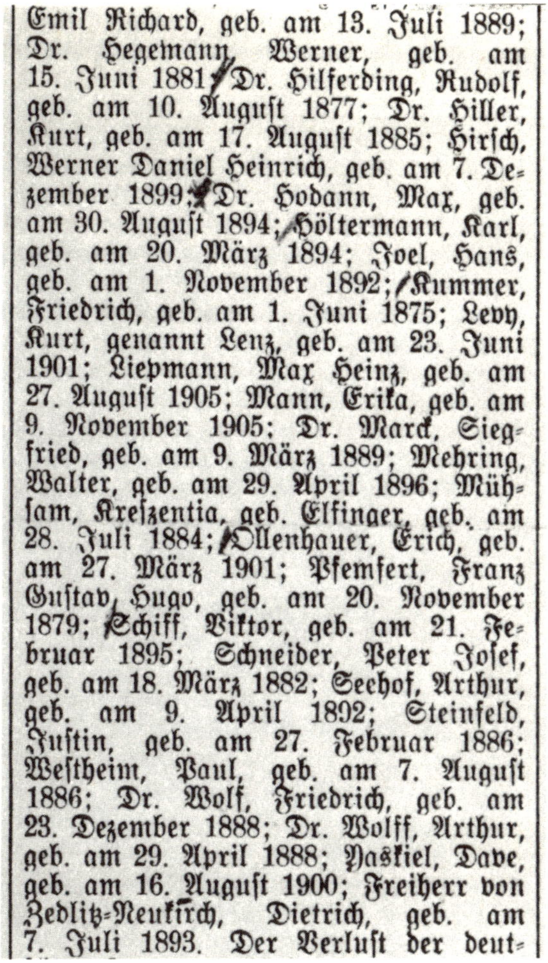

Emil Richard, geb. am 13. Juli 1889; Dr. Hegemann, Werner, geb. am 15. Juni 1881; Dr. Hilferding, Rudolf, geb. am 10. August 1877; Dr. Hiller, Kurt, geb. am 17. August 1885; Hirsch, Werner Daniel Heinrich, geb. am 7. Dezember 1899; Dr. Hodann, Max, geb. am 30. August 1894; Höltermann, Karl, geb. am 20. März 1894; Joel, Hans, geb. am 1. November 1892; Kummer, Friedrich, geb. am 1. Juni 1875; Levy, Kurt, genannt Lenz, geb. am 23. Juni 1901; Liepmann, Max Heinz, geb. am 27. August 1905; Mann, Erika, geb. am 9. November 1905; Dr. Marck, Siegfried, geb. am 9. März 1889; Mehring, Walter, geb. am 29. April 1896; Mühsam, Kreszentia, geb. Elfinger, geb. am 28. Juli 1884; Ollenhauer, Erich, geb. am 27. März 1901; Pfemfert, Franz Gustav Hugo, geb. am 20. November 1879; Schiff, Viktor, geb. am 21. Februar 1895; Schneider, Peter Josef, geb. am 18. März 1882; Seehof, Arthur, geb. am 9. April 1892; Steinfeld, Justin, geb. am 27. Februar 1886; Westheim, Paul, geb. am 7. August 1886; Dr. Wolf, Friedrich, geb. am 23. Dezember 1888; Dr. Wolff, Arthur, geb. am 29. April 1888; Yaskiel, Dave, geb. am 16. August 1900; Freiherr von Zedlitz-Neukirch, Dietrich, geb. am 7. Juli 1893. Der Verlust der deut-

Auszug aus dem Reichs- und Staatsanzeiger Nr. 133 vom 11. Juni 1935. »38 Volksverrätern die deutsche Staatsangehörigkeit aberkannt«, kommentiert der »Völkische Beobachter« einen Tag später. Die Auslandsvertretungen werden angewiesen, »bei sich bietender Gelegenheit« den Betroffenen ihre Pässe abzunehmen.

»A priori« lautete die Antwort der Sopade: »Non possumus.« So jedenfalls drückte es, temperamentvoll wie er war, der einstige »Vorwärts«-Redakteur Victor Schiff aus, zutiefst enttäuscht von der wachsenden Entfremdung zwischen PV und Emigration, zwischen Prag und Paris; er berief sich auch auf Reuter in Ankara und Hoegner in Zürich. Stampfer schrieb er vom »Byzantinismus« und der »diktatorischen Halsstarrigkeit«, die den Umzug von der Lindenstraße nach Karolinenthal mitgemacht hätten, von »tief verankerten Vorurteilen«, »intellektueller Unbeweglichkeit«, »systematischem Wiederkauen der Vergangenheit«, vom Sichabkapseln und vom Mißtrauen und – von der Angst vor »unkoscheren Berührungen«. Dabei hatte Victor Schiff immer zu den Getreuesten der Sopade gezählt.

Das »Experiment«, wie Ollenhauer den französischen Szenenwechsel nannte, war kein singuläres Ereignis. Es stand in einer unauflöslichen Wechselbeziehung zur »Schwenkung« der Komintern, die Wels lieber als »Manöver« bezeichnet wissen wollte; er stellte bewußt beide Begriffe gegenüber. Doch wie auch immer, ob »Schwenkung« oder »Manöver«, der Kurswechsel der Komintern, der, 1934 eingefädelt, nur sehr allmählich sich vollzog und erst im Sommer 1935, nach der Vorentscheidung durch die sowjetische Führung, in den Beschlüssen ihres VII. Kongresses besiegelt wurde, brachte die Sozialistische Arbeiter-Internationale in eine beklagenswerte Lage innerer Zerrissenheit; noch nie, so sollte Georgi Dimitroff in seiner Kongreß-Rede sagen und darin recht behalten, habe es in der Sozialistischen Internationale eine solche geistige Verwirrung gegeben wie jetzt. Keine Mitgliedspartei, auch die Sopade nicht, konnte sich dem Druck, der auf der Internationale lastete, entziehen; in ihren Berichten von den SAI-Sitzungen schilderten Sopade-Teilnehmer immer wieder die »Gefahr des Auseinanderfallens« der SAI. Daß eine schwache Internationale immer noch besser sei als gar keine, war ihre feste Überzeugung und nicht nur ihre. Die Internationale war keine reale Kraft und dennoch eine irreale Größe. Im Bewußtsein der damaligen Führungsschichten ihrer Mitgliedsparteien rief die Vorstellung, daß es die SAI nicht mehr geben würde, ein quälendes Vakuum hervor. Da ein Kompromiß in der Sache – wie reagieren wir auf die Offensive der Kommunisten? – nicht zu finden und es nicht üblich war, in Fragen solcher Tragweite einander zu überstimmen, verständigte man sich schließlich darauf, daß jede Partei für sich und nur in eigener Verantwortung handele. Damit war die formale Einheit gewahrt, aber es war auch jener Konsens zerbrochen, ohne den eine internationale Gemeinschaft von Parteien zu einer leeren Hülse wird. Es war jener Konsens, der für Erich Ollenhauer darin bestand, daß »die Solidarität mit den Bruderverbänden der eigenen Internationale« höherzustellen sei »als Sonderverhandlungen und Sonderabmachungen mit den Kommunisten«. Daß auch in der Jugend-Internationale die grundlegende Übereinstimmung zerbrach, suchte er zu verhindern. Vergebens. Denn mit dem Schicksal der SAI war auch ihr Schicksal besiegelt, gerade weil sie nach dem Willen ihrer Führung und der Mehrheit ihrer Verbände nur erzieherisch tätig sein sollte und »grundsätzlich«, so Ollenhauer, »selbständige politische Entscheidungen« ablehnte.

In den anderthalb Jahrzehnten, in denen er das Sekretariat nun führte, hatte sich Ollenhauer der internationalen Aufgabe und dem Zusammenhalt der Jugend-Internationale mit ganzem Herzen verschrieben. Auch seit er am 1. Oktober 1933 die Sekretariatsgeschäfte wieder übernommen hatte, widmete er sich der SJI mit ungebrochenem Fleiß. Er verfaßte Aufrufe, Artikel, Arbeitsberichte und Rundschreiben, er leistete die Redaktionsarbeit, führte die Korrespondenzen und die Kasse, er reiste unermüdlich und organisierte sämtliche Sitzungen. Daß das Dritte Internationale Jugendtreffen, zwanzig Jahre nach Kriegsausbruch im August 34 in Lüttich, Teilnehmer: 30 000, eine eindrucksvolle Demonstration wurde, war seiner penibeln Vorbereitung zuzuschreiben. Aber Organisationsgabe allein war nicht mehr gefragt, als, in der dem Lütticher Jugendtreffen folgenden Sitzung des Exekutivkomitees und noch vor dem ersten Gesprächsangebot der Kommunistischen Jugend-Internationale, auch hier der Streit um die Einheitsfront begann.

In seinem einleitenden Bericht machte Ollenhauer keinen Hehl aus seiner eigenen Überzeugung; daß in einer politisch so brisanten Frage der Sekretär referierte, war keineswegs selbstverständlich. Er hatte sich vom Büro der SJI, dem engsten Führungszirkel also, eigens dazu autorisieren lassen. Er wollte die Einheit der – seiner – Internationale retten, aber er wollte es nicht um den Preis seines Dogmas, daß gemeinsame Aktionen mit den Kommunisten Verrat an der eigenen Sache wären. Die Einheit anders als durch Festhalten an der überkommenen Politik zu bewahren oder wiederherzustellen, konnte er sich einfach nicht vorstellen. Den schweren Rückschlägen, die die sozialistische Arbeiterbewegung in wichtigen Teilen Europas erlitten hatte, stellte er nicht das französische Einheitsfront-Abkommen und die sich abzeichnenden Erfolge der französischen Linken gegenüber, die er nicht verschwieg, sondern »weitere Fortschritte in den Ländern der Demokratie«. Er nannte Dänemark, Schweden, England, also die Länder jener reformistischen Parteien und Jugendorganisationen, »die jede Form der Zusammenarbeit mit den Kommunisten ablehnen«. Auch er mußte hinnehmen, »zur Kenntnis nehmen«, wie sein eigener Ausdruck lautete, daß die einzelnen Verbände eigene Verhandlungen in ihren Ländern führten, doch daß diese die Jugend-Internationale »nicht verpflichten«, ließ er in einer mehrheitlich angenommenen Resolution ausdrücklich festhalten. Ollenhauer bestand darauf, daß das Mehrheitsprinzip beachtet würde. Mehrheit ist Mehrheit, so mag er gedacht haben, und eine Minderheit hat sich zu fügen. In seiner Lütticher Gastrede mahnte Friedrich Adler: Es sei falsch, von vornherein die Möglichkeit auszuschließen, daß »die Kommunisten doch zur Vernunft kommen«, und deshalb sei man »heute« nicht in der Lage, »endgültig zu entscheiden«, und jedenfalls dürfe eine Entwicklung hin zur Einheit nicht durch »unsere« Schuld abgeschnitten werden. Ollenhauer ließ sich durch den Rüffel des älteren Kollegen nicht beeindrucken. Die Unterordnung galt auch hier nur, soweit die Übereinstimmung in der Sache reichte; daß die SAI mehrheitlich nie den Vorstellungen ihres austromarxistischen, also österreichisch-linkssozialistischen Sekretärs folgen würde, dessen war sich Ollenhauer ohnehin sicher, so sicher wie seiner Mehrheit in der SJI, die zu erhalten er alle Anstrengungen machte.

In seiner Antwort auf ein erstes Gesprächsangebot der KJI – Anrede: »Werte Genossen« – nahm Ollenhauer auf die Lütticher Resolution Bezug, »in der Frage der Einheitsfront keine Entscheidung zu fällen«, bevor die SAI ein konkretes Ergebnis erzielt habe. Gleichzeitig setzte er die Mitgliedsverbände über den Sachverhalt in Kenntnis und forderte sie auf, sich an »Aktionen der Solidarität für Spanien« nur zu beteiligen, wenn sie die Parteien der SAI durchführten. In gleichem Sinne beschied er Ernst Papanek, den Vorsitzenden des österreichischen Jugendverbandes, der sich zwischen den beiden SJI-Lagern um eine vermittelnde Position bemühte und von der KJI nach Moskau eingeladen war. Er sehe, schrieb Ollenhauer, »den praktischen Wert einer solchen Besprechung in Moskau nicht ein« und fügte einige Tage später hinzu, daß er auch »in einem derartigen umfangreichen Briefwechsel mit den Kommunisten«, wie ihn die Jugend der österreichischen Revolutionären Sozialisten pflegte, einen »praktischen Wert« nicht erkenne.

In diesem besonderen Fall der Auseinandersetzung mit den Österreichern wie überhaupt in seiner Politik, kommunistische Annäherungsversuche schon in ihrem Keim zu ersticken, konnte sich Ollenhauer auf Koos Vorrink, den Vorsitzenden der Jugend-Internationale, stützen und auf Verständnis rechnen, wenn er, was äußerst selten vorkam, stöhnte, wie ernst doch »die Dinge stehen«. Vorrink, der Ostern 34 Vorsitzender der holländischen Sozialdemokratischen Partei geworden war, ließ dem Sekretär jeden Freiraum, den dieser wollte. So setzte der sich auch auf einer Büro-Sitzung im November 34 in Amsterdam wieder durch, als eine Reihe konkreter Vorschläge der KJI »zwecks Herstellung eines Übereinkommens zum Schutz der spanischen Arbeiter und Bauern« zu beraten war. Gegen den leidenschaftlichen Widerstand von Fernand Godefroid, dem Belgier, der die Einheit jetzt hergestellt wissen wollte, jetzt und »solange noch Leben da ist, und nicht, wenn es zu spät ist, in den Konzentrationslagern«, ließ er seine Linie noch einmal absegnen und erläuterte: Das neue Angebot der Kommunisten verfolge nur einen agitatorischen Zweck.

In einem persönlichen Brief an Boris Sapir umschrieb er diesen Standpunkt mit ungewohnter Ausführlichkeit. Der Vertreter der Jugend der russischen Sozialdemokratie, beileibe kein Freund der Bolschewisten, vor denen er geflohen war, hatte nicht mehr verlangt als »die wirklichen Absichten der Kommunisten klarzustellen« und »unsere Bedingungen für eine ernsthafte Zusammenarbeit eindeutig zu formulieren«. Er kenne, so antwortete nun Ollenhauer, »die große psychologische Schwierigkeit«, die »in der Beschränkung der Aufgaben unserer Internationale« liege, aber, so setzte er hinzu: »Ich persönlich bin nicht bereit, von diesem Standpunkt abzugehen, da ich bei der heutigen gespannten inneren Situation sowohl bei uns wie in der SAI fest davon überzeugt bin, daß ein gesondertes Vorgehen der Jugend-Internationale in der kommunistischen Frage fast automatisch zur Sprengung der Internationale führen würde.« Er wisse, daß das nicht viel sei, »aber es ist immer noch viel mehr als eine Spaltung der Internationale in zwei Gruppen«. Aus den Erfahrungen der Spaltungszeit während und nach dem Krieg wisse man, wie weit der Weg sei, den zwei Gruppen gehen müssen, ehe sie wieder zueinander finden, »und ich möchte, daß unserer Internationale, soweit es in ihrer Macht steht, diese schmerzvolle Erfahrung diesmal erspart bleibt«.

Gewiß: das alles wirkt klar und scheint durch die weitere Entwicklung, zumal nach dem Zweiten Weltkrieg, bestätigt worden zu sein. Dennoch ist zu bedenken: Die Meinungsbildung Ollenhauers – wie die seiner Vormänner in der SPD – war frei von Erfahrungen in den Ländern, in denen nach 1918 das Gefühl der Einheit stärker geblieben war als in Deutschland. Die »deutsche« Schule verzichtete auf den Versuch, »nationale« Kommunisten von ihrer »internationalen« Direktion zu trennen. Und sie stellte nicht in Rechnung, daß das Gewicht der Sowjetunion zunehmen würde und daß ihr ein erheblicher Einfluß auf jene Konstellation zukommen könnte, die sich nach einem aus der Dynamik des deutschen Faschismus erwachsenen Krieg ergäbe. Es blieb dabei: harte Abgrenzung statt umständlicher Auseinandersetzung.

Kaum daß er – Ende Dezember 1934 – seinen Brief über die Einheit der Organisation abgeschickt hatte, begannen Belgier und Franzosen und einige ihnen gleichgesinnte Verbände wie Italiener und Schweizer mit »Sonderkonferenzen«. Im Gegensatz zum skandinavischen Block und all denen, die ihm verbunden waren, verfolgten Belgier und Franzosen nicht nur eine antimilitaristische Linie. Sie wollten im Zuge eines von den Faschisten begonnenen Krieges den bürgerlichen

Staat zertrümmern und der Machtergreifung des Proletariats zum Durchbruch verhelfen. Man könne nicht sagen, erklärte ein Vertreter der belgischen »Jungen Garden«, der Faschismus sei der Krieg, sondern es müsse heißen, »der Kapitalismus ist der Krieg«. Als im August 1935, eine Woche nach dem Komintern-Kongreß und einen Monat vor dem der KJI, der V. Kongreß der Sozialistischen Jugend-Internationale in Kopenhagen zusammentrat, war ihre Einheit mehr als bedroht. Die Fronten hatten sich zwar längst herausgebildet, und die Differenzierung in linke und rechte Verbände war so alt wie die SJI selbst. Doch erst im Angesicht der deutschen und der österreichischen Katastrophe und der unterschiedlichen Reaktionen hierauf prallten die Gegensätze unverhüllt und unvermittelt aufeinander. Im Kampf für die Einheitsfront und gegen die Kriegsgefahr, die einige stärker empfanden als andere, hatten die Verbände, die zur SJI-Führung seit langem in Opposition standen, neuen Auftrieb erfahren, und sie waren es, die nun auf politische Initiativen drängten. Doch wie so oft in der Politik: der Krach entzündete sich in Kopenhagen nicht am Thema Einheitsfront oder Kriegsbekämpfung. Der Krach entzündete sich an der Person, an der Person des Sekretärs Erich Ollenhauer.

Godefroid und sein französischer Mitstreiter Bernard Chochoy lehnten den Bericht des Sekretariats ab und wollten Erich Ollenhauer nicht bestätigt sehen. Godefroid: Es sei Erich Ollenhauer gewesen, der 1933 die Umstellung der deutschen Jugendarbeit auf die Illegalität verhindert und anders gesonnene Genossen sogar ausgeschlossen habe, überhaupt leiste er keine wirkliche illegale Arbeit, und dann sei das Ganze eine Prinzipienfrage. »Wir sind«, so rief er aus, »gegen die jetzige politische Einstellung unserer Internationale, die durch die Genossen Vorrink und Ollenhauer repräsentiert wird.« Chochoy: Die Mehrheit der Jugend-Internationale sei zufrieden, wenn die Sozialdemokratie durch einige Minister in den Regierungen vertreten sei. Man habe sich damit begnügt, Briefe zwischen den Organisationen zu wechseln. Sie aber wollten nicht »eine internationale bürokratische Maschine sein«, eine »Registriermaschine«, sondern sie wollten, daß die Sozialistische Jugend-Internationale »ein lebendiger Organismus« und der aktivste Teil der sozialistischen Arbeiterbewegung sei.

Der Betroffene, mit anhaltendem, starkem Beifall empfangen und zuvor schon gelobt von Koos Vorrink und H. C. Hansen, der in Kopenhagen zum neuen SJI-Vorsitzenden gewählt wurde, verteidigte sich und seine Arbeit im Bewußtsein, stets recht getan zu haben, und in der Art des Routiniers, den nichts aus der Ruhe zu bringen schien: »Ich möchte mich auf einige sachliche Bemerkungen zur Diskussion über den Geschäftsbericht des Sekretariats beschränken ...« Dies tat er denn auch, unter wiederholter Betonung der eigentlichen Aufgaben der Jugend-Internationale; auf dem Gebiet der praktischen Jugendarbeit seien sie trotz aller Schwierigkeiten aktiv gewesen. ›Praktische Arbeit‹ oder ›praktische Aufgaben‹, das war es, was er in dieser Auseinandersetzung den ›revolutionären Losungen‹ am häufigsten entgegensetzte. Daß etwa Faschismus nicht Krieg bedeute und der deutsche Faschismus etwa nicht die stärkste Bedrohung des Friedens darstelle, wollte ihm ohnehin nicht in den Kopf und war ihm ebenso wenig diskussionswürdig wie der Wert internationaler Friedenskongresse, an denen auch Kommunisten teilnahmen.

Überhaupt, so sah Ollenhauer es, habe die Jugend-Internationale »die Erziehung der Jugend im Geiste des Friedens praktisch gefördert, als viele andere Kräfte und Organisationen die politische Bedeutung dieser Arbeit noch nicht erkannten«. Sein Vorgehen 1933 rechtfertigte er auch jetzt noch damit, daß diese gegen ihn ins Feld geführten Genossen es in der damaligen lebensgefährlichen Situation für richtig gehalten hätten, in der Organisation eine Sonderorganisation aufzubauen. »Wir haben damals rücksichtslos durchgegriffen gegen eine illegale Arbeit gegen die eigene Verbandsleitung.« Angaben zur illegalen Jugendarbeit in Deutschland lehne er ab, eines jedoch könne er festhalten: »Wir haben in den letzten zwei Jahren viel Schweres und Bitteres erlebt, aber zu den erhebendsten Erlebnissen gehört die *Treue* und *Anhänglichkeit* (Hervorhebungen im Protokoll) der Genossen in Deutschland. Später könnt Ihr in den Strafakten der Geheimen Staatspolizei einmal nach den Namen der Jungen suchen, die für unsere Idee hinter Kerkermauern sitzen. Ihr werdet sehr viele Bekannte darunter finden, Ihr werdet die Besten der deutschen Arbeiterjugendbewegung finden. Auf der anderen Seite haben wir in diesen zwei Jahren die unumstößliche Gewißheit gewonnen, daß keine Macht der Welt die sozialistische Idee aus den Herzen und den Hirnen der Menschen reißen kann, die durch die Schule unserer internationalen sozialistischen Jugendbewegung gegangen sind.«

Niemand in der deutschen Partei und niemand in der deutschen sozialistischen Arbeiterjugend gehe einer sachlichen Diskussion aus dem Wege: »Denn, Genossen, wir sind Menschen, die gewillt sind, zu lernen.« Es gehe aber nicht an, »daß man jede Kritik verbindet mit einem *diffamierenden* Beigeschmack«. Entgegen seiner sonstigen Art diffamierte er dann selbst: Es sei auch ein Teil der *moralischen Unterstützung* des Befreiungskampfes der deutschen Arbeiterklasse und der Wiedererrichtung der deutschen Demokratie, so rief er den Delegierten zu, »daß man in der eigenen Internationale nicht die Geschäfte des Faschismus besorgt, indem man die sozialistische Bewegung in Deutschland herabsetzt und herabwürdigt«. Dies war nicht typisch für Ollenhauer und nur zu erklären mit der Art der gegen ihn gerichteten Angriffe; er hatte das Gefühl, ihm solle sein antifaschistisches Engagement abgesprochen werden, und er war zu verletzt, vielleicht auch zu sehr in seinem organisationsbezogenen Denken verhaftet, als daß er souverän hätte antworten können. Wozu dann ja wohl auch ein Wort des Bedauerns über die Vorgänge vom April 33 gehört hätte!

In seinem Amt als Sekretär der Sozialistischen Jugend-Internationale wurde Erich Ollenhauer in Kopenhagen mehrheitlich bestätigt. Einen Gegenkandidaten hatten auch Franzosen und Belgier nicht zu bieten, und ihr anschließender Versuch, die SJI zu teilen, in eine skandinavische – kulturelle – und eine romanische – politische – Organisation, schlug fehl. So erledigte Erich Ollenhauer seine Arbeit weiter wie bisher, nur daß sie sich nun in noch stärkerem Maße als zuvor auf die Verbände der Mehrheit erstreckte. Als Gesamtorganisation war die SJI erheblich angeschlagen, bis sie in Lille, unmittelbar vor Kriegsausbruch, noch ein letztes Mal sich aufzubäumen suchte.

Unterdessen war auch im deutschen Exil, infolge der kommunistischen Offensive, einiges in Bewegung geraten. In der ersten Hälfte des Oktober 1935 hatte die KPD auf ihrer sogenannten Brüsseler Konferenz den Kurswechsel der Kommunistischen Internationale nachvollzogen. Am 22. Oktober bereits schilderte Erich Ollenhauer den Grenzsekretären »die Bemühungen der deutschen Kommunisten, mit Sozialdemokraten in Verbindung zu kommen«; er nannte einen Vorstoß der Roten Hilfe in Prag und eine Parallelaktion in Brüssel, sprach vom »Volksfrontmanöver« in Paris und in Prag, und blieb Hertz die Antwort schuldig, als der ihn fragte, ob seine Schlußfolgerungen Bestand haben würden. In dieser Besprechung aber beschrieben die Grenzsekretäre die Stimmung unter den illegal arbeitenden Genossen weitaus dramatischer als je zuvor. Hans Dill: »Wir werden die Diskussion bezüglich der Einheitsfront nicht mehr los werden«; Franz Bögler, genannt Helmuth Hertel: ». . . besonders dann nicht, wenn wir uns taub stellen«; Waldemar von Knoeringen, genannt Michel: »Die größte Sehnsucht unserer Genossen ist die Einheitsfront.« Otto Wels offenbarte nach dieser massiven Intervention der Grenzsekretäre: »Die Debatte war durchaus fruchtbar. Wir können nicht in die Zukunft sehen, sondern müssen Geduld haben.« Das war gleichsam die Notbremse: Auf Zeit spielen, Geduld haben, oder, wie es Ollenhauer in Brüssel ausdrücken sollte: abwarten.

Aber das war so leicht nicht mehr durchzuhalten. Am 7. November noch verweigerte die Sopade Paul Hertz eine Zusammenkunft mit »dem Vertreter der Kommunisten Walter« (das war Walter Ulbricht), die dieser gewünscht hatte. Doch drei Tage später schickte das ZK der KPD einen Brief nach Prag, in dem um eine Aussprache nachgesucht wurde, »zwecks Verständigung über die Möglichkeiten des gemeinsamen Handelns gegen den Hitlerfaschismus«. Dieser Brief beschwor heftigen Streit nun auch innerhalb der Sopade herauf. Ein Gespräch war angeboten, mit welcher Begründung sollte es abgelehnt werden? Eine abermalige Verweigerung würde die Sopade angesichts der Stimmungslage in der Emigration vollends isolieren, und warum sollte man das auf sich nehmen? Was riskierte man überhaupt? So mögen die zu einer gewissen Flexibilität neigenden Mitglieder gedacht haben, die für die Annahme des Gesprächsangebots plädierten: Stampfer, Crummenerl, Vogel, Hertz natürlich, auch Hilferding, der an der Sitzung teilnahm. Strikt gegen ein Gespräch mit KP-Abgesandten, gleich wie es geführt würde, waren Wels und Ollenhauer, ferner Rinner und Geyer, die Minderheit also, die die anderen gewähren ließ, darauf bauend, daß das Unternehmen scheitern, daß sich keinerlei Folgerungen für die eigene Politik ergeben und daß die benannten Unterhändler, Stampfer und Vogel, den Kommunisten schon nicht auf den Leim gehen würden.

Die Denkschrift, die Stampfer im Auftrag der gesprächsbereiten Sopade-Mitglieder entwarf und die Vogel in der Unterredung mit den beiden Mitgliedern des Politbüros der KPD, Walter Ulbricht und Franz Dahlem, verlas – die Unterredung fand am 23. November im Sopade-Büro statt –, hätten auch Wels und Ollenhauer billigen können: Ein zorniger Blick zurück und keinerlei Glauben an den Wandel der nach wie vor von Moskau abhängigen deutschen Kommunisten, zugleich Unsicherheit gegenüber der Möglichkeit des Wandels und tiefer Unwille, die Absichten der Kommunisten durch eigene Vorstöße und zu eigenen Bedingungen zu testen. Der an Selbstbetrug grenzende Irrtum der Sopade, daß nämlich das »Vertrauen der Massen« zu ihr »in ständigem Steigen begriffen« sei, fand in beiden bemerkenswerten Dokumenten – Denkschrift und Gesprächsniederschrift – ebenso seinen Niederschlag wie ihr altes und gewiß nicht nur taktisches Argument von der Ausnutzung des bolschewistischen Schreckgespenstes durch die nazistischen Machthaber. Das Gespräch blieb ohne jedes Ergebnis, und Stampfer und Vogel wehrten sich entschieden gegen eine andere Meldung als die über den negativen Ausgang. Doch die KP dachte nicht daran und publizierte ein eigenes Protokoll.

Die Sopade fühlte sich durch die Bekanntmachung eines KP-eigenen Protokolls in dem bestärkt, was sie immer schon gewußt hatte, und zwar zusätzlich zu allen grundsätzlichen Differenzen: Die Kommunisten hatten keine Manieren, sie wußten nicht, was sich gehört. Am 23. Januar 1936, zwei Monate nach dem Treffen mit Ulbricht und Dahlem, wies der Parteivorstand seine Grenzsekretäre und Vertrauensleute in scharfer Form an, »jede organisatorische

Mitglieder des sozialdemokratischen Exilvorstandes in Prag. V. l. n. r.: Erich Ollenhauer, Hans Vogel, Friedrich Stampfer, Otto Wels, Albert Grzesinski und Siegmund Crummenerl.

Verbindung mit Kommunisten« abzulehnen; die Anordnung sollte mehrfach erneuert werden. Am 2. Februar, dem Tag, an dem im Pariser Hotel Lutétia das »Komitee zur Schaffung der Deutschen Volksfront« ins Leben trat, brachte die Sopade jenen Aufruf heraus, der die strikte Abgrenzung zu den Kommunisten bekräftigte und die Entschlossenheit der Sopade bekundete, sich von nichts und niemandem mehr irre machen zu lassen und tatsächlich nur auf sich selbst zu bauen: »Für Deutschland – gegen Hitler«. (Dabei war der »Lutétia-Kreis« nicht nur deswegen interessant, weil zahlreiche Intellektuelle teilnahmen und weil die sozialdemokratische West-Emigration sich stärker dorthin als zur Prager Sopade gezogen fühlte, sondern auch, weil dort in der Person Willi Münzenbergs ein hochbegabter Manager wirkte, der immer unabhängiger wurde und sich 1938 in aller Form von KPD und Komintern lossagte.)

Der bald darauf publizierte Rückblick auf »Drei Jahre Sopade-Arbeit« wurde im Stil einstiger sozialdemokratischer Organisationsberichte gehalten und war zugleich von jenen Illusionen geprägt, in die sich die Sopade immer mehr hineingelebt hatte: über die Stimmung in Deutschland einerseits und die internationale Bedeutung der eigenen Arbeit andererseits. Scheinbar unangefochten von Rheinland-Besetzung und den wieder einmal getrogenen Hoffnungen auf die westlichen Demokratien sollte »nach drei Jahren Illegalität« ein Eindruck vermittelt werden »von der Vielgestaltigkeit und Kompliziertheit unserer Aufgaben und von der ganzen internationalen Bedeutung unserer Anstrengungen«. Friedrich Stampfer wurde eine Art Narrenfreiheit in puncto KPD-Kontakten auch weiterhin zugebilligt, ansonsten aber war die Welt der Sopade wieder in Ordnung. Wenn da nicht noch die Sache mit dem Parteiarchiv gewesen wäre, genauer: mit seinem kostbarsten Teil, dem Nachlaß von Marx und Engels, der unter schwierigsten Umständen 1933 nach Kopenhagen und, zum kleineren Teil, nach Paris geschafft worden war.

Unter dem Datum des 5. September 1935 hatte das Marx-Engels-Institut in Moskau dem Exilvorstand der SPD in Prag angeboten, den Nachlaß zu erwerben: zu einer von der SPD festzusetzenden Summe und mit Rückkaufrecht. Die Sopade hätte das Angebot mit Stillschweigen übergangen und es als besonders ausgeklügeltes bolschewistisches Manöver betrachtet, wenn sie nicht mittlerweile selbst in arge Finanznöte geraten wäre. Die geretteten Parteigelder gingen zur Neige, die Heimkehr nach Deutschland rückte in immer weitere Ferne, und neue Finanzquellen waren nicht in Sicht. So stürzte die Moskauer Offerte – Verhandlungsbasis zunächst: viereinhalb Millionen Schweizer Franken, die Summe schwankte dann – die Sopade in ziemliche Gewissensnöte: Geld, mit dem der antifaschistische Kampf fortgesetzt werden könnte, oder antikommunistische Prinzipientreue. Das monate- und jahrelange Hin und Her führte, auch in der SAI, zu auf den ersten Blick überraschenden, ja grotesken Fronten; wer links stand, war eher gegen den Verkauf an die Bolschewisten. Das galt auch und gerade für Adler, der sich aufgrund seiner Herkunft selbst als Erbe gefühlt haben mag. Innerhalb der Sopade war Kassierer Siegmund Crummenerl an einer Auffüllung seiner leeren Kasse interessiert: »Ich nehme das Geld«, ließ er sich vernehmen, »bleibe meiner Überzeugung treu und lasse mich davon nicht in meinen Handlungen beeinflussen.« Wels und die anderen hätten das Geld natürlich auch gern gehabt, hatten aber Angst, daß die Russen Nachrichten über eine gelungene Transaktion ausposaunen und politisch ausschlachten könnten.

Erich Ollenhauer fungierte in der Angelegenheit als eine Art Geschäftsführer auf seiten der Sopade; er faßte die internen Diskussionen zusammen, erstattete Bericht über die Unterhandlungen und schrieb Briefe; Mittelsmann war der russische Sozialdemokrat Boris Nikolajewski, der in Paris lebte. Ollenhauer spielte, wie so oft, auf Zeit. In der Sache gewiß unvoreingenommener als Wels, vermied er doch alles, was eine Entscheidung hätte beschleunigen können, und betonte nur, daß die Entscheidung über das Archiv »selbstverständlich in unserer Hand« liege. So ging die Zeit ins Land, und in Moskau traten starke Veränderungen ein. Das leidenschaftliche Legitimationsbedürfnis der ersten Generation der Bolschewiki, aus dem heraus sie sich in den Besitz des Marx-Engels-Nachlasses hatten bringen wollen, wich mehr und mehr den aktuellen, großrussischen Intentionen des Georgiers Stalin. Die Unterhandlungen kamen ins Stocken, und schließlich blieben die Emissäre aus Moskau ganz aus.

Im Jahre 1938 verkaufte die Sopade das gesamte Parteiarchiv der SPD mit seinem Herzstück, den Nachlässen von Marx und Engels, aber auch mit dem schmalen Nachlaß von August Bebel, für ein Taschengeld von 72 000 holländischen Gulden, runden 100 000 Mark an das Internationale Institut des Professor Posthumus, den Vorläufer des Internationalen Instituts für Sozialgeschichte in Amsterdam. (Auf der Suche nach allem möglichen Material stießen Arbeiter der Continental-Werke Ende 1945 auf einen im Mittelland-Kanal festliegenden Kahn, in dem sie seltsame Aktenhaufen fanden. Es war das vor und während der deutschen Besatzung aus Amsterdam ausgelagerte Parteiarchiv der SPD – mitsamt dem Marx-Engels-Nachlaß. Egon Franke vom Büro Schumacher, dem man die Kunde sofort überbrachte, ließ alles – nicht ahnen könnend, was er da tat und mit bestem Gewissen – nach Amsterdam zurückschaffen!) Als nach dem Krieg die Holländer nicht einmal Kopien herausgeben wollten, traf der seinerzeitige SPD-Kassierer Alfred Nau Anstalten, das Amsterdamer Institut auf Herausgabe der Archivalien an die SPD zu verklagen. Er wurde von einem daran gehindert: von seinem Freund, dem Parteivorsitzenden Erich Ollenhauer, der nun um das gute Verhältnis zur holländischen Bruderpartei besorgt war.

Die Sopade hatte ihre Linie durchgefochten, als die Widerstände und Anfeindungen, zumal in den eigenen Reihen, sehr erheblich waren. Nun, Ende 1936, 1937, war es nicht schwer, die Linie zu halten. Klang es nicht nach Erleichterung, als Otto Wels an Stampfer schrieb: »Was sagen Sie zu der Kaltschnäuzigkeit, mit der Moskau jetzt, kurz vor dem Einrücken in die ›demokratische‹ Weltfront, unmittelbar vor den Wahlen, seine ›Widersacher‹ vor den Henker bringt. Fürwahr, eine stärkere Ermunterung für ein Zusammengehen, fußend auf Erklärungen Stalins, Dimitroffs und Konsorten kann ich mir kaum denken.« Ob es sich um ein neues Angebot der KPD handelte oder gar um die Herausbildung einer neuen illegalen Gruppe wie der »Deutschen Volksfront« in Berlin oder um die Forderung nach Zusammenführung der Emigration, immer wurde die Feststellung getroffen, »daß keine neuen und wesentlichen Gesichtspunkte oder Ereignisse vorliegen, die eine Änderung unserer ablehnenden Haltung gegenüber einer organisierten und ständigen Zusammenarbeit mit den Kommunisten rechtfertigen«.

Erich Ollenhauer beschied 1937 einen Genossen in Malmö in genau diesem Sinn: Es sei »kein Anlaß« – eine seiner häufig benutzten Wendungen –, das »Verhältnis zur KPD und zu der von ihr verfolgten Einheits- und Volksfrontpolitik zu ändern«. Die Zusammenarbeit in Frankreich und Spanien könne nicht maßgebend sein. Es war das einzige Mal, daß Ollenhauer sich zur Deutschen Volksfront in Paris ausließ: Von einer derartigen Neugründung, so schrieb er, würden sie sich für den politischen Kampf in Deutschland nichts versprechen, und daran hätten sie nie einen Zweifel gelassen. Eine öffentliche Polemik gegen die französische Entwicklung, etwa im »Neuen Vorwärts«, wußten sie dennoch zu vermeiden; der »Eindruck der Zerrissenheit« sollte nicht noch verstärkt werden. (Das also wäre eine Erklärung dafür, daß die Ereignisse in Frankreich und dann auch in der deutschen Emigration in Paris im NV kaum stattfanden.) Ollenhauer nannte den Zustand »unbefriedigend«, doch ihn zu ändern, fand er nicht die Kraft. Man habe eben keine legale Bewegung mehr, »die mit organisatorischen Beschlüssen eine Entscheidung über die Haltung der Gesamtpartei herbeiführen kann«. Organisatorische Beschlüsse! Auch nach vier Emigrationsjahren war sein Parteiverständnis das alte geblieben. Seinen Brief schloß er mit einer Abwandlung seines Lieblingswortes in diesen Jahren, daß man es nämlich abwarten müsse: Die Zeit werde »die Richtigkeit unserer Auffassungen bestätigen«. Er sprach und schrieb weiter so, als habe sich seit 1933 nicht viel verändert, allerdings mit einer wesentlichen Konkretisierung. In die von ihm selbst redigierte Internationale Sozialistische Jugendkorrespondenz rückte er, was sonst ganz unüblich war, einen langen, grundsätzlichen Aufsatz von Torsten Nilsson ein, überschrieben: »Sozialdemokratische Jugendarbeit in Schweden«.

Erich Ollenhauer hatte sich der skandinavischen Sozialdemokratie immer nahe gefühlt und war immer mit ihren Repräsentanten befreundet gewesen. Seine Reisen hatten ihn meist nach Norden (oder nach Holland) geführt. Die bewußte Hinwendung zur skandinavischen Form des Sozialismus und der Demokratie, die sich in diesen Jahren vollzog, war seine Antwort auf die Einheits- und Volksfrontbewegungen und letztlich wohl auch auf vier Jahre Nationalsozialismus und Emigration. Der Sozialismus, so zitierte er Torsten Nilsson, solle sich nicht an ganz bestimmte Formen für die Errichtung einer neuen Gesellschaftsordnung binden. »Wir können nicht mit verschränkten Armen den Tag abwarten, wo wir die Erben der kapitalistischen Gesellschaft werden. Wir verlangen Handlung schon heute.« Er untermauerte die prinzipielle Gegnerschaft zur Diktatur, »gleich, welches Schild sie auch trägt«, und er wiederholte die bekannten Grundsätze über die Jugendarbeit, dabei jedoch die praktische Seite in einer Weise herausstellend, die einem deutschen Sozialdemokraten noch wenig geläufig war. Welch andere Welt! In Stockholm regierten die Sozialdemokraten seit 1932, und sie betrieben seither eine aktive Arbeitsbeschaffungs-, eine aktive Sozial- und eine aktive Agrarpolitik, in die sich die Mitglieder von Nilssons Jugendverband einschalteten. Unmittelbar vor Erscheinen des Artikels, im September 36, hatte die SAP, die Schwedische Sozialdemokratische Arbeiterpartei, mit 46 Prozent einen fabelhaften Wahlerfolg errungen, und Erich Ollenhauer hatte in überschwenglicher, ihm sonst so fremder Weise, nach Stockholm telegraphiert: »Ein vierfaches Hurrah zu Eurem herrlichen Wahlsieg.« (Überschwang war ihm fremd, doch er wußte, daß man in Schweden viermal, statt anderswo dreimal Hurrah ruft!)

Seine Verbundenheit mit der schwedischen Arbeiterjugendbewegung und seine persönlichen Kontakte hatten auch ganz handfeste Nebenwirkungen, zunächst für die Kasse der SJI. »Unsere Internationale braucht wieder einmal Geld«, so und ähnlich lauteten die Bettelbriefe, die von Prag nach Stockholm gingen, zu Folke Thunborg, dem Sekretär des Jugendverbandes (und Kassenrevisor der SJI). Seine Bitten blieben niemals ungehört, Thunborg schickte Schecks und Ollenhauer Dankesbriefe; Sonderzuweisungen gab es sonst nur noch von den Dänen. Aber auch die Sopade bekam 1937, als ihre eigene Kasse vollends leer geworden und das Parteiarchiv immer noch nicht verkauft war, direkte Zuweisungen von der schwedischen Partei. Im März 1937 nahm Ollenhauer zusammen mit Torsten Nilsson am Kongreß der dänischen sozialdemokratischen Jugend in Kopenhagen teil. Lateinischem Wortradikalismus und linkssozialistischem Klassenkampfdenken setzte er hier ein Glaubensbekenntnis entgegen, das eine Hinkehr zu einer konkreten Utopie andeutete: »Wir jungen Sozialisten glauben nicht an Diktatur und Gleichschaltung, sondern an verantwortungsbewußte Demokratie und Freiheit. Die starke Stellung der Sozialdemokratie im Norden ist eine Bestätigung der Anziehungskraft des positiven demokratischen Sozialismus.« Tage Erlander, der ihn erst nach dem Krieg kennen- und im Gegensatz zu »dem lauten Schumacher« schätzenlernte, äußerte über Ollenhauers Verhältnis zur schwedischen Partei einmal: »Sie hatte Modellcharakter für ihn.« Von den so ganz anderen Bedingungen in anderen Ländern wußte er nicht viel, wollte er wohl auch nicht zu viel wissen. Er fühlte sich ganz einfach angezogen von jenem Land, dessen Gesellschaft so gar nicht zerrissen und trotz aller Konflikte, die es auch gab, homogen war und in dem die Extreme und die Massenverführung so gar nicht gedeihen mochten. Und das meint auch Tage Erlander, der ein Vierteljahrhundert an der Spitze von Regierung und Arbeiterpartei gestanden hat, wenn er über Ollenhauer sagt: »Er hätte einer von uns sein können.«

Umgarnt von Santiago Carrillo

Mitte Juli 1936 wird durch eine Offiziersmeuterei in Spanisch-Marokko der mit mehr als einer halben Million Toten vielleicht blutigste Bürgerkrieg der Geschichte ausgelöst. Mag auch die Ermordung des monarchistischen Oppositionsführers Calvo Sotelo wenige Tage zuvor unmittelbarer Anlaß gewesen sein, die Ursachen des Krieges reichen weit zurück und liegen in gewaltigen sozialen Spannungen begründet. Unverkennbar ist schon zu einem frühen Zeitpunkt, daß es zwischen den aufständischen Generälen und den faschistischen Machtzentren in Rom und Berlin effektive Verbindungen gibt. Aus deren Intervention auf der Seite Francos und einer mit Widerhaken versehenen sowjetischen Hilfe für das republikanische Spanien wird ein Probelauf zum Zweiten Weltkrieg.

Die spanischen Ereignisse im Sommer 1936 übten auf große Teile der europäischen Linken, wie aus unzähligen Zeugnissen hervorgeht, eine faszinierende, weil hoffnungspendende Wirkung aus. Dabei kann unerörtert bleiben, ob Rebellion und Regime, die mit Francos Namen belegt wurden, zurecht als »Faschismus« charakterisiert wurden, oder ob eine solche Kennzeichnung nicht eher die weithin unbekannten iberischen Besonderheiten zu vernachlässigen drohte. Man wußte wenig über jenes Land, in dem Großgrundbesitz, Kirche und Armee dominierten, in dem vierzig Prozent der Bevölkerung Analphabeten waren und die Arbeiterbewegung nur wenig Ähnlichkeit mit der jenseits der Pyrenäen aufwies. Im rückständigen Spanien waren Bakunins Lehren auf den fruchtbarsten Boden gefallen. Neben der »marxistischen«, von Bebels SPD mitinspirierten Partei der Sozialisten hatte sich eine Vielzahl »anarchistischer« Gruppen gebildet, und die sozialistischen UGT-Gewerkschaften fanden in der anarchosyndikalistischen CNT eine Konkurrenz mit sehr viel Zulauf. Die KP, die während des Bürgerkrieges auf der republikanischen Seite entscheidenden Einfluß erlangen sollte, fristete noch zu Beginn der dreißiger Jahre ein Sektendasein.

Bürgerkriegsähnliche Zustände hatte es bereits im Oktober 1934 gegeben, als sich linkssozialistisch beeinflußte Arbeiter, vor allem die Bergarbeiter Asturiens, gegen eine erheblich nach rechts ausgeweitete Zentralregierung aufgelehnt hatten. Seither ging in Europa die Furcht vor einer Wiederholung dessen, was in Österreich und zuvor in Deutschland geschehen war, ebenso um wie die Angst vor der »roten Gefahr«. Der brutale Zugriff reaktionärer, auch damals schon von

Franco geführter Offiziere in Asturien förderte die Bildung der Volksfront und deren Ausweitung nach links. Widerstreitende Extreme begünstigten einander. Daß Erich Ollenhauer und die Jugend-Internationale ebenso wie die Spitze der Exil-SPD den Dingen im fernen Spanien mit Reserve begegneten, kann nicht wunder nehmen.

Otto Wels hatte den asturischen Aufständischen im Oktober 34 »vollste Sympathie« ausgesprochen, Hilfsaktionen aber für »illusionär« gehalten. Und Ollenhauer sah sich zu einem knappen Rundschreiben an die SJI-Verbände veranlaßt; von »zweckdienlichen Schritten« war die Rede und davon, daß für die spanischen Arbeiter demonstriert werden solle, falls die jeweiligen Parteien dies für richtig hielten. Auch die Bildung der Volksfront in Spanien und ihr eindrucksvoller, wenngleich knapper Wahlsieg zu Jahresbeginn 36 – die »bürgerlichen« Republikaner bildeten hernach eine Minderheitsregierung – hinterließen noch kaum Spuren. Das Ereignis wurde zur Kenntnis genommen, nach den konkreten Umständen wurde nicht weiter gefragt. So konnte es geschehen, daß im Frühjahr ohne viel Aufsehen die Sozialistische Jugend und die KP-Jugend – Mitgliederverhältnis 3:1 – zur Vereinigten Sozialistischen Jugend verschmolzen wurden. Der Zusammenschluß war eingeleitet worden, nachdem eine vierköpfige Delegation, bestehend aus zwei Kommunisten und zwei Sozialisten, aus Moskau zurückgekehrt war. Offenkundig war Santiago Carrillo, der noch nicht zwanzigjährige Generalsekretär der Sozialistischen Jugend, der die Gruppe geleitet hatte, in Moskau für den Übertritt zur spanischen Komintern-Sektion (und zur Kommunistischen Jugend-Internationale) geworben worden. Er sah sich fortan vor die Aufgabe gestellt, eine über das eigene Land hinausreichende Rolle in der kommunistischen Einheitspolitik zu spielen.

Von der bevorstehenden Vereinigung hatte Ollenhauer auf einer Sitzung seines Exekutivkomitees in Brüssel berichtet, den Unterlagen zufolge ohne jeden Kommentar. Er begnügte sich mit der Ankündigung, daß ein Spanien-Beauftragter der SAI auch die Lage des Jugendverbandes prüfe; Ollenhauer und seine Gefährten selbst hatten keine Verbindung mehr zur Sozialistischen Jugend, die ihre Mitgliedschaft seit den Ereignissen von 1934, also in etwa seit Carrillo Vorsitzender war, hatte ruhen lassen. Ein formeller Austritt ist nie vollzogen worden. Spanien war weit und fremd und Neugierde so gar nicht die Sache der SJI-Führer, dazu hatten sie wohl auch zu viele eigene Sorgen. Einen Vorschlag, die für das nächste Frühjahr angesetzte Führeraussprache in Spanien abzuhalten, lehnten Hansen und Ollenhauer strikt ab; es sollte beim bewährten Amsterdam bleiben. Im übrigen sahen sie ausdrücklich keinen Anlaß, ihr Verhältnis zur Kommunistischen Jugend-Internationale »neu zu überdenken«. Die

SJI blieb bei ihrer Abwehr auch der geringsten Berührung mit Kommunisten. Päpstlicher als der Papst – das blieben Ollenhauer und seine Freunde aus den Führungsgremien der SJI, bis sie, von den Ereignissen gleichsam überrollt, in den spanischen Strudel hineingezogen wurden, und nichts mehr so war wie zuvor.

Nur Stunden nach der »faschistischen« Rebellion, die vom 17. auf den 18. Juli 36 auf das spanische Mutterland übergegriffen hatte, stimmte die Regierung in Madrid der Volksbewaffnung zu; es war ihr keine andere Wahl geblieben, da sie über nennenswerte Truppen nicht mehr verfügte. Das aber bedeutete, daß die Verteidigung gegen die putschende Rechte, mit den Militärs an der Spitze, die Züge einer revolutionären Erhebung annahm. Sie siegte in Barcelona, der Hochburg der Anarchisten, binnen 24 Stunden und in der Hauptstadt des Gesamtstaats am 20. Juli. Die Sozialistische Jugend der ganzen Welt, so telegraphierte Erich Ollenhauer nun umgehend an »die Leitung unserer spanischen Jugendorganisation«, verfolge mit leidenschaftlicher Anteilnahme ihren heldenhaften Kampf gegen die monarchistischen und faschistischen Verbrecher, die die spanische Demokratie in das furchtbare Unglück des Bürgerkriegs gestürzt hätten. »Wir sind mit Euch«, so schloß er, ohne sich daran zu stören, daß sein Adressat nicht nur die Einheitsfront bewerkstelligt, sondern die Vereinigung der beiden Jugendverbände vollzogen hatte. Er fügte hinzu: »Euer Kampf ist unser Kampf. Von ganzem Herzen wünschen wir Euren Sieg. Er wird Euch die endgültige Sicherung Eurer Freiheit bringen und die Arbeiterjugend der ganzen Welt mit neuer Hoffnung und neuem Kampfesmut für unsere gemeinsamen sozialistischen Ideale erfüllen.« Die Mitgliedsverbände seiner SJI mahnte er per Rundschreiben, alle Aktionen der organisierten Arbeiterschaft zugunsten des Freiheitskampfes in Spanien zu unterstützen. »Durch ihre aktivste Mitwirkung« möge die sozialistische Jugend Sympathie und Anteilnahme an dem heldenhaften Kampf der spanischen Arbeiterschaft und ihrer Jugend zum Ausdruck bringen. Von diesem Augenblick an verdrängte für die Jugend-Internationale und ihren Sekretär dieses eine Thema nahezu alle anderen. Im Urteil der Chronisten der SJI gehört diese Zeit des spanischen Bürgerkriegs zu den bedeutendsten Phasen ihrer Geschichte, stellen ihre praktische Arbeit und politische Wirksamkeit einen Höhepunkt dar. Was also war ihre praktische Arbeit und worin bestand ihre politische Wirksamkeit in einem Bürgerkrieg, der auch dann noch so genannt wurde, als er dies nur noch in zweiter Hinsicht war?

Am 1. August 1936 landeten deutsche Transportmaschinen in Tetuan und beförderten Krieger und Kriegsgerät, vor allem aus Görings Luftwaffe, aufs spanische Festland. Die italienische Intervention war, wo möglich, noch rascher und eindeutiger in Erscheinung getreten. Als Anfang September das franquistische Aufstandsgebiet im Norden mit dem Brückenkopf im Süden verbunden war, übernahm fast gleichzeitig Sozialistenführer Largo Caballero, eine Legende schon zu Lebzeiten, die Ministerpräsidentschaft und bildete, neben Sozialisten und Linksrepublikanern unterschiedlicher Couleur, mit zwei Kommunisten und bald auch vier Anarchosyndikalisten die einzig repräsentative Regierung der gesamten Bürgerkriegszeit. Francisco Largo Caballero, der in der Wolle gefärbte, auf seine älteren Tage erheblich nach links gerückte sozialistische Gewerkschafter, wollte den Krieg gewinnen, und gerade um der Legitimität des eigenen Kampfes wie um der Mobilisierung des Volkes willen wollte er die revolutionären Errungenschaften nicht preisgeben: Brechung nicht nur militärischer und bürokratischer Übermacht, sondern auch des beherrschenden Einflusses von Großgrundbesitz und großem Kapital und statt dessen weitgehende Entscheidungsbefugnisse bei Komitees (der linken bzw. republikanischen Organisationen) und Vertretern der Gewerkschaften. Ohne die Mobilisierung des Volkes konnte der Krieg nicht gewonnen werden. Aber ohne Waffen konnte er auch nicht gewonnen werden.

Léon Blum hatte unter englischem und innerpolitischem Druck rasch auf – eine freilich wohlwollende – Nichteinmischung erkannt und damit seiner eigenen Volksfrontregierung den ersten Todesstoß versetzt, kaum daß sie im Amt war. Italien und Deutschland aber warfen weiter Menschen und Material auf den Kriegsschauplatz; daß sie sich an der Farce des Nichtinterventionsabkommens beteiligten, kostete sie nichts. Gewiß, der Kampf auf der Iberischen Halbinsel hatte im übrigen Europa elektrisierend gewirkt, und es waren Tausende von Freiwilligen nach Spanien geströmt, darunter viele Emigranten, Kommunisten wie Sozialisten wie Parteilose, die in der spanischen Front ihre eigene Front erkannten und um ihre letzte Hoffnung rangen. Die Schlacht um Madrid im November wäre ohne die XI. Freiwilligen-Brigade für die Republikaner verlorengegangen; freilich auch ohne die sowjetischen Waffen, die in buchstäblich letzter Minute eingetroffen waren. Stalin hatte sich spät entschlossen, seine außenpolitischen Interessen sorgfältig abwägend. Für seine wohldosierte Hilfe verlangte er den hohen Preis des spanischen Goldschatzes und den unendlich viel höheren Preis weitgehender Kontrolle über die Entwicklung im Innern. Der sowjetische Geheimdienst zog sein eigenes Netz auf, und die spanische KP, binnen weniger Kriegsmonate in vielen Machtpositionen verankert, stieg zu einer Ordnungsmacht eigenen (oder stalinistischen) Rechts auf. Ein frühes Beispiel: Über die Hauptstadt Madrid herrschte, als die Belagerung abgewehrt war, ein einundzwanzigjähriger Sicherheitskommissar, Santiago Carrillo,

Chef der Vereinigten Sozialistischen Jugend, deren Kommandos er nun dirigierte, den Weisungen des Komintern-Apparats gehorchend. Die Opfer allein dieser Tage von Madrid blieben ungezählt; Faschisten und Franco-Leute waren in der kleineren Zahl.

Es war derselbe Santiago Carrillo, der sich schon am 6. Oktober 1936, gemeinsam mit dem Belgier Fernand Godefroid, an den Sekretär der Sozialistischen Jugend-Internationale in Prag gewandt hatte. Ein Wort von Jules Guèsde aufnehmend – »Alles was uns trennt, ist reaktionär. Alles was uns einander näher bringt, ist revolutionär« – verlangten sie eine Initiative der SJI zur Aktionseinheit. »Wir sind überzeugt, Genosse Ollenhauer, daß Sie ebenfalls genau die Gefahren einzuschätzen wissen, die uns bedrohen, und daß die Körperschaften schnellstens zusammengerufen werden, um diese Gefahren festzustellen. Im Namen einer Jugend, die jeden Tag ihr Blut für die Freiheit der Welt hergibt, rufen wir: Einheit, Einheit, Einheit!« In seiner sehr ausführlichen Antwort wie in seiner Erklärung auf der schließlich einberufenen Sitzung des erweiterten Büros wehrte Erich Ollenhauer noch einmal ab: Noch einmal der Hinweis auf die SAI und die eigenen Beschlüsse, die »eine Vereinheitlichung der Aktionen der beiden Internationalen« nicht möglich machten. Überhaupt hätten sich die Aussichten einer fruchtbaren Zusammenarbeit mit den Kommunisten eher noch verschlechtert. Den belgischen Forderungen, daß die Jugend wenigstens eigene Sammlungen veranstalte und selbst Kämpfer anwerbe, setzte er die frühzeitig bekundete Sympathie mit den spanischen Freiheitskämpfern entgegen, ferner die Beteiligung am Solidaritätsfonds von SAI und Internationalem Gewerkschaftsbund sowie die Entsendung des italienischen Genossen Tonelli; er sollte den Kontakt mit Vertretern der spanischen Sozialistischen Jugend herstellen. Die Resolution bekräftigte »unlösbare Solidarität« und bekundete den »festen Willen«, alle Maßnahmen und Aktionen von SAI und IGB zu unterstützen.

Allein, so einfach sollte Ollenhauer diesmal nicht davonkommen. Der Krieg ging weiter, der SAI waren durch die französische Politik die Hände gebunden, Carrillos Vereinigte Jugend verstärkte ihr Werben um die Sozialistische Jugend-Internationale und eröffnete eine Offensive aus Umarmung und Unterwanderung, die gewiß nicht ihre Erfindung war und nicht in ihrer alleinigen Entscheidung lag. Wie sich dem entziehen, wenn zugleich Rom und Berlin den Krieg zu ihrem eigenen Krieg machten? Wie sich dem entziehen, wenn eine Stimmung für die Einheitsfront Eigendynamik entfaltete und suggeriert wurde, der Sieg komme über die Einheitsfront oder gar nicht? In spanischen Angelegenheiten hatte noch im Dezember 36, in Paris, eine europäische Jugendkonferenz stattgefunden. Obwohl Kommunisten beteiligt waren, hatte die SJI diesmal einen Vertreter geschickt; Ollenhauer entschuldigte und erklärte es in einem. Einen Vertreter schickte sie im Januar 37 auch zum Nationalkongreß der Juventudes Socialistas Unificados, der Vereinigten Sozialistischen Jugend, nach Valencia. In beiden Fällen war der Österreicher Ernst Papanek der Vertreter der SJI, und in beiden Fällen war es der ungewollte Bruch mit der strikt antikommunistischen Tradition der Jugend-Internationale: In Valencia nahm immerhin die oberste KP-Agitatorin Dolores Ibarruri (»La Passionaria«) teil, und auch einer der führenden Männer der Kommunistischen Jugend-Internationale, Michael Wolf, war mit von der Partie. Mit ihm zusammen unterzeichnete Papanek, wie es die Gastgeber gewollt hatten, einen Gruß an die Internationalen Brigaden. Seine Berichte strahlten Zufriedenheit aus: Den Kommunisten sei das Feld nicht allein überlassen worden, er selbst habe manches zurechtrücken können, und dank seiner Anwesenheit hätten die spanischen Sozialisten wieder Mut gefaßt, sich zu ihrer Überzeugung zu bekennen. Dennoch hätten SAI und SJI weiterhin einen schweren Stand: wegen ihres Unwillens in Sachen Einheitsfront und weil sie mit der Nichtinterventionspolitik belastet seien. In diese Wunde verdrängter Schuldkomplexe, verbunden mit der Angst, nicht beachtet, vielleicht gar übergangen zu werden – wo man doch leidenschaftlich gern einen Beitrag zum Sieg über Franco und dessen mächtigsten Helfer leisten wollte –, hieb Santiago Carrillo. In Valencia hatte er an die Adresse der SJI-Führer ausgerufen: »Ihr wollt uns helfen, den Faschismus zu schlagen. Wenn ihr das wirkungsvoll tun wollt, vereinigt Eure Kräfte!«

Es sollten nur noch drei Monate vergehen, bis sie sich am 8. April 1937 in Paris trafen: Umberto Tonelli, Ernst Papanek und Erich Ollenhauer für die SJI, Santiago Carrillo und sein Gefolgsmann Alfredo Cabello für die Spanier, Bernard Chochoy für die französische Jugend. Einziger Gegenstand des Gesprächs: die Aufnahme der Vereinigten Sozialistischen Jugend Spaniens in die SJI. Carrillo wollte die Aufnahme, um, wie er noch vierzig Jahre später offen zugab, »die SJI durch unser eigenes Beispiel in die Richtung einer Vereinheitlichung zu bewegen«. In der SJI habe man gewußt, daß er und die anderen führenden Leute seines Verbandes Kommunisten geworden seien. Tatsächlich hatte Ernst Papanek in seinem Bericht untertreibend vermerkt, daß »der Wichtigste«, Carrillo also, »eher zu kommunistischer Orientierung« neige. Und Torsten Nilsson sagt in seinen Erinnerungen rundheraus: »Daß er Kommunist war, wußten wir.« Wie hätten sie es auch nicht wissen sollen, da Carrillo in Spanien jedenfalls wenig Hehl daraus machte. Aber etwas wissen und sich etwas eingestehen, ist gerade in der Politik nicht selten zweierlei. Und so war es wohl auch in diesem Fall; Ollenhauer und all die anderen, die jahrelang einen Kommunisten nicht einmal aus der Ferne hatten sehen wollen und keine oder nur wenig Erfahrung im Umgang mit Kommunisten hatten, wollten sich nicht eingestehen, was sie wußten, und ließen sich überrollen von der spanischen Einheitswoge. Zudem fühlten sie sich ganz einfach geschmeichelt. Da drängte nun ein Verband in ihre SJI, der für 300 000 und bald für eine halbe Million Mitglieder sprach, der zwei Tageszeitungen herausgab, eigene Divisionen rekrutiert hatte und im Bürgerkrieg eine bedeutende Rolle spielte.

Die in Paris abgesprochene Aufnahme wurde im Frühjahr 37 auf der Amsterdamer Sitzung des Exekutivkomitees einstimmig abgesegnet: Nach einer langen Rede Carrillos, die der zum rechten SJI-Flügel zählende Karl Kern als »zündend« empfand und die der Vorsitzende H. C. Hansen einen »instruktiven Bericht« nannte. Nun galt, was nie gegolten hatte: Man redete sich ein, die sozialdemokratische Phalanx innerhalb des spanischen Verbandes werde auf diese Weise gestärkt. Carrillos Rede war ein taktisches Meisterstück. Er umwarb die SJI und namentlich ihren Sekretär nach allen Regeln der Kunst. Der Spanier rühmte den Heroismus seiner jugendlichen Kämpfer, und er beschwor die Einheit beider Jugend-Internationalen, von der er behauptete, daß sie den Krieg entscheide: »Die Erfahrungen unseres Kampfes haben uns gelehrt, daß die Einheit die einzige große Macht ist, die uns den Sieg verleihen kann.« Und er grenzte die »Trotzkisten« aus, die er in bester stalinistischer Manier mit den Faschisten gleichstellte. Sie seien die Feinde der Kommunisten und aller, »die für die demokratischen Freiheiten kämpfen«. Und weiter: Der Kampf gegen den Trotzkismus sei ein Teil des Kampfes gegen den Faschismus geworden. Er sagte dies wenige Tage vor den blutigen Maiunruhen in Barcelona, die von den Kommunisten zum Anlaß genommen wurden, ihre Verfolgungsjagd auf Trotzkisten und solche, die sie dazu erklärten – zum Beispiel »Anarcho-Trotzkisten« – zu verstärken. Er sagte dies zwei Wochen nach der makabren und lügenhaft vernebelten Entführung des Technikers Mark Rein, des früheren SAJlers (und Neu Beginnlers) aus Berlin, Sohn des emigrierten russischen Sozialdemokraten und Blum-Freundes Rafael Abramowitsch.

Weder Chochoy und Godefroid noch der Mehrheitsflügel prüften den Wahrheitsgehalt von Carrillos Erzählungen. Alle klatschten sie ihm Beifall, niemand wollte in seiner Sympathie für die Sache der Republik hintanstehen. Gewiß, auf einzelne Vorschläge zur Verwirklichung der Einheitsfront wurde nicht eingegangen, und Ollenhauer setzte Carrillos Einladung an eine gemeinsame sozialistisch-kommunistische Spanien-Delegation den Vorschlag einer eigenen Reisegruppe entgegen, der gebilligt wurde. Aber der Hauch einer kritischen Distanz, einer wachsamen Frage wurde nirgendwo sichtbar. Torsten

Nilsson gar sah sich einem Rechtfertigungszwang ausgesetzt, als er erklärte, er habe mangels kommunistischer Masse an die Einheitsfront in Schweden gar nicht denken können, und im übrigen auf die beträchtlichen Summen verwies, die allein in Schweden für Spanien gesammelt worden seien: 1,2 Millionen Kronen – anderthalb Millionen Reichsmark – schon zu diesem frühen Zeitpunkt und zusätzlich zu den Sachspenden.

Der Spanier indes zeigte sich davon ebensowenig beeindruckt wie von dem Streit, den Ollenhauer mit Chochoy um die Nichtinterventionspolitik führte. In seinem Sekretariatsbericht hatte Ollenhauer »einige Tatsachen« festgehalten, die aus der Blum'schen Politik folgten – sehr vorsichtig und ungefähr so, wie es von Otto Wels einmal ausgedrückt worden war; angesichts des deutschen Vorgehens hatte Wels bezweifelt, daß die Politik Blums den Namen Politik überhaupt verdiene. Chochoy war außer sich. Er unterstellte einen Vorwurf gegen die Regierung Blum, deren Spanien-Politik er rechtfertigte. Wenn das Sekretariat die Haltung der französischen Volksfront kritisiere, dann sei die Frage aufzuwerfen, was die Sozialistische Jugend-Internationale für Spanien getan habe. Der Vorwurf saß. Ollenhauer, der sich stets gegen die Angriffe der Franzosen zur Wehr gesetzt und, wie die ganze Sopade, das französische Experiment von Beginn an voller Skepsis beurteilt hatte, entschuldigte sich kleinmütig. Sein Bericht fälle kein Urteil und enthalte keine Kritik an der französischen Volksfrontregierung. Der einzige Vorwurf treffe die faschistischen Regierungen in Italien und Deutschland. In der Beurteilung der Politik der Regierung Blum stimme er mit dem Genossen Chochoy überein, ein Sturz der Regierung Blum wäre ein Verhängnis für Spanien und für Europa gewesen. Daß eine Linksregierung in Paris, die Spanien verspielte, mit großer Wahrscheinlichkeit auch ihr eigenes Schicksal besiegelte, wollte Ollenhauer so wenig wahrhaben wie viele andere Sozialisten. Wider besseres Wissen also und mit Rücksicht auf die französischen Genossen billigte er die Amsterdamer Resolution, die keinerlei Kritik an der Nichtinterventionspolitik enthielt.

Die Lage war verzwickt und gefühlsbeladen und ermutigte jedenfalls nicht zur Aufrichtigkeit (oder auch nur zu angemessener Klarheit). Wer kannte sich schon aus in den Besonderheiten des französischen Pazifismus? Santiago Carrillo wußte, was er wollte und was er zu wollen hatte. Er benutzte Chochoy für seine Zwecke; daß dieser ein wirkliches Engagement, eines mit Waffen, zu verhindern trachtete, zählte dabei nicht, lag vielleicht sogar im Kalkül der Stalinisten. Ein Mehrheitssozialdemokrat aber, der die geschlagene deutsche Sozialdemokratie vertrat und Selbstbewußtsein im eher abgegrenzten Kreis Gleichgesinnter gelernt hatte, woher und zu welchem Ende

Ollenhauer im Gespräch mit H. C. Hansen, Torsten Nilsson und Wim Thomassen, Valencia, Juni 1937. Der spanische Bürgerkrieg übt auf große Teile der europäischen Linken eine faszinierende, weil hoffnungsspendende Wirkung aus.

sollte er den Mut zu der hier geforderten Wahrheit nehmen? Bernard Chochoy aber, der schärfste und von Bösartigkeit nicht immer freie Kritiker Erich Ollenhauers in der Jugend-Internationale, ging seinen Weg weiter: An der Seite Paul Faures, des Führers des pazifistischen SFIO-Flügels, geriet er in die Nähe des Regimes von Vichy, bevor er nach Kriegsende sozialistischer Senator und Staatssekretär wurde.

Als in Amsterdam die Beratungen der SJI zu Ende gingen, hatte sich auf dem Kriegsschauplatz in Spanien längst eine zweite Front herausgebildet; eines ihrer frühen Opfer war Mark Rein geworden. Es war jene zweite innere Front, die, von den spanischen Kommunisten und ihren stalinistischen Hintermännern errichtet, in Barcelona in den ersten Maitagen 1937 aufbrechen sollte. Der KP-hörige Kommissar für öffentliche Ordnung hatte die von der anarchosyndikalistischen CNT beherrschte Telefonzentrale stürmen lassen und damit die Unruhen provoziert. Katalonien und seine Hauptstadt waren die Hochburg der Anarchosyndikalisten geblieben; ihre Gewerkschaft zählte eine Millionengefolgschaft. Hier hatten sich 1935 aber auch zwei links-marxistische Gruppen zusammengeschlossen; einige Führer der POUM waren unter den Gründern der spanischen KP gewesen, allesamt hatten sie wichtige Jahre in Moskau verlebt, Stalins absoluten Herrschaftsanspruch erfahren und – mit dem Kommunismus sowjetischer Prägung gebrochen, ohne sich dem Sozialismus der II. Internationale annähern zu wollen. Sie wurden als Trotzkisten gebrandmarkt, was sie durchweg nicht waren. Vielmehr galten sie als Bruderpartei der britischen Independent Labour Party und der deutschen SAP.

Den Kommunisten, die sie weghaben wollten, war jedes Mittel recht. Schon Carrillos Amsterdamer Rede hatte einen Teil jener propagandistischen und psychischen Kampagne gebildet, die einer physischen Vernichtung voraufgehen sollte und in deren Verlauf die sowjetischen ›Ratgeber‹ immer wieder von Regierungschef Largo Caballero das Verbot der POUM verlangten. Nach einem halben Jahr böser Enttäuschungen über die Unzulänglichkeiten der Moskauer Hilfe sowie über die Bedingungen, die daran geknüpft wurden, verweigerte sich der Mann, der die spanische Volksfront symbolisierte und der so volkstümlich war wie keiner sonst. Als sein Sturz beschlossen und noch im Mai 37 besiegelt wurde, war die spanische Revolution an ihr Ende gekommen. Die Kommunisten drehten nun die freiwillige Kollektivierung gewaltsam zurück und präsentierten sich in vielerlei Hinsicht als die Partei der Ordnung. Der neue Regierungschef, Julian Negrin, der ebenfalls zur PSOE, der Sozialistischen Partei, gehörte, aber nicht wie Largo Caballero zu deren linkem Flügel und weder in der Partei noch in der Gewerkschaft Rückhalt besaß, wurde bald ein gefügiges Werkzeug in der Hand von Kommunisten und Sowjets. Negrin wollte an der Front gegen Franco siegen und glaubte, dafür sämtliche Bedingungen erfüllen zu müssen. So ließ er an der Front gegen linke Ketzer und Konkurrenten den Dingen ihren verhängnisvollen Lauf. In der Nacht des 16. Juni wurde die POUM liquidiert, ihre Führung verhaftet und Andres Nin, neben dem damals verschollenen Joaquin Maurin ihr Chef, verschleppt, gefoltert, umgebracht. Bald darauf wurden auch die Anarchisten entmachtet, und in den Internationalen Brigaden, in denen zahlreiche Freiwillige auch aus den Reihen der SJI kämpften, begann der stalinistische Terror immer unverhohlener zu wüten. So machte das Land in diesem Sommer 1937 einen »ordentlicheren« Eindruck als ein Jahr zuvor. Der Sieg der Republik aber war unterdessen in weite Ferne gerückt. Franco ging daran, den gesamten Nordwesten, die reiche Region des Landes, zu erobern; bei den Westmächten tat sich weiterhin nichts, und die sowjetische Waffenhilfe blieb spärlich. Das war die Lage, als die Delegation der Sozialistischen Jugend-Internationale, geführt von Erich Ollenhauer und H. C. Hansen, ihre Reise nach Spanien vorzubereiten hatte.

In den folgenden Monaten, da Ollenhauer durch sein internationales Amt so sehr von den spanischen Dingen in Anspruch genommen war, was lag da näher, als auch die Sopade mit dem Thema zu konfrontieren? Sie sehen nichts, und sie verstehen nichts, so umriß Julian Gorkin, einer der POUM-Führer, die Haltung der SAI-Verantwortlichen, die er in Brüssel besucht hatte. Hätte er die Haltung des sozialdemokratischen Exilvorstandes wiedergeben sollen, vermutlich wäre sein Urteil noch krasser ausgefallen. In Prag zog man es vor, abgesehen von kritischen Anmerkungen zur Politik Frankreichs, den Ereignissen den Rücken zuzukehren, und Erich Ollenhauer beschränkte sich vor der Sopade denn auch darauf, »in Einzelheiten die Schwierigkeiten der Unterstützung Spaniens« zu schildern. Von der Möglichkeit eigener Sammelaktionen, wenn auch nur symbolisch, war nicht die Rede und erst recht nicht von einem Aufruf an sozialdemokratische Freiwillige. Im »Neuen Vorwärts« fand der spanische Krieg nicht statt, ausgenommen die Resolutionen der SAI und ausgenommen Spitzfindigkeiten, daß auch eine republikanische Niederlage den Anfang vom Ende des Faschismus heraufbeschwören könne. »Ihre Zeitung wird hier als reaktionäre Zeitung zurückgewiesen und man wünscht sie nicht zu lesen«, schrieb Arturo Adler, ein Emigrant in Valencia, nach Prag. Zwei Monate später, im März 37, fragte er an, warum der PV so wenig aktiv sei, und berichtete von einem »Schrei der Anklage und nach Hilfe«. Erich Kuttner, früherer »Vorwärts«-Mitarbeiter, nun Korrespondent in Spanien und Befürworter der Zusammenarbeit mit der KP, bestürmte Stampfer, warum nicht wenigstens er, der »doch noch immer und bei weitem der Jüngste in der Sopade« zu sein scheine, etwas Unternehmungslust zeige und nach Valencia komme. Als sich um die Monatswende Mai/Juni 1937 Paul Hertz auf den Weg machte, schrieb Schiff an Ernst Reuter in Ankara: »Es hat immerhin nur elf Monate gedauert, bis Otto Wels erkannt hat, daß uns Spanien auch etwas angeht.« Tatsächlich entsprang die Reise von Hertz eigener Initiative oder der von Neu Beginnen, jedenfalls nicht einem Plan der Sopade, die letztlich zwar von dem Unternehmen wußte, aber Hertz seine Eigenmächtigkeiten, vor allem seine Verbindungen zur spanischen Gesandtschaft in Prag, nicht nachsehen wollte.

Erich Ollenhauer, der in der spanischen Frage die Sache der Sopade allein führte und der Widerpart von Hertz war, glaubte gute und zwingende Gründe für seine Linie äußerster Zurückhaltung zu haben. Vor der Sopade erklärte er einen Monat nach dem Auftritt Carrillos in Amsterdam und der Aufnahme von dessen Vereinigter Jugend in die SJI: »Wir haben hier oft über die Anregungen von Einzelpersonen und Gruppen, aktiv zur Unterstützung der Spanier beizutragen, gesprochen. Unsere Einstellung ist eindeutig. An unserer Sympathie für die Genossen in Spanien ist kein Zweifel. Eine aktive Unterstützung der spanischen Genossen ist jedoch für uns nicht möglich. Wir müssen in erster Linie darauf bedacht sein, daß die Fortsetzung unserer Tätigkeit hier nicht gefährdet wird. Offizielle Aktionen für die Spanier würden sie notwendigerweise gefährden.« Und weiter: »Wir müssen deshalb alles vermeiden, was uns oder unsere Grenzsekretäre in den Verdacht bringen könnte, die Nichtinterventionsabmachungen dieses Staates (der Tschechoslowakei also) zu sabotieren.«

Ollenhauers Hinweis auf die Grenzsekretäre kam nicht von ungefähr. Unter der Überschrift »Deutschland und der Krieg in Spanien« hatte Erich Rinner schon im Februar seinen Berichterstattern aus dem Reich oder von der Grenze Fragen vorgelegt, die sich »auf die Teilnahme Deutschlands an dem Krieg in Spanien« bezogen und als eine nachrichtendienstähnliche Tätigkeit zugunsten der spanischen Republik verstanden werden konnten. Das Material werde nicht nur in den Berichten verwendet, so die Erläuterung, sondern auch besonderen Stellen zugeleitet, »so daß wir unserer Solidarität mit den spanischen Freiheitskämpfern auf diese Weise praktisch Ausdruck verleihen können«. Zu dieser Art von Informationsbeschaffung waren Mitteilungen von Emigranten gekommen, und einzelne Kontakte mit Leuten der spanischen Gesandtschaft oder herbeigereisten Diplomaten hatten ein übriges getan, um die ganze Sopade in den Ruch nachrichtendienstlicher Tätigkeit zu bringen. Und in dem wollte sie nun keinesfalls stehen, auch nicht Spanien zuliebe, und schon gar nicht, wenn ausgerechnet die mit NB sympathisierenden Grenzsekretäre Michel (Waldemar von Knoeringen) und Helmuth (Bögler) spanische Kontakte pflegten, von denen Paul Hertz wußte, aber sie selbst keine Mitteilung erhielt. Tatsächlich wurde das Thema Spanien ab Mitte 1937 mehr und mehr in den Strudel interner Streitereien gezogen und dadurch auch verdrängt.

Auf den Punkt der nachrichtendienstlichen Tätigkeit und damit möglicherweise verbundener Konsequenzen für ihre Bleibe in der Tschechoslowakei sollte Ollenhauer immer wieder, wenn es um Spanien ging, zurückkommen. Als das letzte Bürgerkriegsjahr angebrochen war und Hertz einmal feststellte, daß man Spanien ja nicht habe helfen wollen, da versteckte sich Ollenhauer hinter dem unermüdlichen Helfer Siegfried Taub, der nämlich gesagt habe: »Laßt die Finger davon.« Aber diese Mahnung hatte sich nur auf die nachrichtendienstliche Seite bezogen und nicht auf sonstige praktische Hilfe und erst recht nicht auf eine offene Diskussion. Die Rücksichtnahme auf das Gastland war geboten, doch durfte sie als Entschuldigung dafür gelten, daß man sich so gar nicht rühren mochte? Die Sopade war nicht in der Lage, sich an humanitären Aktionen von SAI und

IGB finanziell zu beteiligen. Sie hatte darüber hinaus Bedenken, deutsche Flüchtlinge den Ungewißheiten eines militärischen Einsatzes in Spanien auszusetzen. Schließlich lagen die Ereignisse auf der Iberischen Halbinsel so weit weg und waren den Funktionären der deutschen Sozialdemokratie so fremd, daß »aktive Unterstützung« anders als auf dem Feld der Weiterleitung sachdienlicher Informationen aus Deutschland – was immer sie wert gewesen sein mögen – außerhalb aller Vorstellungen lag. Mit dieser Spanien-Fremdheit stand die Sopade nicht allein: Als Rolf Reventlow, damals Adjutant von Julius Deutsch in den Internationalen Brigaden und seit langem mit Ollenhauer bekannt, Anfang 1937 zu Beschaffungszwecken in Paris weilte, hätten, wie er selbst berichtet, Hilferding und Breitscheid ihn »mit verhaltener Neugier« betrachtet. Sie seien vom spanischen Krieg »geistig und politisch weit entfernt« gewesen. So wie Ollenhauer waren sie auch eines der Beispiele, wie wenig manche Sozialdemokraten die Ereignisse kämpferisch verstanden, sondern allenfalls als schwer erklärbare Betriebsunfälle.

Was innerhalb der Sopade als selbstverständlich galt: Die äußerste Zurückhaltung in spanischen Dingen konnte im Geflecht der Sozialistischen Jugend-Internationale und unter dem Ansturm von Carrillos Umarmungsoffensive nicht gelingen. Erich Ollenhauer also bewegte sich auf zwei Ebenen, er hatte es mit zwei Erfahrungswelten zu tun. Vertraut die eine, fremd die andere. Wo war der Brückenschlag? Nun ging's ja selbst nach Spanien. Wie würde die Konfrontation mit der Wirklichkeit ausfallen?

Am 24. Juni 1937 treffen sich in Paris: Erich Ollenhauer, der dänische SJI-Vorsitzende H. C. Hansen, der schwedische Verbandschef Torsten Nilsson, der Führer der deutschen sozialistischen Jugend in der CSR Karl Kern, der Sekretär der holländischen Arbeiterjugend Wim Thomassen und der Österreicher Ernst Papanek, der bereits am Kongreß der Vereinigten Jugend in Valencia teilgenommen hatte (sein Deckname, unter dem er auch reiste, ist Beck bzw. Pek). Bernard Chochoy hat in letzter Minute abgesagt, so daß die Delegation ausschließlich aus Männern des rechten Mehrheitsflügels zusammengesetzt ist: Eine menschlich und politisch homogene Gruppe, wie es auch Bilder von der Reise veranschaulichen. Vor der Abfahrt aus Paris nehmen sie noch rasch an einer Sitzung der »Internationalen Kommission der Jugend für das republikanische Spanien« teil; der Beitritt war in Amsterdam beschlossen worden, obwohl ihr die KJI angehörte. Die Delegation will, so hat Erich Ollenhauer später den Zweck der Reise erläutert, »die Tätigkeit der Vereinigten Sozialistischen Jugend Spaniens unter den gegenwärtigen Umständen« studieren und die Frage prüfen, ob eine gemeinsame Hilfsaktion der

Sozialistischen und der Kommunistischen Jugend-Internationale für Spanien »zweckmäßig und möglich« sei.

Die Gruppe reist mit dem Zug via Toulouse und kommt am späten Abend des 28. Juni in Barcelona an. Die Unterkunft im Hotel Colon am Plaza Catalunya – es ist das kommunistische bzw. einheitssozialistische Hauptquartier geworden – und gutes Essen sind die äußeren Zeichen, daß die Gastgeber sich Mühe geben und die Reise bestens organisiert haben. Zeit und Raum für private – unvorhergesehene – Kontakte oder Ausflüge sind nicht eingeplant, scheinen auch nicht verlangt worden zu sein. Rolf Reventlow setzte, als er von dem Besuch hörte, alle Hebel in Bewegung, um ein Gespräch zustande zu bringen. Vergebens! Besprechungen mit der Leitung der Vereinigten Sozialistischen Jugend Kataloniens, Besuche ihrer Bildungseinrichtungen und Besichtigungen von (Waffen-)Fabriken – damit geht der eine Vormittag vorüber, den sie in Barcelona zubringen. Es ist immerhin jene Stadt, in der noch wenige Wochen zuvor die Jugend der Anarchosyndikalisten und der als trotzkistisch gebrandmarkten POUM vielfach stärker gewesen ist als die Vereinigte Jugend und wo erst die blutige Maiwoche und die Verhaftungswelle vom Juni wieder »übersichtliche« Verhältnisse geschaffen haben. Im verdunkelten Valencia – die Gruppe wird von jungen Offizieren in Privatautos in rasendem Tempo befördert und verbringt in der zwischenzeitlichen Hauptstadt des republikanischen Spanien den Tag des 30. – finden dann die offiziellen Besprechungen mit der Exekutive der Vereinigten Jugend statt, also mit Carrillo und Genossen, ferner mit dem mächtigen Generalkriegskommissar del Vayo, einem Sozialisten, dem das besondere Vertrauen Moskaus zugute kommt, dem Kriegsminister Prieto, dem Sekretär der Sozialistischen Partei Lamoneda, über den nichts als die Tatsache der Begegnung berichtet wird, schließlich mit »der Führerin der Kommunistischen Partei Spaniens, La Passionaria«; auf einen Händedruck werden sie sogar von Staatspräsident Azaña empfangen; er ist zwar ohne Einfluß, wird aber gern »vorgezeigt«.

Die Unterredung mit den Verantwortlichen der Jugendorganisation findet in einem alten katholischen Konvent statt, an den Wänden hängen Bilder von Lenin, Stalin und Woroschilow. Nächste Station am 1. Juli: Albacete, das Hauptquartier der Internationalen Brigaden; wieder Gespräche mit dem Stab und mit »General Julio«, Julius Deutsch, dem Bataillonskommandeur der Internationalen Brigaden. Schließlich Madrid am 2., 3. und 4. Juli mit umfänglichem Programm: Gespräche mit der Bezirksleitung der Vereinigten Jugend, auch mit General José Miaja, dem Verteidiger von Madrid, ferner ein Besuch an der Front, Besichtigungen von Kriegsbetrieben, einem Lazarett der Vereinigten Jugend, Jugendheimen »und anderen organisatorischen Einrichtungen der Madrider Arbeiterbewegung«. Höhepunkt der Tage in der hart bedrängten spanischen Hauptstadt: eine von der Vereinigten Jugend aufgezogene Massenversammlung, auf der Carrillo, Dolores Ibarruri, Michael Wolf für die KJI und – Erich Ollenhauer für die SJI sprechen; seinem Auftritt hat er in Valencia zugestimmt. Von Madrid kehrt die Delegation noch einmal nach Valencia zurück. Hansen und Ollenhauer konferieren hier am 5. mit den KJI-Abgesandten Michael Wolf und Gil Green. Ein Flugzeug bringt die Delegation tags darauf nach Toulouse. Bevor sich die Gruppe in Paris trennt, gibt Ollenhauer ein Telegramm an Carrillo auf: Sie seien »tief ergriffen« und dankten »von ganzem Herzen für die tiefen Eindrücke und die unvergeßlichen Erlebnisse«; das Gelöbnis, »mit allen Kräften für die Mobilisierung der gesamten sozialistischen und fortschrittlichen Jugend der Welt zur Hilfe für Spanien« zu wirken, wird erneuert. Von Paris aus fahren Ollenhauer und Karl Kern mit dem Zug durch Österreich hindurch nach Prag. Soweit der Ablauf der Reise, die für Ollenhauer »nicht nur ein sachlicher, sondern auch ein persönlicher Gewinn« ist und deren politischen Ertrag er in einem ausführlichen, von allen Delegationsmitgliedern gezeichneten Bericht würdigt.

Verhandlungen der SJI mit Carrillos Vereinigter Jugend, Valencia, Juni 1937. »So sehr wir bereit sind«, schrieb Ollenhauer in seinem Bericht, »alle Anstrengungen zu machen, um den Sieg des spanischen Volkes zu sichern, so wenig sind wir geneigt, uns unter dem Vorwand der Unterstützung des spanischen Freiheitskampfes zu Gefangenen eines kommunistischen Machtkampfes ... machen zu lassen.«

Längst schon, spätestens seit Amsterdam, hatten sich die sechs sozialdemokratischen Funktionäre, von denen Ollenhauer einer war, in die Vorstellung hineingelebt, daß der Weg der spanischen Vereinigten Sozialistischen Jugend erfolgreich und deshalb richtig sei. Ihre moralische Unterstützung – zu mehr hatten sie sich bisher nur in Form von Sammlungen für humanitäre Zwecke bereit gefunden – war somit zwingend geworden; zwingend, wenn man einen Beitrag leisten wollte für den Sieg der republikanischen Sache. Und das wollte man in der SJI unbedingt. Während ihres Spanien-Aufenthaltes nun verfestigte sich das Bild vom erfolgreichen und richtigen Weg Carrillos und seines Verbandes. Sie waren fasziniert, auch wenn sie es sich so nicht eingestanden haben mögen. Das Selbstvertrauen, das die Gesprächspartner in Valencia geäußert hätten, so gestand Karl Kern rückblickend, habe »natürlich« abgefärbt. Vom Sieg der Republikaner seien sie fest überzeugt gewesen. Auch Torsten Nilsson beschwor in seinen Erinnerungen jenen Sieg herauf, von dessen Förderung allein sie sich hätten leiten lassen. »So wie die Lage nun einmal war«, fügte er hinzu, habe es nichts gegeben, als Carrillos Drängen auf Gespräche zwischen den beiden Jugend-Internationalen nachzugeben. Erich Ollenhauer sprach in seinem unmittelbar nach der Rückkehr verfaßten Bericht von der Einheitsfront der spanischen Jugend als »Notwendigkeit« und »Realität von großer politischer Bedeutung«. An der Richtigkeit der eigenen Haltung ließ er Zweifel nicht aufkommen. Denn: Man müsse »alle Anstrengungen« machen, »um den Kampf für die Freiheit und die Demokratie des spanischen Volkes zu unterstützen«. Die sozialistische Arbeiterbewegung würde sich eines schweren politischen Fehlers schuldig machen, »wenn sie ihre Anstrengungen zur Unterstützung dieses Kampfes nicht fortsetzen und steigern würde«.

Ollenhauers Bericht, von dem auch eine Kurzfassung verbreitet wurde und dessen Tenor mit einem Artikel im »Neuen Vorwärts« übereinstimmte, war ein Dokument des guten Willens und des guten Glaubens, des Verdrängens und der Unfähigkeit zur kritischen Distanz, geboren aus dem Gefühl eigener Schwäche und eigener Versäumnisse. Er und seine Freunde wußten, daß Carrillo Kommunist war, sie wußten auch, wie hoch der Einsatz der Achsenmächte war, aber sie verlangten weder den gestürzten Sozialistenführer Largo Caballero zu sehen noch fragten sie nach der Rolle von Experten aus der Sowjetunion und dem Komintern-Apparat; jedermann im republikanischen Reich, so notierte Rolf Reventlow, habe gewußt, »daß es den kommunistisch-sowjetischen Geheimdienst gab«. Statt dessen hofften die SJI-Funktionäre, wie damals so viele rechtschaffene Menschen in Europa, daß »der Kampf gegen die Rebellen mit einem Sieg der Freiheit und der Demokratie« enden würde. In dem Mangel an modernen Waffen sahen sie »die Richtigkeit und die große Bedeutung« der Beschlüsse von SAI und IGB bestätigt. Nur allzu gern glaubten sie, was Carrillo und seine Freunde ihnen erzählten: Daß es in puncto Heldenmut keinen Unterschied mache, ob einer Kommunist sei oder Sozialdemokrat und daß frühere Gegensätze nicht mehr vorhanden seien; kurzum, sie spürten den Mythos der Einheit.

Offensichtlich beeindruckt waren sie von den organisatorischen Einrichtungen des Jugendverbandes; beeindruckt waren sie, daß vierzig Prozent der politischen Kommissare in der Armee aus seinen Reihen kamen, ohne daß sie nach dem Wofür gefragt hätten; daß der Verband einen Faktor darstellte, mit dem in Spanien gerechnet wurde; daß er – jedenfalls auf dem Papier – eine halbe Million Mitglieder zählte. Und da sollten sie sich nicht geschmeichelt fühlen, wenn sie immer wieder hörten, wieviel für den Zusammenhalt dieses so wichtigen Jugendverbandes von der SJI abhänge? Die Gastgeber taten überhaupt einiges, um das Selbstgefühl der SJI-Führer zu heben. Dolores Ibarruri gab Torsten Nilsson ein Interview und Grüße und gute Wünsche für seinen schwedischen – sozialdemokratischen – Jugendverband mit auf den Weg. Und warum sollte es Erich Ollenhauer nicht als schön und aufregend und ehrenvoll empfinden, daß er in der umkämpften spanischen Hauptstadt zu einer riesigen Massenversammlung der Jugend sprechen konnte, und warum sollte er es einmal für nicht so wichtig halten, daß er von lauter Kommunisten eingerahmt war! Zutiefst war er mittlerweile von dem Glauben durchdrungen, daß sie alle dasselbe wollten: die Niederlage Francos und damit die Niederlage Hitlers! In seinem Bericht resümierte er: »Wir sind nach wie vor der Überzeugung, daß die Leitung unserer spanischen Organisation sich in ihrem Bemühen, eine gemeinsame Aktion für Spanien herbeizuführen, nur leiten läßt von den bitteren Notwendigkeiten des Bürgerkriegs und von der besonderen politischen Situation im eigenen Land. Wir haben keinen Anlaß, an der Aufrichtigkeit der wiederholten Erklärungen des Führers der spanischen Organisation, Genossen Carrillo, zu zweifeln, daß seine Bewegung loyal in unserer Internationale und unter Wahrung der Einheit unserer Internationale für ihre Auffassungen und für die Unterstützung des spanischen Freiheitskampfes wirken wolle.« Ollenhauer hob sehr die beiderseitige Kameradschaft hervor und auch die gewährte Gastfreundschaft und meinte, »daß eine feste Basis für unsere zukünftige Zusammenarbeit und auch für sachliche Auseinandersetzungen über umstrittene Fragen geschaffen worden ist«.

Umstrittene Fragen? So sehr sich Ollenhauer und seine Reisegefährten auf die Sache der Vereinigten Jugend eingelassen hatten, so sehr hüteten sie sich, formale Schritte in Richtung Einheitsfront zu vollziehen. Auch in seiner Madrider Rede hatte er ein Bekenntnis zur Einheitfront nicht abgelegt, wohl aber, in für ihn sehr ungewöhnlicher Form, begeistert und begeisternd, den spanischen Freiheitskampf hochleben lassen und die glühende Solidarität der Sozialistischen Jugend-Internationale bezeugt. Ebenso verhielt er sich in der abschließenden Besprechung mit den KJI-Repräsentanten, die auch nicht auf dem Programm gestanden hatte, sondern erst in Madrid vereinbart worden war. Das Ansinnen auf ein regelrechtes Abkommen wurde abgewehrt, aber immerhin ein gemeinsames Kommuniqué veröffentlicht und die Bereitschaft bekundet, in der Pariser »Internationalen Kommission für die spanische Jugend« gemeinsam ein Zentrum der Hilfsaktionen zu schaffen. Also nirgendwo ein Wort über jene Geschehnisse, die so viele andere Spanien-Reisende in die Verzweiflung trieben und wie ein zusätzlicher sehr dunkler Schatten über dem Land lagen?

Ohne erkennbaren Zusammenhang mit dem übrigen Bericht und mit äußerster Zurückhaltung spricht Ollenhauer eben diesen Punkt an, der in allen Verlautbarungen unerwähnt geblieben war. Sie hätten, so notiert er gegen Ende seines Berichts, »bedenkliche Anzeichen« gefunden, »daß kommunistische Kreise in Spanien außerhalb des Jugendverbandes und ausländische Kommunisten in ihrem Bestreben, zu einer Zusammenfassung der Hilfsaktionen für Spanien zu kommen, nicht nur das Interesse des kämpfenden spanischen Volkes im Auge haben, sondern die Durchsetzung der neuen taktischen Haltung der Kommunisten außerhalb Spaniens mit dem Ziel einer Vormachtstellung der kommunistischen Bewegung in wichtigen europäischen Ländern«. Und er fährt fort: »So sehr wir bereit sind, die Hilfe für Spanien zu verstärken und alle Anstrengungen zu machen, um den Sieg des spanischen Volkes zu sichern, so wenig sind wir geneigt, uns unter dem Vorwand der Unterstützung des spanischen Freiheitskampfes zu Gefangenen eines kommunistischen Machtkampfes um den politischen Einfluß in der europäischen Arbeiterklasse machen zu lassen.« Torsten Nilsson erinnert sich, es habe eingehende Diskussionen über dieses Thema gegeben, über das kommunistische Machtstreben in den Internationalen Brigaden und innerhalb der Volksfront, die Säuberungen, die auf Befehl Stalins durchgeführt worden seien und »das nicht nur unter Anarchisten und Trotzkisten, sondern sogar unter Sozialisten und Kommunisten, die der Parteiführung kritisch gegenübergestanden hätten«. Carrillo habe das, wie erwartet, bestritten und im übrigen gemeint, alle Gegensätze zwischen den Parteien der Volksfront müßten beiseite geschoben werden; die »ideologische Debatte« habe bis zur Zeit nach dem Krieg zu warten. Trotzkisten und Anarchisten hätten sich denen, die nichts als den Krieg gewinnen wollten, in den Weg gestellt, und auch auf dem linken Flügel der Sozialisten habe es einen »gewissen« Widerstand gegeben. Sie alle hätten, wenn auch ohne Absicht, die Geschäfte des Feindes besorgt.

Trotzkisten, Anarchisten, linke Sozialisten à la Caballero – alle dasselbe und alle im Dienst des Feindes? Und wie reagieren die Gäste von der SJI? Carrillos Schuldzuweisungen sind geschickt gewählt. Denn was haben »rechte« Nachwuchsführer der Sozialdemokratie, was haben Ollenhauer oder Nilsson oder Hansen mit Trotzkisten, Anarchisten, Linkssozialisten gemein? Repräsentieren diese nicht eine Welt, die sie zutiefst ablehnen? »Zweifelhafter Ruf«, »Putschmacher«, von »faschistischen Zellen« durchsetzt – das ist auch für sie die POUM. Carrillo und seine Freunde hingegen, die sind korrekt und umgänglich, sie sind gegen Revolution und für Ordnung. Ollenhauers gesamter Bericht zeugt von dem starken Eindruck, den die Anstrengungen der neuen Regierung auf ihn machten, »Verwaltung und politische Führung des Landes zu stabilisieren und zu normalisieren«. Immer wieder hebt er hervor, in seinem Bericht und in seinem Artikel für den »Neuen Vorwärts«, wie sehr diese Regierung im Volk verankert sei. Der Unterschied zur vorigen Regierung unter dem Linkssozialisten Largo Caballero bleibt unausgesprochen und ist dennoch immer gegenwärtig. Wie sehr die Lage sich gebessert habe und daß die Zentralregierung sich nicht damit habe abfinden können, daß einzelne Parteiführer ihr Sonderspiel machten, wiederholte ihnen Carrillo von Mal zu Mal, und er wird gewußt haben, warum. Das ist nicht nur die Formel von Carrillo, das wird auch die von Nilsson und Ollenhauer.

Liegt hier, liegt im Verhältnis der Mehrheitssozialdemokratie zur unabhängigen, zu der, wie Gorkin sie nennt, »freiheitlichen Linken« ein weiterer Schlüssel dafür, daß Ollenhauer und seine Freunde sich so leicht und so widerspruchslos von Carrillo umgarnen lassen und den Dingen so gar nicht auf den Grund gehen mögen? Wenn Ollenhauer den spanischen Bürgerkrieg einen Freiheitskampf nennt, so denkt er in erster Linie an Freiheit von ausländischer Intervention, doch gewiß auch von Angriffen auf die verfassungsmäßig-parlamentarische Ordnung. Das Ringen um den Inhalt der sozialen Umwälzung, die mit dem Bürgerkrieg einhergegangen ist, bleibt ihm verschlossen. Sie seien überzeugt, schließt Ollenhauer seinen Bericht, daß die Entwicklung »in den nächsten Monaten« erweisen werde, ob ihre Befürchtungen berechtigt seien oder nicht. Ihre Hoffnung gelte dem Verantwortungsbewußtsein und dem Ernst der Vereinigten Sozialistischen Jugend Spaniens, »auf deren Mitgliedschaft in unserer Internationale wir stolz sind«. (6)

Nun hat Erich Ollenhauer, als er diesen Bericht am 30. August 1937 abzeichnet, längst Briefe in Händen, in denen Mitgliedsverbände der SJI leidenschaftlich Aufklärung verlangen und Maßnahmen ergriffen sehen wollen; sie sind erregt über das Vorgehen der Regierung in Valencia gegen POUM, Anarchisten und andere Oppositionelle, erregt über jene Regierung, von der Ollenhauer gerade geschrieben hat, sie sei so stark im Volk verankert. Ollenhauer also schreibt an Carrillo, doch in einem Ton, der einer Entschuldigung gleichkommt, daß er überhaupt schreibt. Er vermeidet strikt den Eindruck, als mache er sich die Proteste der Amerikaner, Österreicher und ausgerechnet auch der Belgier zu eigen, die zunächst Carrillo ohne jeden Vorbehalt gefolgt waren, und reduziert das Ganze rasch zu einem bürokratischen Vorgang: »Selbstverständlich« seien ihnen die Vorgänge im Zusammenhang mit den Verhaftungen der POUM-Funktionäre in großen Zügen durch »Eure bisherigen Berichte« und durch sonstige Presseinformationen bekannt. Sie müßten ihn aber nun bitten, eine eingehende und durch Tatsachen belegte Darlegung ihrer Auffassung zu übermitteln, »damit wir die Darstellung beider Seiten unseren Büromitgliedern zur Kenntnis bringen können«.

Dazu scheint es nicht gekommen zu sein, denn es gibt eine neuerliche Aussprache. Am 16. September treffen sich in Stockholm Ollenhauer und Hansen – beide halten sich zum Kongreß des schwedischen Verbandes in Stockholm auf – mit Alfredo Cabello, Carrillos engem Vertrauten und Vertreter der Vereinigten Jugend in der SJI. Mit Verteidigungsreden hält sich Cabello nicht erst auf. Er verwahrt sich gegen Angriffe auf die Regierung Negrin und beschuldigt die SJI, daß verschiedene Veröffentlichungen das Ansehen der spanischen Jugend gemindert hätten. Seine Ausführungen läßt er in neuen Attacken gegen die »hochverräterische« POUM gipfeln: Disziplinlosigkeit, Gegnerschaft zur Volksfront, Zusammenarbeit mit den Franco-Leuten, Stellung gegen Sowjetrußland. Ollenhauer und Hansen verhalten sich rezeptiv, und das Ergebnis der Unterredung sieht aus, wie Cabello es gewollt hatte: Allen Mitgliedsverbänden der SJI soll mitgeteilt werden, »bis auf weiteres von einer öffentlichen Stellungnahme zu den Auseinandersetzungen innerhalb der spanischen Arbeiterbewegung abzusehen«.

»Bis auf weiteres«? Cabello, der spanische KP-Anhänger, hat eine Debatte auf gar keinen Fall gewollt. Ollenhauer und Hansen haben sich einmal mehr gebeugt – sei es, daß sie das Verlangen ihrer »linken« Verbände nicht ernst nehmen, sei es, daß sie eine Komplizenschaft der ›Trotzkisten‹ mit dem faschistischen Feind für möglich halten, sei es, daß es ihnen einfach opportun erscheint, abzuwarten, bis der Krieg vorüber ist und sich alles Weitere finden wird. Wieviel Kraft auch würde es erfordern, jetzt, da die Dinge noch in Fluß zu sein scheinen, das Ruder herumzureißen, und woher hätten sie sie nehmen sollen? So wird Carrillo auch im Jahr 1938, und bis Franco im Frühjahr 1939 vor Madrid steht, die unverbrüchliche Solidarität der SJI bezeugt, auf Internationalen Jugendtagen und Kundgebungen, in Telegrammen, Aufrufen und Resolutionen. Ollenhauer verspricht, »alles zu tun, um Euch zu helfen«, und er gelobt, die Solidaritätsaktionen fortzusetzen und zu verstärken, »damit wir zu unserem Teil mithelfen am endgültigen Sieg der Freiheit und der Demokratie in Spanien und in Europa«. Und in einer Resolution am Jahresende, die er wie immer selbst aufgesetzt hat, werden die demokratischen Länder gemahnt, die spanische Frage nicht durch ein zweites Münchner Abkommen zu lösen. Kein Zweifel: Er will, solange nichts Endgültiges geschehen ist, unbedingt weiter seine Pflicht tun, und er tut sie, auf seine Weise. Daß im übrigen alle Gelöbnisse 1938 und 1939 nicht mit gleicher Hingabe gegeben werden wie noch im ersten Kriegsjahr, liegt kaum an einer Überprüfung des Verhältnisses zur Vereinigten Sozialistischen Jugend. Hitlers Vormarsch nach Österreich, sein Zugriff auf die Tschechoslowakei und der herannahende große Krieg bedrohen das eigene Schicksal und die unmittelbare politische Zukunft so sehr, daß der Krieg in und um Spanien mehr und mehr in den Hintergrund rückt.

Dennoch: In der europäischen Arbeiterbewegung, zumal wo diese sich noch frei entfalten konnte, vor allem im Norden, blieb die Sympathie für die spanischen Republikaner lebendig, und daß in der SJI das Thema nicht von der Tagesordnung verschwand, dafür sorgten nicht zuletzt Carrillo und seine Leute, dies auch dann noch, als der Krieg hoffnungslos verloren war, die Kommunisten ihn aber fortgesetzt wissen wollten. Nachdem Barcelona und Katalonien im Februar 1939 gefallen waren, redeten in Paris Carrillo und Cabello vier Stunden lang auf Ollenhauer und Ernst Papanek ein. Carrillo erläuterte die Gründe für den Zusammenbruch: Mangel an modernem Kriegsmaterial und die Anarchisten. Er kündigte die Fortsetzung des Kampfes in Zentralspanien an, wo man »mit einer besseren Unterstützung durch das Hinterland« rechnen könne, und er forderte von der SJI »große Anstrengungen«, darunter »eine neue Besprechung« mit der KJI. Die wollte Ollenhauer »ohne eine Ermächtigung durch die Körperschaften der Internationale« nicht, ansonsten zeigte er sich »dankbar« für den Bericht und dafür, »die sichersten Informationen über die gegenwärtige Lage in Spanien und über die Auffassungen unserer Genossen zu erhalten«. In einem Artikel für seine Jugend-Korrespondenz nannte er Carrillos Appell »ergreifend«. Auch in der Stunde der Gefahr bleibe die SJI ihrer bisherigen Einstellung treu. Noch in Oslo, auf der Büro-Sitzung Anfang März 39, blieben die Rollen verteilt: Cabello erzählte vom Widerstand der

Regierung Negrin, und die Führung der SJI übermittelte Carrillo »die herzlichsten Grüße«.

Nach Meinung der Welt war der Krieg am 9. Februar zu Ende gewesen. Der Präsident der Republik, der Generalstabschef und auch Ministerpräsident Negrin hatten die Grenze überschritten. Negrin allerdings war zwei Tage später zurückgekehrt, um doch noch weiter kämpfen zu lassen, wie es die Kommunistische Partei wollte. Noch einmal bildete sich eine Front hinter der Front, denn in Madrid erhoben sich nun die nicht-kommunistischen Republikaner gegen die KP, Negrin und beider Widerstandspläne. Am 27. Februar erkannten die Westmächte Franco an, am 28. legte Azaña das Amt des Präsidenten der Republik nieder, am 5. März erklärte eine Junta Negrin für abgesetzt. Tags darauf, er stützte sich nur noch auf kleinere Einheiten, verließ er mitsamt der kommunistischen Parteiführung das Land zum zweiten Mal, diesmal per Flugzeug. Alles Weitere war eine Frage von Tagen. Die wenigen Reste des republikanischen Lagers lösten sich auf. Am 28. März marschierte Franco in die längst zermürbte Hauptstadt ein und hielt fürchterliche Rache.

Der Krieg also ist aus. Und nun plötzlich richtet Erich Ollenhauer an Santiago Carrillo die Frage nach seiner parteipolitischen Zugehörigkeit. Bisher sei diese Frage von untergeordneter Bedeutung gewesen, »da es in erster Linie darauf ankam, den spanischen Freiheitskampf zu unterstützen, und da in diesem Kampf die Verbindung der beiden Arbeiterparteien eine Lebensnotwendigkeit war«. Nun aber, unter den Bedingungen von Illegalität und Emigration werde sie »aktuell«. Längst, schon seit 1937 und stärker im Laufe des Jahres 38, hatten sich in Spanien Gruppen der ›alten‹ Sozialistischen Jugend aus der Umklammerung durch die Kommunisten gelöst und begonnen, sich neu zusammenzufinden. Der mühselige und schmerzvolle Klärungsprozeß war bei Kriegsende abgeschlossen und bald öffentlich geworden. Am 24. Juni 1939 wendet sich die Sozialistische Partei, die ein eigenes Jugendsekretariat gebildet hat, an den Sekretär der SJI, und am 12. Juli beantragt ein Alfonso Rodriguez für die Sozialistische Jugend Spaniens – Sitz: Oran – formelle Anerkennung und Aufnahme in die Internationale. Damit ist die SJI gezwungen, die Frage der Mitgliedschaft von Carrillos Jugendverband neu aufzurollen.

Tatsächlich konnte es der SJI nun gar nicht schnell genug gehen. Noch im Juni, genau vier Monate nach jener Sitzung in Oslo, auf der ihr noch Weggenossenschaft versprochen worden war, hatte Ollenhauer die Vereinigte Sozialistische Jugend – Sitz: Paris – in einem erstmals sehr kühlen und formalen Brief wissen lassen, daß ihre Mitgliedschaft bis zur Entscheidung des Exekutivkomitees Ende Juli in Lille ruhe. Wie diese Entscheidung ausfallen würde, war indes nicht mehr zweifelhaft. Die »brüderlichen Kampfgrüße« der KJI taten ebensowenig Wirkung wie neuerliche Beschwörungen Santiago Carrillos, der in verblüffender Dreistigkeit darauf abhob, daß er und seine Freunde die gleichen Kommunisten seien wie vor zwei Jahren; schließlich habe »jedermann« gewußt, daß Kommunisten und Sozialisten in der Vereinigten Jugend seien. Ollenhauer antwortete darauf mit dem Hinweis, er mische sich nicht in innere Differenzen ein. Daß die Zugehörigkeit der Vereinigten Jugend zur SJI in Frage gestellt sei, begründete er ausschließlich mit der Haltung der Sozialistischen Partei. Der Schlußstrich unter die traurige spanische Episode war stillschweigend längst gezogen, was in Lille verhandelt wurde, nur noch offizieller Nachklang.

Im Bericht Erich Ollenhauers in Lille fand sich kein einziges Wort der Rechtfertigung oder der Auseinandersetzung mit dem spanischen Geschehen und der Rolle der SJI. Er ließ es bewenden bei der Feststellung »loyaler Zusammenarbeit« bis zum Ende des Bürgerkrieges; man habe gemeinsame Anstrengungen machen wollen, »um den Kampf der spanischen Jugend wirksam zu unterstützen«. Er sprach von den Entscheidungen der spanischen Sozialistischen Jugend, die nun eine wesentliche Änderung herbeigeführt hätten, und dann sei da auch noch die kommunistische Verbundenheit der führenden Mitglieder der Vereinigten Jugend; ihre Aufnahme sei »in voller Kenntnis der Tatsache« erfolgt, daß in der Vereinigten Jugend »auch Kommunisten aktiv und an maßgebender Stelle mitwirken«. Erst im Laufe der Entwicklung – er nannte keinen Zeitpunkt – hätten er und seine Freunde erkennen müssen, daß die Leitung »auch öffentlich bemüht war, ihre offene kommunistische Haltung bekanntzugeben«. Die »Schuldfrage« sei also »klar«.

Carrillos Brief an seinen Vater, gerade eben bekannt geworden und den Sitzungsunterlagen beigefügt, diente der willkommenen Illustration für das »offene« Bekenntnis. In diesem Brief hatte Carrillo seiner »Liebe zur Sowjetunion und zum großen Stalin« Ausdruck gegeben, hatte vom Haß »Eurer caballeristisch-trotzkistischen Bande« gesprochen, und er hatte vor aller Öffentlichkeit die Beziehungen zu seinem sozialistischen Vater, den er des Verrats bezichtigte, abgebrochen: »In Treue zu meiner Partei, meiner Klasse und der Sache des Sozialismus.« Ollenhauer also beantragte, so wie es zuvor Büro (einmütig) und Exekutivkomitee (mit großer Mehrheit) beschlossen hatten, die Mitgliedschaft der Vereinigten Sozialistischen Jugend Spaniens als erloschen zu betrachten. Der Kongreß folgte dem Antrag ohne Gegenstimme bei einer Reihe von Enthaltungen. Seine Begründung lautete: »Die Vereinigte Sozialistische Jugend Spaniens ist heute eine von Kommunisten geführte und nach den Weisungen der Kommunistischen Jugend-Internationale arbeitende Organisation.« Zu denen, die gegen die allzu rasche Kehrtwendung in der spanischen Frage opponierten, zählten vor allen anderen die Norweger und der unter dem Pseudonym Pichler teilnehmende und vor dem Kongreß mit Carrillo in der Sache streitende Bruno Kreisky. Sie meinten, daß die weitere Entwicklung auf seiten der Spanier abgewartet werden und daß zunächst einmal Zeit vergehen sollte, bis neue Beschlüsse gefaßt würden. Der Österreicher machte zusätzlich geltend, daß es schwer sein werde, den Angehörigen der illegalen Verbände einen Ausschluß verständlich zu machen.

So war nun alles wieder im Lot. Das Sich-Einlassen auf Carrillo und die spanische Einheitsfront fiel rascher Vergessenheit anheim. Es war, als sei nichts gewesen. Torsten Nilsson, der in Lille seinen dänischen Freund H. C. Hansen im Amt des SJI-Vorsitzenden ablöste, hielt vor dem Kongreß eine nachdenkliche und einsichtige Rede über Demokratie, Diktatur und Sozialismus, die Kreisky in Stockholm ins Deutsche übersetzt hatte. Es war die Rede eines skandinavischen Politikers – Ollenhauer hätte sie im Kern der Aussage ebenso halten können –, der sich erhaben wußte über all das Hin und Her um Aktions- und Einheits- und Volksfront und von ihren südländischen – historischen wie gesellschaftlichen – Bindungen wenig wissen wollte. Dies schließt in keiner Weise aus, daß Erich Ollenhauer, Torsten Nilsson und H. C. Hansen – die eigentliche Führung der Sozialistischen Jugend-Internationale in diesen Jahren – bis zuallerletzt alles für die spanische Republik hatten tun und helfen wollen. Das zeichnete sie aus. Doch warum brachten sie nicht ein einziges Mal kritische Fragen vor, wie sie nicht nur in der internationalen Presse erörtert, sondern ihnen auch von Vertretern der SJI-Linken nahegebracht wurden? Statt dessen: eine umfängliche Materialsammlung, die Erich Ollenhauer bald nach der Entscheidung von Lille zusammenstellte und die belegen sollte und tatsächlich auch belegte, ein welch böses Spiel Carrillo und die Kommunisten gespielt hatten. Es wird genauestens dargelegt, daß Carrillo frühzeitig nicht nur Mitglied der KP geworden sei, sondern auch ihres Politbüros, andere führende Männer der Vereinigten Jugend hätten dem Zentralkomitee angehört; daß überall in den Regionen Sozialisten aus den Körperschaften der Vereinigten Jugend herausgedrängt worden seien und mit welchen Mitteln; aber auch, daß Gruppen junger Sozialisten sich schon bald unter eigener Fahne zu sammeln begonnen hätten. Diese Materialzusammenstellung – überschrieben: »Die Sozialistische Jugend-Internationale und Spanien« – sollte untermauern, was immer schon festgestanden hatte: Mit Kommunisten gemeinsam könne man nichts erreichen. Was ja seiner Logik nicht entbehrte und doch der komplizierten Wirklichkeit ebensowenig gerecht wurde wie der Selbsthypnose, die Ollenhauer und seine Freunde hinter sich hatten.

Knatsch ohne Ende und ein langer Abschied von Prag

Zwischen den deutschen Vorstößen des Jahres 1933 gegen »das den Frieden gefährdende Treiben der internationalen Sozialdemokratie« auf CSR-Boden, so die Deutsche Gesandtschaft ans Auswärtige Amt, und denen des Jahres 1937 hatten drei Jahre relativer Sicherheit gelegen, allen Bedrohungen zum Trotz. Die Angst, gänzlich vom Westen abgeschnitten zu werden, hatte sich als übertrieben herausgestellt, und so waren Überlegungen, den Sitz der Sopade »nach dem Westen« zu verlegen, immer wieder zu den Akten gelegt worden. Noch auf der Rückreise von Spanien hatte Ollenhauer durch Österreich fahren und in Salzburg umsteigen können. Er und seine Freunde hatten sich in der Tschechoslowakei eingerichtet, und sie wollten nicht weg. Als es soweit war und Berlin sich entschloß, den Strick um den Hals der CSR zuzuziehen, da wurde ihre so generöse Emigrantenpolitik zur Waffe gegen sie selbst. Vier Jahre lang war die CSR der Emigration eine Heimstatt gewesen, nun sah sie keinen anderen Ausweg mehr, als sich dem Druck zu beugen.

Bereits im Mai 1937 hatte Erich Ollenhauer Anlaß, seine Vorstandskollegen und die Grenzsekretäre »ausführlich« ins Bild zu setzen: über die augenblickliche Lage »der sozialdemokratischen Emigration in der CSR, die polizeilichen Maßnahmen zum 1. Mai und unsere Bemühungen, die Eingriffe in unsere Tätigkeit zu verhindern«. In derselben Sitzung, im Zusammenhang mit seinem Bericht zur Situation in Spanien, forderte er zwar noch, alles zu unterlassen, was »die Fortsetzung unserer Tätigkeit hier« gefährden könnte, doch die Ahnung, daß man nicht würde bleiben können, sollte ihn und die Sopade in diesem Jahr 1937 nicht mehr loslassen. Sie lag fortan wie ein dunkler Schatten über der Arbeit, auch wenn Entscheidungen sehr lange hinausgezögert wurden. Der Regierungsplan, die deutschen Emigranten aus den Grenzgebieten aus- und im kaum bewohnten böhmisch-mährischen Hochland anzusiedeln, ihnen damit erstens die Chance jeglicher Unterstützung zu nehmen und zweitens jede Grenzarbeit unmöglich zu machen, wurde dank öffentlichen Drucks und massiver Intervention von Taub noch zunichte gemacht. Doch das Unheil konnte er nur hinauszögern, aufhalten konnte er es nicht. Am 3. Dezember mußte Siegfried Taub seinen Freunden im Sopade-Büro – Wels, Vogel, Ollenhauer – mitteilen, daß das Verbot des »Neuen Vorwärts« bevorstehe; der Druck auf die CSR komme nicht nur aus Berlin, sondern auch aus London.

Siegfried Taub, der das Menschenmögliche getan hatte, um den deutschen Emigranten ihr Los zu erleichtern, war wieder einmal Mittler zwischen der Burg und der Sopade, zwischen Behörden und Emigranten. Aber unter welch veränderten Vorzeichen! Jetzt, da das Land um sein eigenes Überleben bangte, war es an den Gastgebern, um Verständnis zu bitten, um Verständnis für die Lage ihrer Republik. Die Regierung in Prag und beide sozialdemokratischen Parteien, die deutsche wie die tschechische unter Hampl, wünschten die Einstellung der Druckerzeugnisse, ehe es zum offiziellen Verbot käme; die Grenzarbeit würde unberührt bleiben. Die Sopade beugte sich dem Wunsch am Heiligabend 1937 und kam überein, den »Neuen Vorwärts« zum Jahresende einzustellen. Ollenhauer, der die Debatte bestimmte, war entschieden dafür, Wels dagegen, doch »mit Rücksicht auf die Genossen von der DSAP« enthielt er sich eines Votums. In dieser weihnachtlichen Sitzung sollte es mit der Übereinkunft in Sachen NV allerdings nicht sein Bewenden haben.

Paul Hertz wollte die Entscheidung in einen größeren Zusammenhang gestellt wissen: Wenn der NV, wie ins Auge gefaßt, fortan in Paris erscheine, werde es dort zwei sozialdemokratische Blätter geben. Damit spielte Hertz auf die »Deutsche Freiheit« an, das einstige Organ der Saar-SPD, das er selbst 1933 betreut hatte und das Max Braun nun für die sozialdemokratischen Emigranten in Frankreich neu herausgab. Seine Frage, ob es angesichts der politisch wie materiell schmalen Basis nicht an der Zeit sei, »die Sammlung der sozialdemokratischen Emigration unter unserer Führung vorzunehmen«, blieb wiederum, wie schon ein Jahr zuvor, im Raum stehen. Damals hatte Hertz einen ersten Vorstoß zur Überwindung der Gruppen gestartet, allerdings unmittelbar nachdem Neu Beginnen in einem überlangen, buchähnlichen Rundschreiben Hohn und Spott über die »Wels'sche Traditionskompanie« ausgegossen und für sich in Anspruch genommen hatte, »ein sichtbares neues Zentrum der heutigen Sozialdemokratie« herauszubilden. In ihrer gleichfalls per Rundschreiben verbreiteten Antwort, von der Hertz nicht informiert worden war, hatte die Sopade noch einmal ihren Anspruch dagegen gesetzt: nämlich die Partei zu vertreten, die »in Deutschland lebt und kämpft unter Anpassung an die gegebenen Bedingungen«. Oder, wie Wels es 1936 in der ihm eigenen apodiktischen Weise formuliert hatte: »Die uns bestrittene Autorität ist da. Wenn sie nicht auch draußen vorhanden ist, drinnen ist sie es.«

Durch diesen Schlagabtausch 1936 war das ohnehin gespannte Verhältnis zwischen Hertz und der übrigen Sopade weiter belastet worden. Von Hertz' Bindung an Neu Beginnen hatte die Sopade seit 1934, genauer: seit Heines NB-Denkschrift aus dem Schreibtisch von Wels verschwunden und über Hertz an die SAI gelangt war, eine

Ahnung, und seit Ende 1936 hatte sie darüber Gewißheit; Entscheidungen in der Sopade fielen fortan ohne ihn und die NB-verdächtigen Grenzsekretäre. Gegenüber Michel (Waldemar von Knoeringen) und Helmuth (Franz Bögler) gab Ollenhauer zu, daß man die Sekretäre auch schon vor 1936 »nicht immer zureichend« informiert habe, aber seit Ende 36 sei nun sicher, »daß wir in Euch beiden Vertreter einer konkurrierenden Organisation zu sehen haben«. Die drei Oppositionellen haben sich zu ihrer NB-Verbundenheit erst viel später bekannt, Hertz in einer Sitzung im Februar 1938, in der er den Bruch mit der Sopade ins Jahr 34 datierte. Erich Ollenhauer empfand es als tief illoyal, daß Hertz über mehrere Jahre versucht hatte, seine NB-Kontakte geheimzuhalten, und seinen Vorstandskollegen gegenüber so getan hatte, als sei er überzeugtes Mitglied ihrer Gemeinschaft. Daß er mit Hertz nicht ›konnte‹, hatte hier seinen Grund. Wie konnte ein Vorstandskollege für den Ausschluß von Aufhäuser und Böchel stimmen, mit eben diesem Ausschluß aber drei Jahre später seinen Bruch mit der Sopade begründen?

Hertz' nachträgliche Entschuldigung, er habe den PV nicht in Schwierigkeiten bringen wollen, nahm Ollenhauer nicht hin. Daß einer sich von der Sopade lossagte und sich anders orientierte, das mochte noch hingehen. Da war zum Beispiel der Fall des einstigen Stuttgarter Parteisekretärs Erwin Schoettle, der von der Schweiz aus illegal arbeitete. Er stand all die Jahre in keinem direkten Angestelltenverhältnis zur Sopade, erfuhr aber mehrfach materielle und ideelle Unterstützung für seine Inlandsarbeit. Einen ausführlichen und ziemlich harten Briefwechsel, in dem Schoettle auch ein politisches Glaubensbekenntnis für Neu Beginnen ablegte, beendete Ollenhauer im Frühjahr 38 dadurch, daß er 200 Schweizer Franken anwies, um Fortsetzung des bisherigen Verhältnisses bat und auf eine Aussprache hoffte. Aber doppeltes Spiel? Nein, dafür durfte es Nachsicht nicht geben.

Natürlich war niemand »im Grundsatz« gegen die von Hertz nun geforderten Einigungsbestrebungen. Doch wo war die dafür unumgängliche Vertrauensbasis, und wo war die innere Bereitschaft, ernsthaft über eine Zusammenführung der sozialdemokratischen Gruppen zu reden, eine »Konzentration«, wie man bald sagen sollte? Im Gegenteil: So wie die Dinge sich entwickelt hatten, mußte das Thema zum Reizthema werden. Jener Grenzsekretär (es war Bögler), der 1936, als zuerst davon die Rede war, gefragt hatte: »Wird der Knatsch nun wieder losgehen?«, sollte seine dunklen Ahnungen nur zu rasch bestätigt sehen, auch wenn er gewiß nicht geahnt hat, daß ein neues Exil damit belastet würde. Der Knatsch also ging wieder los. Und das in einem Augenblick – Jahresende 1937 –, da ein anderer Knatsch gerade begraben war: »Im Geiste gegenseitigen Vertrauens«

war im September die Rückgliederung der »Revolutionären Sozialisten« in das Grenzsekretariat Karlsbad vollzogen und damit ihre Auflösung besiegelt worden. Böchel über die »Tragikomödie« an Adler: »Ich habe 30 Jahre lang diesen Apparat zu reformieren und zu revolutionieren versucht, jetzt strecke ich die Waffen.«

Die Frage drängt sich auf: Gab es eine innere Zwangsläufigkeit für Streit in der sozialdemokratischen Emigration? Warum ging der eine Knatsch wieder los, wenn der andere gerade bereinigt war? Warum dieses Versteckspielen und dieser Unwille zur Offenheit; warum »ununterbrochen Sitzungen«, wie Ollenhauer seufzte, warum all das in einem Augenblick, da sich der Schatten eines zweiten Exils über dem so liebgewonnenen ersten Exilland niedersenkte, da in Spanien die vorläufig letzte Schlacht um die europäische Demokratie verloren zu gehen drohte, da Hitler neuerlich triumphierte? Von Paul Hertz sagen viele, die ihn kannten, er sei liebenswürdig gewesen und ein Mensch, von dem man nur Gutes sagen könne, und jedenfalls nicht streitsüchtig. Aber das waren seine Gegenspieler in der Sopade auch nicht, Ollenhauer am wenigsten. Um was also geht es?

Anfang 1938 geraten Paul Hertz und Erich Ollenhauer erneut aneinander. Streitpunkt: Wer optimistischer sei »in bezug auf die Lage in Deutschland«, und wer recht habe: der vor einem Jahr seinen Optimismus »auf die Kraft von draußen« (Ollenhauer) oder der ihn »auf die Kraft von innen« (Hertz) gestützt habe. Erich Ollenhauer bezweifelt, daß »irgend eine Organisation in Deutschland zur Zeit in der Lage sei, aus den verschlechterten Bedingungen des Regimes wesentliche Fortschritte zu erzielen«, freut sich aber mit Paul Hertz über ihrer beider Optimismus und ist mit ihm dafür, »die Fahne in Deutschland« hochzuhalten. Sechs Wochen später erklärt Hertz, eine Stellungnahme zum Problem der Sammlung schließe ein, »zu wissen, was in Zukunft getan werden soll«. Es handele sich nicht um ein persönliches und nicht um ein moralisches Problem, sondern um »die Frage des politischen Arbeitens«. Als kurz darauf eine Stellungnahme nach Deutschland verbreitet werden soll, da vermag keiner von beiden, Hertz nicht und Ollenhauer nicht, die »Vorgänge in und um die Reichswehr« einzuschätzen; auch über die Stimmung in Deutschland wissen beide fast nichts.

Wie aber soll die Fahne in Deutschland hochgehalten und woraus soll abgeleitet werden, was zu tun sei, wenn das Geschehen in Deutschland in so weite Ferne gerückt ist? In der Tat: Je schwieriger die Verbindungen nach Deutschland wurden, desto beliebiger wurde die Berufung auf »Drinnen«; in Sitzungs- und Besprechungsprotokollen ist der Zusammenhang unverkennbar. Der Nationalsozialismus marschierte, und gegen Hitler war weniger denn je auszurichten. Wurden deshalb Scheingefechte geführt, und suchte man sich deshalb

Ersatzgegner? Und dies mit um so mehr Hingabe, als vom Ausgang so gar nichts abhing? Gewiß spielte auch eine Rolle, daß Menschen, die so lange und auf so engem Raum zusammenwirken, viel leichter in Streit geraten. »Wer soll gestürzt werden?« hatte Victor Schiff einmal gefragt und in der »Zeitschrift für Sozialismus« nachgewiesen, daß die Revolutionären Sozialisten den Parteivorstand stürzen wollten, weil sie Hitler nicht stürzen könnten. Das war gewiß gut beobachtet. Aber galt nicht ebenso und erst recht für die Sopade, daß sie Ersatzhandlungen zuneigte und Ersatzgegner bekämpfte?

Aus anderem Anlaß war darauf verwiesen worden, daß es jenseits von Nationalität und politischem Bekenntnis eine emigrations-spezifische Mentalität gibt; Victor Adlers und Karl Kautskys brieflich geäußerte Gedanken über die russische Emigration des Jahres 1905 wären durchaus auf die deutsche Emigration des Jahres 1937 zu übertragen. Und dennoch: Keine Emigration und keine Emigrationsgruppe geht in dieser Mentalität auf, jede Emigration und jede Emigrationsgruppe hat ihre eigenen Bedingtheiten und ihre eigenen Besonderheiten, die vom jeweiligen geschichtlichen Hintergrund nicht zu trennen sind. Jenen deutschen Sozialdemokraten in Prag, die sich für die wahren und richtigen hielten, war eigen, daß sie von Temperament und Tradition her eine Abwehrmauer gegen alles Neue und alle Spielarten von Konkurrenz errichteten, daß sie schwelende Konflikte nicht offen austrugen und niemals daran dachten, daß ein besonderer Anspruch auch eine besondere Verpflichtung bedeutet. Was nicht ausschließt, daß mancher sich aus diesem Kreislauf des Knatsches gelegentlich zu lösen versucht hat. Auch der einzelne Emigrant geht nicht auf in der Mentalität der Gruppe oder ihren Bedingt- und Besonderheiten!

Zu Jahresbeginn 1938 betrieb Erich Ollenhauer die ersatzlose Einstellung der »Sozialistischen Aktion«, deren letzte Nummer tatsächlich im März 1938 herauskam. Wußte er also um die Sinnlosigkeit solcher und ähnlicher Propagandamethoden? Ollenhauer spielte auch einen neuerlichen Streit um Michel und Helmuth gezielt herunter; beider einstige Berichterstattertätigkeit zugunsten der spanischen Gesandtschaft in Prag suchten Vogel, Rinner und Crummenerl nämlich zum Anlaß organisatorischer Konsequenzen zu machen. Das genau wollte Ollenhauer um der Geste prinzipieller »Konzentrations-Bereitwilligkeit« nicht, obwohl auch er die Nichtinformation des PV für unverzeihlich hielt. Er führte geduldig Einzelgespräche mit den beiden und behauptete sich schließlich mit seiner Linie des Ausgleichs, die jedoch keinen Bestand haben sollte. Per Rundschreiben setzte er die übrigen Grenzsekretäre in Kenntnis und fügte den Ende Februar gefaßten, prinzipiell befürwortenden Beschluß der Sopade »zur Sammlung der deutschen Sozialdemokraten« bei.

Die souveräne Verhandlungsführung in dieser Runde mag ihm um so leichter gefallen sein, als Otto Wels nicht mehr dabei war. Schon 1937 und erst recht nach der Jahreswende schien er nicht mehr der alte. Selbst die Berichterstattung über SAI-Sitzungen hatte er Ollenhauer überlassen, der nun auch die gesamte Post erledigte. Im Februar war Wels so krank geworden, daß er an den Sitzungen nicht mehr teilnehmen konnte. Seine Autorität schien auf Ollenhauer überzugehen, der begann, aus dem Schatten des Alten herauszutreten. Aber das sollte kein gradliniger Prozeß werden. Nur wenige Tage, nachdem er den Streit mit Michel und Helmuth geschlichtet hatte, und einen Tag nach Bekanntmachung des ›Sammlungs-Beschlusses‹ schickte er dem bereits in Paris weilenden Vogel einen Bericht über die Intrigen von NB und forderte, daß wir »an unserem ablehnenden Standpunkt unbedingt festhalten«. Ohnehin wäre die Sopade nicht, noch nicht, auf einen anderen Weg zu bringen gewesen, auch wenn Ollenhauer sich dies vorgenommen hätte. Dazu fehlten alle Voraussetzungen. Bestimmend blieben jene Merkmale, die die Weimarer SPD geprägt hatten und die sich unter den Bedingungen der Emigration bis zur Karikatur verzerrt hatten: Wir sind, wer wir sind – man sollte wissen, wer wir waren –, und es wird sich zeigen, wer wir wieder sein werden. Aber auch Ollenhauer dachte, trotz erster Konzessionen an Toleranz und Verständigungsbereitschaft, an einen wirklichen Kurswechsel nicht, noch nicht. Dazu bedurfte es des Krieges und der damit verbundenen konkreten Aussicht, daß es mit Hitler-Deutschland zu Ende gehe. Einstweilen hatte Ollenhauer ohnehin ganz andere Sorgen.

Seit dem Jahreswechsel drängte Siegfried Taub auf Umzug, und seit dem Jahreswechsel war die Parteikasse nahezu leer. Die Sache mit dem Archiv war gleichsam eingeschlafen, und erst jetzt, Anfang 1938, wirft der Parteikassierer die Frage auf, ob man nicht doch »mit dem Internationalen Institut in Holland« verhandeln sollte. Mit einem raschen Verkaufserlös könne jedoch in keinem Fall gerechnet werden, und so schlägt Crummenerl drastische Einsparungen nicht nur bei den Grenzsekretariaten, sondern auch im »zentralen Büro« vor: Besoldet werden sollen künftig nur noch vier Büromitglieder. Ollenhauer beeilt sich, Paul Hertz zu versichern, daß er im Vorstand bleiben solle, »mit Rechten und Pflichten«, auch wenn er nicht besoldet werde; er selber wolle versuchen, bei der SJI unterzukommen. An Curt Geyer schreibt er, man werde einen kleinen geschäftsführenden Vorstand aus vier Mitgliedern haben, den beiden Vorsitzenden, Siegmund und Hugo (Rinner). Es sei für jeden einzelnen eine schwere Entscheidung gewesen, »aber sicher ein Gewinn«, daß ein einstimmiges Resultat erzielt worden sei. Er selbst kann, wie er gehofft und wohl auch erwartet hat, die SJI veranlassen, für seinen

Lebensunterhalt aufzukommen. Ihr Vorsitzender, H.C. Hansen, weilt Ende März auf Besuch in Prag und stimmt zu.

»Solange als möglich« sollen drei Grenzsekretariate in der Tschechoslowakei weiterzuarbeiten suchen: Kurt Weck, der Nachfolger Langes, mit Sitz in Karlsbad für Sachsen; Helmuth Hertel in Prag für Schlesien; Michel ebenfalls in Prag für Bayern. Zum Zentralen Vertrauensmann der Sopade, der in der CSR bleiben soll, wird Wilhelm Sander bestimmt; seine Funktion in der Sozialdemokratischen Flüchtlingshilfe würde ihm, so die Hoffnung, eine »gewisse Bewegungsfreiheit« garantieren. Ohne daß man noch darüber geredet hätte, war klar geworden, daß der Sitz ›nach dem Westen‹ zu verlegen sei. Die Entscheidung, ob es Brüssel oder Paris werden würde, blieb Erkundungen vorbehalten, die Vogel, Crummenerl und überraschend auch Hertz auf einer West-Reise machen sollten. Die drei reisten »fünf vor zwölf«, so berichtete Ollenhauer an Brost, durch Österreich nach Brüssel. Dennoch dürfte von vornherein festgestanden haben, daß der neue Sitz Paris heißen würde. Seit Jahresbeginn erschien der »Neue Vorwärts« in Paris. Heine (Geschäftsführung) und Geyer (Redaktion) hatten in der Rue Mayran bereits ein kleines Büro eröffnet, und auch Rinner war, zwecks Umstellung der Deutschland-Berichte, schon nach Paris übergesiedelt. Die nach seinen eigenen Worten »harte Nuß« der Übersiedlung zu knacken, blieb also Sache Ollenhauers. Es war eine Aufgabe nach seinem Geschmack. Organisatorisches Talent war gefordert, und überhaupt galt es endlich einmal richtig anzupacken!

In einer Lage des »Alles will weg« – Anfang März 1938 – versucht er, zunächst etwas Beruhigung zu schaffen. Das ist die Voraussetzung dafür, daß er die Sopade und ihr Organisationsnetz in der CSR auflösen, daß er, wie er selbst schreibt, die Dinge »in geordneten Bahnen« abwickeln, einen »geordneten Rückzug« antreten, die Übersiedlung »einigermaßen geordnet« durchführen kann. Er will niemanden dabei haben, der ihm dreinredet. Hans Vogel, der von Paris aus zurückkehren will, verbietet er es höflich, aber bestimmt; er solle lieber schnellstmöglich ein neues Büro in Paris aufbauen. Was zu tun ist, das weiß und besorgt er selbst: Nach Teplitz und nach Karlsbad fahren, damit bei »unseren Mitarbeitern« nicht »das Gefühl vollkommener Verlassenheit« aufkomme; sich um die Familien der schon abgereisten Sopade-Mitglieder kümmern und Berichte über ihr Befinden nach Paris schicken; für alle, auch die Mitarbeiter und ihre Familien, Visa und Transportmöglichkeiten beschaffen helfen und Reiserouten ausarbeiten, die bis zum letzten Augenblick immer wieder geändert werden müssen; Ankunftsdaten nach Paris melden; deutsche Emigranten, die in der CSR gelebt haben, in Skandinavien unterbringen; an Rinner die eingegangenen Deutschland-Berichte weiterleiten; Möbel verladen; engsten Kontakt mit Taub halten; den zu guter letzt noch offen ausgebrochenen Richtungs- und Machtkampf in der DSAP beobachten. (7)

Seine größte Sorge gilt Otto Wels, der mit Gelenkrheumatismus in einem Sanatorium liegt. Er und seine Familie würden Prag nicht verlassen, ehe Wels nicht reisefähig sei und sie ihn mitnehmen könnten, so antwortet er immer und immer wieder auf die Frage nach seinen eigenen Reiseplänen. Da ist es ihm »ganz gleich, wie die Dinge in der nächsten Zeit sich gestalten«, und da nützt es auch nichts, daß Vogel ihn mahnt, aus dem Hexenkessel endlich herauszukommen. Hans Vogel, der zu dieser Zeit sehr deprimiert ist, will ihn nicht gerade drängen, er macht aber keinen Hehl daraus, daß Ollenhauer in Paris »sehr notwendig« gebraucht werde: »Du weißt, es ist nicht ganz einfach!« Dabei hat sich Ollenhauer schon brieflich mehrfach in die Pariser Dinge eingeschaltet. Er gibt Hinweise für Einreisebewilligungen, Wohnungs- und Bürosuche, spart nicht mit Vorwürfen und ist voller Ungeduld vor allem wegen des neuen Büros. Zugleich sorgt er sich rührend um den soviel Älteren und in der Hierarchie der Partei Vorgesetzten, der hilflos scheint: »Hoffentlich erreicht Dich dieser Brief morgen noch, damit Du wieder einen Sonntagsgruß von mir hast.« In der ersten Mai-Woche bringt er, in kleinen Gruppen zumeist, diejenigen auf den Weg, die noch in Prag sind; das Unternehmen ist kompliziert, weil wegen des Göring-Besuchs die Durchreise durch Polen verboten ist.

Ollenhauers packen zum Umzug, Prag, 27. Mai 1938. Am folgenden Tag reisen sie über Warschau, Gdingen, Kopenhagen, Antwerpen direkt nach Paris. Links Gisl Paul, in der Mitte Siegfried Ortloff, rechts die beiden Söhne.

Erich Ollenhauer sitzt nun buchstäblich allein im Büro auf der Palackeho trida, »verwaist«, aber guten Mutes und mit jener abgeklärten Gelassenheit gesegnet, die ihn die Last der Lage so souverän tragen läßt. Am 9. Mai berichtet er Heine fast fröhlich von dem Trubel und dem netten Durcheinander, »ehe endlich die ganze Gesellschaft einigermaßen fristgerecht verfrachtet werden konnte«. Im Büro herrsche nunmehr eine »himmlische Ruhe«. Tatsächlich muß er sich nun selber sputen. Am 28. Mai 1938 besteigen Erich und Martha Ollenhauer, ihre beiden nun fünfzehn und zehn Jahre alten Jungen, für die das alles ein großes Abenteuer ist, der kranke Otto Wels und seine Frau Toni in Prag den Zug. Dank einer dänischen ›Einladung‹ und nach vielerlei Hin und Her können sie über Warschau und Gdingen reisen; von »polnischer Wirtschaft« zu reden, wie es Philipp Scheidemann 1934 getan hat, kommt Ollenhauer nicht in den Sinn. Mit Rücksicht auf den Gesundheitszustand von Wels fahren sie ohne Aufenthalt durch bis Kopenhagen.

Die Reise strengt Wels so an, daß Ollenhauer ihn in Kopenhagen sofort ins Hospital bringen muß; die Diagnose lautet auf Knochenentzündung. Doch Ollenhauer fühlt sich erleichtert, denn nun ist er die große Sorge los, Otto nicht mehr rechtzeitig aus dem »Hunnenland« herausbringen zu können. Aber auch sonst: Man ist in Kopenhagen und trifft »in der alten herzlichen Kameradschaft« die alten Freunde wieder und genießt eine Woche lang »das ruhige Dänemark wie eine andere Welt«. Um Otto Wels würden sich die Dänen kümmern, dennoch fällt der Abschied von den »beiden Alten« schwer; daß sie bald würden nachkommen können, ist die Hoffnung von Martha und Erich.

Er hätte sich keine schönere Pfingstfahrt wünschen können als die Überfahrt von Esbjerg nach Antwerpen – wenn die allgemeinen Begleitumstände nicht wären. In einem langen Brief, den er an Bord an die Pauls in Prag schreibt, verbirgt er nicht die große Spannung, die ihn erfüllt. Gewiß, es zieht ihn mächtig nach Paris, dem Ort künftigen Wirkens, wo ohne ihn nichts zu laufen scheint. Aber welche Ungewißheit! Und was lassen sie zurück! Prag, die Stadt, in der sie sich wohlgefühlt hatten und in der alle Hoffnungen auf baldige Rückkehr nach Deutschland dahingegangen waren und die nun selbst im Würgegriff Hitlers zu ersticken drohte. Es wolle ihnen gar nicht in den Sinn, schreibt er an die Freunde, daß nicht auch diese Reise wieder in Prag enden würde. Und es mache ihn traurig, daß die Dänen, die interessiert seien, so gar keine Ahnung hätten von der Spannung, die über Prag liege. Brost in Warschau hat er noch von Prag aus die »faktische Gleichschaltung« im Sudetenland geschildert und hinzugefügt, daß der »Kern der Bewegung« (der Arbeiterbewegung) getroffen zu werden drohe. Er spricht von einer tragischen Parallelität zwischen der internationalen Situation der Weimarer Republik und der gegenwärtigen innenpolitischen Lage in der CSR und resümiert voller Bitterkeit: Was man zur rechten Zeit mit großem Erfolg hätte geben können, aber damals aus engstirnigem Nationalismus verweigert habe, das werde jetzt – er nennt das Minderheitenstatut – in vielfachem Umfang den offenen Feinden des Staates zugestanden, und das ohne Gewähr für eine Befriedung.

Nein, er hat keine Illusionen mehr. Seit dem deutschen Einmarsch in Österreich weiß er, was er längst schon geahnt, Hertz gegenüber auch einmal ausgesprochen hat: Hitler werde »das solidarische Handeln der Demokratien und der Selbstbehauptungswille der freien Völker« entgegengesetzt oder gar nichts. Was aber heißt das für die eigene Arbeit? Rudolf Hilferding gesteht er, daß sie neu durchdacht werden müsse, eben »unter dem Gesichtspunkt der völlig veränderten außenpolitischen und innerdeutschen Situation«. Er sieht nun klar vor Augen: Die Aussichten der Bewegung in Deutschland sind »unter dem Eindruck des neuen großen Erfolgs Hitlers« für absehbare Zeit auf ein Minimum gesunken.

Von seinem Glauben, daß alles wie ein böser Spuk vorüberziehen werde, auch wenn es länger dauere als angenommen, und daß man dann weitermache, wo man einst aufgehört hatte, mochte er dennoch nicht lassen. Unmittelbar bevor er selbst die Tschechoslowakei verließ, sprach er noch einmal der Sozialistischen Jugend Mut zu. »Ich bin fest überzeugt«, so rief er mitten im Mai 1938 in Reichenberg aus, »es kommt kein tausendjähriges Reich der Reaktion und Finsternis. Es ist nur eine Episode, ein Teil, ein Rückschlag, eine Unterbrechung des gigantischen Kampfes der Menschheit um Freiheit und menschliche Würde.« Die Sopade insgesamt hatte zum 5. Jahrestag der Machtergreifung, als sie in ein neues Exil weiterzog, ihren Glauben an das deutsche Volk bekräftigt. Auch hier eine neue Zeitperspektive: Die deutsche Sozialdemokratie rechne nicht mit dem Wunder eines plötzlichen Umschwungs. Aber sie glaube »an das deutsche Volk und an die deutsche Arbeiterklasse. Ein Volk von der geistigen Kulturhöhe des deutschen, das schon in zwei revolutionären Anläufen um seine Menschenrechte gekämpft hat, das schon jahrzehntelang eine freigewählte Volksvertretung und weitgehende staatsbürgerliche Rechte besaß, wird sich nicht ewig von Verbrechern terrorisieren lassen. Die deutsche Arbeiterklasse, Trägerin der edelsten menschlichen Traditionen, hat ihre Rolle als Vorkämpferin der Freiheit für das ganze deutsche Volk noch nicht ausgespielt.«

An einem der ersten Junitage des Jahres 1938 trafen Erich Ollenhauer, seine Frau und die beiden Söhne mit dem Zug aus Brüssel kommend in Paris ein.

Entfernte Verwandte

Als Erich Ollenhauer und seine Familie in Paris ankamen, hatten sich in Royan an der Atlantikküste die französischen Sozialisten zu ihrem alljährlichen Parteitag versammelt, zu einem Parteitag, der anders war als sonst, der über den Mißerfolg der Volksfront zu beraten hatte und damit nicht fertig wurde. In einem Klima der Angst und der wechselseitigen Verdächtigungen war die Einheit der orientierungslos gewordenen Partei von zwei Seiten bedroht. Die Anhänger der Gauche Révolutionnaire, mit ihrer starken Verankerung in der Pariser Region, wurden ausgeschlossen oder verließen die Partei; sie machten eine eigene kleine Partei auf. Die Pazifisten hingegen, die mehr waren als ein Flügel und von Paul Faure, dem Generalsekretär der SFIO und engsten Blum-Gefährten seit dem Wiederaufbau 1920, geführt wurden, setzten ihren Kampf fort, im Sinne ihrer Parole »Tout vaut mieux que la guerre«; sie wußten sich darin einig mit einer breiten Grundstimmung im Land. Der tragische Konflikt zwischen jenen, die widerstehen wollten, und jenen, die – vor der Alternative Widerstand oder Anpassung – Pétain oder sogar Hitler wählten, war in Royan nur erst in Ansätzen zu erkennen; noch war die Alternative für viele überdeckt von der Hoffnung, Frankreich könne sich durch Vorsicht Hitler vom Halse halten. Dennoch bedurfte es schon jetzt, im Sommer 1938, ausgeprägter Formulierungskünste, um einen Kompromiß zu erzielen. Nach dem Münchner Abkommen aber war nichts mehr zusammenzuführen: Die Partei zerbrach, und ihre Führer verfeindeten sich. (Ihre Anpassung an das Regime des Marschall Pétain überraschte daher nicht völlig. Jüngere Kräfte freilich begannen bald nach der Niederlage im Sommer 1940 eine illegale Kaderorganisation der Sozialisten aufzubauen.)

Die Sopade also traf in Paris auf eine Bruderpartei, die von einer existentiellen Krise geschüttelt wurde. Und sie traf auf eine Regierung, die einer Verständigung mit Hitler-Deutschland nicht abgeneigt schien. Am 8. April war Léon Blum mit seiner kurzlebigen zweiten Regierung gescheitert und zurückgetreten. Die Volksfront, längst nur noch ein Schatten ihrer selbst, war an ihr Ende gekommen. Es regierte Edouard Daladier, neben Herriot Spitzenmann der als ›radikal‹ eingestuften Liberalen, die verwirrenderweise als »Radikalsozialisten« firmierten. Er stand zunächst einem Kabinett der rechten Mitte vor, nach München stützte er sich nur noch auf die Rechte, deren Gefangener er geworden war. Eine seiner ersten Maßnahmen im Frühjahr 1938 bestand darin, daß er die Asylgesetzgebung der

Volksfront aufhob; der Zusammenhang mit dem außenpolitischen Stillhaltekurs war unverkennbar.

»Alle Menschen haben zwei Vaterländer, das eigene und Frankreich.« Unter diesem Motto haben Verfolgte aus allen Teilen Europas immer wieder in Frankreich Zuflucht gesucht und gefunden. So auch in den zwanziger Jahren, als Russen und Polen, Rumänen und Armenier und seit dem Machtantritt Mussolinis vor allem Italiener in großer Zahl in Paris oder sonstwo im Land untergekommen waren. So auch 1933, als deutsche Flüchtlinge massenhaft und ohne größere Hindernisse über die Grenze gelangten; immerhin hatte sich zur Jahreswende 1933/34 annähernd die Hälfte aller Flüchtlinge aus Deutschland – zwischen 25 000 und 30 000 Menschen – in Frankreich niedergelassen. Später kamen Saarflüchtlinge, Österreicher, Sudetendeutsche und, im Anschluß an den blutigen Sieg Francos, Spanier in großer Zahl hinzu.

Frankreich war das mit Abstand größte Emigrationsland, das Land, das den gewaltigsten Flüchtlingsstrom zu verkraften hatte. War die innere Situation des Landes zu labil, die Sorge um die eigenen Arbeitsplätze – die Krise war auch in Frankreich nicht überwunden! – zu ausgeprägt, die Vorsicht gegenüber dem neuen Regime östlich des Rheins jedenfalls unterschwellig mitschwingend, oder wo sonst lag der Grund, daß schon 1934 auch Frankreich ein sicheres Asyl nicht mehr bot? Als ein Korruptionsskandal das Land erschütterte, in dessen Mittelpunkt ein rumänischer Hochstapler stand, als im Herbst der jugoslawische König Alexander und der ihn begleitende französische Außenminister Barthou in Marseille ermordet wurden, als zu Jahresbeginn 35 noch die Saarflüchtlinge ins Land kamen, waren Anlässe für eine restriktive Asylpolitik gegeben. Der Willkür waren Tür und Tor geöffnet; dieser weitverbreiteten Unsicherheit einen Riegel vorzuschieben, wurde eines der nobelsten Anliegen der Volksfront.

Tatsächlich gehört das Frankreich der Volksfront zu den beispielhaften Aufnahmeländern, auch wenn die Praxis nicht immer und nicht überall den guten Absichten der Regierung folgte, und war nach oder mit der Tschechoslowakei das den Emigranten wohlgesonnenste. Blum hatte, kaum daß er ins Matignon eingezogen war, die Völkerbundkonvention über den juristischen Status der deutschen Flüchtlinge unterzeichnen lassen und einen »Ausweis für die aus Deutschland stammenden Flüchtlinge« eingeführt. Der Nachweis einer legalen Einreise sollte nicht mehr erbracht werden müssen, und Streitfälle, ob einer nun politischer Flüchtling war oder nicht, hatte fortan das Comité Consultatif beziehungsweise das Office Sarrois zu entscheiden; es war beim Innenminister angesiedelt und mit vier

Franzosen und vier Deutschen besetzt. Doch der Volksfront war wenig Zeit vergönnt, zu wenig, als daß die Regelungen hätten greifen und mehr als ein den Emigranten freundliches Klima hätte geschaffen werden können. Im selben Maße, wie sie der Auflösung verfiel und die Appeasement-Politik Gestalt annahm, verkümmerten die Ansätze einer verständnisvollen und positiven Flüchtlingspolitik. Verboten war nun auch wieder, illegal über die Grenze nach Frankreich zu kommen. Als am 2. Mai 1938, drei Wochen nachdem Daladier die Ministerpräsidentschaft übernommen hatte, ein erster neuer Erlaß herauskam, übrigens unter dem Vorwand, nationale Sicherheitsinteressen seien berührt, war jener Weg beschritten, der über mannigfach verschärfte Bestimmungen und ein zunehmend dichter werdendes Kontrollnetz, über Schikanen und sich häufende Ausweisungen, über die Vorbeugehaft anläßlich des Pariser Ribbentrop-Besuches im Dezember 38 und über die massenhafte Internierung deutscher Hitlergegner nach Kriegsausbruch schließlich im Artikel 19 des Waffenstillstandsabkommens zu enden schien. Aber es war, allem Anschein zum Trotz, kein gerader Weg, und zwangsläufig war er schon lange nicht!

Über das Asylland Frankreich nur aus dem Blickwinkel der »Mausefalle Marseille« zu urteilen und allein den Idealmaßstab eines Vaterlandes aller Verfolgten anzulegen, wird der Wirklichkeit nicht gerecht. Erstens wurde das Asylrecht auch unter Daladier noch einmal kodifiziert, und manche Ausweisungsbefehle blieben eben doch ein Stück Papier. Zweitens sind Generalisierungen aufgrund von Gesetzen und Dekreten für Frankreich womöglich noch weniger angebracht als anderswo. Nirgends in Europa spielten Improvisationen in der Bürokratie eine so große Rolle, und nirgends lahmte auch der Amtsschimmel so sehr. Nirgends in Europa, vom Balkan und vielleicht Polen abgesehen, spielte die Banknote eine solche Rolle wie in Frankreich; »das einzige«, schrieb Tucholsky 1935 an seinen Bruder, »was all diesen Kerlen und Ämtern imponiert, ist Geld.« (Davon aber hatten die preußisch-deutschen Sozialdemokraten von der Sopade keinerlei Ahnung und mochten sich auch nicht daran gewöhnen!) Nirgends auch war, wie Hans Albert Walter die Lage kennzeichnet, die »direkte Intervention irgendwelcher hochgestellter Persönlichkeiten«, waren die »Cher Ami-Empfehlungsbriefe einflußreicher Freunde« so wirksam wie in Frankreich.

In diesem Wirrwarr von Bestimmungen und Beziehungen nun mußten sich die Angehörigen der Sopade zurechtfinden. Von Prag her, in einer halbdeutschen Umgebung, waren sie nicht daran gewöhnt, und sie hielten es auch mit ihrer Stellung für nicht vereinbar oder sogar unter ihrer Würde, den Emigrantenalltag selbst zu gestalten. Im übrigen rächte sich jetzt, daß sie Verbindungen nach Paris zumindest nicht gepflegt hatten. Wie hatte doch Friedrich Stampfer gesagt: Jetzt erst begann ihre Emigration. Und doch waren sie immer noch viel besser dran als die meisten ihrer Schicksalsgefährten.

Alle Mitglieder und Mitarbeiter der Sopade waren mit gültigen Reisepässen der CSR, versehen mit Stempeln des französischen Konsulats in Prag, nach Frankreich eingereist. Erich Ollenhauer wurde, zu aller Erstaunen, schon wenige Tage nach seiner Ankunft in Paris »legalisiert«; er und seine Frau erhielten, was sehr selten geworden war, eine Carte d'identité; sie waren damit in die »Association des Amis de la République Française« aufgenommen. Auf Schwierigkeiten stieß allein Hans Vogel, der das Pech hatte, mit einem international gesuchten Hochstapler gleichen Namens verwechselt zu werden. Er bekam überhaupt keine Papiere und hatte sich statt dessen alle acht Tage zu melden. Vogel war über die »würdelose« Behandlung »ganz außerordentlich erbost«. Eine geharnischte Beschwerde bei Blum, vorgetragen im Namen des Vorstandes der Sozialdemokratischen Partei Deutschlands, tat schließlich Wirkung, und Vogel bekam, wenn auch erst nach Monaten, ein Récépissé, eine vorläufige Aufenthaltsgenehmigung.

Gewiß hatten auch die Männer der Sopade manchen Anlaß, über »ungeheure Schwierigkeiten mit der französischen Bürokratie« zu klagen (Heine) oder sich über das französische »Tempo« zu wundern (Ollenhauer). Aber hatten sie viel Grund dazu? Immerhin: Sie konnten sich an Blum wenden oder an Marcel Livian, den rührigen Sekretär der Commission d'Immigration der SFIO, oder an Salomon Grumbach, den aus dem Elsaß stammenden und deutschsprechenden Abgeordneten, der bei der Wiederaufnahme halbwegs normaler Parteibeziehungen in den Jahren nach dem Ersten Weltkrieg eine wichtige Rolle gespielt hatte. Wer sonst konnte auf soviel Fürsprache rechnen? Wer sonst kam auf so geordnetem Weg nach Frankreich hinein? Und wer sonst unter den rund 3000 deutschen Sozialdemokraten in Frankreich bekam Wohnungen gestellt und Hilfe in allen möglichen praktischen Fragen? Jean Longuet war Bürgermeister von Chatenay-Malabry, einem südlich von Paris gelegenen Vorort, er war jahrelang einer der SFIO-Vertreter in der Internationale gewesen, und er hatte das Volksfront-Frankreich auf den internationalen Flüchtlingskonferenzen vertreten; die Völkerbundkonvention vom Juli 36 war auch sein Werk gewesen. Schließlich war er der Enkelsohn von Karl Marx und des Deutschen mächtig.

Jean Longuet also wußte um Emigrantenschicksale, er kannte Wels und seine Freunde, stand einer kommunalen Verwaltung vor und konnte Genossenschaftswohnungen beschaffen. Erst wenige Jahre alt war eine der modernsten, im Bauhausstil errichteten Wohnsiedlungen Chatenays, die »Butte Rouge«, so genannt nach ihrem roten Verputz und »weil es doch eine sozialistische Siedlung war«, wie Martha Ollenhauer nach Prag berichtete. Im »Turm«, dem einzigen Hochhaus, das den Hügel beherrscht, zogen ein: Ollenhauer im 1., Leeb im 2., Vogel im 3., Stampfer im 6., Crummenerl im 7. Stock; die beiden gleichfalls aus Prag übergesiedelten NV-Mitarbeiter Robert Grötzsch und Georg Fuchs wohnten nur wenige Minuten entfernt in der Siedlung, ebenso Erich Rinner; Fritz Heine, der in Prag im Büro gewohnt hatte, zog nun in ein neben dem Büro gelegenes Zimmer. Als Toni und Otto Wels im September nach Paris kamen, erhielten sie selbstverständlich auch eine Wohnung auf der »Butte Rouge«; selbstverständlich auch, daß Martha sie herrichtete. Ollenhauers bezahlten für drei Zimmer, Küche und erstmals auch ein Bad den gleichen Mietpreis wie in Prag und waren, auch wenn's nun »janz weit nach draußen« ging, soweit zufrieden, zufrieden in Anbetracht der Umstände und der Möglichkeit, für ihr eigenes Leben das Beste aus der Lage zu machen.

Die Briefe aus jenen ersten Pariser Monaten sind Zeugnis, daß sie die positive Haltung zum Leben und den soliden Zukunftsglauben nicht in Prag zurückgelassen hatten. Wenn Ollenhauer davon schrieb, daß die Emigration eigentlich erst beginne und es lange Zeit kosten werde, bis man sich wieder »zu Hause« fühle, so vergaß er doch nie hinzuzufügen: »Immerhin, mit der Zeit wird es kommen.« Gestöhnt hat Erich Ollenhauer auch jetzt nicht, außer über die Französisch-Lehrerin, die bald von Vogels jüngstem Sohn Ernst abgelöst wurde; »daß die Franzosen die Sache furchtbar umständlich angelegt haben«, machte ihm ebenso zu schaffen wie die Tatsache, daß die »Kulturarbeit«, sprich: das Skatspielen, so schlecht in Gang kam und daß es kein Pilsner mehr gab. Am leichtesten wurden die beiden Jungen mit der neuen Lage fertig. Peter lernte Feinmechaniker bei einer jüdischen Hilfsorganisation in Chatenay, und Hermann besuchte eine französische Volksschule; die Sprache erlernten beide rasch, nicht zuletzt weil sie sich sogleich einer Gruppe der französischen Roten Falken angeschlossen hatten, Ferienlager im Süden mitmachten und alles, wie ihr Vater nicht ohne Stolz bemerkte, »in vollen Zügen genossen«. Wenn das Zigeunerleben »in absehbarer Zeit« ein gutes Ende finde, fügte er einmal hinzu, dann sei die Emigration für sie eine unschätzbare Bereicherung ihres Lebens gewesen. »Das ist aber eben die große Frage, und deshalb können wir Großen doch nur immer mit halbem Herzen dabei sein.«

Mit halbem Herzen? Wann je in den nun fünf Jahren seiner Emigration hätte es das gegeben, daß ihn Zweifel beschlichen? Zweifel, ob Hitler je wirklich stürzen würde. Zweifel, ob denn diese ganze Emigrationspolitik einen Sinn habe. Auch in ihrem engeren Kreis, schrieb er im Februar 1939, werde die psychologische Situation immer schwieriger, »je länger die Emigration dauert und je kritischer die allgemeine Situation sich zuspitzt. Es gehört sehr oft mehr als die normale Energie dazu, um die Kraft zur Arbeit zu behalten.« Er und die Familie hatten keine materiellen Sorgen. Auch wenn das Geld knapp geworden war, die Mitglieder der Sopade hatten noch immer ihr Auskommen, bewilligten sich gar ein Sitzungsgeld in Höhe von 50 Francs und später auch eine Gehaltserhöhung. Sein Grundgehalt bezog Ollenhauer nun ohnehin von der SJI. Sie hatten sich eingerichtet und wieder ein Zuhause. Aber um dieses Zuhause war, wie Martha es einmal ausdrückte, eine »unsichtbare Hecke« gezogen. Sie fühlte sich in ihrem »Turm« wie Dornröschen und seit Prag um zehn Jahre gealtert. Sie seien, so vermerkte es auch ihr Mann, auf den Umgang in ihrem eigenen Kreis angewiesen. Ein fremdes Land und eine fremde Sprache, ein fremdes Milieu ringsum, und dazu das enge räumliche Beieinander fast aller Sopade-Leute: Die Isolierung reichte sehr weit. Gelegentliche Kontakte mit italienischen Emigranten, die in Chatenay wohnten, und hin und wieder ein geselliges Beisammensein mit den einheimischen Sozialisten blieben die Ausnahme. Marthas »Schlußpunkt« laut Erich: »In Prag war es hundertprozentig schöner als hier in Paris!!!«

Fünf Büroräume hatte man nach langem Suchen und wohl auch nicht ohne die Hilfe französischer Genossen im Herzen des Quartier Latin, in der Rue des Ecoles Nr. 30, gefunden. Ende Juni wurde hier der reguläre Bürobetrieb aufgenommen, zuvor hatte man das Büro der »Vorwärts«-Redaktion in der Rue Mayran genutzt; die erste Nummer des NV war schon am 17. Januar herausgekommen. Am 24. Juni 1938 gab Erich Ollenhauer namens der Sopade die Übersiedlung nach Paris bekannt; in einem Rundbrief skizzierte er »mehr Möglichkeiten« für einen »engeren persönlichen und schriftlichen Kontakt mit unseren Vertrauensleuten und Parteigenossen in den einzelnen Ländern«. Zugleich teilte er den Verbänden der Jugend-Internationale mit, daß das Sekretariat nach Paris verlegt sei. Äußerlich also alles wie gehabt: Mit festen Bürostunden und immer noch drei Sekretärinnen, die den Umzug mitgemacht hatten. Drei Schreibkräfte fand Ollenhauer übrigens zuwenig, zumal ihm eine, Else Lehmann, als »unzuverlässig«, weil NB-verbunden galt und deshalb nur mit Arbeiten beschäftigt werden sollte, bei denen sie nicht die Möglichkeit hatte, »sie mit Nutzen für ihre politischen Freunde weiterzuleiten«. Aber daß Ollenhauer einen Dolmetscher beschäftigte, der zugleich das Büro-Telefon bediente und Rinner bei der Erstellung der Deutschland-Berichte half, war mehr als ein nur äußerlicher Unterschied: Ernst Langendorf, der alte Bekannte aus der Frankfurter SAJ, hatte sich, als er vom Umzug der Sopade hörte, sofort gemeldet, und seine Dolmetscherdienste waren denn auch willkommen.

Im Herzen des Quartier Latin, in der Rue des Ecoles 30, wurde Ende Juni 1938 der reguläre Bürobetrieb wieder aufgenommen. Obwohl die Verbindungen nach Deutschland nahezu abgerissen waren, bewahrte man den unerschütterlichen Glauben an das deutsche Volk und seine Arbeiterschaft.

Die Verbindungen nach Deutschland, um die sich einst das Exil der Sopade hatte drehen sollen, waren indessen nahezu gerissen, nachdem die Grenzstellen in der CSR hatten aufgegeben werden müssen und gleichzeitig die Franzosen Möglichkeiten zur Grenzarbeit drastisch abbauten. Die Deutschland-Berichte erschienen zwar weiter und zunächst auch noch in gewohntem Umfang, aber sie gründeten nun weitestgehend auf der – immer noch höchst aufschlußreichen! – Auswertung gedruckten Materials. In Prag hatte man vier Jahre lang in der Vorstellung baldiger Heimkehr gelebt und gearbeitet. Man hatte Prag verlassen müssen, weil statt dessen Hitler seinen Herrschaftsbereich weiter ausdehnte. Sie mußten nun in ihrem Pariser Exil erleben, wie aus Drohungen Ernst wurde und alles viel schlimmer kam, als in den dunkelsten Ahnungen befürchtet.

Den ganzen Monat September 38 über, als sich die Krise um die Tschechoslowakische Republik zuspitzt und im schmählichen Münchner Abkommen mündet, versammeln sich die Freunde von der Sopade in der Ollenhauerschen Wohnung, um Nachrichten zu hören. Ollenhauer selbst fällt »buchstäblich von einer Überraschung in die andere«, er mißtraut dem diplomatischen Spiel und sagt – zum erstenmal – von sich selbst, er sei pessimistisch. Die konservative englische Regierung kenne keine antifaschistischen Überlegungen, und Frankreich? »Dieses Volk«, so schreibt er seinem Freund Ernst Paul in Prag, »fürchtet einen neuen Krieg.« Das hätten sie in ihrer rein französischen und überwiegend sozialistisch-kommunistisch orientierten Umgebung deutlich feststellen können. »Was wirken gegenüber einer solchen Friedenssehnsucht alle vernünftigen Argumente, daß eine Preisgabe der C.S.R. den Krieg in naher Zukunft umso sicherer zur Folge haben wird und dann unter viel ungünstigeren Perspektiven und Bedingungen, insbesondere für Frankreich.«

Als es soweit ist und der erste Akt im schrecklichen Drama der CSR vorüberzieht, kann er es nicht fassen. Er spricht von »glattem Verrat«, dessen Folgen für ihn unabsehbar sind, und davon, daß es das Traurigste und Schändlichste sei, »was wir bisher in unserem Leben erfahren haben. Man kommt von den Gedanken an unsere Freunde in Prag überhaupt nicht mehr los, und man fragt sich immer wieder, ob man träumt oder wacht.« Dem tschechoslowakischen Volk, sucht er Paul zu trösten, sei ein Ehrenplatz unter den Nationen sicher – durch die Art, in der es das unerhörte Opfer getragen habe. Um so mehr ist er über die Reaktion in Frankreich entsetzt, wo es nur selten ein Wort der Hochachtung gebe. »Schlechte Zeiten für anständige Menschen.« Selbstbeschwörend setzt er hinzu: »Wenn es nun gar zu dick kommt, dann müssen wir eben enger zusammenrücken, damit nicht jeder ganz allein da steht.« Daß er Gisl und Ernst Paul im bedrohten Prag erinnert, sie könnten jederzeit zu ihnen nach Chatenay ziehen, verstand sich ebenso von selbst wie sein unermüdliches Ringen, die »noch in der CSR festsitzenden Genossen« herauszubekommen. Er selbst fühlt sich beschämt, daß »das Schlimme« an ihnen vorübergehe und sie nicht bei denen seien, denen sie soviel schöne Stunden und soviel herzliche Kameradschaft verdankten. Er weiß, daß er »sentimental und unrealistisch« wird – wann je sonst hätte er das von sich sagen mögen? Doch er kann und will sich dessen jetzt nicht erwehren.

In den ersten November-Tagen 38 fahren Erich und Martha Ollenhauer nach Antwerpen, um hier Gisl Paul auf ihrem Weg in die schwedische Emigration zu treffen. Als am 15. März 1939 Hitlers Truppen in Prag einrücken, hat Erich Ollenhauer gerade in Kopenhagen – er ist zuvor in Oslo und Stockholm gewesen – Station gemacht;

er wird Zeuge des Dramas um Richard Hansen, jenen jahrelangen Grenzsekretär der Sopade in Kopenhagen, über den er 1937 illegalen Kontakt nach Berlin geknüpft hatte. Hansen war von der dänischen Regierung nach Prag entsandt worden, um einige Flüchtlinge herauszuholen. Er saß gerade in einem Prager Hotel beim Frühstück, als er deutsche Truppen vorbeimarschieren sah... Geistesgegenwärtig brachte er seine Gruppe zusammen, schaffte sie übers Gebirge nach Polen und via Danzig nach Kopenhagen, wo Ollenhauer ihre Ankunft erlebt. Wels schreibt er daraufhin, der Krieg werde nun absolut sicher. Ernst Paul befand sich zum Zeitpunkt des deutschen Einmarsches in Amsterdam, aus Stockholm kommend, wo er weitere Skandinavien-Visa für seine bedrohten Genossen von der DSAP besorgt hatte. Er kehrte nicht mehr in die Heimat zurück und folgte seiner Frau nach Malmö. Siegfried Taub hatte sich gerade noch in die englische Botschaft in Prag retten können; bis zur allerletzten Minute hatte er Fluchtwege geebnet. Er ging nach Stockholm, ehe er 1941, übrigens gemeinsam mit Bert Brecht, über die Sowjetunion und Japan in die USA weiterzog. Als ihn 1946 in New York die Bitte der tschechoslowakischen Regierung erreichte, in die Heimat zurückzukehren, erlag er einem Herzschlag. Ludwig Czech, der langjährige Vorsitzende der deutschen Sozialdemokraten in der CSR, hatte das Land nicht verlassen wollen; er kam in Theresienstadt um. Wenzel Jaksch tarnte sich als Wintersportler und rettete sich über die Beskiden nach Polen, um über Paris nach England weiterzuziehen.

In die tiefe Trauer um die Tschechoslowakei, die verlorene zweite Heimat, hatte sich die Betroffenheit über Frankreich, das neue Gastland, gemischt. Ohne die französisch-englische Politik der Beschwichtigung wäre Prag nicht preisgegeben worden. Wenn diese Politik nicht geändert würde, bestand keine Aussicht, daß Hitler je Einhalt geboten werden könnte. Seit sich die Krise um die CSR zugespitzt und die internationale Entwicklung ihren »Tiefpunkt« erreicht hatte, sah Ollenhauer endgültig keinen anderen Ausweg mehr, als daß der Krieg entscheide. Dies war eine Einschätzung, für die er in Frankreich, wie er selbst erkannte, ein Echo kaum fand. Bernard Chochoy, der Vertraute Paul Faures und immer noch sein französischer SJI-Partner, nannte München die Folge von Versailles, wandte sich gegen die Last des Rüstungswettlaufs und legte vor dem Forum der Jugend-Internationale dar, daß der Faschismus aus dem Elend der Arbeiterklasse erwachsen sei und daß ihm die Totenglokken läuten würden, wenn man dieses Elend beseitigt habe. Eine einstimmig angenommene Entschließung brachte Ollenhauer – Dezember 38 – denn auch nur zustande, weil die Franzosen sich nicht beteiligten. Am Jahresende 1938 hatte er nur noch wenig Hoffnung, daß Frankreich »sich selbst besinnt, ehe es zu spät ist«.

Welch ein Kontrast lag zwischen den Erwartungen, mit denen sie nach Paris gekommen waren, und der französischen Wirklichkeit dieser späten dreißiger Jahre! Erwartet hatten sie, daß ihnen jede mögliche Unterstützung in ihrem Kampf gegen Hitler-Deutschland zuteil werde. Sie erwarteten es um so mehr, als ihr Selbstverständnis im wesentlichen ungebrochen geblieben war: Sie sprachen weiterhin für die Sozialdemokratische Partei Deutschlands und – so in einem Aufruf »An das deutsche Volk« im September 38 – »darüber hinaus für jene Teile des deutschen Volkes, die den Krieg verabscheuen und deren Ziel es ist, in Frieden und Freiheit zu leben«.

Ihren Glauben an das deutsche Volk und seine Arbeiterschaft hatten sie sich von Prag nach Paris hinübergerettet. Nach den antisemitischen Exzessen, von den Nazis zur »Reichskristallnacht« erklärt, stellten sie in einem Rundschreiben fest, »daß in weiten Kreisen der deutschen Bevölkerung, besonders der Arbeiter, über die begangenen Massenverbrechen Entsetzen und Empörung herrscht«. Die noch jüdisch gebliebenen Geschäfte, besonders in den Arbeitervierteln, hätten prosperiert, weil die Bevölkerung dort kaufe, teils um gegen das System zu protestieren, teils um ihrer Sympathie mit den Verfolgten Ausdruck zu geben. Unter der Schlagzeile »Widerstand im Volke« hieß es im »Neuen Vorwärts«, angesichts der Massenablehnung sei die Gestapo unsicher geworden. Und in einem Tätigkeitsbericht 1939: Das deutsche Volk verzage nicht, es wisse, daß das Schreckensregime eine vorübergehende Erscheinung in seiner Geschichte sei. Die Zeit der offenen Demonstration komme – und »dann wird das deutsche Volk reden!« Sie fühlten sich, jedenfalls dem Anschein nach, rundum im Recht, viel erwarten zu dürfen. Aber von wem eigentlich? Von den Nachfolge-Regierungen der Volksfront, die sich Hitler gegenüber zunehmend nachgiebig zeigten? Wohl kaum. Also von der sozialistischen Bruderpartei, von Léon Blum und Paul Faure, mit denen sie sich niemals ernsthaft befaßt und denen gegenüber sie ihre Reserve nie sonderlich verhüllt hatten? Als feststand, daß die Sopade Prag verlassen, aber noch nicht offiziell bekannt war, wohin sie ziehen würde, schrieb das Prager »Montagsblatt«: Es sei »politisch pikant, festzustellen, daß diese sozialistische Gruppe nicht nach Paris geht, da sie vermutlich dort mit einem Léon Blum nicht gut zusammenarbeiten würde«.

Die frühe deutsche Arbeiterbewegung hatte Frankreich, das Land der Revolution und der Bürgerrechte, bewundert; seine Einflüsse, nicht zuletzt die seiner frühsozialistischen Theoretiker, waren für sie wichtig gewesen, bis im letzten Drittel des vergangenen Jahrhunderts die SPD sich selbst und im Zuge ihres beispiellosen Aufstiegs auch anderen – in Frankreich vorwiegend den Sozialisten in den nördlichen

Regionen – zum Maßstab wurde. Die 1904/05 gebildete Section Française de l'Internationale Socialiste, die SFIO, war zu einem gewissen Teil eine deutsche Schöpfung; Bebel hatte die zerstrittenen Gruppen um Jaurès einerseits und den SPD-gläubigen Guèsde andererseits auf dem Amsterdamer Internationale-Kongreß 1904 zusammengeführt – im Sinne von Jules Guèsde.

Jean Jaurès war klug genug, in der Form nachzugeben, ohne in der Sache zurückzustecken. Sozialismus bedeutete für Jaurès auch fortan, so das Urteil von Jacques Droz, einem Kenner des französischen Sozialismus, »nichts anderes als die uneingeschränkte Anwendung der Prinzipien von 1789, ergänzt von den Erinnerungen an 1848 und 1871«. Was in der Praxis hieß, daß die aktive Sicherung der Republik im Vordergrund stand. Jean Jaurès, Absolvent der Ecole Normale Supérieure, der über die Ursprünge des deutschen Sozialismus promoviert hatte, und August Bebel: Miteinander haben sie die Kriegstreiberei der Regierungen bekämpft und die Befreiung der arbeitenden Klasse erstrebt, gegeneinander um den richtigen Weg zum Sozialismus gestritten. Während der eine dem anderen Anpassungssucht vorwarf, unterstellte dieser Ohnmächtigkeit. Jeder für sich war imstande, im Namen der sozialistischen Idee Massen auf die Beine zu bringen. Sie haben einander nicht verstanden, sie konnten es nicht, weil die nationalen Bedingtheiten mit Einschluß der Temperamente zu verschieden waren, übrigens nachwirkend bis in die jüngere Vergangenheit (oder auch in die Gegenwart) hinein.

Léon Blum, in der Tradition von Jaurès' Kultursozialismus stehend, kannte die klassische deutsche Dichtung, übrigens auch seinen Marx, aber von Deutschland wußte er wenig und von der SPD, anders als sein Ahn Jaurès, noch weniger. Hitler hielt er für eine deutsche Ausgabe des General Boulanger, den Zusammenbruch der SPD konnte er nicht begreifen und noch weniger verwinden. Daß ihre gescheiterten Führer ihm nun noch Vorhaltungen machten, mag er als abstoßend empfunden haben. Denn daß die »Equipe«, wie die Sopade kurzerhand bezeichnet wurde, der Volksfront feindlich gesonnen war und es weiterhin als ihre Aufgabe betrachtete, dergleichen Aktivitäten abzuwehren, blieb Blum und seinen Freunden nicht verborgen. In allen wesentlichen Fragen, die zwischen 1933 und 38 in der SAI verhandelt wurden, hatte die Sopade gegen die Franzosen gestimmt. Das Volksfront-Experiment hatte sich nicht in ihren antikommunistischen Verhaltenskodex gefügt; aber hatten Otto Wels und Erich Ollenhauer es nicht auch deshalb so unbefangen ablehnen können, weil sie von den Bedingungen, unter denen es zustande gekommen und gescheitert war, wenig wußten und kaum je neugierig genug waren, darüber mehr zu erfahren?

Jaurès und Bebel waren nach Herkunft und Art so verschieden, wie ihre Vorstellungen vom sozialistischen Weg verschieden waren. Doch in all ihrer Gegensätzlichkeit hatten sie noch ein Verhältnis zueinander finden können und sich gegenseitig hochgeachtet. Aber ihre Erben? Léon Blum, der feinsinnige Ästhet, und Otto Wels, der robuste Arbeiter-Funktionär, oder, wie man im Französischen sagen würde, le socialiste de raison et le socialdémocrate de chair et de sang: Konnte man sich ein ungleicheres Paar in der Gemeinschaft europäischer Arbeiterparteien vorstellen? Wels' gestelzte Bitte um eine »kurze persönliche Begrüßung« – nachdem er schon mehr als zwei Monate in Paris war – machte die Kluft anschaulich: »Es ist das Gefühl einer unabweisbaren, nur zu lange hinausgeschobenen Pflicht neben dem ehrlichen Bedürfnis, Ihnen als Kampfkamerad in Ihrem Lande die Hand zu drücken.« Nichts deutet darauf hin, daß es je zu dieser Begegnung gekommen ist.

Auch daß die SFIO eine nur schwach organisierte, mit den Gewerkschaften kaum verbundene und arme Partei war, wollte einem deutschen Sozialdemokraten nicht in den Kopf und blieb Anlaß zu mildem Spott. Marcel Livian spricht denn auch nicht von schwierigen, sondern von »Nicht-Beziehungen«. Nun führte aber an Léon Blum kein Weg vorbei, wenn irgend die Sopade in Paris Fuß fassen wollte, weder in den praktischen und humanitären Fragen noch in der Frage der politischen Arbeit. Schließlich bestand auch zu anderen führenden Sozialisten kein dauerhafter Kontakt, mit Ausnahme des hilfsbereiten Longuet; doch dessen politischer Einfluß reichte nicht weit genug, und außerdem starb er schon im September 1938. Am 20. Juni waren Stampfer und Crummenerl, der während seiner Wanderjahre in Frankreich und Belgien etwas Französisch gelernt hatte, von Blum empfangen worden. Alle Versuche, zunächst einmal den Generalsekretär der Bruderpartei, also Paul Faure, zu sprechen, waren fehlgeschlagen, und so hatte Stampfer schriftlich um die Unterredung mit Blum nachgesucht. Nützlichkeitserwägungen standen Pate. Ollenhauer an Wels: Blum werde »nützlich« sein, »denn die bürokratischen und polizeilichen Schwierigkeiten sind zu groß«. Heine, aus noch größerer Distanz, an Wels: Blum zu sehen, könne nichts schaden; etwas beleidigt fügte er hinzu, daß »Bauer und andere wiederholt bei ihm gewesen sein sollen«. Tatsächlich wurde über »konkrete Dinge« nicht gesprochen.

Blum hatte andere Sorgen und sah auch sonst wohl keinen Grund, sich vor den Karren der Sopade spannen zu lassen. Er versicherte, daß er zur Verfügung stehe, »wenn größere Schwierigkeiten eintreten würden«. Dieses Versprechen, das er einlöste, als es sehr dunkel wurde, genügte der Sopade nicht. Sie hatte anderes erwartet und war enttäuscht. Er sei nicht erfreut über seine Erfahrungen mit der französischen Partei, sagte im August 38 sogar Paul Hertz, der immerhin mit Blum bekannt war und 1936 mit ihm mehrere Stunden im Hotel Lutétia gesprochen hatte: »Was wir an Förderung finden könnten, haben wir noch nicht erhalten. Davon sind wir weit entfernt.« Man habe sich die Arbeit, so klagte Hans Vogel, ganz anders vorgestellt, viel umfassender und »in ihrer Auswirkung auf die Volksmassen viel aktiver«; er meinte damit eine ins Reich hineinwirkende Propaganda. Trotz aller Bemühungen kämen sie nicht an das Radio, und man nehme auch sonst wenig Notiz, »entsprechend unserer Geltung«. Ollenhauer hatte sich bald nach seiner Ankunft in Paris zu Livian begeben und das Anliegen vorgetragen, in eigener Regie Radiosendungen nach Deutschland auszustrahlen. Obwohl Livians Bescheid nicht ermunternd gewesen war, trugen Stampfer, Vogel und Crummenerl die Sache noch einmal vor, als sie im Oktober 39 von Blum empfangen wurden. Der aber konnte und wollte nicht helfen, wunderte sich wohl auch über so viel Naivität. Oder war es Dickfelligkeit oder eine Mischung aus beidem? Daladier, so die Antwort Blums, traue nicht einmal ihnen, den französischen Sozialisten, wie solle er da den deutschen trauen? Das wiederum konnten diese deutschen Sozialisten nicht verstehen.

Erich Ollenhauer hat viel später einmal resümiert, sie seien von der französischen Sozialistischen Partei wie »arme Verwandte« behandelt worden. Das war ein ungerechtes Urteil, geboren aus dem Selbstgefühl eines deutschen Sozialdemokraten und der Bitternis des Emigrantendaseins.

Marcel Livian, der soviel für die Emigranten aller Länder tat, hat sein Buch »Le Parti Socialiste et l'immigration« auch geschrieben, um seine eigene Partei gegen den Vorwurf zu verteidigen, durch ihre Schuld und ihre Versäumnisse seien die deutschen sozialdemokratischen Emigranten so sehr auf sich selbst zurückgeworfen gewesen. Er führt gute Gegengründe ins Feld und spart seinerseits nicht mit Vorwürfen; durch zu hohe Erwartungen, Undankbarkeit und die Neigung, sich für den Nabel der Welt zu halten, hätten sich die Deutschen selbst in die Isolation begeben. Ollenhauer, den er aus der Jugend-Internationale kannte und mochte, habe von Frankreich nichts gewußt, aber alles verlangt und dann aus seiner Enttäuschung keinen Hehl gemacht. War das die ganze Wahrheit? Kam es darauf an? Rudolf Breitscheid hatte, gemessen an anderen, gute Kontakte zu französischen Genossen, für die er *der* Repräsentant der deutschen Emigration war. Wenn noch jemand sonst einen Namen hatte, dann allenfalls der Saarländer Max Braun und der Pfälzer Friedrich Wilhelm Wagner und vielleicht auch Paul Hertz. Sie alle hatten die wenigen Verbindungslinien besetzt, als die Sopade 1938 auf der Pariser Emigrantenszene erschien. Fünf Jahre lang hatte sie in Prag

Berührungsängste kultiviert und sich gehütet, Verbindungen aufzubauen.

Ein Problem Landesorganisation – ein Zusammenschluß deutscher Sozialdemokraten in Frankreich – hätte es nie gegeben, so hielt Paul Hertz seinen Vorstandskollegen einmal vor, »wenn der PV den Versuch gemacht hätte, Verbindung mit Menschen im Westen zu halten«. Rudolf Breitscheid, der einst Stresemann begleitet und Briand gekannt hatte, stand mit Léon Blum auf einem vertrauten Fuß; an Blums Tisch war er, eher ungewöhnlich für französische Verhältnisse, gelegentlicher Gast. Nach anfänglicher ausgeprägter Reserve war er auf die SFIO zugegangen, fasziniert von ihrem antifaschistischen Kurs Mitte der dreißiger Jahre. 1935 und 1936 beteiligte er sich an den Bemühungen um eine Deutsche Volksfront im Exil, um sich rasch und enttäuscht wieder zurückzuziehen. 1937 trat er, um doch irgendwo dazu zu gehören, der SFIO bei. Dennoch war er einsam und isolierte sich wie kaum einer sonst! Woran lag es, wenn doch zugleich die Sopade, die keinerlei Verhältnis zu ihrem Gastland gewann, ihr Selbstgefühl wahrte? Wie sein Freund Rudolf Hilferding hatte Breitscheid den der Emigrantenpolitik innewohnenden Selbstbetrug mittlerweile durchschaut, jedenfalls sah er für sich nichts mehr zu tun. Dem französischen Geschehen war er viel näher als die Mitglieder des Sopade-Kreises; doch zu bewirken vermochte auch er fast nichts. Er resignierte, während die Mitglieder der Sopade sich auch dadurch Luft verschafften, daß sie auf »die Franzosen« schimpften. Mit dem in europäischen und internationalen Angelegenheiten angezeigten Einfühlungsvermögen hatte dies noch weniger zu tun als mit soliden Kenntnissen über Frankreich und seine Sozialisten. Aber es erleichterte!

In der Stunde des Abschieds von Prag hatte auch Erich Ollenhauer Zweifel geäußert, ob die Arbeit so würde fortzuführen sein wie bisher. Und auch in Paris noch: Man werde überlegen müssen, »ob und in welchem Umfang wir unsere Arbeit fortsetzen«; man könne nicht einfach so tun, als sei nichts geschehen, zumal es einen wirklichen Ausweg aus diesen Schwierigkeiten nicht gebe. Vor der Sopade wurde er noch deutlicher: München bedeute nicht nur den Verlust einer Position, sondern einen Erdrutsch. Die Kapitulation der Demokratien mache den prinzipiellen Unterschied zwischen früheren Erschütterungen und der jetzigen aus. Auch wenn es keine finanziellen Gründe gebe, müßten sie sich fragen, »ob es noch gerechtfertigt ist, so wie bisher zu arbeiten«. Er forderte, sich klarzuwerden, daß »Organisation und Berichterstattung nicht Selbstzweck unserer Arbeit sind«. Doch wenn er sich je in kurzen Augenblicken darüber klargeworden sein sollte, so hat er es rasch wieder verdrängt und sich hineingestürzt in das, was er »die Arbeit« nannte: in die Bewältigung praktischer Fragen wie zunächst der Organisation des Bürobetriebs. Als dies geschafft war und der Krach mit Paul Hertz nahezu planmäßig wieder aufbrach, stritt er sofort in vorderster Front.

Die Atmosphäre der Emigration, stellte er in diesen ersten Monaten in Paris einmal fest, wirke wie ein großer Zerrspiegel. Doch daß er selbst auch dieser Wirkung erliegen oder gar schon erlegen sein könnte, kam ihm nicht in den Sinn. »Wir sind bei weitem nicht so durch das Pariser Milieu versaut, wie es manchmal erscheint«, meldete er Wels. Und den Pauls gestand er, unter Berufung auf den Krach mit Hertz: Daß die Emigration die Menschen ihrer klaren Überlegung beraube, sei deprimierend, doppelt deprimierend, wenn man sich sagen müsse, daß »der ganze Zimt« im Hinblick auf die großen politischen Sorgen wirklich keine Bedeutung habe. Doch was folgerte er für sich daraus? Man könne sich die Menschen und die Umstände der Arbeit nicht immer aussuchen, »und so müssen wir denn auch in diese Sache wieder einsteigen«. Da war sie also wieder: die Arbeit. Die Arbeit als Selbstbestätigung seiner politischen und damit seiner Existenz überhaupt. Er brachte 1939 neue »Mitteilungen des Parteivorstandes« heraus, er schrieb weiter Rechtfertigungsbriefe, und er pochte mit Stampfer weiterhin auf den eigenen Anspruch, den Friedrich Stampfer so verstanden wissen wollte: »Die deutschen Sozialdemokraten werden also mit vermehrter Hartnäckigkeit und erhöhtem Eifer fortfahren, das zu tun, was sie – unter namenlosen Opfern – bisher getan haben. Sie fordern von allen Freunden der Freiheit und des Friedens in der ganzen Welt Verständnis für ihre Arbeit, Hilfe in ihrem Kampf.«

Die materiellen Lebensbedingungen sollten auf der Flucht aus Frankreich, in Lissabon und während eines Teils der Kriegsjahre in London noch schwieriger werden. Doch in politischer und in psychischer Hinsicht wurde die französische Zeit die am meisten frustrierende in Ollenhauers Exiljahren.

Im Schneckenhaus

Als die Sopade von Prag schied, war jenes Vorhaben, das die Gemüter wieder einmal erhitzt hatte, gleichsam auf Eis gelegt worden: die Zusammenführung der sozialdemokratischen Gruppen. Anders als die Sopade es sich vorgestellt und gewollt hatte, wurde sie in Paris, kaum war sie eingerichtet, erneut vor die Frage der ›Konzentration‹ gestellt. Einer Antwort konnte sie nun nicht länger ausweichen.

Am 13. März 1938 war der »Anschluß« Österreichs an das Deutsche Reich Wirklichkeit geworden. Eine alte Idee, der – wenn auch in anderer Form – gerade die Sozialisten verpflichtet waren; 1919 hatte Otto Bauer als österreichischer Außenminister Berlin und Weimar besucht und ein (unveröffentlichtes) Abkommen über den Zusammenschluß unterzeichnet. Bauer und seine Revolutionären Sozialisten waren auch in Emigration und Illegalität noch überzeugt, daß ihr Kampf gegen den Austrofaschismus nicht in der zweifelhaften, wirtschaftlich unhaltbaren Selbständigkeit Deutsch- oder Rumpf-Österreichs enden dürfe.

Als Hitler vollendete Tatsachen schuf, forderte Otto Bauer, sich auf Engels berufend und einig mit Friedrich Adler sowie den aus der Heimat entkommenen RS-Führern, der Annexion gegenüber kritisch zu bleiben, »aber nicht reaktionär«. Dies sei nicht der Anschluß, nicht die nationale Einheit in Freiheit, die sie in den Tagen des Zusammenbruchs der Habsburgermonarchie gewollt hätten. Doch die Parole, die sie der Fremdherrschaft entgegenzusetzen hätten, könne nicht die reaktionäre Parole der Wiederherstellung der Unabhängigkeit Österreichs sein, »sondern nur die revolutionäre Parole der gesamtdeutschen Revolution, die allein mit den anderen deutschen Stämmen auch den österreichischen Stamm der Nation von der Gewaltherrschaft der faschistischen Zwingherrn befreien kann«.

Ein so leidenschaftliches Engagement für Großdeutschland mußte das Engagement für den Zusammenschluß der sozialistischen Bewegungen einschließen. Hatte die Sopade in Prag noch davon ausgehen können, im wesentlichen mit Neu Beginnen und allenfalls noch mit der Landesgruppe Frankreich fertig werden zu müssen, wurde sie nun rasch eines anderen belehrt. Die Führer der Revolutionären Sozialisten, die in der österreichischen Illegalität gearbeitet hatten, waren nach Paris geflüchtet, und auch Otto Bauer hatte sein Brünner Auslandsbüro nach dem Anschluß in die französische Hauptstadt verlegt; beide Gruppen schlossen sich ohne Zeitverzug zur Auslands-

»Alle Menschen haben zwei Vaterländer, das eigene und Frankreich«. Bereits zur Jahreswende 1933/34 hatte sich annähernd die Hälfte aller Flüchtlinge aus Deutschland – 25 000 bis 30 000 – hier niedergelassen. Ollenhauers trafen in den ersten Junitagen 1938 in Paris ein.

vertretung der österreichischen Sozialisten (Avös) zusammen. In einem Akt letztmaliger Selbstverleugnung, bei Einsicht in die Notwendigkeit eines Generationswechsels und nach einer langen Aussprache erst in der Auslandsvertretung, dann mit seinem persönlichen Gegenüber, hatte Otto Bauer die Führung Joseph Buttinger alias Gustav Richter übertragen und sich selbst mit der Redaktion des »Kampf« begnügt.

Buttinger hatte 1934, nach dem 12. Februar, die Idee von der Massenpartei, die unter dem diktatorischen Regime fortexistiere, verworfen, jeder Form von massenhafter Propaganda eine Absage erteilt, sich statt dessen auf Kaderbildung verlegt und, nicht zufällig in Nähe zu Neu Beginnen, Anleihen bei Lenins Elitevorstellungen gemacht. Joseph Buttinger unterschied sich, nicht nur weil er aus der Arbeiterschaft kam und Autodidakt war, in vieler Hinsicht von Otto Bauer und dessen Generation. Es trennte sie vor allem ein Punkt: Buttinger teilte nicht mehr die weithin deterministische Weltschau des Austromarxismus, glaubte nicht mehr an eine historische Notwendigkeit des Sozialismus, sondern daran, daß der Wille und die Tat handelnder Menschen über den Sieg des Sozialismus entschieden. Auch hier war die Nähe zur Gruppe Neu Beginnen unverkennbar. Mit dem Sendungsbewußtsein eines in illegaler Arbeit Gehärteten und dem Selbstgefühl eines österreichischen Sozialisten, der aus einer »einzigen, organisatorisch einheitlichen Partei« kam, setzte sich nun Joseph Buttinger an die Spitze der Bewegung für die Konzentration. Er wollte die deutschen Gruppen und die Österreicher zusammenführen und bestritt der Sopade jedweden »Führungs- und Totalitätsanspruch«.

Ob sie wollte oder nicht, die Sopade mußte sich schon in ihrer ersten Besprechung in Paris mit Buttinger und seinem Vorstoß befassen und – ohne Hertz, den man nicht geladen hatte – die von Stampfer aufgesetzte Antwort diskutieren: Das Ja zur Konzentration wurde bekräftigt, aber es sollte nur gelten, wenn die Sopade oder der Parteivorstand, wie man bewußt sagte, alleiniges Zentrum sei, um das herum sich die Konzentration zu vollziehen habe. Die Unvergleichbarkeit von Sopade auf der einen und sämtlichen Gruppen, Österreicher eingeschlossen, auf der anderen Seite stand für Erich Ollenhauer und seine Freunde auch jetzt nicht in Frage. Buttingers Versicherung, ein »Kartell« von Sopade, Landesgruppe Frankreich, NB und Österreichern, gegebenenfalls erweitert durch SAP und ISK, den Internationalen Sozialistischen Kampfbund, werde eine starke psychologische Wirkung international wie im Reich haben und der kommunistischen Propaganda entgegenwirken, machte keinerlei Eindruck auf ihn.

Nun drängte, unabhängig vom Vorstoß der Österreicher und um wenigstens einen Anfang zu machen, auch die Landesgruppe unter Max Braun auf einen Zusammenschluß mit der Sopade; sie verlangte, mit fünf Vertretern, darunter Hilferding, am PV beteiligt zu werden. Aber auch dieser Preis war Ollenhauer und Vogel, die Anfang Juli ein informelles Gespräch mit Braun und Wagner hatten, zu hoch. Im großen wie im kleinen galt der gleiche Grundsatz: Wenn überhaupt eine Form des Zusammenschlusses in Frage komme, so erklärte Erich Ollenhauer, dann müsse »das Verhältnis zwischen beiden das vom Parteivorstand zu einer untergeordneten Organisation sein«. Dennoch wußte gerade Ollenhauer, daß sich die Sopade eine Politik der strikten Verweigerung nicht leisten sollte. Also griff er zu einem bewährten Mittel: Er spielte auf Zeit und riet seinen Kollegen, die wieder ohne Hertz zusammengekommen waren, erst einmal – mündlich! – Otto Wels in Kopenhagen zu informieren, seine Meinung einzuholen und weitere Besprechungen zu vertagen.

Hans Vogel also machte sich auf den Weg in die dänische Hauptstadt, wo er jedenfalls die Aussöhnung zwischen den beiden zutiefst verfeindeten Parteiführern Wels und Scheidemann bewerkstelligte. Erich Ollenhauer hatte im übrigen keinerlei Zweifel offengelassen, worauf er selbst hinaus wollte, und außerdem war ihm klar, daß der Vorsitzende jeder Erweiterung des PV ein hartes Nein entgegensetzen würde. Der kranke Parteiführer opponierte denn auch prompt gegen eine Aufnahme Brauns, den er für »moralisch nicht qualifiziert genug« hielt. Ollenhauer selbst hatte Max Braun einen »großen Opportunisten ohne politische Grundsätze« genannt und von Beginn an darauf gebaut, daß der Versuch, die nicht-kommunistischen Gruppen und die Sopade zusammenzuführen, schon bei Max Braun scheitere. Andernfalls, so mag er überlegt haben, wäre eine Sogwirkung kaum aufzuhalten gewesen. Für Ollenhauer wollten die NB-Leute, insonderheit Karl Frank alias Willi Müller und Paul Hertz, die Konzentration ohnehin nur zwecks Anerkennung als selbständige Gruppe; die Österreicher waren ihm »einfach Knaben«, die nun »das Gefieder spreizen«. Daß Österreicher und NB und Landesgruppe eines Tages ein Bündnis gegen die Sopade schließen könnten, schreckte ihn nicht. Man dürfe nur die Hände nicht in den Schoß legen und Götz von Berlichingen zitieren. Mit reiner Passivität »würden wir das Feld von vornherein allen Dunkelmännern überlassen und unseren eigenen Leuten das Selbstvertrauen zur Partei gegenüber den Gruppeninteressen nehmen«, schrieb er an Wels. Wenn Konzessionen unumgänglich seien, so müßten sie »selbstverständlich so gering wie möglich sein«. Auch wenn er es kaum so ausgedrückt hätte, in der Sache teilte Ollenhauer die Meinung Erich Rinners, der die Konzentration eine »Volksfront auf sozialdemokratischem Sektor« nannte.

Wie sollte unter diesen Vorzeichen der schwelende Konflikt mit Paul Hertz gelöst werden können, der noch im Februar in Prag eine Denkschrift über »Die Sammlung der deutschen Sozialdemokratie« verfaßt und verbreitet hatte? Der ganze Abstand, der sich mittlerweile zwischen Sopade und ihrem abtrünnigen Mitglied aufgetan hatte, kam in Paris auch räumlich zum Ausdruck. Hertz, der nun ohne Sopade-Gehalt auskommen mußte, war nach Clamart gezogen, allerdings nicht in »ein großes Haus mit großem Garten«, wie Heine an Wels gemeldet hatte, unter der Hinzufügung, daß sich »unser Verkehr« mit Hertz auf ein oder zwei Telefonate die Woche beschränke.

Hanna und Paul Hertz lebten auch in Paris bescheiden, Haus und

Garten waren eher klein, und vor allem nahm Paul Hertz hier seine Prager Gewohnheit auf, bedürftige linkssozialistische Genossen zu unterstützen; im Spätsommer 38 finanzierte er auch Willy Brandt, der die eigene Gruppe entlasten wollte, die Rückreise nach Oslo. Der Rest seines privaten Vermögens, das er in der Schweiz angelegt hatte, dürfte dafür allerdings nicht hingereicht haben. 1938 wurde die NB-Kasse, die Hertz verwaltete, aufgefüllt, weil dieser Gelder einsteckte, die ihm so ohne weiteres nicht zustanden und die denn auch eine Rolle spielen sollten im Konflikt mit der Sopade. Das Haus in Clamart jedenfalls wurde »Hauptquartier« der nie gewählten, doch niemals – außer von Anhängern des Gruppengründers Miles – umstrittenen NB-Auslandsleitung, der Sering-Löwenthal, Frank, Knoeringen und Bögler angehörten; in der Erinnerung Richard Löwenthals war Hertz ihr treuer und hilfsbereiter Schutzengel.

Alle Zeichen standen auf Sturm, als am 27. Juni 1938 Erich Ollenhauer zu einer »Vorstandssitzung« einlud; ein Vergnügen sei der neue »Krakeel« nicht, aber sie hätten ihn ja nicht herbeigeführt, schrieb er an Sander. Hertz erhielt die knappe Mitteilung erst zwei Tage später, am Tag der Sitzung. Daß die Sopade, die sich hintergangen fühlte, zuvor schon eine Reihe von Besprechungen ohne ihn abgehalten hatte, war Hertz nicht verborgen geblieben, aber vielleicht war es ihm auch recht. Jedenfalls tat er seinerseits nichts, um sich in der Rue des Ecoles in Erinnerung zu bringen. In Prag hatte Hertz die Frage der Konzentration sozialdemokratischer Gruppen aufgeworfen und sie angesichts des Umzugs nach Paris dringend gemacht. Und er hatte in gleichem Zusammenhang zugestimmt, daß die Sopade nur noch vier hauptamtliche – bezahlte – Mitglieder zählen solle, nämlich Wels, Vogel, Crummenerl und Rinner. Er hatte nicht zugestimmt und war auch niemals darum ersucht worden, daß er mit dem Verzicht auf das Gehalt auch auf seine Mitgliedschaft im Vorstand verzichtet habe.

Genau darauf hob Hertz nun ab: Er plädiere nicht, daß er das Gehalt bekomme, das spiele keine Rolle. Die Zweiteilung zwischen PV einerseits und »dem engeren Arbeitsgremium« andererseits aber schaffe nicht die notwendige Atmosphäre. Diese Zweiteilung aber wollten alle Sopade-Mitglieder mit Ausnahme Stampfers, der fürchtete, die Geheimbündelei liefere Hertz Vorwände. Nach dem Willen der anderen sollte es mit Ollenhauers Feststellung, Hertz sei in Prag »als geschäftsführendes Vorstandsmitglied freiwillig ausgeschieden«, sein Bewenden haben. Ollenhauer hatte damit einen Status konstruiert, den es nicht gab und nicht geben konnte, wenn irgend das Mandat von 1933 aktuell war. Das aber war es in den Augen der Sopade. Außerdem: Auch Ollenhauer war in Prag als besoldetes Mitglied der Sopade ausgeschieden, und doch gehörte er – selbstverständlich! – zum »geschäftsführenden Vorstand«, fungierte gar als eine Art Geschäftsführer, wenn nicht als amtierender Vorsitzender.

Sah er die Folgen nicht, oder bezweckte er den Eklat, um Hertz endgültig loszuwerden? Weder er noch irgend jemand sonst widersprach Erich Rinner, als dieser bemerkte, Hertz habe sich 1933 »selbst delegiert« und damit schon damals »hellste Empörung« ausgelöst. Sollte die Grundlage des Hertz'schen Mandats angezweifelt werden? Oder gab es keine Strategie außer der des Unter-sich-Bleiben-Wollens? Hertz jedenfalls schreibt nun einen Brief, datiert vom 20. Juli und adressiert an unzählige Genossen in der Emigration wie in der SAI. Er bekennt sich zu dem Mandat von 1933, doch lehnt er es ab, daraus einen Führungsanspruch abzuleiten. Er nennt sein Ausscheiden aus dem Kreis der besoldeten Vorstandsmitglieder – wider besseres Wissen – eine Maßregelung, stellt einen Zusammenhang mit der Konzentrationsdebatte her und droht, daß er sich mit einer Statistenrolle nicht begnügen wolle. Die Sopade berät, diesmal ohne Vogel, der zu Wels nach Kopenhagen abgereist ist. Ollenhauer setzt einen Antwort-Entwurf auf, der verworfen wird; er will Hertz zwar die alleinige Verantwortung dafür anlasten, daß das Ansehen der sozialdemokratischen Emigration so sehr beschädigt sei. Doch will er den Bruch aus taktischen Gründen nicht von sich aus herbeizwingen. Ein kurzer und scharfer, im Vorwurf fortgesetzter Zersetzungsarbeit gipfelnder Entwurf Stampfers wird akzeptiert und von Ollenhauer, der sich von einer ›harten‹ Linie sofort überzeugen läßt, mit ausführlichem Begleitbrief an Wels und Vogel nach Kopenhagen gesandt. Über diesen Entwurf wird noch einmal beraten, als Vogel zurück ist, und am 30. Juli wird er an den gleichen Empfängerkreis versandt, der Hertz' Brief erhalten hat. Die Adressenliste hatte Ollenhauer in harschem Ton von Hertz verlangt und prompt bekommen. In einem einheitlichen Begleitbrief bedauert Ollenhauer, daß sie die knappe Zeit »mit diesen von uns tief beklagten Auseinandersetzungen« in Anspruch nehmen müßten, und bittet um Kenntnisnahme. Doch wie kraß die Mißbilligung auch ausgefallen ist, Hertz bleibt Vorstandsmitglied. Und so wird, wie Ollenhauer bemerkt, nach einer Reihe von Besprechungen ohne Hertz eine gemeinsame Sitzung unausweichlich.

In der ganztägigen Sitzung am 10. August 1938 lag eine Einigung in keinem Augenblick im Bereich des Möglichen. Ressentiments, die sich über Jahre aufgestaut hatten, brachen nun offen und ohne weitere Rücksichtnahme hervor. Friedrich Stampfer erinnerte an den gerade erschienenen Bericht über die brutalen Mißhandlungen in den Konzentrationslagern und klagte, daß man sich in einem solchen Moment mit diesem Emigrantenklatsch beschäftige. In gleichem Atemzuge aber nannte er Hertz' Ausführungen eine »Kriegserklärung«. Die Mehrheit, also alle außer Hertz, stritt ab, Hertz gemaßregelt und unabhängig von der Gehaltsregelung zwei Klassen von Vorstandsmitgliedern geschaffen zu haben. Der hingegen blieb bei seinem Vorwurf und stellte fest, die Körperschaft habe die Pflicht, ihre Mitglieder zur Mitarbeit heranzuziehen; überhaupt bestehe die Partei auch in der Emigration nicht nur aus ihrer Leitung. Kurzum: Die Mehrheit verlangt, daß Hertz revoziert, und Hertz besteht darauf, daß vor allem anderen über den weiteren politischen Weg und damit über die Konzentration Klarheit geschaffen werde.

Erich Ollenhauer bekundet die prinzipielle Bereitschaft, zunächst »die Einreihung« der Landesgruppe lösen zu wollen, und beteuert, daß er nie daran gedacht habe, irgendeine Entscheidung ohne Hertz herbeizuführen. Das aber macht keinen Eindruck mehr, zumal Hertz es besser weiß. Mit allen Stimmen und ohne die von Hertz wird beschlossen und sofort per Rundschreiben bekanntgemacht: »Der Parteivorstand weist die Behauptung des Genossen Hertz, daß er ›politisch gemaßregelt‹ worden sei, als eine Unwahrheit zurück. Er spricht dem Genossen Hertz, der durch seinen Brief vom 20. Juli diese Unwahrheit in einen breiteren Kreis von Parteigenossen hinausgetragen hat, die schärfste Mißbilligung aus.« Zugleich werden Vogel und Ollenhauer beauftragt, die Verhandlungen mit der Landesgruppe zu führen. Beide verschwiegen, daß am Morgen der Vorstandssitzung, also bevor dieser Beschluß gefallen war, der Bescheid der Landesgruppe eingegangen war, auf der Grundlage einer Nicht-Erweiterung des PV nicht verhandeln zu wollen. Aber sie verschwiegen – verdrängten? – auch, daß zum Zeitpunkt der Sitzung schon ein Echo aus sozialdemokratischen Emigranten- und SAI-Kreisen eingegangen war, ein Echo auf die Briefschreiberei.

Ollenhauer selbst hatte in einer Vorbesprechung durchgesetzt, die SAI mit der Sache zu befassen; tatsächlich wurde am 10. August auch beschlossen, Vogel und Stampfer nach Brüssel ins SAI-Sekretariat in Marsch zu setzen. Dort war man aber längst im Bilde. In einem persönlichen Brief an Erich Ollenhauer hatte Friedrich Adler, der der Sopade stets mit Reserve gegenüberstand, nur harte Worte für das Vorgehen der Sopade gefunden und zugleich eine Ehrenerklärung für Paul Hertz abgegeben. Was er an ihm auf das höchste geschätzt habe, sei der Wille zur Arbeit gewesen, und zwar zur Arbeit mit den Genossen, die illegal im Reich lebten. Einem Mann wie Paul Hertz gegenüber, der stets mit vollster Hingabe und tiefster Treue für die Arbeiterbewegung gewirkt habe, halte er es für unmöglich, »Auseinandersetzungen über Richtungstaktik« auf das Gebiet der »Parteimoral« herunterzuspielen. (Tatsächlich hatte man sich schriftlich und mündlich – wechselseitig! – immer wieder einmal den moralischen Anspruch bestritten.) Adler sei nicht zu überzeugen, so schilderte

Stampfer später seine und Vogels fehlgeschlagene Brüsseler Mission, daß die Schuld *nur* bei Hertz liege; der belgische Präsident der SAI, Louis de Brouckère, habe ihnen ohnehin klargemacht, die Internationale mische sich nicht in Streitigkeiten der einzelnen Parteien ein.

In ähnlichem Tenor wie Adlers Brief, auf die Persönlichkeit von Hertz abhebend, waren auch die Proteste aus der sozialdemokratischen Emigration abgefaßt. Otto Bach, Schwiegersohn Rudolf Wissells und späterer langjähriger Präsident des Berliner Abgeordnetenhauses, wies – wie viele andere auch – den schweren Vorwurf einer zersetzenden Tätigkeit gegen Hertz zurück, der diesen Vorwurf in einem Schreiben »an den Vorstand der SPD« selbst als »eine Anleihe bei der Sprache der Moskauer Prozesse« bezeichnet hatte. Ollenhauer gegenüber klagte Otto Bach, der gegenwärtige Zustand der Partei verurteile sie zu einer Ohnmacht, die sich von Tag zu Tag mehr offenbare und manchmal schon wie das Stadium vor der völligen Auflösung wirke. Er bedauere, daß angesichts der Möglichkeit naher kriegerischer Verwicklungen die deutsche Sozialdemokratie durch Uneinigkeit im eigenen Lager immer unfähiger werde, in wirksamer Weise in den Ablauf möglicher Geschehnisse eingreifen zu können. Otto Bach war in diesen Jahren beim Internationalen Arbeitsamt in Genf beschäftigt, also kein Flüchtling; er kannte Hertz und seine Arbeit in der Flüchtlingsfürsorge. Und so fügte er jetzt ausdrücklich hinzu, daß Hertz in den dortigen internationalen Kreisen, soweit diese überhaupt für Schicksal und Haltung der deutschen Sozialdemokratie Interesse bekundeten, hohes Ansehen genieße, »das er sich nicht zuletzt wegen seiner Arbeit in den Flüchtlingsfragen erworben hat«. Paul Hertz hatte, nominiert von der Sopade, auch an der Evian-Konferenz noch teilgenommen, die auf Initiative Roosevelts Anfang Juli 1938 stattfand, aber keine greifbaren Ergebnisse mehr zeitigte.

Seit sich die Sopade in Frankreich niedergelassen hatte, stand sie, unabhängig von einem möglichen Zusammenschluß mit der Landesgruppe, vor der Frage: Was tun mit den im Lande lebenden Vorstandsmitgliedern? Denn hatte nicht immer das ungeschriebene Gesetz gegolten, daß die ›erreichbaren‹ der 1933 gewählten PV-Mitglieder zum Exilvorstand gehörten? Und wäre es nicht eine Sache der Vernunft und des Stils gewesen, auch Rudolf Breitscheid und Rudolf Hilferding hinzuzuziehen, obwohl beide auf der Reichskonferenz nicht mehr gewählt worden waren? Jedenfalls waren Marie Juchacz, die seit ihrer Flucht aus dem Saargebiet in Forbach lebte, und Georg Dietrich, der sich nur zwanzig Kilometer von der französischen Grenze entfernt in Basel niedergelassen hatte, 1933 auf der einen Parteitag ersetzenden Reichskonferenz in aller Form Mitglieder des SPD-Vorstandes geworden. Die Frage nach Breitscheid hatte

Ollenhauer schon in einer der ersten internen Besprechungen gestellt und sie, dem Tonfall nach zu urteilen, verneint. Er traf sich hier ein einziges Mal mit seinem Gegenspieler, mit Paul Hertz, der jedenfalls Breitscheid nicht dabei haben wollte; er sei zu resignativ.

Man löste das Problem dadurch, daß Breitscheid unterstellt wurde, er wolle selbst nicht, während man Hilferding in seiner Eigenschaft als Mitglied der SAI-Exekutive heranzog; tatsächlich hat Rudolf Hilferding ab Jahresbeginn 1939 an den Sitzungen wieder regelmäßig teilgenommen. Der Präzedenzfall war vermieden, und darauf kam es Erich Ollenhauer an. Nicht so einfach war die Sache mit den beiden anderen Kollegen. Marie Juchacz, die angesehene Begründerin der Arbeiterwohlfahrt – sie war die erste Frau, die im Reichstag das Wort nahm –, hätte man notfalls akzeptiert, obwohl auch ihr gegenüber Mißtrauen überwog. Sie habe wegen einer Teilnahme geschrieben, meldete Ollenhauer an Wels; was dahinter stecke, sei ihnen nicht klar! Aber Georg Dietrich, den entschiedenen Anhänger des linken Parteiflügels aus Thüringen, »den uns unbequemen Georg Dietrich«, wie Stampfer unwidersprochen formulierte, den man schon in Prag nicht hatte dabeihaben wollen, galt es auf jeden Fall draußen zu halten. Ollenhauer schlug zunächst vor, Marie Juchacz zu bitten und Dietrich nicht. Die mangelnde Logik seines Vorschlags selber bemerkend, schob er sogleich einen zweiten nach, nämlich beider Anspruch auf das Mandat grundsätzlich anzuerkennen, aber finanzielle Gründe vorzutäuschen – es gab sie zu dieser Zeit, da das Archiv endlich verkauft worden war, eingestandenermaßen nicht mehr – und Einladungen nur bei »außergewöhnlichen Anlässen« zu versenden. Daß man über die Außergewöhnlichkeit nur selbst zu entscheiden gedachte, wurde deutlich gemacht. Hertz' Protest erwies sich als nutzlos. Auch sein Antrag, die beiden erst einmal zu einer Sitzung kommen zu lassen, stieß auf geschlossene Ablehnung: Es sei zu teuer, und überhaupt wolle man sich nicht unter Druck setzen lassen. Beschlossen wurde so, wie Ollenhauer vorgeschlagen hatte.

Unterdessen aber war beiden Betroffenen der Geduldsfaden gerissen. Marie Juchacz, die sich darüber gefreut hatte, daß der Sitz des PV nach Paris verlegt worden war, die auch eingestellt war auf eine Mitarbeit, allerdings gegen das Vorgehen in Sachen Hertz scharf protestiert hatte, schrieb: Wer sie kenne, könne doch unmöglich annehmen, daß sie sich zur Staffage machen lasse. »Wie reich an Menschen müßt Ihr Euch vorkommen, wenn Ihr es Euch leisten könnt, einen Freund nach dem anderen von Euch abzustoßen.« Und Georg Dietrich antwortete, als Vogel ihm den Beschluß mitgeteilt hatte: Die Genossen, die auf der Reichskonferenz gewählt worden seien, hätten kein Mandat erhalten, darüber zu entscheiden, wen sie zu Vorstandssitzungen einlüden. Er wolle zu jeder Sitzung eingeladen werden oder gar nicht; über die finanzielle Seite sei mit ihm ebenso zu reden wie mit Marie Juchacz. Seither wurde über beider Einbeziehung in die Vorstandsarbeit kein Wort mehr verloren.

Konnte es da überraschen, daß Ollenhauer auch den Vorstoß abblockte, den immer noch mit Neu Beginnen und Hertz verbundenen Grenzsekretär Erwin Schoettle zu einer geplanten Sekretär-Konferenz einzuladen, und daß er den Wunsch des langjährigen, ebenfalls NB-verpflichteten Grenzsekretärs Bögler alias Helmuth Hertel zurückwies, nun die Pfalz, seinen Heimatbezirk, zu betreuen? Ollenhauers interne Begründung, die nach dem Krieg ihre Bestätigung finden sollte: »Politisch unzuverlässig.« Überhaupt keine Begründung wollte er geben, als wieder einmal ein Angebot der KPD einging und die Reaktion zur Debatte stand. Erich Ollenhauer war in diesen August-Wochen zur beherrschenden Figur in der Sopade geworden; er war es, der die Zügel in der Hand hielt und darauf bestand, der KPD in einem einzigen harten Satz zu antworten. Man solle, so führte er aus, auf die »Volksfront-Affäre« nicht zurückgreifen: »Wir haben bisher in diese Sache nicht eingegriffen. Es erscheint nicht zweckmäßig, jetzt, nachdem das Fiasko eklatant ist, die Sache wieder aufzuwärmen.« Andererseits hielt er – Einsicht oder schwarzer Humor? – die eigenen Erfahrungen mit den Kommunisten »nicht für ausreichend, um eine ausführliche Antwort damit zu begründen«.

Hieß das notwendigerweise auch: keine Mitarbeit in Organisationen, in denen auch Kommunisten saßen? Anläßlich einer Debatte um die »Zentralvereinigung der deutschen Emigration« in Frankreich – Präsident war der Sozialdemokrat Friedrich Wilhelm Wagner – und einer möglichen Beteiligung bekräftigte die Sopade den Grundsatz, »nicht in Organisationen zu sitzen, in denen wir mit der KPD zusammenarbeiten müssen«. Selbst als die Arbeiterwohlfahrt einen Präsidenten suchte und dafür Erich Ollenhauer vorschlug, verweigerte er sich, übrigens gegen den Widerstand von Stampfer und Hilferding. Ollenhauer trug offenbar Sorge, sich gegen jene sehr rührigen Genossen schwer behaupten zu können, die von der Sopade nichts wissen wollten.

So kam, auch im nicht-kommunistischen Bereich, was kommen mußte: Die Verständigung von Österreichern und den, wie Ollenhauer es in einer Sitzung ausdrückte, »sogenannten linken deutschen Gruppen«, die ihn jedoch in keiner Weise schreckte. Den Standpunkt, »daß wir etwas anderes sind, als eine von den vielen Gruppen«, wollte er aufrechterhalten wissen und, so betonte er Wels gegenüber, dem österreichischen Druck keinesfalls weichen, »auch auf die Gefahr hin, daß wir zunächst allein bleiben und als die

Saboteure der Konzentration hingestellt werden«. Das Gespräch, das Ollenhauer, Vogel und Stampfer mit den Vertretern der Österreicher, Richter und Oskar Pollak, dem neuen Chefredakteur des »Kampf«, führten, war denn auch reine Formsache und hatte Alibifunktion. Man verständigte sich darauf, daß eine Einigung nicht möglich sei. Die Österreicher wiederholten ihren Vorschlag, daß je zwei Vertreter der Sopade, der Gruppe Neu Beginnen, der SAP und der Österreicher selbst ein Kartell bildeten, und trugen ihren deutschen Gesprächspartnern im übrigen vor, wie sie selbst Gefahren der Zersplitterung gebannt hätten.

Ollenhauer, der darauf pochte, daß die Sopade die gesamte deutsche Partei repräsentiere, witterte nun gar einen österreichischen Führungsanspruch. Ernst Paul gegenüber sprach er von einer »direkten und kräftigen Einmischung in die innerdeutschen Verhältnisse«. Die Sopade also nahm in Kauf, sich von einem wichtigen Vorgang der sozialistischen Emigration abzukoppeln, und huldigte einem ›Ohne-uns-Standpunkt‹. Dies lag in der Logik ihrer bisherigen Verhaltensweise und Selbsteinschätzung. Hinzu kam, daß weder Ollenhauers noch Wels' und Vogels Vorstellungskraft hinreichte, Perspektiven einer ›gesamtdeutschen Revolution‹ ins Auge zu fassen.

Folge: Am 16. September 1938 bildeten Österreicher, NB, SAP sowie Vertreter von großen Teilen der Landesorganisation – im wesentlichen die Saar-Emigration – eine »Arbeitsgemeinschaft für Inlandsarbeit«, der sich bald darauf der ISK und die Münzenberg-Gruppe, »Freunde der sozialistischen Einheit«, zugesellten; neuer Name nach der Erweiterung: »Arbeitsausschuß deutscher Sozialisten und der Revolutionären Sozialisten Österreichs«. Daß die SAP in die Konzentrationsbemühungen einbezogen wurde, verärgerte Ollenhauer in besonderem Maße; für ihn war sie ein Problem an sich, und eine praktische Zusammenarbeit mit ihr schien ihm nicht möglich. Das hinderte ihn nicht, zur gleichen Zeit selbst Besuch von der SAP zu empfangen: Willy Brandt, der immerhin zu der Parteileitung genannten Auslandszentrale der SAP gehörte und außerdem von Oslo aus für die Auslandsvertretung des Sozialistischen Jugendverbandes verantwortlich war. In seinem Bericht für das Blatt des norwegischen Arbeiterjugend-Verbandes schilderte Brandt einen umgänglichen und verständnisvollen Ollenhauer, der sich besonders anerkennend auch über die Arbeit des norwegischen Jugendverbandes geäußert habe.

Wenige Monate später trafen sich beide wieder: am Rande einer Bürositzung der SJI, März 1939, in Oslo. Und auf ausdrücklichen Wunsch Ollenhauers hin lud H. C. Hansen, der Vorsitzende der Jugend-Internationale, Brandt zum Jugendtag nach Lille ein: Man war trotz früherer und anhaltender Verurteilungen der »Abtrünni-

Im September 1938 trafen sie sich in Paris: Obwohl Brandt als Mitglied der Auslandszentrale der SAP zu den »Abtrünnigen« und »Spaltern« gehörte, zeigte sich Ollenhauer umgänglich. Daß Brandt einmal Ollenhauers Nachfolger im Amt des Parteivorsitzenden werden würde, ahnte wohl keiner von beiden. 5. Februar 1954.

gen« und »Spalter« geneigt, den SJV wieder in den Rahmen hineinzulassen, in den er seit 1937, ermuntert durch einige Linke aus der Internationale, hineinstrebte. Brandt konnte nicht nach Lille fahren, doch es nahmen zwei seiner in Paris lebenden Genossen teil. Bei dem Pariser Gespräch 1938 hatten Brandt und Ollenhauer auch über den mißlungenen, den Volksfront-Experimenten nachgebildeten Versuch gesprochen, im Exil eine Zusammenarbeit mit den jungen Kommunisten zuwege zu bringen; niemand hatte bei der Namensgebung – »Freie Deutsche Jugend« – ahnen können, womit der Name später verbunden sein würde. Aus der früheren SAJ war deren einstiger Berliner Vorsitzender (und NB-Mann) Erich Schmidt beteiligt. Brandt erinnert sich, daß Ollenhauer seinen ablehnenden Standpunkt klargemacht habe, daß ihm dabei aber jede Aggressivität – anders als bei den hier nachgezeichneten Sopade-Querelen – abgegangen sei.

In der Sopade steuerte Ollenhauer auch weiterhin den Kurs, der innerhalb der Emigration zur Abkapselung führte. Als Julius Deutsch die Sopade einlud, doch wenigstens unverbindlich an Veranstaltungen der »Arbeitsgemeinschaft« teilzunehmen oder an Erörterungen über humanitäre Emigrantenfragen, die besonders die Spanien-Rückkehrer betrafen, oder auch an Diskussionen mit Sering-Löwenthal, wehrte Ollenhauer ab. Er sah darin, wie er Deutsch erklärte, den Versuch, »eine bestimmte Richtung durchzusetzen«; seine Freunde warnte er: Die Arbeitsgemeinschaft sei keineswegs »harmlos«. So lehnte er namens der Sopade auch ab, an einer Besprechung der »Arbeitsgemeinschaft« mit KP-Vertretern teilzunehmen. Statt dessen entwickelte Ollenhauer nun einen groß angelegten Plan, die Sopade-treuen Emigranten in den verschiedenen Aufnahmeländern zusammenzufassen und überall einen Vertrauensmann zu bestellen; auch neue Ausweise sollten eingeführt werden, verteilt, wie er betonte, vom PV. Crummenerls Einwand, das sei ein rein organisatorischer Vorgang, ließ er nicht gelten.

Eine Reise nach Stockholm diente allein dem Zweck, die dortige Emigration an die Sopade zu binden, und auch in Frankreich versuchte er fortan, mit der Landesgruppe dadurch fertig zu werden, daß er ihr die Basis abspenstig machte. Sein Hauptaugenmerk aber galt England. Er drängte darauf, daß Sander zum Vertrauensmann der Sopade ernannt würde, und er billigte sogar die Bildung einer englischen Landesgruppe der ZVE, der Zentralvereinigung der deutschen Emigration, die andernorts, vor allem in Frankreich, schon 1936 ins Leben gerufen worden war; Voraussetzung sollte allerdings sein, daß Sander die Kontrolle haben würde. Den eigentlichen Grund für Ollenhauers Initiative enthüllte Vogel, der auch zuvor in den Plan eingeweiht war: Es handele sich um »Gegenmaßnahmen« gegen die »Arbeitsgemeinschaft«.

So hatte die Sopade zu Jahresbeginn 1939 klare Verhältnisse geschaffen – bis auf den Fall Paul Hertz. Seit dessen Verhalten am 10. August mißbilligt worden war, schwelte der Konflikt weiter und trieb erst auf eine Lösung zu, als die Konzentrationsdebatte entschieden war. Denn jetzt sah die Sopade keinerlei Notwendigkeit mehr, Rücksicht zu nehmen. Hans Vogel, der auch monierte, daß Hertz dem Vorsitzenden Otto Wels zum 65. Geburtstag nicht gratuliert habe, machte keinen Hehl aus seinem Empfinden; es sei einfach kein Zustand, anstelle von Vorstandssitzungen Bürobesprechungen durchzuführen, um Hertz nicht dabei zu haben. So kam der Sopade fast gelegen, daß Hertz als ihr Treuhänder Verhandlungsergebnisse im Prozeß gegen die »Saarbrücker Volksstimme« offenbar verschwiegen und jedenfalls einen großen Teil der erzielten 50000 Schweizer Franken für seine Gruppe abgezweigt hatte. Ollenhauer klagte, dieser letzte Fall Hertz sei nur ein Fall von vielen in der Angelegenheit, das Verhältnis sei nicht mehr zu reparieren: »Es ist nun erforderlich, daß klargestellt wird, daß Hertz nicht mehr Vertreter des Parteivorstandes ist.« Doch damit, daß Ollenhauer diese Feststellung traf, war die Trennung noch nicht vollzogen.

Es wurde also wieder einmal eine gemeinsame Sitzung mit Hertz einberufen, und an deren Ende am 22. Dezember 1938 stand die Feststellung von Otto Wels, die Hertz ausdrücklich bestätigte: Meinungsverschiedenheiten seien im Prinzip nicht mehr vorhanden! War also alles nichts gewesen? Viel Lärm um Nichts? Tatsächlich ist nach dieser Sitzung, soweit es die Akten ausweisen, über Hertz kein Wort mehr gefallen, und der ist auch zu keiner Sitzung mehr erschienen, hat auch keine Briefe mehr geschrieben. Vielmehr hatte sich Paul Hertz, der niemals imstande gewesen wäre, eine Parteiversammlung zu organisieren, und der ein vollkommen anderes Verhältnis zu seiner Partei hatte als Ollenhauer, längst entschlossen, Europa den Rücken zu kehren. Der Entschluß mag ihm und seiner Frau um so leichter gefallen sein, als beide Kinder schon in den Vereinigten Staaten lebten. Im Oktober 1939 siedelten die Hertzens nach New York über, ohne noch in stärkerem Maße an der Emigrantenpolitik teilzunehmen. Sein mittlerweile sehr zusammengeschrumpftes Vermögen besserte er – ein Tip von Hilferding – mit Anlagen bei den bankrotten amerikanischen Eisenbahnen auf; der Erfolg war spektakulär. 1943 mietete er zusammen mit Erich Schmidt ein Sommerhaus auf Long Island. Paul Hertz hatte sich also, fern von Deutschland, fern von der SPD und fern von Gedanken an die Nachkriegszeit, in Amerika eingerichtet – bis Ernst Reuter ihn nach Berlin rufen sollte.

Es wird überliefert, nach dem Ausscheiden von Hertz und dem Scheitern der Konzentration seien Curt Geyer und Fritz Heine in den Vorstand »kooptiert« worden, gleichsam um den Vorstand mit loyalen Männern ›aufzufüllen‹. Tatsächlich haben beide, seit Beginn der Pariser Emigration, an jeder Besprechung und jeder Vorstandssitzung teilgenommen; auch in den letzten Prager Jahren hatten beide den Zusammenkünften der Sopade fast regelmäßig beigewohnt. Einen Beschluß darüber hat es nie gegeben. Vielmehr handelt es sich um ein interessantes Beispiel für die Macht des Faktischen, auch wenn es eine etwas willkürliche Macht war!

Als der österreichische Bundeskanzler Schuschnigg am 12. Februar 1938 nach Berchtesgaden ging, legte Otto Bauer gerade ein Manuskript beiseite, an dem er viele Monate mit besonderer Hingabe gearbeitet hatte: »Die illegale Partei«. Er hielt es für überholt, entschloß sich aber Monate später, nun schon in Paris, den Text zu überarbeiten und zu aktualisieren. Er starb, für alle seine Freunde überraschend, am 4. Juli 1938, ehe er sich an die Arbeit hatte machen können. Erich Ollenhauer, der Bauer stets mit Skepsis, wenn nicht Ablehnung gegenübergestanden hatte, bekannte unter Anspielung auf dessen Nachfolger, mit denen er noch viel weniger zurechtkam, in einem Brief an Wels: »Wie immer man zu ihm steht, er war ein Kerl von Format.« Sein Tod komme »sehr ungelegen«, sagte er in einer Sitzung der Sopade. Noch im gleichen Jahr gab Friedrich Adler das nachgelassene Manuskript heraus. Und diese Veröffentlichung traf die Sopade, die gerade damit beschäftigt war, ihren Alleinvertretungsanspruch für die deutsche Sozialdemokratie zu untermauern, an einer empfindlichen Stelle. Dem Abschnitt »Das Problem der Kontinuität der Partei« konnte sie entnehmen, daß Otto Bauer bei dem geblieben war, was er schon 1933 gesagt und 1937 in seiner Schrift »Zwischen zwei Weltkriegen?« bekräftigt hatte: Daß nämlich diejenigen aus der ersten Linie abzutreten hätten, die meinten, nach einer so ungeheuerlichen Katastrophe wie dem Sieg des Faschismus könnten die alten Parteien unverändert wiedererstehen. Wörtlich hieß es: »Uns aber, denen die alte Partei Vaterland und Lebensinhalt gewesen ist, muß es nicht bedrücken, daß sich in den jungen illegalen Parteien eine neue Entwicklungsphase des Sozialismus verkörpert. Das Wort Partei kann noch in einem dritten Sinn gebraucht werden: in dem Sinne, in dem Marx es gebrauchte, als er von der Partei im großen historischen Sinne sprach. Da bedeutet das Wort Partei eine säkulare Geistesströmung. Die Organisationsformen zerbrechen, die Ideen entwickeln sich und wandeln sich, aber es bleibt eine große, weiterwirkende, die Welt umwälzende Strömung der Ideen. Eine solche Partei im großen historischen Sinne bleibt der Sozialismus von Marx und Engels über Bebel, Jaurès, Victor Adler und Turati bis zu den Trägern der illegalen Bewegung unserer Tage. In der neuen Organisationsform und in den neuen Gedanken der illegalen Zirkel lebt doch dieselbe Partei im großen historischen Sinne weiter.«

Bauers Buch, so die Ankündigung der Sopade, nötige »zu grundsätzlichen Einwendungen und kritischer Abgrenzung vom sozialdemokratischen Standpunkt aus«. Ihre Antwort ließ denn auch nicht auf sich warten. Sie galt nicht nur Bauer, sondern kam einer Abrechnung mit ihren linkssozialistischen Kritikern gleich – zu einem Zeitpunkt, Sommer 39, da sich die Emigration zum letzten Mal in jener ›Schlachtordnung‹ präsentierte, die sich in den Jahren seit 1933 herausgebildet hatte. »Die Partei der Freiheit«, unter dem Namen Curt Geyers erschienen, von Rudolf Hilferding konzipiert, ist die pamphlethafte Absage an den sozialistischen Glauben, ja an die Notwendigkeit von Sozialismus. »Die Partei der Freiheit« steht nicht in Gegensatz zum Prager Manifest, ist vielmehr dessen zeitbedingte Zuspitzung. Anders als 1934 wird nun, im Angesicht der tödlichen

Bedrohung durch das nationalsozialistische Deutschland, weder die »Revolution gegen Hitler« beschworen noch wird nach Bedingungen für Demokratie gefragt. Jetzt gilt nur noch: Freiheit oder Diktatur.

Wenige Wochen nach der Sopade kam auch der »Arbeitsausschuß« mit einer programmatischen Schrift heraus: »Der kommende Weltkrieg. Aufgaben und Ziele des deutschen Sozialismus«. Ihre Autoren, darunter Buttinger und Sering-Löwenthal, setzten, an ein früheres Thesenpapier zur Kriegsfrage anknüpfend, auf den Sieg einer breiten Anti-Hitler-Koalition und, reichlich optimistisch, darauf, daß sich die Sowjetunion, anders als in Spanien, nicht in die erwartete deutsche Revolution einmische. Im Gegensatz dazu sahen Hilferding, Geyer und die Sopade den kommenden Weltkrieg nicht in der Perspektive einer siegenden Arbeiterklasse und schon gar nicht einer zuschauenden Sowjetunion. Sie wehrten sich dagegen, die Auseinandersetzung mit dem totalen System in Deutschland auf die Formel des Klassenkampfes zu bringen. Für sie handelte es sich um eine viel allgemeinere Auseinandersetzung von epochaler Bedeutung, die in der bisherigen Geschichtskonstruktion des Marxismus nicht vorgesehen sei und dort auch nicht hineinpasse. Das heiße, so die Schlußfolgerung, daß die Aufgabe der Stunde nicht »die Konstruktion einer proletarischen Diktaturpartei« à la Bauer und in Anlehnung an die bekannte Formel bei Marx sei, »sondern die Aufrechterhaltung des freiheitlichen Wesens der sozialdemokratischen Partei und die Sammlung der deutschen Opposition zum Kampfe für die Wiederherstellung der Grundlagen der europäischen Zivilisation in Deutschland«. (8)

Europäische Zivilisation aber umfaßte in den Augen der Sopade nicht die Sowjetunion, sondern allein den Westen, als dessen Teil Deutschland galt. Das antirussisch eingefärbte Bolschewismusbild der deutschen Sozialdemokratie stand Pate: Die Sopade hielt den Krieg gegen Hitler für unvermeidlich, genauer gesagt: den Krieg zwischen Nazi-Deutschland und den westlichen Demokratien. Was für die gesamte europäische Linke ein einzigartiger Schock wurde, überraschte die Sopade nicht: Den Pakt zwischen Hitler und Stalin mag sie als innere Genugtuung empfunden haben. Hatte man es nicht immer gewußt? Erich Ollenhauer schrieb, daß man sich nun überall von den Emigranten trennen solle, »die immer noch den Versuch machen, hinter dem Verrat Stalins eine besondere Weisheit der Staatsführung des ersten Arbeiterstaates der Welt zu suchen«. Auch für die moskauhörigen deutschen Kommunisten war die Welt wieder in Ordnung; »die Wels, Stampfer, Ollenhauer und Hilferding« geißelten sie nun als diejenigen, die ihr wahres Gesicht zeigten, nämlich »die Fratze der Kaisersozialisten, der ›Burgfriedenspolitiker‹, der ›Retter‹ des deutschen Kapitalismus vor der proletarischen Revolution«.

Am 1. September brach der Krieg aus. Es schien jene Konstellation Wirklichkeit geworden zu sein, auf die Erich Ollenhauer so lange gewartet hatte und in der er die einzige Chance sah, Hitler zu stürzen und Deutschland zu retten. Großbritannien und Frankreich, die demokratischen Großmächte Europas, führten nun endlich Krieg, einen Krieg, der den Sturz der Hitlerdiktatur zum Ziel hatte. Und, so fügte er in seiner namens der Jugend-Internationale abgegebenen Erklärung zum Kriegsausbruch hinzu, sie führten damit »den Kampf für die Sache der Freiheit und der Demokratie in Europa, die auch stets das Ziel unserer Arbeit und unseres Kampfes gewesen ist«. Der Aufruf »An das deutsche Volk«, den die Vorstandsmitglieder der SPD abgaben – »als die Verbündeten aller Gegner Hitlers, die für die Freiheit und die Kultur Europas kämpfen« –, war die letzte Erklärung, die Otto Wels unterzeichnete. Er starb zwei Wochen nach Kriegsausbruch und einen Tag nach seinem 66. Geburtstag am 16. September 1939. In seiner Sterbestunde war Erich Ollenhauer bei ihm. Otto Wels starb mit dem Gesicht nach Deutschland. Doch er war bitter geworden und sehr einsam. Daß er Deutschland wiedersehen und die SPD, seine SPD, in altem Glanz wiedererstehen sähe, daß er den Weg ins Exil noch einmal würde zurückgehen können, hatte er zuletzt nicht mehr geglaubt. Die Kanonen hörte er noch, doch ob sie die Wiedergeburt eines freien Deutschland und einer freien Arbeiterbewegung ankündigten, nicht einmal diese Gewißheit konnte er mit ins Grab nehmen. Der Tod, schrieb Erich Ollenhauer an Paul, sei eine Erlösung für ihn gewesen. Er meinte dies nicht nur der schweren Krankheit wegen.

Zwanzig Jahre hatte Otto Wels an der Spitze der deutschen Sozialdemokratie gestanden, von 1919 bis 1933 und in den bisher sechs Jahren des Exils. In seinem Nachruf urteilte Friedrich Stampfer, man müsse eine Geschichte der deutschen Sozialdemokratie schreiben, wollte man sein Leben schildern. Der Name des Parteivorsitzenden Otto Wels wird mit der kraftlosen Politik der Weimarer SPD verbunden bleiben, doch seine Rede am 23. März 1933 wird ihm unter allen Vorsitzenden der Sozialdemokratischen Partei Deutschlands einen herausragenden Platz sichern. Kein SPD-Führer vor ihm und erst recht keiner nach ihm hat je die Verantwortung in einer so extremen Situation tragen müssen wie Otto Wels 1932/1933.

Die dritte Flucht

Wenige Tage nach der französischen Kriegserklärung, am 7. September 1939, wurde bekanntgemacht: Emigrierte Deutsche – Ressortissants Allemands – zwischen 17 und 50 Jahren hätten sich in angegebenen Lagern einzufinden. Pariser Sammelpunkt war das Stade Colombes im Norden der Stadt, wo der morgendliche Appell lautete: »Les Allemands à droite, les autres chiens à gauche.« Während die einen ihre Freiheit rasch wiedererlangten, wurden die anderen in Arbeitsbataillonen zusammengefaßt beziehungsweise auf jenen Leidensweg geschickt, der in die südfranzösischen Internierungslager führte.

Günter Markscheffel, junger Parteijournalist aus Schlesien, geriet in zwei provisorische Lager im Maine, bevor er Weihnachten 39 nach Paris zurückgeschickt wurde. Ernst Langendorf landete über mehrere schlimme Stationen schließlich im berüchtigten Pyrenäenlager Le Vernet und lernte kennen, was Arthur Koestler den Abschaum der Erde, »The Scum of the Earth«, nennen sollte. Ein sozialistischer Vorstoß für eben jene Menschen, die Hitler entkommen waren, nun in französischen Lagern steckten und deren Familien ohne Hilfe blieben, fruchtete nicht. Psychosen regierten das Land, Psychosen über eine Fünfte Kolonne unter den Emigranten und darüber, daß sie am Krieg schuld seien. Einige Dutzend deutscher Flüchtlinge blieben von dieser ersten Internierungswelle verschont; die im Innenministerium erstellte Liste umfaßte international bekannte Antifaschisten, darunter Erich Ollenhauer und seine Freunde aus dem engeren Kreis der Sopade. Ollenhauer selbst führte ihre Freistellung darauf zurück, daß sie ausgebürgert, also staatenlos seien. Doch auch Markscheffel war längst ausgebürgert, als er interniert wurde, und tatsächlich war Staatenlosigkeit nicht der Maßstab, den die französischen Behörden anlegten.

Erich Ollenhauer jedenfalls konnte seine »politische Arbeit fortsetzen«, wie er den Pauls erleichtert mitteilte. Um weiterarbeiten zu können, um wenigstens den »Neuen Vorwärts« und die Deutschland-Berichte herausbringen zu können, wurde Geld benötigt, und zwar Geld, das, so Ollenhauer an den nach New York gereisten Stampfer, die Möglichkeit gebe, »in einer Zeit weiterzuarbeiten, in der unsere Tätigkeit mehr und mehr politische Bedeutung erhält«. Die bescheidenen Erlöse aus dem Archivverkauf waren aufgebraucht und neue Quellen nicht in Sicht. Mit einer Ausnahme: Amerika.

Zu Jahresbeginn 1939 war Friedrich Stampfer in die USA gefahren, um Kontakte zur amerikanischen Arbeiterbewegung zu knüpfen und

Mittel für die Sopade zu erschließen. Die Reise hatte zunächst den Erfolg, daß sich im März 39, in engstem Einvernehmen mit dem 1934 gegründeten, innerhalb der amerikanischen Arbeiterbewegung wirkenden Jewish Labor Committee (JLC) und sichtbar gefördert von der American Federation of Labor, die German Labor Delegation (GLD) konstituierte, ein ständiger Ausschuß unter der Präsidentschaft von Albert Grzesinski, dem ehemaligen preußischen Innenminister und Berliner Polizeipräsidenten, und geführt von seinem sehr rührigen Sekretär Rudolf Katz, dem Freund Max Brauers und späteren Vizepräsidenten des Bundesverfassungsgerichts. Über Katz liefen all jene mühsamen Kontakte, die der Geldbeschaffung dienen sollten. 1939 bewilligte das JLC immerhin 10000 Dollar für die Sopade. Doch als nach Jahresfrist immer noch eine Rate fällig war, machte sich Stampfer im Januar 1940 erneut auf die Reise, von der er erst am Vorabend des deutschen Angriffs auf Frankreich zurückkehren sollte. Die ausstehende Summe, 3000 Dollar, wurde nun rasch ausgezahlt, und in Paris konnte man die schon beschlossene Einstellung von »Neuem Vorwärts« und Deutschland-Berichten rückgängig machen; auch die Gehälter schienen wenigstens für eine Weile gesichert. Dennoch war die Enttäuschung groß, daß Stampfer allen Gesten des Goodwill zum Trotz nicht mehr hatte locker machen können.

Seit der Kriegserklärung durch England und Frankreich war es für Erich Ollenhauer nur noch eine Frage der Zeit, wann Hitler besiegt sein würde. »Der Anfang vom Ende« schien ihm um so gewisser, als er seit dem Pakt zwischen Hitler und Stalin fast erleichtert war über die klaren Fronten: Hier der freie Westen, dort die brüderlich vereinten Diktatoren. Freunden bekannte er, sich oft ausgemalt zu haben, welcher Taten Hitler fähig wäre, doch, so fuhr er wörtlich fort, daß »der alte Bolschewistenfresser« nun »die Weltpest« unmittelbar an der deutschen Grenze habe, daß er dem Bolschewismus den Weg nach Europa öffne, darauf sei niemand gekommen. Womit auch für die gutgläubige und langmütige bürgerliche Welt endlich bewiesen sein müßte, daß Hitler kein Schutzwall gegen den Bolschewismus sei, sondern ein skrupelloser Verbrecher. Daß Hitler den Krieg gewinnen könnte, einen solchen Gedanken ließ er niemals, jetzt nicht und später nicht, an sich herankommen. An den Sturz des Regimes von innen heraus hatte er längst nicht mehr glauben mögen und statt dessen auf die Gegenwehr Englands und Frankreichs gesetzt: Kriegsaussichten als Siegesaussichten. In dem Augenblick nun, da er das Ende denken konnte, stellte sich zwangsläufig die Frage nach dem Gesicht des künftigen Deutschland.

Erich Ollenhauer hatte diese Frage im Auge, als er im Frühjahr 1940 an Stampfer schrieb, die eigene Tätigkeit erhalte mehr und mehr politische Bedeutung. Neben der drängenden Sorge um die internierten Freunde – in die Hilfsbemühungen schaltete sich auch Rudolf Breitscheid ein – beherrschte dieses eine Thema, die »Stellung der Partei zu den Kriegs- und Friedenszielen«, wie Ollenhauer selbst formulierte, die Diskussion der Sopade im Winter 1939/40. Auch als die SAI in ihrer letzten Zusammenkunft im März 1940 in Brüssel, an der Ollenhauer teilnahm, eine Kommission einsetzte und die Parteien aufgefordert wurden, Vorschläge für ein internationales Friedensprogramm zu machen, war Ollenhauer sofort bei der Sache. Endlich ein positives Ziel! Und außerdem waren die deutschen Sozialdemokraten die »Hauptinteressenten«. Daß die letzte protokollierte Sitzung des Exilvorstandes – die im übrigen nicht die letzte Pariser Zusammenkunft der Sopade war, wie aus Ollenhauers Pariser Taschenkalender hervorgeht – dem Thema Nachkriegsdeutschland ebenso gewidmet war wie die letzte Veröffentlichung der Sopade in Paris, hatte zumindest symbolischen Wert.

Am 29. Januar 1940 referierte Rudolf Hilferding »über die Frage der Kriegsziele und das Problem der Vereinigten Staaten von Europa«, und eine im April herauskommende Denkschrift trug den stolzen Titel »Die Sozialdemokratische Partei Deutschlands und der Krieg. Für ein freies Deutschland in einem freien Europa«. Ein freies Deutschland aber konnte es für Erich Ollenhauer ohne oder gar gegen die deutsche Sozialdemokratie nicht geben. Wer, so lautete seine Frage an Paul, sollte denn nach dem Hitlersturz die Gefahr einer bolschewistischen Invasion in Deutschland abwehren und ein demokratisches Deutschland aufbauen, wenn nicht die Sozialdemokratische Partei? Hatte doch deren »sture Abstinenzpolitik gegenüber allen Verbrüderungsversuchen mit den Kommunisten« in der neuesten Freundschaft zwischen Hitler und Stalin »eine glänzende Rechtfertigung« erfahren! In dieser Perspektive lagen sein neuer Optimismus und seine neue Motivation begründet – zusätzlich zu seinem Glauben an die Zukunft der deutschen Sozialdemokratie und damit an seine eigene politische Zukunft. An diesem Glauben war er zwar nie irre geworden, aber dennoch mag es auch für ihn, als die Gegenwehr der Westmächte immer wieder ausblieb, Augenblicke gegeben haben, in denen er mutlos wurde.

Nun suchte er Verbindungen, die er nie zuvor gesucht hatte. Er traf sich nicht nur mit Breitscheid, er empfing auch Friedrich Wilhelm Wagner und Livian, um humanitäre Fragen zu erörtern, und er ging auf die Sozialistische Partei zu, bat – erfolgreich – um regelmäßige Besprechungen und fertigte eine in gesucht höflichem Ton gehaltene Vorlage für die erste Zusammenkunft mit der Internationalen Kommission der SFIO an, die am 9. April 1940 tatsächlich stattfand. Sie glaubten an ihre Pflicht, schrieb Ollenhauer, im Ausland die Meinung des demokratischen und freiheitlichen Deutschland zu vertreten, das nach ihrer festen Überzeugung nach dem Sturz Hitlers kommen müsse und kommen werde. Daß einmal »der Schrei nach Vergeltung, das Gefühl des tiefsten Hasses gegen die Bedrücker und Mörder der vergewaltigten Völker« stärker sein könnte als alle Kräfte der Versöhnung, dann nämlich, wenn das deutsche Volk ohne eigene Mithilfe durch fremde Bajonette befreit würde, Erich Ollenhauer muß es geahnt haben und hat dennoch den Gedanken sofort verdrängt. Die Gewalttaten des Hitlersystems, so erklärte die Sopade im Hinblick auf die Völker Polens und der Tschechoslowakei, schrieen gen Himmel. Doch, in ungebrochenem Vertrauen zum deutschen Volk: »Wir können nicht glauben, daß das deutsche Volk diese Verbrechen kennt und schweigend hinnimmt, oder gar billigt.«

Die Gewißheit, die Ollenhauer seit Kriegsbeginn erfüllte, ließ ihn sogar vergessen, jedenfalls nicht schwer nehmen, daß seine skandinavischen Freunde anders auf den Kriegsbeginn reagierten als er und daß darüber jener unbedingte Zusammenhalt zu zerbrechen drohte, der die Jugend-Internationale in hohem Maße ausgemacht hatte: der Zusammenhalt der mittel- und nordeuropäischen Verbände. Lange hatte es so ausgesehen, als bliebe, trotz der leidenschaftlichen Auseinandersetzungen um die Einheitsfront, der »Arbeiter-Internationalismus« wenigstens in der Jugend-Internationale lebendig. Erich Ollenhauer hatte einen nicht geringen Anteil daran, daß sich, wenn auch auf einen überschaubaren Personenkreis beschränkt, dieses Empfinden verbreitet hatte.

Und deshalb war es auch mehr als ein Zufall, daß er 1939 für den Posten des Sekretärs der SAI ins Gespräch kam. Er selbst wollte nicht, daß die Sache weiterverfolgt würde, weil er es nicht für richtig hielt, daß nach Adler, der im Mai zurückgetreten war, wieder ein Vertreter einer Emigrantenpartei die Geschicke der Internationale führe. Und dann war ihm wohl auch nur zu bewußt, daß der Zerfall der SAI nicht aufzuhalten sein würde.

Das internationale Jugendtreffen, in den letzten Julitagen 39 in Lille durchgeführt und von Ollenhauer trotz erheblicher Schwierigkeiten bestens vorbereitet, war so etwas wie ein letztes traditionell-organisatorisches Aufbäumen gegen die heraufziehende Katastrophe. H. C. Hansen, der scheidende Vorsitzende, bedankte sich bei Ollenhauer für das Erlebnis der Kongreßtage. Ein einzigartiges Erlebnis waren die Tage von Lille auch für Martha Ollenhauer; unvergeßlich ist ihr, wie Léon Blum auf den Händen der dichtgedrängten Kundgebungsteilnehmer – es waren viele zehntausend – zur Rednertribüne getragen wurde. Für Bruno Kreisky aber stellen die Tage von Lille noch heute »das Traurigste und Erschütterndste an

Kongressen« dar, das er je erlebt hat. Eine düstere Auflösungs- und Untergangsstimmung habe über dem Kongreß gelegen, eine furchtbare Lähmung schien alle erfaßt zu haben.

Tatsächlich – und allen Gefühlswallungen einer romanischen Kundgebung zum Trotz – bedeutete Lille das Ende jener Jugend-Internationale, in die Erich Ollenhauer soviel Mühe und Liebe investiert hatte. H. C. Hansen, mit Erich Ollenhauer über ein Jahrzehnt hin politisch wie persönlich eng befreundet, herrschte diesen nur wenige Monate später namens des dänischen Jugendverbandes an, daß die Internationale sich so weit wie möglich jeder Resolutionsmacherei zu enthalten habe, ganz besonders in der Stellung zum Krieg der Großmächte.

Noch gravierender: Torsten Nilsson, in Lille neu gewählter SJI-Vorsitzender, warnte seinen Sekretär und Freund, die nordischen Verbände würden sich aus der Jugend-Internationale zurückziehen, falls diese ihre Aufgaben nicht auf die eines Informationsbüros beschränke. Hansen wie Nilsson, der im Februar Zentralsekretär der schwedischen Partei geworden war, machten der Gewaltherrschaft keine Konzession, wohl aber brachten sie zum Ausdruck, worauf sich ihre Regierungen und Parteien eingestellt hatten, um nach Möglichkeit nicht in den Krieg hineingezogen zu werden. Ollenhauer vermutete und ließ sich deshalb von der skandinavischen Haltung nicht allzu sehr schrecken, daß in dem großen europäischen Ringen, das seinen Anfang genommen hatte und in das er nun auch den finnischen Winterkrieg einordnete, derlei Erwägungen und Versuche von der harten Wirklichkeit bald eingeholt sein würden. Es galt ihm als ausgemacht, daß sich die Sorgen und Schwierigkeiten zunächst noch vermehren würden. Aber die Schwierigkeiten, antwortete er Torsten Nilsson auch jetzt, seien nun einmal dazu da, überwunden zu werden.

In der letzten Sitzung eines SJI-Gremiums am 27. Februar 1940, als er über »Möglichkeiten und Aufgaben der internationalen Zusammenarbeit während des Krieges« sprach, räumte Ollenhauer ein, daß Differenzen im wesentlichen auf die objektiven Bedingungen zurückzuführen seien und sich die Internationale folglich auf Informationsaustausch beschränken müsse; nie zuvor hätte er das zugestanden. Einen 1. Mai-Aufruf entwarf er dennoch, aus Gewohnheit oder warum auch immer, und schickte ihn nach Stockholm. Torsten Nilsson aber wollte nicht nur nichts von dem Entwurf, sondern von überhaupt keinem Aufruf der SJI mehr etwas wissen. Der knappe Bescheid des schwedischen SJI-Vorsitzenden datiert vom Morgen des 10. April: Tags zuvor hatte Hitler Dänemark und Norwegen angegriffen. Was sollten internationale Mai-Aufrufe noch? Ollenhauer überhäuft den Freund in Stockholm mit Fragen, Fragen nach dem

Schicksal dänischer und norwegischer Genossen, vor allem nach dem Verbleib der deutschen Sozialdemokraten, die in großer Zahl in Kopenhagen Zuflucht gefunden hatten. Unruhe und Anteilnahme scheinen ihn einen Augenblick zu übermannen. Trotzdem macht er weiter wie bisher und schreibt gleichzeitig von Arbeitsmöglichkeiten und von neuen Plänen zur Ausgestaltung der Propaganda. Für sich selbst sieht er auch jetzt keine Bedrohung: die persönliche Lage, berichtet er einem Freund, sei unverändert und »den Umständen entsprechend« gehe es ihnen nach wie vor gut.

10. Mai 1940: Hitlers Westoffensive zerstört die französisch-englische Vorstellung, im Schutz der Maginot-Linie erst einmal Zeit zu gewinnen (und vielleicht zu erleben, daß sich Hitler und Stalin doch noch in die Haare gerieten). Frankreich, das Hitler im Handstreich nehmen und ausschalten will, ist gelähmt, geschockt, versinkt im Chaos. Es wiederholt sich, was zu Kriegsbeginn 39 versucht worden war, nun, da es ernst wird, in größerem Maßstab: Frankreich beginnt den ungewollten Krieg gegen den Nationalsozialismus, indem es dessen Feinde einsperrt, hinter Schloß und Riegel steckt, wie Ollenhauer es später einmal ausdrücken sollte. Am Pfingstsonntag, dem 13. Mai, drei Tage nach Beginn des deutschen Feldzuges und einen Tag bevor die Festungslinien an der Maas durchbrochen werden, entnehmen die deutschen Emigranten in Paris den Anschlägen, daß sich Männer zwischen 17 und 55 Jahren – die Altersgrenze wird bald auf 65 heraufgesetzt – im Stade Buffalo und Frauen zwischen 17 und 55, ausgenommen Mütter von Kindern unter 17 Jahren, im Vélodrome d'Hiver einzufinden hätten. Die angedrohten kriegsrechtlichen Strafen und strenge Straßenkontrollen lassen es geraten erscheinen hinzugehen.

Ausnahmen werden nicht mehr gemacht, auch für prominente Antifaschisten nicht. So begibt sich Erich Ollenhauer tags darauf, am 14. Mai, mit Sohn Peter ins Buffalo in Montrouge an der Seine, wo er Willi Münzenberg, Leopold Schwarzschild, Erich Wollenberg, Günter Markscheffel und viele andere ihm bekannte Persönlichkeiten trifft. Selbst hält er sich an seinen »engeren Kreis«, an Heine, Geyer, Rinner, Leeb, den jungen Vogel. Die weiblichen Mitarbeiter der Sopade, darunter Rinners Frau Mariechen Grafe, haben sich unterdessen direkt vom Büro ins Lager begeben, von wo sie nach Gurs transportiert werden; Martha Ollenhauer bleibt von der Internierung verschont, weil Hermann erst 12 Jahre alt ist. Glücklicherweise ist der Mai 40 warm und trocken, nur die Nächte sind frisch. Morgens und mittags gibts Brot und Suppe, tagsüber sitzen die Gefangenen, verbittert über die ›Maßnahmen‹ der französischen Regierung, gruppenweise auf dem Rasen des großen Ovals und diskutieren über die

Ereignisse und darüber, wann die deutschen Truppen mit der Gestapo im Gefolge in Paris eintreffen, ob sie rechtzeitig abtransportiert oder ausgeliefert würden.

Am 17., von da an täglich, schickt Ollenhauer das erste Lebenszeichen aus seinem »Freilufthotel« an Martha. Er beteuert, daß seine Gesundheit trotz der primitiven Umstände ausgezeichnet sei, und überhaupt wolle er sich nicht beklagen; es gäbe jetzt allenthalben soviel Unglück. Er mahnt seinerseits, nicht ungeduldig zu werden. Am 20. teilt er seiner Frau mit, die ihm hin und wieder Tabak und Lebensmittel zukommen lassen kann, daß Peter und Ernst Vogel mit unbekanntem Ziele abgerückt seien. (Sie landen in einem Internierungslager in der südlichen Auvergne, in Tence, nahe Le Puy, was aber die Eltern erst sehr viel später herausbekommen sollten.) Martha ihrerseits schreibt von der Angst, die Deutschen könnten nach Paris kommen, von dem Drunter und Drüber und wie traurig alles sei. Das dritte Mal sollten sie nun vor Hitler flüchten, und diesmal sei die Familie ganz auseinandergerissen. Trotzdem lasse sie den Mut nicht sinken. Alle bedauerten, »daß Du mit Deinem organisatorischem Talent festsitzen mußt«.

Die Hilflosigkeit der in Chatenay zurückgebliebenen Sopade-

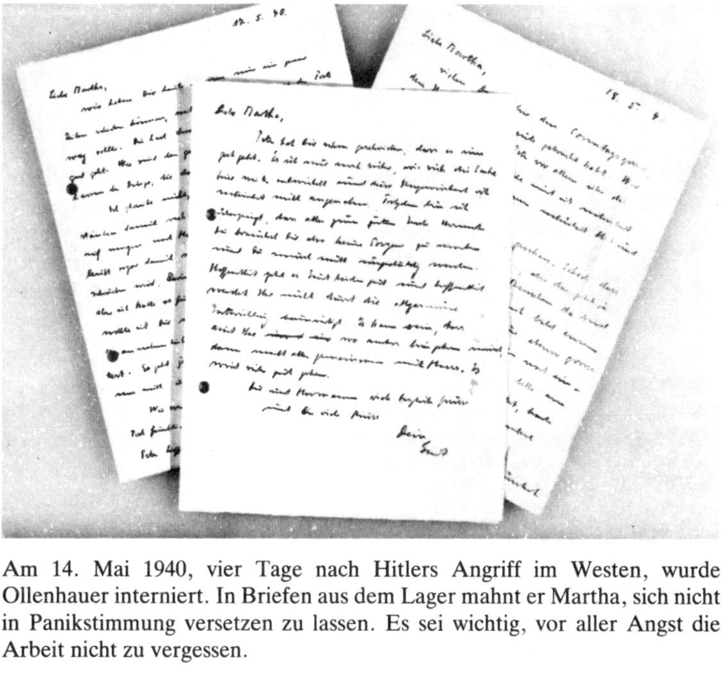

Am 14. Mai 1940, vier Tage nach Hitlers Angriff im Westen, wurde Ollenhauer interniert. In Briefen aus dem Lager mahnt er Martha, sich nicht in Panikstimmung versetzen zu lassen. Es sei wichtig, vor aller Angst die Arbeit nicht zu vergessen.

Familie, mit Vogel und dem am 9. Mai von seiner US-Reise zurückgekehrten Stampfer an der Spitze, wird durch die Sorge um den qualvoll sterbenden Siegfried Crummenerl noch gesteigert. Am 22. Mai erliegt er seinem jahrelangen Magenleiden. Friedrich Stampfer würdigt den toten Parteikassierer: »Viele Arbeiter, die Funktionäre der Bewegung geworden waren, neigten zu kleinbürgerlicher Selbstzufriedenheit. Crummenerl war stets ein Strebender. In ihm blieb das Feuer wach, das die Bewegung in ihrer Jugend beseelt hatte.«

Für den zur Untätigkeit verdammten und doch immer noch tatendurstigen Ollenhauer aber gibt es keine Entschuldigung für das Durcheinander, die Ratlosigkeit, die Wehleidigkeit, die Unfähigkeit, die Sperrung des Kontos zu verhindern (nach dem Krieg werden genau 250074,20 Francs ausbezahlt!). Wütend, daß er nicht einmal Nachrichten aus dem Büro erhält, schreibt er, ihm scheine, »unsere alten Herren haben die Hosen voll«. Für eine überstürzte Abreise bestehe kein Anlaß, sie würde in den französischen Kreisen den schlechtesten Eindruck machen: Man solle vorsorgen für den Fall der äußersten Gefahr, im übrigen aber vor lauter Angst die Arbeit nicht vergessen. Arbeit? Für ihn heißt das, aus dem Lager an Torsten Nilsson schreiben, damit er vom Schicksal des SJI-Sekretärs erfahre; es heißt, die Verbände der Internationale in Kenntnis setzen, man könne ja doch nicht einfach alles hängen lassen! Seiner Frau rät er allerdings auch, daß, wenn »der Verein wirklich abgeht«, sie sich mit Hermann anschließe, sich aber nicht in künstliche Panikstimmung versetzen lasse, die offenbar einige ihrer Leute befallen habe. Hauptsache sei, daß sie beide zusammenhielten. Wo sie sich wiederträfen, sei nicht wichtig.

In den letzten Tagen des Mai wurde Ollenhauer von seinen Kameraden Rinner, Geyer und Fuchs getrennt. Sie kamen auf Anweisung von Innenminister Georges Mandel – nach voraufgegangener Intervention von Blum – frei und konnten das Lager verlassen. Rudi Leeb und Fritz Heine hatten sich als Prestataires, Arbeitssoldaten, gemeldet, der eine mußte sich in Nîmes, der andere in Toulouse stellen. Zusammen mit dem jetzt erst internierten Robert Grötzsch wurde Ollenhauer zur Arbeit eingeteilt und in das Lager Bussens bei Bordeaux überführt, wo sie Baumwollballen vom Schiff in die Eisenbahn umzuladen hatten. Unterdessen rückten die deutschen Truppen näher; das Gerücht, Paris werde nicht gehalten werden, erreichte auch die Restbestände der Sopade. Der Entschluß zur Abreise war nicht länger aufzuschieben, zumal der Flüchtlingsstrom aus dem Norden immer stärker anschwoll und die Pariser Bevölkerung mitzuziehen begann. Reisepapiere – Sauf-Conduits – erhielten sie ohne Schwierigkeiten, sie lauteten auf Agen im südwest-französischen Departement Lot-et-Garonne. Die Abfahrt wurde auf den 5. Juni festgesetzt.

Zu diesem Zeitpunkt hatten Breitscheid und Hilferding sowie Stampfer Paris bereits in Richtung Agen verlassen; Rinner, Geyer und die Witwe Crummenerl warteten noch auf ihre Sauf-Conduits, die sie aber nie bekommen sollten. Martha war hin- und hergerissen. Sollte sie mitziehen, sollte sie auf ihren Mann warten, von dessen Verbleib sie nichts wußte, mit dessen Freilassung sie dennoch stündlich rechnete? Es waren so viele Vorstöße unternommen worden, und warum sollte gerade Erich nicht freikommen? Aus ihrem Brieflein, das sie für Erich in der Wohnung zurückließ, spricht etwas Rührendes, ein besonders ausgeprägtes Zusammengehörigkeitsgefühl und sehr viel Lebensmut. Am Abend des 5. kommt die kleine Reisegesellschaft zu spät zum Zug am Gare d'Austerlitz, alle kehren in die Butte Rouge zurück, Martha überglücklich, einen Tag Wartezeit gewonnen zu haben. Doch ihre Hoffnung wird wiederum getäuscht. Sie schreibt also ein zweites Brieflein; er solle noch ein paar warme Stücke einpacken. Als sie mit Hermann die Wohnung verlassen will, stürzt sich ein deutsch-jüdischer Emigrant aus seiner Wohnung im 7. Stock des »Turm«. Mit diesem Bild im Kopf und in der Ungewißheit, wann und wo sie ihren Mann und ihren ältesten Sohn Peter wiedersehen würde, flüchtet sie am Abend des 6. Juni 1940 aus Paris, begleitet von Hans und Dina Vogel, Toni Wels, Hete Grötzsch, Frau Leeb und Sohn Lothar. Am 7. treffen sie in Agen ein, wo Breitscheid sie empfängt und in das Hotel Terminus geleitet; ihre Papiere werden sofort abgestempelt.

Am selben 7. Juni werden Ollenhauer und Grötzsch aus dem Lager nach Bordeaux entlassen. Daß Martha und Hermann in Agen, also ganz in der Nähe auf ihn warten, ahnt er nicht, seit zwei Wochen ist er ohne jede Nachricht von ihnen; er wähnt sie noch in Paris, wohin er jedoch nicht zurück darf. Grötzsch aber hatte, bevor er im Buffalo interniert wurde, noch erfahren, daß die Sauf-Conduits der Pariser Sopade-Reste auf Agen ausgestellt waren, und so machen sich denn beide auf den Weg in das 100 Kilometer entfernte Agen, wo sie am 9. eintreffen, sich ein Zimmer im Hotel du Parc nehmen und sich bei der Polizei melden. Die läßt nun Martha mitsamt Hermann aufs Revier kommen und eröffnet ihr, ein gewisser Ollenhauer sei eingetroffen. Sie glaubt nichts, läßt Hermann noch einmal fragen. Sie hat ungefähr eine Stunde gewartet, als sie aus dem im Souterrain gelegenen Zimmer zwei sehr verbeulte Hosenbeine erkennt und weiß: die gehören zu Erich. Wenige Minuten später feiern sie auf dem Revier ein glückliches Wiedersehen.

Mitte Juni vervollständigt sich der Kreis der Sopade. Rinner, Geyer und Leeb, der von Nîmes nach Paris zurückgekehrt war und im Büro auf den die Nerven verlierenden Rinner gestoßen war, hatten sich inmitten jener acht oder zehn Millionen Franzosen, die sich auf der

Flucht irgendwohin in den Süden befanden, zu Fuß durchgeschlagen, gemeinsam mit den Frauen, die zwischenzeitlich in Gurs auf freien Fuß gesetzt und zurück nach Paris geschickt worden waren. Mitte Juni also waren in Agen 27 Sopade-Leute versammelt, 12 Männer, 12 Frauen, drei Kinder; aus dem engeren Kreis fehlte nur noch Fritz Heine, der tatsächlich in Toulouse gelandet war. In dem eher langweiligen Provinzstädtchen an der Garonne hatten sie zumindest ein Bett für die Nacht und fanden jeden Tag einen gedeckten Tisch. Und das in einem Land, das mittlerweile von Hitler besiegt und ihm schutzlos ausgeliefert war.

Am 10. Juni hatte die französische Regierung Paris verlassen und zur offenen Stadt erklärt; das Land brach auseinander. Am 16. trat Ministerpräsident Reynaud in Bordeaux zurück, die Anhänger eines sofortigen Waffenstillstandes gewannen die Oberhand, und Albert Lebrun, Präsident der Republik, beauftragte Marschall Pétain, die neue Regierung zu bilden. Tags darauf ersuchte dieser Hitler um die Einstellung der Kämpfe. Am 18. erließ General de Gaulle in London seinen ersten Aufruf: »Was auch immer geschehen mag, die Flamme des französischen Widerstands wird nicht erlöschen.« Voreinst bewegte sich Charles de Gaulle mit seinem Appell zum Widerstand weit vor der Front, und das sollte auch geraume Zeit noch so bleiben!

Gemäß einer polizeilichen Anordnung starten am 19. Juni die in Agen versammelten Sopade-Angehörigen mit Ausnahme von Stampfer und Leeb, die die Abfahrt nicht mitbekommen und aufgeregt hinterherfahren, per Eisenbahn nach Tonneins, einem kleinen Nest in Richtung Bordeaux. Die Hoffnung ist, bis Bordeaux durchzukommen, hilfreiche sozialistische Abgeordnete zu treffen und dann mit einem Schiff nach England überzusetzen. Doch nach Bordeaux kommt kein Mensch mehr durch, und so geht's nach zwei Tagen in Tonneins, versehen mit einem Sauf-Conduit für den Mittelmeerhafen Sète, in einem von der Präfektur gestellten Autobus zurück nach Agen, von dort ohne Aufenthalt über Castres nach Montpellier und wieder zurück nach Castres, weil der Fahrer nicht mehr weiter will, dann, nachdem ein neues Auto angemietet ist, wieder nach Montpellier. Sie verbringen hier die Nacht im Bus, gehen am folgenden Tag, dem 22., auf die Ämter, um sich nach Schiffen in Sète zu erkundigen, von wo sie Frankreich per Schiff zu verlassen gedenken. Doch sie erfahren nichts, außer daß nach Sète kein Durchkommen sei, und kehren, ohne in Sète gewesen zu sein, nach Castres zurück, um hier zu hören, die Deutschen stünden 50 km vor der Stadt. Von diesem Gerücht erfahren sie erst später, daß es nicht stimmte.

So aber machen sie sich noch am selben Abend wieder auf den Weg, diesmal in Richtung Pyrenäen, doch werden sie nach wenigen Minuten von einem Polizisten angehalten und zurückgejagt. Die Nacht verbringen sie erneut im Bus, um am Morgen erstmal gründlich zu diskutieren: Soll man erneut nach Sète durchzustoßen suchen, um sich selbst ein Bild zu machen, schließlich lauten ihre Papiere auf den Mittelmeerhafen? Oder soll man sich um die Erlaubnis bemühen, in Castres zu bleiben? Die Mehrheit ist für das Unternehmen Sète, und so fahren sie wieder los. Unterwegs steigen Rudolf Breitscheid und seine Frau Tony, Rudolf Hilferding und Erika Biermann, eine Tochter Hermann Müllers, die als Sekretärin für Breitscheid arbeitete und die er und seine Frau an Tochter statt angenommen hatten, aus dem gemeinschaftlichen Fluchtunternehmen aus; ob sie sich Papiere für einen Pyrenäenübergang beschaffen wollen oder was auch immer sie vorhaben, niemand weiß es. Daß sie Gift hätten, hat Breitscheid oft genug betont; Martha Ollenhauer und mit ihr andere glauben denn auch, sie würden ›Schluß machen‹ wollen. Tatsächlich begeben sich die vier nach Muret, einem kleinen Ort südlich von Toulouse, wo Vincent Auriol wohnt, Blum-Freund und späterer Staatspräsident, und wo nahebei Blum selbst vorübergehend Zuflucht gefunden hat.

Am 24. Juni wird Martha und Erich Ollenhauer in Montpellier ein reguläres Visa de Sortie für Sète ausgestellt, vermutlich den anderen auch, »pour se rendre en Afrique«, es sollte acht Tage Gültigkeit besitzen. Doch was nützt eine Ausreisegenehmigung, wenn keine Schiffe gehen? Den Rest des Tages und die ganze Nacht verbringt man damit, den Hafen zu durchstreifen und mit zweifelhaften Schiffsagenten zu unterhandeln, angetrieben von der Furcht, die Italiener würden die französische Mittelmeerküste besetzen. Doch alles ist vergebens. Nichts geht mehr. So kommt die Reisegesellschaft am Abend des 25., wieder aufgrund von Überlegungen oder Zufälligkeiten, die sich nicht mehr nachvollziehen lassen, ein weiteres Mal in Castres an; ihr Aufenthalt dort wird rasch mit einem Stempel legalisiert. Ollenhauers finden Unterkunft im Hotel Combes, flohverseucht, doch im Herzen der Stadt, in der Rue Victor Hugo. Die Wahrheit über die Lage erfahren alle am nächsten Morgen: Der Waffenstillstand ist am 22. geschlossen und das Land zerschnitten worden.

Castres liegt in der unbesetzten Zone. Doch Artikel 19 des Abkommens besagt, daß die französische Regierung alle Deutschen ausliefern wird, die Berlin ausgeliefert haben will. In Castres, dem heute auf knapp fünfzigtausend Einwohner angewachsenen, idyllisch an die Ufer des Tarn sich schmiegenden und sehr südlich anmutenden Städtchen des Bas Languedoc, Wahlkreis von Salomon Grumbach und Geburtsort von Jean Jaurès, nach dem schon 1940 der große Platz im Stadtinnern benannt war und an dessen Todestag das Häuflein deutscher Sozialdemokraten einen Blumengruß an der Statue niederlegte, finden die herumirrenden Deutschen zwei Monate lang Zuflucht. Hier wird ein vorläufiger Schlußpunkt hinter die Irrfahrten der letzten Wochen gesetzt. Die zu schildern, sieht Ollenhauer sich außerstande; er meint, dazu müsse er einen Roman schreiben. Die Wochen von Castres hat Friedrich Stampfer eine glückliche Zeit genannt, trotz oder gerade wegen der völligen Ungewißheit über den Lauf des Schicksals. Mußte es ihnen nicht vorkommen, als sei die Zeit plötzlich angehalten? Als seien sie abgeschnitten vom Zeitenlauf? Am 10. Juli ermächtigte die übergroße Mehrheit der Abgeordneten und Senatoren – unter den 80 Nein-Stimmen nur 35 sozialistische, an ihrer Spitze die Léon Blums – die Regierung Pétain, eine neue Verfassung zu verkünden: Der Etat Français war geboren. Die Lebensumstände in Castres blieben davon jedoch unberührt. Daß sie hier nicht bleiben konnten, bis der Krieg vorbei war, wußten sie; doch wie sie dort wegkommen und wohin sie gehen sollten, das wußten sie nicht.

Martha und Erich Ollenhauer, die Mitte Juli ein Lebenszeichen ihres Sohnes Peter aus Tence erhielten und nun alle Hebel in Bewegung setzten, die in Bewegung zu setzen waren, um ihn und den jungen Vogel frei zu bekommen, bevor sie selbst wieder auf die Straße geworfen würden, verließ auch jetzt nicht ihr Lebensmut. Sie waren jung und würden es schaffen! Als die Freilassung auf sich warten ließ und Bemühungen um Überseevisa fruchtlos blieben, mahnte Erich Ollenhauer zu Geduld: Sie hätten jetzt alle miteinander so bewegte Wochen hinter sich, daß sie sich durch eine Enttäuschung mehr nicht »aus den Pantinen kippen« ließen. So also warteten sie weiter, warteten, daß irgend etwas passierte, und vertrieben sich die Zeit mit Kaffeetrinken, Spazierengehen, Stricken, Schwimmen, Reden und nochmals Reden; erst Mitte August eröffneten sich, in der Erinnerung Stampfers »wie ein Wunder vom Himmel«, tatsächlich aufgrund vieler Briefe und Telegramme an die Freunde in den USA, Aussichten, daß der Knoten sich löse.

Der amerikanische Konsul in Marseille fordert Stampfer auf, zu ihm zu kommen. Und Frank Bohn, Stampfer-Freund seit dessen US-Reise, den die AFL zu einer groß angelegten Rettungsaktion für Flüchtlinge aus der Arbeiterbewegung nach Marseille entsandt hat, läßt wissen, er werde alle herausholen. Stampfer und Rinner eilen nach Marseille, sind am 12. August dort und telegraphieren nach Castres, daß sich jeder einzeln im amerikanischen Konsulat in Marseille melden müsse, anders seien die Papiere nicht zu bekommen. Sauf-Conduits, um überhaupt nach Marseille zu gelangen, werden umgehend beantragt und am 17. bewilligt, Gültigkeitsdauer: acht Tage. Seinen Sohn Peter weist Ollenhauer an, sich im Falle seiner

Freilassung direkt in die Mittelmeermetropole zu begeben. Er selbst weiß, daß man mit einem amerikanischen Einreisevisum noch keine Durchreiseerlaubnis durch Spanien und Portugal oder eine Schiffspassage übers Mittelmeer hat, geschweige denn eine Ausreisegenehmigung aus Frankreich. Doch der erste Schritt ist getan: Am 20. August begeben sich Ollenhauers und die restlichen noch in Castres sitzenden Sopade-Leute nach Marseille, kommen im Hotel de Berne unter, erhalten am 21. »Affidavits in lieu of passeports« sowie auf sechs Monate gültige US-Visitor Visa, die über JLC und AFL beim State Department locker gemacht worden sind, und sie erhalten die Versicherung, daß die Amerikaner in Vichy intervenieren und die Freilassung von Peter Ollenhauer und Ernst Vogel erwirken würden. Tatsächlich werden beide am 25. freigelassen und treffen in der folgenden Woche in Marseille ein; amerikanische Papiere für sie zu besorgen, hätte zu lange gedauert, so verschaffen sie sich, mit amerikanischer Hilfe, einen Ausweis für Burma.

Ollenhauer und Vogel und ihre Familien werden aufgrund der amerikanischen Affidavits beziehungsweise der burmesischen Pässe auf dem portugiesischen und spanischen Konsulat Papiere ausgestellt, die ihnen den Aufenthalt in Portugal und daraufhin die Durchreise durch Spanien garantieren. Es fehlt also nur noch die Ausreisegenehmigung aus Frankreich. Die aber ist nicht zu bekommen! Daß es sinnlos sei und vielleicht gefährlich werden könnte, darauf zu warten, macht sich Ollenhauer rasch klar. Die Atmosphäre im mit Flüchtlingen und Soldaten vollgestopften Marseille, das zur Falle zu werden droht, in dem es Massenrazzien und Verhaftungen am hellichten Tage gibt, das von Gestapoagenten wimmelt und wo schreckliche Geschäfte mit dem Elend der Heimatlos-Gewordenen gemacht werden, bestärkt Erich Ollenhauer in dem einen Entschluß, hier so rasch wie möglich wegzukommen.

Fritz Heine, von Toulouse aus manchen Sonntag auf heimlichem Besuch in Castres, war, als sich der Weg nach Marseille endlich öffnete, in ein verlassenes Ordonnanzbüro eingestiegen, hatte sich mit den nötigen Stempeln versehen und dann selbst demobilisiert. In Marseille traf er die Freunde aus Castres, und er traf Frank Bohn, der dringend einen Gehilfen aus dem Kreis sozialdemokratischer Emigranten brauchte, nicht zuletzt deshalb, weil er selbst ebenso liebenswürdig wie unpraktisch und der Aufgabe allein jedenfalls nicht gewachsen war. Heine, der etwas Englisch konnte, sich in Paris französische Sprachkenntnisse angeeignet hatte und ledig war, stellte sich zur Verfügung. Als Bohn im Oktober in die Vereinigten Staaten zurückkehrte, machte Heine die Arbeit allein. Von August 1940 bis zum März 1941 hat er mehr als hundert deutschen Sozialdemokraten aus Frankreich herausgeholfen. In seinem unvergleichlichen Erinnerungsbuch an die dramatischen Monate von Marseille, »Surrender on Demand«, hat Varian Fry, den das Emergency Rescue Committee im August geschickt hatte und der neben vielen anderen Heinrich Mann, Franz Werfel und Lion Feuchtwanger zur Rettung verhalf, Heine und seinem Rettungswerk ein schönes Denkmal gesetzt. Das »Rescom« war eine private und überparteiliche Gründung und hatte sich vor allem der Rettung von Künstlern und Intellektuellen verschrieben; Rudolf Katz war daran ebenso beteiligt wie an dem Rettungswerk der AFL, also des Spitzenverbandes der amerikanischen Gewerkschaften.

Anders als Rudolf Breitscheid und Rudolf Hilferding, die auf Blums Drängen in Muret Sauf-Conduits nach Marseille bekommen hatten, dort im Juli angekommen waren und seither der Dinge harrten, die da kommen sollten, wußte Erich Ollenhauer um jenes Glück, dem nachgeholfen werden wollte. Das einzige Mittel weiterzukommen sei, bekannte er, die eigene Initiative. Ihm wurde zum brutalen Erlebnis, daß in solchen Augenblicken gewohnte Vorstellungen von organisatorischen und persönlichen Bindungen versagen; ein Erlebnis, das Breitscheid und Hilferding sich nicht klarmachen konnten oder wollten. Ollenhauer also entschloß sich fast ohne Zögern zu gehen, diejenigen mit sich ziehend, die sich ziehen lassen wollten. Es habe mit an ihm und seinem guten Herzen gelegen, schrieb Else Lehmann, einstige Hertz-Vertraute und Sekretärin im Sopade-Büro, nach geglückter Flucht, »wenn wir dem grauenhaften Schicksal in Frankreich entgehen konnten«. Erleichtert wurde Ollenhauer der Entschluß dadurch, daß Erich Rinner, an dem die französische Polizei besonderes Interesse zeigte, als erster aus der Gruppe den Weg über die Pyrenäen genommen hatte und nach Ankunft in Lissabon eine Karte an Ollenhauer sandte.

Am Abend des 8. September 1940 fahren Erich und Martha Ollenhauer, ihre beiden Söhne, Hans, Dina und Ernst Vogel mit der Eisenbahn von Marseille nach Narbonne, dem Wahlkreis Léon Blums. Ollenhauer schweigend, Vogel in der Stimmung des »Alles vorbei«, resignierend, nichts mehr erwartend. Den Hauptzweck ihres Daseins sieht er nur noch darin, die Zerstörung festzustellen und weiterzuflüchten. Tags darauf fahren sie weiter über Perpignan nach Cerbère, der französischen Grenzstation, steigen im Hotel du Midi ab, das Martha als unglaublich schmutzig in Erinnerung hat, und treffen verabredungsgemäß einen französischen Genossen, der den Pfad über die Berge weist; es ist die einzige Möglichkeit, die französische Grenzkontrolle zu umgehen. Der Wirt erklärt sich noch bereit, das Gepäck nachzusenden, und so brechen sie in der Frühe des 10. auf, tun, als wollten sie spazierengehen. Nach wenigen Stunden bisweilen recht beschwerlichen Fußmarsches stehen sie mittags vor dem spanischen Grenzhaus und passieren, einer nach dem anderen, die Kontrolle. Ganz wohl kann keinem in der kleinen Gruppe gewesen sein: Peter Ollenhauer und Ernst Vogel gehörten zu jener Altersgruppe, deren Angehörige von den spanischen Grenzbehörden, offenbar aufgrund von Zusagen gegenüber dem »Reich«, grundsätzlich zurückgewiesen wurden.

Es ging nicht immer so glatt, wie an jenem 10. September; im Falle einer Zurückweisung gab es schreckliche Szenen; der Selbstmord Walter Benjamins wurde am bekanntesten. Die siebenköpfige Wandergruppe steigt ab nach Port Bou, wo sie ein sauberes Hotel finden und der Rettung ersten Teil gebührend feiern. Am nächsten Tag kommt tatsächlich auch Gepäck am Bahnhof an, und so ziehen sie am 12. weiter, nun mit dem Personenzug nach Barcelona. Nur drei Jahre zuvor war Ollenhauer hier mit den Repräsentanten des republikanischen Spanien zusammengetroffen! Jetzt hält er sich keine Minute länger als unbedingt nötig in der katalanischen Hauptstadt auf; sie steigen sofort in den Zug nach Madrid, wo sie nach 14-stündiger Bahnfahrt und nun völlig verlaust – jeder Platz war mindestens dreimal besetzt – mitten in der Nacht anlangen. Die freien Stunden bis zur Weiterfahrt am Abend wagt niemand zu einem Ausflug in die Stadt zu nutzen; nirgends im Land sind Polizeikontrollen so dicht wie in der Hauptstadt, und auch von Gestapoagenten war die Rede. Aber nervös gemacht hat das Vabanquespiel einer Reise durch das franquistische Spanien Erich Ollenhauer nicht, jedenfalls hat er sich nichts anmerken lassen. Er sei, so wird berichtet, ruhig und gelassen wie in allen Lebenslagen, mit der Pfeife im Mund, durch das Land gefahren.

Am 14. September, 12 Uhr mittags, lag auch die spanische Grenze hinter ihnen. Was sollte nun noch passieren? Als sie in den frühen Morgenstunden des 15. September, zehn Minuten vor zwei, in den Lissaboner Hauptbahnhof einfuhren und Rinner ihnen eine riesengroße Ananas entgegenstreckte, wußten sie, daß die Reise in die Nacht der Ungewißheit ein zumindest vorläufiges Ende gefunden hatte. Lissabon, eine der schönst gelegenen Städte der Welt, bedeutete nicht gerade die Freiheit, aber doch relative Sicherheit und jedenfalls die Chance weiterzukommen.

Das Portugal des Diktators Salazar, der keinem faschistischen, sondern einem streng autoritären Modell à la Dollfuß anhing, dennoch bei Hitlers Ende drei Tage Staatstrauer verhängte, war ein den Emigranten wohlgesonnenes Land. Eher england- als deutschfreundlich, erteilte es großzügig Aufenthaltserlaubnisse und ließ die Flüchtlinge in Ruhe, bis sich ihnen der Weg nach Westen öffnete. Wenn es, wie im Fall des Journalisten Berthold Jacob, der schon zuvor einmal

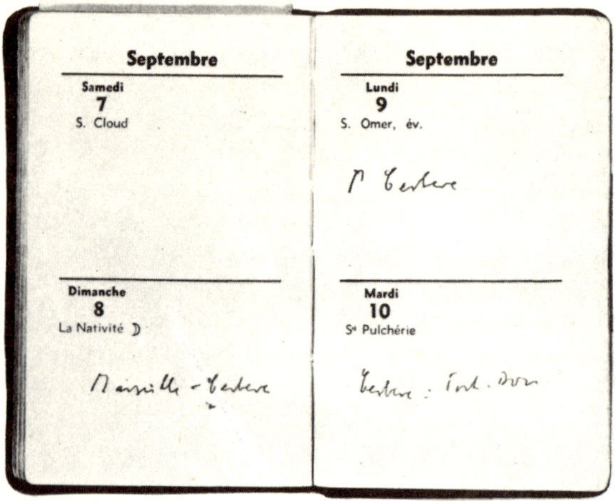

Tagebuch Ollenhauers, 8. bis 14. September 1940. Auch diese dramatischsten Tage seines Lebens hält Ollenhauer in gewohnter Nüchternheit fest. Ohne eine Spur von Nervosität verzeichnet er die einzelnen Stationen; nur das Wort *Grenze* hat er unterstrichen.

aus der Schweiz entführt worden war, zu dem einen oder anderen Kidnapping kam, hatte dies weniger mit konkreter portugiesischer Mitwirkung als mit der Tatsache zu tun, daß Lissabon zu einem der größten Agentenzentren des Zweiten Weltkriegs wurde.

Erich Ollenhauer ging am Tag nach seiner glücklichen Ankunft in Lissabon zur Post, um unter dem Datum des 16. September 1940 ein Telegramm aufzugeben: »mit familie gut angekommen. weiterreise voraussichtlich ende september erbitte wenn moeglich finanzielle unterstuetzung adresse poste restante lisboa brief folgt ollenhauer.« Der Adressat: Torsten Nilsson. Ollenhauers Geldreserven waren längst aufgebraucht, er hatte wohl auch schon Vogel angepumpt; die 500 Dollar des JLC, die Katz an Rinner geschickt hatte, reichten schließlich nicht für alle. So also der Notruf nach Stockholm, dem fünf Tage später ein zweiter folgte; offenbar hatten die Schweden zwischenzeitlich nach der gewünschten Summe gefragt. »ich habe nichts!«, kabelte er nun, »entscheidet selbst erich.« Die Schweden entschieden und halfen prompt. In dem kleinen, sehr einfachen, mit Strohsäcken statt Betten ausgestatteten, aber sauberen Hotel Leiriense in der Rue d'Assuncãs, mitten in der Stadt nahe der großen Praça do Comércia, fand Ollenhauer eine preiswerte Unterkunft; überhaupt war das Leben in Lissabon äußerst billig, mittags wie abends saß man an vollen Tischen, »beinahe wie in Schweden im tiefsten Frieden«, meldete er seinem Freund Paul nach Stockholm.

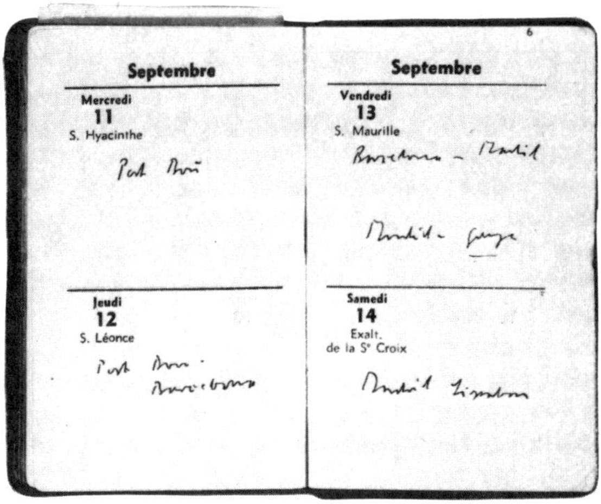

Ollenhauer nennt Portugal ein schönes Land, er würde dort leben wollen, wenn nur die allgemeinen Umstände nicht wären. In dem Vierteljahr erzwungenen Wartens erholen sie sich alle von den physischen Strapazen und psychischen Belastungen der voraufgegangenen Monate. In der Reihe ihrer reichhaltigen Emigrationserinnerungen, so das Resümee Ollenhauers, als er weitergezogen war, nehme Lissabon einen Platz auf der Plusseite ein. »Und das will etwas heißen.«

Für Erich Rinner und Friedrich Stampfer war niemals zweifelhaft gewesen, daß sie in die USA übersiedeln würden; Rinner wollte sich von der deutschen Politik und von der SPD zurückziehen, und Stampfer hatte so gute Kontakte geknüpft, daß etwas anderes gar nicht in Frage kam. Beide verließen Lissabon und Europa denn auch schon im frühen Herbst, Rinner für immer, Stampfer bis zu einem ersten London-Besuch 1942. Auch für Erich Ollenhauer – und mit ihm für Vogel – hatte nie ein Zweifel bestanden, wohin er wollte: Er wollte nach London. Ein Jahr zuvor, in der letzten Dezember-Woche 1939, waren beide in England gewesen und hatten sich nach Wirkungsmöglichkeiten umgesehen. Die Labour Party galt ihnen als eine der mächtigsten europäischen Arbeiterparteien, deren wichtigste Leute sie aus der Internationale kannten, und außerdem existierte Amerika in ihrem Weltbild noch kaum, womit sie, am Beginn des Zweiten Weltkrieges, durchaus nicht allein standen.

Wer dem Geschehen in und um Deutschland nahe sein und beanspruchen wollte, die deutsche Sozialdemokratie zu vertreten, der konnte einfach nicht nach Amerika entschwinden! Allein, um nach England zu kommen, brauchte man erstens Visa, zweitens Flugkarten, drittens ein Flugzeug. Einreisepapiere und Billetts, genauer: das Geld dafür, hatte Gillies, der Internationale Sekretär der Labour Party, immerhin bis Anfang Dezember besorgt und nach Lissabon gesandt. Es fehlte nur noch das Transportmittel, als der Tonfall, den sowohl Ollenhauer als auch Vogel anschlugen, immer gereizter wurde. Im nachhinein hat Ollenhauer die Zeit in Lissabon verklärt und als schön und erholsam empfunden, doch als er noch in Portugal festsaß, war er sehr ungeduldig geworden und fand, alles dauere lange, ungebührlich lange, auch gemessen an dem Auftrag, den Vogel und er, ihrem Verständnis gemäß, für die deutsche Sozialdemokratie wahrnahmen. Rudolf Katz, der Unermüdliche, hatte neben fünf Schiffspassagen für Stampfer und Rinner auch sechs für die Familien Vogel (Sohn Ernst war auf eigene Faust nach Amerika gegangen) und Ollenhauer besorgt. Für alle Fälle sozusagen, denn er selbst hatte, politischer Wirkungsmöglichkeiten halber, eher zu London geraten.

Die Passagen jedenfalls wurden nicht in Anspruch genommen, weil Ollenhauer und mit ihm Vogel eben keine Neigung hatten, nach Amerika überzusiedeln. Die Option hingegen wollten sie sich offenhalten, als »Rückendeckung gegen das portugiesische Gefängnis«, wie Geyer es einmal ausdrückte; tatsächlich für den Fall, daß sich der Transport nach London doch noch als unmöglich erweisen sollte. Katz nutzte nun die Schiffspassagen, um weitere Genossen aus Frankreich herauszuholen, neben anderen auch Marie Juchacz und Emil Kirschmann; in jenen Wochen Ende 1940 mußten Überseefahrkarten vorgelegt werden, um nach Portugal hinein- und damit durch Spanien hindurchzukommen. Das aber mochte Ollenhauer nicht verstehen; in ungewöhnlich zänkischem Ton herrschte er Katz an, als sei dieser sein Untergebener: Das Geld hätte, wenn schon, dann für würdigere Parteigenossen verwendet werden sollen, eigentlich aber hätten die Billetts für sie in Reserve bleiben müssen. Er erinnerte auch daran, daß Vogel, Rinner und Toni Wels, die im übrigen immer noch in Frankreich saß, eigene Ersparnisse in die Rettungsaktion gesteckt hätten. (Für die Witwe Otto Wels' sollte es traurige Folgen haben, daß sie die Ersparnisse, die Otto ihr hinterlassen hatte, in die Rettungsaktion steckte, in der Hoffnung, es von den amerikanischen Hilfsorganisationen zurückzubekommen. Tatsächlich sah sie nichts wieder und nagte in New York buchstäblich am Hungertuch. Ollenhauer versuchte noch von London aus, Geld in Schweden locker zu machen, doch darüber starb Toni Wels Anfang 1942 einen einsamen und elenden Tod.)

Rudolf Katz ließ sich die Anwürfe aus Lissabon nicht gefallen und fühlte sich »merkwürdig« berührt. Es mache auf niemanden einen günstigen Eindruck, wenn sich eine Gruppe, für deren Rettung soeben 15 000 Dollar aufgewendet worden seien, beklage, daß 670

Dollar ihrer eigenen Mittel für einen Versuch verwendet würden, »eine Gruppe gleichwertiger Parteigenossen aus derselben Lebensgefahr zu retten«. Daß er von gleichwertigen Genossen sprach, war nicht ohne Sinn: Katz selbst hatte früher bekundet, daß Billetts für PV-Mitglieder »ohne weiteres« bezahlt würden; für Schriftsteller, Journalisten, Künstler, auch wenn sie auf ihrer Visenliste standen, auf keinen Fall; für »Parteigenossen« zur Hälfte. Außerdem wußte er natürlich, daß die »PV-Mitglieder« in Marseille sehr bevorzugt behandelt worden waren! »Wären wir«, hielt Katz Ollenhauer vor, »in unseren Entschlüssen so bürokratisch gewesen, als Ihr alle in Frankreich in der Falle saßt, so wäret Ihr höchstwahrscheinlich sämtlich nicht herausgekommen.« Und er fragte weiter, ob sechs Genossen in Frankreich zugrunde gehen sollten, nur weil sechs Billetts in Reserve gehalten werden müßten. Und was wollte Vogel damit bezwecken, daß er seinen und damit auch Ollenhauers Kassenbestand en detail aufführte und die gesamte Rettungsaktion in Zweifel zog, »wenn nicht alle Stadien dieser Aktion auch finanziell berücksichtigt sind«?

Fast täglich kamen neue Flüchtlinge in Lissabon an, darunter engste Freunde wie Rudi Leeb, der erst kurz vor Jahresfrist gemeinsam mit Hans Hirschfeld, einem früheren preußischen Ministerialrat und Berlins späterem Senatspressechef, in Portugal anlangte. Dabei waren viele immer noch nicht in Sicht wie Ernst Langendorf, der erst Anfang 41 kam und endlich Toni Wels mitbrachte. Gewiß, Vogel und Ollenhauer litten niemals Hunger, doch sie lebten von der Hand in den Mund, und das war für sie eine neue Emigrationserfahrung. In der sicheren Annahme, seines Bleibens werde höchstens bis Ende September sein, hatten die Schweden wohl nur eine Summe geschickt, die wenige Wochen überbrücken half. Vogel hatte vermutlich noch einige Ersparnisse gerettet, und mindestens einmal noch dürfte etwas Geld aus Amerika angekommen sein. Doch wie auch immer: Warum machte man für diese Kassenebbe den Mann verantwortlich, der so viel für sie selbst und für Hunderte deutscher Sozialdemokraten getan hatte?

Voller Empörung, die an Verachtung grenzte, fragte der in Marseille ausharrende Fritz Heine, ob sie denn gar kein Gefühl dafür hätten, in welcher Stimmung sich die Freunde in Marseille, in der Provinz, in den Lagern befänden. Familienangehörige nicht eingerechnet, waren ihm allein 150 Sozialdemokraten namentlich bekannt, die noch auf Rettung warteten; hundert hatte er mitsamt der Angehörigen in den Monaten seit dem Zusammenbruch herausbringen helfen. Heine erinnerte Ollenhauer und Vogel nun an ihre Verantwortung, die gerade sie für die Rettung der größtmöglichen Zahl deutscher Sozialdemokraten hätten: Wenn sie schon nicht fähig seien, Visen und Geld zu beschaffen, hätten sie wenigstens Informationen und Ratschläge geben und auf seine zahllosen Briefe und Telegramme antworten können. »Wenn hier unsere Freunde in polizeiliche und materielle Schwierigkeiten gekommen sind, dann tragt auch Ihr Euer Teil der Verantwortung daran. Und wenn schließlich unsere Freunde in der Provinz und in Lagern vor Hunger krepieren, dann wird auch auf Euch ein Teil der Verantwortung fallen. Wir haben in diesen Tagen den sechsten zu Grabe getragen, der sich das Leben genommen hat.« Heine schrieb auch von Gurs und Argelés und stellte resigniert fest, daß sie mit ihm wie mit einem Neugeborenen redeten, keine Ahnung hätten und von ihrer materiellen und moralischen Verpflichtung nichts wissen wollten.

Tatsächlich hatte Ollenhauer ihn mehr als einmal ermahnt, Marseille endlich zu verlassen, weil alle anderen sich selbst helfen könnten. Heines beschwörende Feststellung, sie kümmerten sich ja nicht darum, fand kein Echo. Als man aber in Lissabon und dann in London nicht aufhörte, unter voller Namensnennung direkt an ihn zu telegraphieren, da platzte ihm der Kragen. Geyer, der gerade erst aus Marseille gekommen war und von Lissabon aus in Kontakt mit Heine stand, entsetzte sich in dessen Namen: Ob er, Ollenhauer, sich denn überhaupt vorstellen könne, daß Heine es »den Hals kosten« könne, wenn direkt an ihn gekabelt würde. Wußte er tatsächlich nicht, daß Heine seine Arbeit keinesfalls unter den Augen der französischen Polizei tun durfte? Oder wollte er es nicht wissen, weil er es für sinnlos hielt, daß Heine sein Rettungswerk fortsetzte? War es das schlechte Gewissen, das er verdrängte, das schlechte Gewissen darüber, daß er selbst und Vogel in Sicherheit waren und für andere die äußerste Gefahr, nämlich die der Auslieferung, nicht gebannt war? Ollenhauer wollte endlich nach London, glaubte gewiß auch, dorthin zu müssen, um wieder ein arbeitsfähiges Zentrum des Exilvorstandes zu haben, alles andere hatte in seinem Blickfeld keinen Platz mehr! Die Briefe, die Vogel an Gillies nach London schickte, waren voller Ungeduld und fordernd. Schließlich wurden Dina und Hans Vogel in den letzten Dezembertagen ausgeflogen. Familie Ollenhauer folgte am 14. Januar 1941; allesamt kamen sie zunächst bei Willi Sander unter.

Als Ollenhauer und Vogel anfingen, sich in London einigermaßen einzurichten und sich wieder einmal an ein anderes Leben zu gewöhnen, vollendete sich in Marseille das Drama um jene beiden deutschen Sozialdemokraten, die in der Weimarer Republik zur vordersten Linie gehört hatten und deren Rettung sich Fritz Heine verschrieben hatte: Rudolf Breitscheid und Rudolf Hilferding. Als Ollenhauer gewarnt wurde, nun endlich Heine seine Arbeit tun zu lassen – und auf nichts anderes lief Geyers Brief hinaus –, hatten Heine und Varian

Fry gerade einen letzten verzweifelten Versuch gestartet, die beiden aus Frankreich herauszubringen.

Im September 1940 – Ollenhauer und Vogel hatten das Land gerade verlassen – wurde Rudolf Breitscheid und Rudolf Hilferding von der Sûreté Nationale ein Zwangsaufenthalt angewiesen: Arles, Hotel Forum. Ein Grund wurde nicht angegeben. Steckten die deutschen ›Sicherheitsorgane‹ schon dahinter, oder diente die Maßnahme dem Selbstschutz der prominenten Flüchtlinge? Beide, längst im Besitz amerikanischer Affidavits, hatten nicht nur mehrere Chancen zur Flucht aus Frankreich ungenutzt verstreichen lassen, sondern es schlicht abgelehnt, den Weg durch Spanien zu nehmen, überhaupt Frankreich ›illegal‹ zu verlassen. Seit Juli saßen die beiden, deren Erscheinung so augenfällig war, Tag für Tag in demselben Café auf dem Boulevard d'Athènes. Was Breitscheid auf entsprechende Vorhaltungen auch geantwortet haben mag – Hitler werde nicht wagen, ihre Auslieferung zu verlangen, oder Frankreich werde seine beiden Freunde niemals ausliefern –, sicher scheint zu sein, daß Breitscheid wie Hilferding, der noch unpraktischer und noch weniger robust war und dem Freund in allem folgte, keinerlei Gefahr für sich sehen wollten. Varian Fry und Fritz Heine hingegen erkannten, daß die beiden fortmußten; zu viele Anzeichen deuteten darauf hin, daß sich die Lage in Marseille zuspitzte und die Aufmerksamkeit der französischen Polizei auch für ihr Rettungswerk immer mehr zunahm.

Das Gesetz, nach dem die französischen Behörden agierten, war ihnen klar geworden: Sie hatten nichts gegen Flüchtlinge, aber sie taten auch nichts für sie. Oder anders: Wer seine Chance nicht nutzte, hatte selber schuld. Heines Plan, die beiden geheim von Arles nach Marseille und hier auf ein Schiff nach Oran zu schaffen – eine Methode, der in den folgenden Monaten manche Flüchtlinge ihre Rettung verdankten –, scheiterte am Nein aus Arles. Breitscheid und Hilferding weigerten sich und warteten auf reguläre Exitvisa, die ihnen durch Vermittlung von Leuten in Amerika, darunter auch Heinrich Brüning, versprochen waren und die ihnen jedenfalls die legale Ausreise gestattet hätten. (Hilferding schwor in Arles endgültig der marxistischen Geschichtsauffassung ab und gelangte zu der Einsicht, daß der historisch entscheidende Faktor die Gewalt sei. Sein gedankliches Vermächtnis kleidete er in die Formel: »Die Gewalt aber ist blind, ihr Ergebnis nicht vorhersehbar.«) Fry wie Heine hielten die Sache mit der Ausreiseerlaubnis für eine Chimäre, die weitere Zeit kosten würde. Ihr Versuch, die beiden auf altmodische Weise zugleich stolzen und hilflosen deutschen Demokraten von der Sinnlosigkeit des Unternehmens zu überzeugen, gelang nicht.

In der Schilderung Varian Frys über den Januar 1941 in Marseille klingt die ganze Bitterkeit eines Amerikaners durch, der binnen weniger Monate 350 Emigranten, darunter bekannte deutsche Schriftsteller, herausgeschleust hatte und dessen Hilfswilligkeit sich zwei deutsche Sozialdemokraten entzogen. Waren sie nicht gewillt, sich den Weisungen eines Amerikaners und eines kleinen Parteiangestellten zu unterwerfen? Vielleicht auch sträubte sich alles in ihnen nur dagegen, Europa zu verlassen, jenem Land Adieu zu sagen, das ihnen so nahe war? Oder wußten sie selbst nicht mehr, was sie taten, als die Zeit fortschritt und die Ruhe von Arles ihnen unheimlich wurde? War die Unfähigkeit sich zu regen, sein Schicksal in die eigene Hand zu nehmen, Folge einer nun fast ein Jahrzehnt währenden Resignation, die bisweilen Depression gewesen sein mag? Folge auch der Aussichtslosigkeit, selbst noch irgend etwas bewirken zu können?

Während Fry und Heine überlegen, was sie noch tun sollten, schreibt Rudolf Breitscheid unter dem Datum des 19. Januar an Erich Ollenhauer, den er noch in Lissabon wähnt. Wieso anderen geholfen werde, fragt er, und ihnen nicht. Und er fragt weiter, ob nicht in Lissabon etwas zu erreichen sei, wenn mit ihren Namen und »Titeln« operiert würde; der Vorwurf, daß das bislang nicht hinreichend geschehen sei, klingt deutlich mit.

Fritz Heine denkt an ein Wunder, als wenige Tage nach Breitscheids Klage an den fernen Ollenhauer der Sub-Präfekt des Departements Bouches-du-Rhône mit Sitz in Arles Mitteilung macht, Vichy habe die Ausreise nach Martinique genehmigt, die Papiere könnten auf der Präfektur in Marseille abgeholt werden; tatsächlich gingen wieder einige Schiffe. Am Montag, dem 27. Januar, holt Heine die beiden nach Marseille. Er selbst ist der glücklichste von allen. Heine habe sich, so Fry in seinem Rückblick, wie eine Mutter um die beiden gekümmert; nun, da sie auf dem Weg in die Freiheit waren, habe nicht einmal er, der auch in späteren Jahren mit dem Zurschautragen von Emotionen sehr sparsam umging, seine Freude zurückhalten können.

Was folgt, ist rasch erzählt: Auf dem Schiff, das am 4. Februar nach Fort de France ablegen soll, sind nur noch Kojen im Laderaum zu haben, und die glauben Breitscheids sich für eine dreißigtägige Überfahrt nicht zumuten zu können. Hilferding hingegen will zum erstenmal seit Jahren sein Schicksal selbst in die Hand nehmen und reserviert mit Hilfe von Heine eine Koje. Unterdessen sind ihre Sauf-Conduits für Marseille abgelaufen, und die ganze Gesellschaft – die beiden, Frau Breitscheid und Erika Biermann – kehrt am 28. nach Arles zurück. Drei Tage später, am 31., erhält Heine vier Briefe. Im ersten will Hilferding letzte Vorbereitungen für seine Abreise getroffen wissen. Im zweiten teilt Breitscheid mit, daß er, seine Frau und Erika Biermann ihre Meinung geändert hätten und auch fahren wollten. Die beiden anderen Briefe sind kurz und gleichen Inhalts: Am Nachmittag des 30. Januar habe sie derselbe Sub-Präfekt, der ihnen von der Ausreisegenehmigung berichtet hatte, wissen lassen, daß Vichy die Annullierung ihrer Exit-Visa angeordnet habe. Das Schiff fährt am 4. ab. (Hilferdings Platz ergattert in letzter Minute Walter Mehring. Der Zwangsaufenthalt in Arles war neben Breitscheid und Hilferding auch Mehring zugewiesen worden; doch der hatte sich schlicht geweigert und war statt dessen »krank« ins Bett von Fry gekrochen!)

Am Sonnabend, dem 8. Februar, gegen 11 Uhr, erscheinen Lokalpolizisten im Hotel Forum zu Arles und fordern die beiden Männer auf zu folgen, angeblich um den Deutschen, die nach ihnen suchten, zuvorzukommen. Sie werden in ein Auto gesteckt und nach Vichy gefahren – bis dahin darf Frau Breitscheid mit –, von dort am anderen Morgen an die Demarkationslinie transportiert, hier der Gestapo beziehungsweise der Sicherheitspolizei übergeben und nach Paris geschafft.

In der Santé, dem Gefängnis von Paris, stirbt Rudolf Hilferding, ob ermordet oder durch Folter oder Selbstmord oder beides, wir werden es nie mehr erfahren. Breitscheid wird nach Berlin in die Prinz-Albrecht-Straße verschleppt; über seine »korrekte« Behandlung in endlosen Verhören berichtet Tony Breitscheid an Ollenhauer. (Sie selbst fand Unterkunft bei einer alten – jüdischen! – Freundin der Familie in Berlin.) Von Berlin aus kommt Breitscheid nach Sachsenhausen und schließlich nach Buchenwald, wohin seine Frau ihm gefolgt ist. (Auch Léon Blum landet in Buchenwald und wird, wie andere ›Prominente‹, im relativ ›komfortablen‹ Außenlager untergebracht. Ob sie voneinander gewußt haben? Nichts deutet darauf hin.)

Rudolf Breitscheid stirbt am 24. August 1944, ob im amerikanischen Bombenhagel oder durch SS oder beides, auch das werden wir mit letzter Sicherheit nie erfahren. Tony Breitscheid bleibt überzeugt, daß ihr Mann durch Verschüttung im Luftschutzgraben starb; sie war selbst schwer verletzt worden. Erika Biermann und Hilferdings Frau Rose, die sich unter schlimmen Umständen von Paris nach Arles durchgeschlagen hatte und dort, nichts ahnend, ankam, als ihr Mann gerade abtransportiert worden war, verlassen Frankreich im Mai 1941, von Varian Fry großzügig unterstützt; Schiffe nach Martinique gehen nun alle vier bis fünf Tage.

Als Erich Ollenhauer Ende Februar 1941 gleichzeitig mit dem Brief, den Breitscheid an ihn gerichtet hatte, von der Festnahme und am 10. März, dem Tag von Heines Ankunft in Lissabon, telegraphisch Kenntnis von der Auslieferung erhielt, reagierte er trotzig und ein wenig rechthaberisch: Der Ausgang wäre zu vermeiden gewesen, nun sei kaum noch zu helfen und niemandem ein Vorwurf zu machen. Breitscheid habe den Winter in Arles verbringen wollen; daß ihm die Ruhe dann unheimlich geworden sei und er diesen Brief geschrieben habe, nun ja, was solle man dazu noch sagen! Wenn er und Hilferding doch durch Spanien hätten gehen wollen, wie er es in dem Brief habe anklingen lassen, hätten sie das im August und September vorigen Jahres besser und billiger haben können. Ollenhauer bezog sich auch auf das Gerücht, Breitscheid habe sich an Laval gewandt und es Vichy erst dadurch unmöglich gemacht, ihre Ausreise zu verschweigen.

In die Rechthaberei, daß der Ausgang zu vermeiden gewesen wäre und Breitscheid und Hilferding kein Ohr und kein Verständnis für die Bemühungen französischer Behörden gehabt hätten, die ihnen bis zum letzten Tag zur Flucht hätten verhelfen wollen – wovon ja keine Rede sein konnte! –, stimmte Fritz Heine nicht ein. Sein Bericht ist ein Dokument, dessen äußere Nüchternheit die Tragik der Ereignisse nur noch deutlicher hervortreten läßt. Er, der um die Hintergründe des furchtbaren Geschehens wußte, der die beiden seit Ende der zwanziger Jahre kannte und der Marseille verließ, als dies passiert war, weigerte sich, von Schuld zu sprechen. Heine erwähnte die »privaten Dinge« – seine Umschreibung für den psychischen Zustand der beiden – nur, um zu sagen, daß er darüber nicht mehr spreche. Für Fritz Heine gab es nichts, was den amerikanischen und französischen verantwortlichen Persönlichkeiten »irgendwie als Entschuldigung dienen« konnte.

Erich Ollenhauer hat – sehr bürokratisch – Heines Bericht mit Anschreiben zirkulieren lassen. Dies mag ein Beispiel dafür sein, wie unter so außerordentlichen Umständen nicht nur Genossen, sondern auch Freunde auf großen Abstand zueinander geraten können. Die dritte Flucht zerstörte noch mehr als die beiden, die voraufgegangen waren.

Zwischen Commonsense und Deutschenhaß

Als Erich Ollenhauer am 16. Januar 1941, nur einen Tag nach seiner Ankunft in London, von William Gillies, dem Internationalen Sekretär der Labour Party, empfangen wurde, schienen die Zeichen für eine gedeihliche Zusammenarbeit nicht nur mit der englischen – man sagte damals noch englisch statt britisch – Schwesterpartei günstig zu stehen, sondern auch mit den amtlichen Stellen des neuen Gastlandes. Das Gefühl, willkommen zu sein, hatte Erich Ollenhauer nach England mitgebracht. Und er fand es bestätigt. Von überaus ermutigenden Eindrücken schrieb er in einem ersten Brief aus London und davon, daß er und Vogel glaubten, hier »nützlichere Arbeit« leisten zu können, als wenn sie sich bis New York zurückgezogen hätten. Auch nach zwei Monaten London war er immer noch optimistisch. Er fühlte sich im »Zentrum des Kampfes gegen Hitler«, und er bewunderte das Land, das nach dem Zusammenbruch Frankreichs »auf sich selbst gestellt« den Kampf fortgeführt habe. »Es hat den Versuch Hitlers, dieses Land in der gleichen Weise zu überrennen, zum Scheitern gebracht, und es ist jetzt die führende Kriegsmacht der Demokratien.« Man lerne, schrieb er an anderer Stelle, »daß der Widerstand eines Volkes, das zum Kampf entschlossen ist, nicht gebrochen werden kann«. Wo sonst sollte sein Platz sein, wenn nicht hier?

Nach der deutschen Invasion Dänemarks und Norwegens hatte Winston Churchill am 10. Mai 1940 eine Regierung der nationalen Einheit gebildet; Clement Attlee, Labour-Führer seit 1935, der mehr durch Solidität als durch Brillanz gekennzeichnet war, hatte sich geweigert, in eine von Chamberlain geführte Koalitionsregierung einzutreten. Mit dem Sturz des durch das Abkommen von München kompromittierten und durch Hitlers Nordoffensive weiter geschwächten Premiers gehörte die britische Politik der Beschwichtigung endgültig der Vergangenheit an. Der Wechsel vollzog sich nicht ohne Reibungen. Die Labour Party hatte 1931, nach dem Bruch mit Ramsay MacDonald, ihrem ersten Regierungschef, und noch einmal 1935 viele Federn lassen müssen; nicht zum ersten und auch nicht zum letzten Mal waren ihre Wahlniederlagen infolge des Mehrheitswahlrechts besonders drastisch ausgefallen. Sie hatte noch vor Kriegsbeginn pazifistische Illusionen in ihren Reihen überwunden und innere Unentschiedenheit verdrängt durch die Gewißheit, da müsse man durch – »that the only way out was through«. Sie war nun in der Lage, wichtige Ressorts in der Regierung und im Kriegskabinett zu besetzen und ein entscheidendes Stück der Gesamtverantwortung wahrzunehmen. Herausragende Regierungsmitglieder stellte sie mit Attlee, Herbert Morrison und dem bulligen Gewerkschaftsführer Ernest Bevin. Sie waren es denn auch, letzterer als Außenminister, die nach den Neuwahlen im Sommer 1945 an die Spitze der neuen Labour-Regierung traten. Wenn Erich Ollenhauer so sehr von dem Behauptungswillen Großbritanniens beeindruckt war, so war er es vor allem von der Selbstbeherrschung, mit der die Engländer auf die außergewöhnliche Krise reagierten, aber auch von der Art, in der das Land in der Stunde äußerster Bedrohung regiert wurde. Daß die Führer der Parteien aufeinander zugingen und miteinander Verantwortung übernahmen, galt als selbstverständlich. Gleichzeitig litt die Meinungsfreiheit keinen Schaden; das Unterhaus blieb eine Stätte lebhafter Kontroversen, und auch in der Labour Party kam es nicht zu einem Burgfrieden verkrampfter Einstimmigkeit.

William Gillies, unter schottischen Fabiern in seiner Heimatstadt Glasgow groß geworden und schon bald nach dem Ersten Weltkrieg von der Labour Party mit der Leitung ihres gerade erst entstehenden Internationalen Sekretariats betraut, war für Erich Ollenhauer kein Unbekannter. Längst hatte Gillies sich um einen guten Kontakt zu den sozialdemokratischen Hitler-Gegnern bemüht und versucht, ihnen mit Rat und auch mit Tat zur Seite zu stehen. Als Ollenhauer sich im Herbst 1938, im Zuge seiner Bemühungen um die Stabilisierung des sozialdemokratischen Exils, entschlossen hatte, Wilhelm Sander als Vertrauensmann der Sopade nach London zu entsenden, bat er Gillies erfolgreich, die Übersiedlung zu bewerkstelligen. Sander, der von Prag zunächst nach Stockholm ging, war im Oktober 38 in London angekommen; ab 1. September 1939 firmierte er, nun gleichsam offiziell, als »Vertreter des Vorstandes der Sozialdemokratischen Partei Deutschlands in Großbritannien« und gab fortan die Sozialistischen Mitteilungen – »News of German Socialists in England« – heraus, die fast ein Protokoll der sozialdemokratischen Emigration in London werden sollten. Daß es Ollenhauer und der Sopade plötzlich wichtig wurde, einen Vertrauensmann in London zu haben, rührte daher, daß die anderen sozialistischen Exilgruppen Anstalten zu organisatorischen Veränderungen trafen: NB und ISK verlegten ihren Sitz noch vor Kriegsausbruch von Paris in die englische Hauptstadt, die Österreicher und die Sudetendeutschen hatten dort ebenfalls eine stattliche Vertretung, und die SAP, die während des Krieges keine einheitliche Auslandsvertretung mehr besaß, hatte in London immerhin eine Gruppe, die ihrerseits mit Freunden in Schweden in Verbindung stand. Es zeichnete sich ab, daß London ein

Zentrum der deutschen Emigration werden würde. Tatsächlich war auch erst jetzt eine nennenswerte Anzahl deutscher Sozialdemokraten auf die Insel gelangt.

England hatte eine lange Tradition der Asylgewährung – man denke an Namen wie Marx oder Zola, Mazzini oder Bakunin; auch Eduard Bernstein hatte wichtige Jahre seines Lebens in London verbracht. Dennoch kannte das Land kein kodifiziertes Asylrecht. Ein Aliens Act von 1905 und eine Ausländerverordnung von 1920 ließen den Einwanderungsbeamten nach 1933 einen Spielraum in der Praxis; abgewiesen wurden in der Regel mittellose und kommunistischer Agententätigkeit verdächtige Personen. Unter denen, die schon bald nach 33 ohne Schwierigkeiten einreisen durften, waren jene sozialdemokratischen Flüchtlinge weiblichen Geschlechts, die die Tschechoslowakei verließen, wo sie von karger Unterstützung lebten, um sich in England als Hausangestellte zu verdingen.

England-Kenner Werner Röder urteilt, daß bis 1938/39 »die wohlwollende Neutralität der britischen Regierung gegenüber dem nationalsozialistischen Deutschland wie der in der Krisenzeit der dreißiger Jahre allgemein herrschende Wirtschaftsnationalismus« die britische Weigerung bestimmt hätten, politische und ›rassisch‹ verfolgte deutsche Flüchtlinge in nennenswertem Ausmaß aufzunehmen. Dabei läßt er außer acht, daß sich der Flüchtlingsstrom zunächst in die Tschechoslowakei, nach Holland und Frankreich bewegte, in Länder also, in die man ohne allzu große Schwierigkeiten auch unter Umgehung der Grenzkontrollen einreisen konnte, was aufgrund der Insellage Großbritanniens nicht möglich war. Von 1938 auf 1939 – nach Kristallnacht, Zugriff auf Österreich, Besetzung des Sudetenlandes und danach der Rest-Tschechoslowakei – schnellten die Ziffern, nicht zuletzt unter dem Druck der öffentlichen Meinung, in die Höhe; Anfang 1939 wurden schon 20000 Flüchtlinge aus Deutschland, Österreich und dem Sudetenland gezählt, bis Jahresende gar 70000. Der Czech Refugee Trust Fund, ein Produkt des schlechten Gewissens gegenüber der verratenen Tschechoslowakei, brachte viele tausend, nicht zuletzt sudetendeutsche Flüchtlinge auf die Insel; William Gillies bemühte sich, auch nach brieflichen Rücksprachen mit Erich Ollenhauer in Paris, sozialdemokratischen Flüchtlingen – deutschen, österreichischen, sudetendeutschen, tschechischen – den Weg nach Großbritannien zu ebnen. Im Oktober 1941 lebten mehr als 32000 Deutsche, 27000 Österreicher, 8000 Tschechoslowaken und 19000 Italiener auf britischem Boden. Doch kein Asylland ist vollkommen, und bei Kriegsausbruch packte auch die sonst so gelassenen Engländer die Furcht vor einer Fünften Kolonne unter den Emigranten. Österreicher und Deutsche wurden zu Feind-Ausländern –

»enemy aliens« – erklärt; ihre Verläßlichkeit prüften auf durchaus faire Weise sogenannte Fremdentribunale, die die Flüchtlinge in drei Kategorien einteilten. Doch auch wer als loyaler Anti-Nazi anerkannt war, konnte keineswegs sicher sein, nicht eingesperrt zu werden.

Nach dem deutschen Angriff auf Frankreich fiel im Mai 1940 auch in London ein, wie Richard Löwenthal formulierte, »Panikentschluß« zur allgemeinen Internierung. Im Juni befanden sich, ob im engeren Sinn zuverlässig oder nicht, 25 000 deutsche und österreichische Hitlerflüchtlinge oder Auswanderer in Lagern, großenteils auf der Insel Man. Doch alles lief wohlgeordnet ab, und der Widerruf ließ nicht lange auf sich warten. Eine Parallele zu ziehen zu jenen Zuständen, die 1939 und 1940 in Frankreich herrschten, wäre in keiner Weise gerechtfertigt. Auf dem Höhepunkt der Internierungswelle und während über dem Land eine Luftschlacht nie gekannten Ausmaßes tobte, debattierte das Unterhaus zweimal über die getroffenen Maßnahmen; der unmittelbare Anlaß war die Versenkung eines englischen Deportationsschiffes durch ein deutsches U-Boot im Atlantik. Abgeordnete aller Parteien empörten sich, daß Verfolgte des Nationalsozialismus zusammen mit Sympathisanten, nur weil die einen wie die anderen deutscher Herkunft waren, in Lager gesteckt und unter Lebensgefahr deportiert würden. Die Folge war, daß die Internierungen gestoppt und vom Herbst 40 an – langsam erst, doch ab Jahresbeginn 41 zügig – Entlassungen aus den Lagern verfügt wurden; ein Advisory Committee hatte zuvor über Anträge auf Entlassung zu entscheiden.

Als Erich Ollenhauer britischen Boden betrat, hatte sich die Lage für die Flüchtlinge bereits wieder normalisiert, soweit unter den Bedingungen des Krieges von Normalisierung gesprochen werden darf. Ohnehin war Ollenhauers Lage auch jetzt wieder nicht mit der jener Schicksalsgenossen zu vergleichen, die keine politische Protektion genossen.

Am Tag ihrer Ankunft wurden Erich und Martha Ollenhauer mit einem ›Certificate of Registration‹ versehen; es war, wie ein Stempel vom Dezember 1940 ausweist, vorbereitet. Die Ankömmlinge brauchten sich um Aufenthaltsformalitäten nicht weiter zu kümmern. Polizeiliche Schwierigkeiten hatten sie nie, zu Beginn nicht und auch später nicht, als sich die Haltung den deutschen Emigranten gegenüber wieder gewandelt hatte und Versuche zu Denunziationen an der Tagesordnung waren. Als Erich Ollenhauer einige Wochen, nachdem er englischen Boden betreten hatte, vor ein Advisory Committee geladen wurde, kam Gillies der Überprüfung und allen Eventualitäten mit einem eigenen ›Verläßlichkeitszeugnis‹ zuvor. Schließlich wurden Ollenhauer auch die Sorgen um den Lebensunterhalt wieder abgenommen. Für sich und seine Familie erhielt er 62 Pfund im Vierteljahr, Vogel und Geyer je 50 und Heine 32 Pfund; Geyer und Heine erreichten London, aus Lissabon kommend, am 31. Mai. Das Geld brachte der Assistance Relief Fund auf, eine Einrichtung der Labour Party, die das Geld selbst auszahlte.

Die nicht eben üppige materielle Basis – die Summe entsprach rund 400 Reichsmark im Monat – besserte Ollenhauer dadurch auf, daß er hinter seinem Haus einen Gemüsegarten anlegte. »Im Grunde ist Landwirtschaft das einzig Vernünftige. Man sieht jedenfalls, was man macht«, schrieb er einmal unter Berufung auf seine Gartenarbeit an Paul. Ollenhauers und Vogels waren nur vier Wochen nach ihrer Ankunft in ein eigenes Häuschen gezogen, in derselben Straße gelegen wie das von Sander, in dem sie alle bislang gewohnt hatten. Der Ortsteil Mill Hill in Edgeware war ruhig und grün und gehörte zu jener Gegend im Londoner Nordwesten, die wegen ihrer vielen jüdischen Einwohner von Taxifahrern auch vierzig Jahre später noch Klein-Palästina genannt wird. Viele englische Familien waren auf der Flucht vor dem Bombardement aufs Land gezogen, so standen zahlreiche Häuser leer, und Emigranten konnten rasch Unterkunft finden. In dem gemeinsamen Domizil in der Fernside Avenue 3 bewohnten Ollenhauers drei und Vogels zwei Zimmer; die Küche, die beide Familien gemeinsam benutzten, diente zugleich als Parteibüro; die Wohnungseinrichtung »schnorrten« sie sich, wie Ollenhauer berichtete, zusammen.

Vogel und Ollenhauer hatten ein offenes, von wechselseitigem Vertrauen geprägtes Verhältnis zueinander gefunden, in dem der Jüngere zweifellos der Stärkere war. Unter einem Brief, den Ollenhauer an den fernen Stampfer geschrieben hatte, notierte Vogel: »Sie verstehen wohl, daß Erich die Feder führt. Er verfügt über die größere Ruhe und die ›Tinte‹ fließt ihm leichter.« Während Hans Vogel sich von der Serie vorausgegangener Erschütterungen nicht erholte, seine Stimmung depressiv blieb, vielleicht auch die Krankheit schon ihre Schatten warf, meisterte Erich Ollenhauer auch diese dritte Etappe seiner Emigration. »In dem großen Getriebe« wollte er sich und »seine persönlichen Dinge« auch jetzt nicht wichtig genommen wissen. In seinen Briefen äußerte er relative Zufriedenheit und machte keinen Hehl daraus, daß er sich ganz einfach freute, dem französischen Inferno entkommen zu sein und die Flucht überstanden zu haben, nach acht Monaten Zigeunerleben wieder ein »seßhafter« Bürger zu werden und sich eiligst an die Arbeit machen zu können. Zur Seßhaftigkeit gehörte auch, endlich wieder gesellig sein zu können; die engeren Freunde, zu denen um die Jahreswende 42/43 auch Erich Brost stieß, trafen sich fast immer vor dem Ollenhauerschen Kamin. Der älteste Sohn Peter, mittlerweile achtzehn Jahre alt, fand in London eine Lehrstelle in einer Telephonbaufirma, 1944 heiratete er ein Emigrantenkind, die Tochter Gerhart Kreyssigs; Hermann, der fünf Jahre Jüngere, besuchte zunächst eine Volksschule. Daß seine Kinder sich so »normal« entwickelten, trotz ihrer nun bald ein Jahrzehnt währenden »Zigeunerkindheit«, erfüllte den Vater mit Stolz und Freude.

»I expect them to be especially helpful to us« – er hoffe, sie würden besonders hilfreich sein –, hatte William Gillies in seinem Zeugnis für Erich Ollenhauer an das Advisory Committee geschrieben. Alles deutet darauf hin, daß der Internationale Sekretär der Labour Party, der Einfluß hatte, schon weil er so lange Zeit im Parteiamt war, diese Erwartung bereits hegte, als von einer Übersiedlung nach London noch keine Rede sein konnte. Im Sommer 39 war es Gillies gewesen, der 150 Pfund bewilligte, damit die Sopade 20000 Flugblätter – Inhalt: die sozialdemokratische Haltung zum Krieg – erstellen lassen konnte, und der dann noch einmal etwas Geld schickte, damit sie auch nach Deutschland gelangten. Im Herbst 39 hatte er Vogel und Ollenhauer gar nach London eingeladen; während ihres einwöchigen Aufenthalts in London – unmittelbar vor Weihnachten 1939 – trafen sie die Führer von Labour Party und TUC, dem Dachverband der Gewerkschaften: neben Attlee und Bevin auch Dalton und Greenwood, die ebenfalls 1940 in Churchills Regierung eintraten, sowie den verständnisvollen Außenpolitiker Noel-Baker.

Gillies hatte es auch arrangiert, daß sie im Foreign Office »by someone in authority« empfangen wurden, nämlich von Gladwyn Jebb, dessen ›Autorität‹ sich allerdings in den Grenzen eines Bürochefs von Staatssekretär Cadogan hielt. Jebb empfahl die beiden deutschen Emigranten an Sir Campbell Stuart weiter, der – wie schon im I. Weltkrieg – mit der Propaganda nach Deutschland betraut worden war und ihnen prompt, wenn auch gewiß unverbindlich, Möglichkeiten zur Mitarbeit in der britischen Öffentlichkeitsarbeit skizzierte. Deutschland-Experte Ivone Kirkpatrick notierte, nachdem er sich die Wünsche der beiden Besucher angehört hatte, über Ollenhauer nur: »A companion whose name I was unfortunately unable to catch.« Daß Ollenhauer unter dem Datum des 9. Januar 1940 aus Paris »einige Anregungen für Rundfunksendungen in deutscher Sprache« an Gillies sandte, dürfte eine Folge der Londoner Kontakte gewesen sein. Gemeinsam mit Gillies hatte Campbell Stuart am 10. Juli 1940 ein Telegramm unterzeichnet, das an Hans Vogel in Agen gerichtet war, und in dem er aufgefordert wurde, unter allen Umständen nach England zu kommen. So war der Willkommensgruß, den der der Labour Party nahestehende »Daily Herald« Hans Vogel bei dessen Ankunft in London entbot, Ausdruck von ursprünglichem, zugleich naivem Wohlwollen: »Another powerful enemy of Hitlerism has been brought to London by the invitation of the Labour Party.«

Einen Monat nach seiner Ankunft in London und dem Empfang bei Gillies hielt Ollenhauer seine erste Rede auf englischem Boden. Sein Publikum war die »Londongruppe«, in der sich die vierundsiebzig in der Hauptstadt lebenden deutschen Sozialdemokraten unter der straffen organisatorischen Leitung von Sander zusammengefunden hatten; im Lande lebten ungefähr noch einmal soviel ehemalige SPD-Mitglieder. Ollenhauer erklärte dort: »Wir sind Gäste dieses Landes. Wir wollen seine Verbündeten sein.« In seinem stichwortartigen, maschinenschriftlichen Redemanuskript aber hatte er von Hand hinzugefügt: »Selbständigkeit«. Ob sie ihre Selbständigkeit, ihre Unabhängigkeit, ihren Eigenwert nur vom Prinzip her und gleichsam vorbeugend, für alle Fälle sozusagen, bekräftigen wollten, oder ob sie nach vier Wochen London schon Anlaß zur Besorgnis hatten, ist schwer zu sagen. Vermutlich ist beides richtig.

William Gillies, so mag Ollenhauer überlegt haben, war außerordentlich hilfreich gewesen, und ohne ihn wären sie und viele andere auch nicht nach England gelangt. Aber war es nicht derselbe Gillies, der 1939 Anstalten gemacht hatte, der Internationale den Todesstoß zu versetzen, sie, wie er damals notierte, zur »Unterabteilung« der britischen Labour Party zu machen? Hatte er nicht den Etat der Internationale halbiert und »Rechte und Pflichten der Parteien in den Ländern ohne Demokratie« sehr eingeschränkt wissen wollen? Hatte er es nicht gemeinsam mit Hugh Dalton, nun Minister für die wirtschaftliche Kriegführung, der Deutschland für *den* »troublemaker« Europas hielt, abgelehnt, die Internationale weiterhin als ein wichtiges politisches Gremium auch im Kriege anzuerkennen? Hatte nicht Gillies Otto Bauers »Illegale Partei« ausgerechnet wegen deren »gesamtdeutscher« Konzeption angegriffen und den SAI-Sekretär, Bauers Landsmann Friedrich Adler, dafür verantwortlich gemacht?

Erich Ollenhauer hatte niemals im Verdacht gestanden, ein Parteigänger Friedrich Adlers zu sein. Doch nach jener Auseinandersetzung um das Schicksal der Internationale, geführt auf der Brüsseler Sitzung des Exekutivkomitees im Mai 1939, deren Teilnehmer er gewesen war, hatte Ollenhauer Adler gegen Gillies, wegen seiner bescheidenen Körpergröße überall nur »der Kleine« genannt, in Schutz genommen: Schließlich sei er, Adler, mehr als ein ›Beamter‹ der SAI gewesen, eine politische Figur nämlich, und jedermann habe gefühlt, so berichtete er einem Freund, »daß in diesem Fall der ›Ankläger‹ kleiner war als der ›Angeklagte‹ – nicht nur körperlich«. Tatsächlich zeugt keine schriftliche und keine mündliche Äußerung davon, daß Ollenhauer je ein persönliches Verhältnis zu Gillies gewonnen hätte, den er immerhin von unzähligen Treffen der Internationale her kannte. Auch nach ihrem London-Besuch, Ende 39, hatte Ollenhauer keineswegs überlegt, nach London überzusiedeln, im Gegenteil, dem Drängen Sanders hatte er sich stets entschieden widersetzt. Daß Solidarität gegenüber in Not geratenen Genossen und Achtung vor dem Selbstverständnis der Emigranten nicht das gleiche waren, hatte er ohnehin längst erfahren.

Ollenhauer aber wollte die persönliche Solidarität *und* die politische Achtung, nicht das eine ohne das andere! Um gar keinen Preis hätten er und seine Freunde je materielle Hilfe akzeptiert, wenn sie dafür irgend jemandes Werkzeug hätten werden sollen. Erich Ollenhauer wollte Hitler gestürzt sehen, *und* er wollte anstelle der nationalsozialistischen Diktatur über das deutsche Volk ein demokratisches und gleichberechtigtes Deutschland entstehen sehen, in dem der Sozialdemokratischen Partei die entscheidende Rolle zufiele. Beides gehörte untrennbar zusammen, wenn auch vor und im Krieg die Gewichte unterschiedlich gesetzt wurden. Als er Anzeichen dafür feststellte, daß sich im Bewußtsein der öffentlichen Meinung Großbritanniens, das soeben erst dabei war, seine Selbstbehauptungskräfte zu wecken, ein Wandel vollzog, erkannte er rasch, daß sein und seiner Freunde Behauptungswille auf eine schwere Probe gestellt sein würde.

Die Engländer mußten sich gegen einen mächtigen Feind zur Wehr setzen, der dieselbe Nationalität hatte wie jene Emigranten, die von sich sagten, sie repräsentierten das bessere, das andere, das eigentliche Deutschland, und die als Verbündete eigenen Gewichts anerkannt sein wollten. Es war Krieg, und Hitler machte Anstalten, sich Europa zu unterwerfen; die Frage drängte sich also auf: Tat er das etwa gegen den Willen seines Volkes? Stand es etwa nicht hinter ihm? Das Häuflein deutscher Sozialdemokraten, das so unverdrossen daran festhielt, daß Hitler und Deutschland zwei verschiedene Dinge seien, mußte es nicht auf verlorenem Posten stehen? Konnte die Enttäuschung ausbleiben? »Unsere Arbeitsmöglichkeiten sind gering, geringer als wir vor unserer Ankunft hier angenommen haben.« So und ähnlich lauteten Ollenhauers Bemerkungen, die er, weniger klagend als feststellend, in fast jedem seiner zahlreichen, in alle Himmelsrichtungen gehenden Briefe machte; Korrespondenz zu führen und auf diese Weise Kontakt zu halten mit den über die Erdteile verstreuten Genossen und den verbliebenen Freunden aus der Internationale, war ihm rasch Arbeit und Aufgabe geworden, gewiß auch Ersatz für gewohnte Bürotätigkeit. Ausdrücklich bemerkte er, nun jede Zeile selbst schreiben und alle technischen Dinge selbst erledigen zu müssen, und daß man so immer im »trouble« sei.

In einer ersten Bilanz, überschrieben »Unsere Arbeit in England« und gezogen für den Zeitraum Januar bis Mai 1941, nannte Ollenhauer zwei Umstände, aufgrund derer »die Bedeutung der deutschen politischen Emigration in England und der Propaganda nach Deutschland heute wesentlich geringer eingeschätzt wird als in den ersten Monaten des Krieges«: Es seien dies die rein militärischen Aktionen, die in den Vordergrund träten, und »die übertriebenen Hoffnungen und illusionären Vorstellungen vieler Engländer über das Tempo und die Ausdehnung einer innerdeutschen Opposition im Falle eines Krieges«, die zusammengebrochen seien. Am Ende des schicksalsschweren Jahres 1941, als auch er nicht mehr verkennen konnte, daß aus einem Problem Deutschland für viele Engländer das deutsche Problem geworden war, machte Ollenhauer – ohne Schuldzuweisung – eine »Grundursache« dafür aus, daß es nicht vorangehe wie gewünscht: den »Zwiespalt der Meinungen über die Rolle der Deutschen und über Deutschland nach dem Kriege«. Der Riß, schrieb er an Rinner, gehe quer durch die Labour Party, und »praktisch bedeutet das eine weitgehende Lähmung der Beziehungen«.

In einem Meinungsaustausch mit den Mitgliedern des Internationalen Ausschusses der Labour Party, zu dem Gillies im August 41 »die hiesigen Repräsentanten der Deutschen Sozialdemokratischen Partei im Ausland« eingeladen hatte, zielten alle Fragen der englischen Gastgeber auf eine mögliche innerdeutsche Revolte gegen Hitler und auf die Mittel, die die SPD aus eigener Kraft und mit Hilfe der Labour Party aufbringen könne. In ihren Antworten machten die deutschen Gäste keinen Hehl daraus, daß sie über Verbindungen nach Deutschland nicht mehr verfügten; Vogel, Ollenhauer, Geyer und Heine verwiesen übereinstimmend darauf, daß eine organisierte Opposition nicht vorhanden sei. Erich Ollenhauer erläuterte, es gebe jedenfalls kein Anzeichen für eine revolutionäre Situation, und Illusionen wolle er nicht nähren. Geschlagen werden könne Hitler nur auf dem Schlachtfeld, und aktiver Widerstand sei nur im Gefolge militärischer Rückschläge zu erwarten. Doch das bedeutete für ihn nicht, daß die, die nicht mit der Waffe in der Hand kämpften, die Hände in den Schoß legen müßten. Im Gegenteil. Erich Ollenhauer nutzte die Gelegenheit, noch einmal einen Vorstoß für eine propagandistische Offensive zu wagen, die die militärischen Schläge begleiten müsse. Nur so nämlich könnten die Deutschen aufgeklärt werden, worin Pflicht und Aufgabe bestünden, vorausgesetzt, das Versprechen, Deutschland nach dem Krieg unversehrt zu lassen und gleichberechtigt in den Kreis freier Völker aufzunehmen, bestehe fort.

Hier lagen für Ollenhauer Anfang und Ende aller sinnvollen Propaganda, die für ihn auch nach acht Jahren Hitler gleichbedeutend mit Aufklärung war und die ihm als Wesensmerkmal seiner und seiner Freunde Bundesgenossenschaft mit dem kriegführenden England galt. Was die Mittel anging, so befürwortete er gedrucktes Material ebenso wie Rundfunksendungen. Daß sie mit ihrer bisherigen Beteiligung nicht zufrieden seien, sprach er deutlich aus und gab dabei zu verstehen, daß ohne ihre eigenverantwortliche Einbeziehung die beste Propaganda nichts wert sei. Auch an der im Auftrag des Informationsministeriums herauskommenden deutschsprachigen »Zeitung« wollten sie nur unter ihrer eigenen Verantwortung mitarbeiten. Was den Rundfunk betreffe, so Ollenhauer weiter, würden sie leider nur sehr sporadisch herangezogen werden; allerdings lehnten sie es auch strikt ab, anonym zu sprechen. Nur wenn sie mit Namen genannt werden würden, sei für die Hörer gewährleistet, daß »die Repräsentanten der deutschen Arbeiterbewegung mit der britischen Arbeiterbewegung verbündet seien« – und nicht etwa deren Werkzeug.

Tatsächlich war die BBC mittlerweile dabei, den Einfluß, den einzelne deutsche Emigranten zunächst gehabt hatten, wieder zurückzuschrauben. Der seit dem Herbst 1940 arbeitende (Schwarz-) »Sender der europäischen Revolution« strahlte mehrmals täglich Beiträge für Hörer in Deutschland aus. Sein Name war Programm: Er meldete sich jeweils mit einem Aufruf zur politischen und sozialen Revolution. In der Redaktion arbeiteten sechs deutsche Linkssozialisten, darunter Waldemar von Knoeringen, unter nahezu idealen Bedingungen; ihr Schutzherr war der zum linken Labour-Flügel zählende Richard Crossman. Im Laufe des Jahres 41 wurde der englische Zugriff auf die Redaktion so stark, daß sich das deutsche Team offen weigerte, ausführendes Organ für die britische Propaganda zu werden. Die Folge: Mitte 42 wurde der Betrieb endgültig eingestellt. Der Wille, sich über Hitlers Ende hinaus als deutsche Sozialisten zu behaupten, verband übrigens jene Gruppen, die in Prag und Paris so sehr verfeindet waren.

Zur gleichen Zeit, da Vogel, Ollenhauer, Heine und Geyer sich den Fragen des Internationalen Ausschusses stellten, warf der Besuch Friedrich Stampfers in London bereits seine Schatten voraus. Stampfer wollte über eine propagandistische Zusammenarbeit zwischen German Labor Delegation und englischer Arbeiterbewegung sprechen, obwohl er von der Labour Party nicht eingeladen war; überhaupt wollte er wohl einmal nach dem Rechten sehen! Zum Auftakt des Besuchs war in der »New York Times« eine Zuschrift erschienen, in der Stampfer, dessen Stärke gewiß nicht im behutsamen, diplomatischen Vorgehen lag, die Unterstützung für die Sache der Alliierten an die Bedingung knüpfte, das deutsche Volk müsse, wie andere Völker auch, das Recht haben, selbst über sein Schicksal zu entscheiden. Stampfer, der im September 1941 in London eintraf, verkrachte sich sofort mit Gillies und Dalton, wandte sich daraufhin schriftlich an Attlee, der aber anderes zu tun hatte, als sich mit derlei zu befassen, und der den Brief an Gillies weiterreichte. Es kam, was kommen mußte: Friedrich Stampfer wurde Gegenstand öffentlicher Auseinandersetzungen.

Die »Sunday Times« beschuldigte ihn, die Kriegsanstrengungen zu untergraben, wofür Stampfer wiederum Gillies verantwortlich machte. Schließlich wurde er mehr oder weniger sanft aus dem Hause seines Gastgebers hinausbefördert; Stampfer hatte bei seinem tschechischen Freund Belina, der wenige Häuser von Ollenhauer entfernt wohnte, Unterkunft gefunden. Der Vorfall und die Frage, auf welche Weise Frau Belina – ob mit Ohrfeige oder ohne – den Gast hinausgeworfen und ob sie vielleicht wegen Stampfers Einlassungen guten Grund gehabt habe, beschäftigte prompt den Internationalen Ausschuß der Labour Party, und zu guter Letzt kam die ganze Visite sogar noch im Oberhaus zur Sprache. Kurzum, die Mission war ein kompletter Fehlschlag, gemessen an Stampfers eigenen Erwartungen und gemessen an den Interessen Vogels und Ollenhauers, mit denen er identifiziert wurde. In der Sache waren beide mit ihrem Gast einig, doch keineswegs mit der Art seines Auftretens, auch wenn sie es nicht offen aussprachen. Wer noch einen Vorwand suchte, zwischen guten und bösen Deutschen nicht mehr unterscheiden zu sollen, fand ihn auch in mancher Emigranten Mangel an Takt, nicht nur an Taktik. Ohnehin aber wurde nach einem Vorwand immer seltener gesucht: Es war die Zeit, da der Begriff des Vansittartismus geprägt wurde und Verbreitung fand.

Das Echo, das die in den letzten zwei Monaten 1940 ausgestrahlten Rundfunkreden des Sir Robert Vansittart ausgelöst hatten, war gewaltig. Allein 1941 erschienen dreizehn Neuauflagen des »Black Record«, des »Schwarzen Sündenregisters« der Deutschen. Lange Jahre hatte der streitbare Herr – Unterstaatssekretär im Foreign Office bis 1938 und danach in den Stand des Lords berufen – vor Deutschland gewarnt und die energische Aufrüstung Englands gefordert. Hatte er also recht gehabt? Und hatte er nicht auch jetzt recht, wenn er die gängig gewordene Unterscheidung zwischen Nazis und anderen Deutschen zur Fiktion erklärte? Alle Einzelheiten seiner Theorie über die Deutschen und ihre Kriegsziele brauchte man sich keinesfalls zu eigen zu machen, wenn man, auf einer eher emotionalen Ebene, in sein antideutsches Horn stieß und in Hitler den Repräsentanten des deutschen Volkes sah, das den Krieg offensichtlich gewollt habe und ihn nach Kräften unterstütze! Daß man den Feind nur besiegen kann, wenn man ihn von ganzer Seele hassengelernt hat – dieses Gefühl bemächtigte sich eines zwar kleinen, aber lautstarken Teils der englischen öffentlichen Meinung immer mehr. Zudem galt es, seit die Sowjetunion Verbündeter geworden war, Rücksicht auf sie zu nehmen und bei den Russen nicht den Verdacht aufkommen zu lassen, man würde sich vielleicht doch noch mit den Deutschen arrangieren.

Jene Gefühlsströmung, die man Vansittartismus nannte, war ein auf die Spitze getriebener Siegeswille und eine konsequente Fortsetzung der Anti-Appeasement-Politik, aber gewiß nicht die einzig mögliche. Vansittart erzeugte auch, und gerade bei eingefleischten Nazigegnern, Gegenwehr, leidenschaftliche Gegenwehr. Als einer der ersten meldete sich Victor Gollancz zu Wort, Verleger, linksliberal bis radikal, mit osteuropäisch-jüdischem Hintergrund. Er fragte, ob es für die kommende Generation Leben oder Untergang geben werde – »Shall our Children Live or Die?« – und forderte eine Zukunft auch für Deutschland, ohne das wiederum Europa keine Zukunft habe.

Fünfzehn Jahre später: Mit Churchill im Palais Schaumburg.

Diese Perspektive einer deutschen Zukunft ließ zwei deutsche Emigranten nicht ruhen, von denen einer, jedenfalls in seinem eigenen und auch im Verständnis Vogels und Ollenhauers, Mitglied des Exilvorstands der SPD war: Curt Geyer. Er war unter den Einfluß eines gewissen Walter Loeb geraten, eines auch im Exil nicht unbemittelten Bankiers jüdischer Herkunft, der zwar lange Jahre Mitglied der SPD gewesen war und sich zu ihrem linken Flügel rechnete, der jedoch nie sonderlich hervorgetreten war. Nach dem Ersten Weltkrieg hatte er die Thüringische Staatsbank aufgebaut, bevor er sich, Mitte der zwanziger Jahre, als Wirtschaftsberater in Frankfurt am Main betätigte. 1933 war er nach Amsterdam emigriert und 1940 nach London geflüchtet, wo er nun die Emigrationspolitik entdeckte und Vansittarts dankbarer Jünger wurde. Es ist schwer zu streiten über die Motive jener deutschen Emigranten, die angesichts täglich neuer Schreckensmeldungen mit ihrem Vaterland nicht nur nichts mehr zu tun haben wollten, sondern es für unrettbar verloren ansahen. Zu dem temperamentvollen, bisweilen jähzornigen Geyer, der am 27. Januar 1942 seine Zugehörigkeit zum Exilvorstand aufkündigte, gesellten sich außer Loeb Bernhard Menne – nach dem Kriege, anschließend an mancherlei vorausgegangene Wechselbäder, rechtskonservativer Zeitungsredakteur –, Carl Herz, Fritz Bieligk und Kurt Lorenz. Sie alle hielten die SPD für einen integralen Bestandteil der unheilvollen deutschen Geschichte und legten am 2. März eine Neun-Punkte-Erklärung vor, mit der sie den Trennungsstrich zu ihrer alten Partei zogen; Ollenhauer nannte sie »ein Dokument des Unglaubens an die Kraft der deutschen Arbeiterschaft und an eine Wiedergeburt der deutschen Demokratie aus den Kräften des deutschen Volkes selbst«. Der Erklärung vorausgegangen war die Gründung der »Fight-For-Freedom-Editorial and Publishing Services Ltd.«, abgekürzt FFF, über die Geyer und Loeb Einfluß auf die öffentliche Meinung ausüben wollten.

Die wenigen Exil-Deutschen, die in den Haßgesang Vansittarts einstimmten, waren nicht durchweg gekaufte Seelen, die sich verkauft hätten, weil Deutschfeindlichkeit sich in diesen Jahren besser verkaufte. Manche hatten, so jedenfalls empfand es Johann Wolfgang Brügel, tschechenfreundlicher Jaksch-Gegner aus der sudetendeutschen Sozialdemokratie, »aus ehrlicher Enttäuschung über ein Volk gehandelt, das einem Verbrecherregime nicht in den Arm zu fallen schien, und sie mögen eine Mission darin gesehen haben, die Welt vor neuen Illusionen zu warnen«. Doch die Form, die Geyers Abkehr von seinen einstigen Kameraden annahm, den denkbar engsten Weggefährten über mehrere Jahrzehnte, gehört zu den unerfreulichsten Kapiteln des sozialdemokratischen Exils; er scheute sich nicht, Erich Ollenhauer und Hans Vogel gegenüber »disgust« – Ekel – auszudrükken, und das in einem Brief an Gillies. Schließlich hatte sich Curt Geyer – er wurde nach dem Krieg England-Korrespondent der »Süddeutschen Zeitung« und blieb dies bis kurz vor seinem Tode im Jahre 1967 – in den zurückliegenden Jahren des Exils stets als ein besonders eifriger Verfechter des »Anderen Deutschland« hervorgetan und noch 1939 in der »Partei der Freiheit« besonders engagiert für die künftige deutsche Sozialdemokratie plädiert. Im Februar 42 nun suchte er unter dem Titel »Hitler's New Order – Kaiser's Old Order« nachzuweisen, daß Hitler in der Logik der deutschen Geschichte liege. Als zwei Monate später er und Loeb gemeinsam ihr Siebzig-Seiten-Pamphlet »Gollancz in German Wonderland« herausbrachten, mit dem sie nicht so sehr den humanistisch gesonnenen Verleger als all jene Emigranten treffen wollten, die ihrem Glauben an Deutschland und seine Arbeiterbewegung nicht abschwören mochten, war der vorläufige Höhepunkt der Kampagne erreicht.

Vorausgegangen war ein konzentrischer Angriff englischer und deutscher Vansittartisten, die sich rasch zusammengefunden hatten, auf die ohnehin schmale Bastion des sozialdemokratischen Exils. Daß William Gillies einer der glühendsten Deutschenhasser geworden war, lag vielleicht in der Konsequenz seines Weges und seines Naturells; für Richard Löwenthal, der es wissen müßte, stand bei Gillies »die Intensität seiner Vorurteile und Ressentiments in direkter Proportion zur Beschränktheit seines Horizonts«, und einer der führenden norwegischen Sozialdemokraten jener Jahre, Haakon Lie, der einen Teil der Kriegszeit in London verbrachte, nennt Gillies – trotz des Schicksals seines eigenen Landes – »einen unverbesserlichen Chauvinisten« und »den am wenigsten umgänglichen Sozialisten«, dem er je begegnet sei. Gillies' Wandlung, wenn es denn eine war, entpuppte sich für die deutschen Sozialdemokraten in London jedenfalls als folgenschwer, auch wenn man in Rechnung stellt, daß Vansittart mächtigere Fürsprecher in der Labour Party hatte, besonders bei einigen Gewerkschaftsführern, und daß andererseits Gillies' Einfluß auf deren Politik nicht überschätzt werden darf.

Nicht lange nach der bemerkenswerten Zusammenkunft zwischen dem Internationalen Ausschuß und den – damals noch vier – Repräsentanten der SPD, hatte sich Gillies von eben diesem Ausschuß das Mandat erteilen lassen, die Geschichte der SPD einmal auf den Prüfstand zu heben. Was dabei herauskam, war ein Machwerk besonderer Art, auch wenn es sich »Memorandum on the Policy of German Social Democracy a) During the last World War and b) On the Eve of the Third Reich« nannte; Material hatte er sich auch von dem damals noch nichtsahnenden Ollenhauer liefern lassen. Für den Nachweis deutscher Verderbtheit schien Gillies die Geschichte der SPD noch viel ergiebiger als die deutsche Geschichte insgesamt. Mit sehr kritischen Anmerkungen des Deutschenfreundes und Friedens-Nobelpreisträgers von 1959, Philip Noel-Baker, die in dem auch nicht gerade sanften Vorwurf an seinen Parteifreund Gillies gipfelten, die Geschäfte Goebbels' zu besorgen, legte dieser sein Memorandum im November 1941 dem Internationalen Ausschuß vor. Vogel und Ollenhauer teilte er brieflich mit, daß sie – ebenso wie Geyer, Loeb, Huysmans, der letzte SAI-Präsident, der gleichfalls ins Lager der Vansittartisten übergeschwenkt war, und andere – einen Kommentar liefern könnten. Die sorgfältige Sammlung des Memorandums, der Anmerkungen, aller Kommentare, Resolutionen, Gegenresolutionen und Korrespondenzen ist das merkwürdige Zeugnis eines Eiferers, wie es bei Sektierern aller Länder nicht nur in außergewöhnlichen Situationen anzutreffen ist. Mitten im Krieg, so sollte man meinen, hätte es Wichtigeres zu tun gegeben ...

In ihrer Stellungnahme zu Gillies' sogenanntem Memorandum, für die beide, Vogel und Ollenhauer, als Verfasser zeichneten, fragten sie zwar, wozu man die Politik der deutschen Sozialdemokratie vor mehr als zwanzig Jahren untersuche, dennoch begaben sie sich rasch auf die vorgezeichnete Ebene: Sie suchten zu rechtfertigen, was sie ungerechten Vorwürfen ausgesetzt sahen. Sie taten es, verständlicherweise, ohne Souveränität und ohne hinreichendes Selbstbewußtsein, ohne die Freiheit auch, nicht alles, was gewesen war, für richtig und unabänderlich zu befinden. Der Frage nach der Verantwortung für Hitler entledigten sie sich durch wiederkehrende Hinweise auf die Verhältnisse. Die einzige Kühnheit, die sie sich erlaubten, bestand in dem Hinweis, man hätte sie nicht nach London holen dürfen, wenn man sie hinterher mit Zweifeln an der Zuverlässigkeit und der ›Bündnisfähigkeit‹ (Anführung von E.O.) der deutschen Sozialdemokratie konfrontierte.

Auch in ihrer Antwort auf Geyer/Loebs »Gollancz in German Wonderland«, die sie ein halbes Jahr später, im August 1942, herausbrachten, verbargen sie zwar nicht ihre Betroffenheit, doch blieben sie auch hier ihrem nüchternen Ton ohne jede Polemik treu: »Die deutsche Arbeiterbewegung und der deutsche Nationalismus« – ein sachlicherer Titel war kaum zu denken. Daß der gutwillige Generalsekretär der Labour Party, James Middleton, Vogel seine ausdrückliche Anerkennung aussprach, mag ein kleiner Trost gewesen sein. Einzig die vielen Zitate aus Äußerungen Geyers, die dieser vor seiner ›Wende‹ gemacht hatte, verliehen dem Ganzen Originalität. Aus der Einsicht heraus, daß die Ausflüge in die Vergangenheit nur Vorwand waren, um den Deutschen und ihren Sozialdemokraten die Zukunft zu verwehren, stellten sie ihren eigenen Geschichtsbetrachtungen jene Überlegungen zur ausbleibenden Anti-Hitler-Revolte voran, die sie zu Recht für zentral hielten und die sie im Zuge der

Kontroverse vielleicht selbst noch vertieft hatten: Die deutschen Arbeiter, die deutschen Sozialisten und Gewerkschafter, über die Geyer und Loeb zu Gericht säßen, seien heute unter dem Gewaltregiment der Hitlerdiktatur zum Schweigen verurteilt. »Die Tatsache, daß wir, die wir außerhalb des Konzentrationslagers Deutschland leben, die Beweise des Widerstandes deutscher Arbeiter und Sozialisten nicht jeden Morgen zum Frühstück in unseren Zeitungen lesen, beweist nicht, daß der Widerstand nicht geleistet wird.«

Doch sie konnten die Existenz einer breiten »wirklich prinzipiellen« Opposition in Deutschland, an die Ollenhauer unerschütterlich glaubte, durch »authentische Berichte« nicht nachweisen. Ollenhauer selbst war mittlerweile davon überzeugt, daß darin die Schwäche ihrer Position lag. »Als Emigranten an sich sind wir nichts oder nur sehr wenig«, sagte er einmal, denn »unser Kurswert wird bestimmt durch die Haltung des deutschen Volkes und der deutschen Arbeiterschaft.«

Philip Noel-Baker hatte in Abrede gestellt, daß die in Gillies' Memorandum zum Ausdruck kommende Haltung gegenüber der deutschen Bruderpartei der Politik der Labour Party entspräche. Auch der amtierende Vorsitzende Harold Laski – der Vorsitz wechselte jährlich – äußerte sich vernichtend über die Auslassungen von Gillies; er stellte fest, daß Loeb im Verein mit Vansittart die treibende Kraft sei und sich der Unterstützung von Gillies sicher wisse. Dafür aber habe dieser kein Mandat der Partei; einzig und allein ihr Vorstand, das Nationale Exekutivkomitee (NEC), sei zu Verbindungen dieser Art – »associations of this kind« – berechtigt. Ausdrücklich stellte sich Laski vor jene deutschen Emigranten, die ehrenhaft und mit persönlichem Risiko für die Sache des Sozialismus gekämpft hätten.

So hätte Gillies also einen Alleingang unternommen, seine Kompetenzen überschritten? Mitnichten. Am 24. März 1942 diskutierte der Internationale Ausschuß Gillies' Memorandum, Noel-Bakers Anmerkungen und sämtliche inzwischen eingegangenen Kommentare, darunter die von Vogel und Ollenhauer, und entschied schließlich mit vier gegen zwei Stimmen, daß das Schriftstück von Mr. William Gillies in allem wesentlichen zutreffe und daß der Vorwurf Noel-Bakers, Gillies befinde sich nicht in Übereinstimmung mit der Politik der Partei, jeder Grundlage entbehre. Einen Monat später, am 22. April 1942, befaßte sich in Abwesenheit von Attlee sogar die »Exekutive«, also der Vorstand, mit der Sache, und zwar, wie das Protokoll vermerkt, ziemlich ausführlich; man schloß sich mit klarer Mehrheit der Meinung des Internationalen Ausschusses an! Tatsächlich hätte Gillies nie so weit gehen können, wenn er sich nicht eines breiten Rückhalts bei einer Reihe von Gewerkschaftsführern sicher gewesen wäre; aufgrund des »black vote« entschieden sie oftmals über die Politik der Exekutive. (In der Parlamentsfraktion und in der individuellen Mitgliedschaft der Labour Party hatte Gillies nur geringen Einfluß.)

Dem Schotten reichte der politische Triumph, den er glaubte errungen zu haben, nicht. Er wollte, angestachelt von Curt Geyer, auch seine persönlichen Ressentiments befriedigt sehen und ging nun daran, Ollenhauer die Unterstützung zu entziehen. Und der machte es seinem Widerpart sehr leicht. Die Zahlungen für Hans Vogel, der als alt und nicht fähig galt, sich noch in neue Verhältnisse zu fügen und Englisch zu lernen, standen nie zur Debatte; bis zu seinem Tod 1945 bezog er vierteljährlich seine 50 Pfund, für die er sich regelmäßig bedankte; Fritz Heine war 1942 durch Vermittlung von Richard Crossman bei Sefton Delmer am Radio untergekommen; er erledigte hier wissenschaftliche Hilfsarbeiten, übrigens außerhalb Londons, so daß er nur alle zwei bis drei Wochen in die Fernside Avenue auf Besuch kommen konnte. (1943 schickte Richard Crossman ihn und Waldemar von Knoeringen nach Nordafrika; sie sollten in den Kriegsgefangenenlagern deutsche Hitlergegner ausfindig machen und taten dies mit großem Erfolg.) Auf seine Unterstützung hatte Heine sofort verzichtet; auch Curt Geyer hatte im Laufe des Jahres 42 seinen materiellen Unterhalt anders geregelt, worauf er nun auch pochte. Die Frage, ob weitergezahlt werden solle, gestaltete sich somit zu einem Fall Ollenhauer.

Dabei kam Familie Ollenhauer mit 62 Pfund im Vierteljahr noch nicht einmal hin; gelegentliche Extrasendungen aus Schweden beantwortete er mit Dank. Auch die Bettelbriefe, die immer wieder an Katz und Stampfer in den USA gingen, ließen auf arge Finanznöte schließen; immerhin hatte das Jewish Labor Committee im Frühherbst 1942 500 Dollar gesandt, mehr als 2000 Reichsmark, und eine weitere Rate in Aussicht gestellt. Die Päckchen, die Mariechen und Erich Rinner gelegentlich schickten, später auch Robert Grötzsch und Marie Juchacz, bedeuteten eine willkommene Aufbesserung des kargen Auskommens, doch insgesamt waren sie nicht mehr als ein Tropfen auf den heißen Stein.

Unter dem Datum des 18. August 1942 bat Gillies Ollenhauer, über die Unterstützung noch einmal nachzudenken; eine mündliche Unterredung war vorausgegangen. Die Zahlungen für Vogel könnten nicht fortgeführt werden, wenn er und Geyer, von dessen »Verzicht« er längst wußte, weiterhin unterstützt werden sollten; die Reserven des Unterstützungsfonds seien bald erschöpft. Anderthalb Monate später kündigte Gillies Ollenhauer schriftlich den Entzug der Unterstützung an; zusätzlich zum Geldmangel nannte er nun auch den Bedarf an Arbeitskräften – Ollenhauer könne sich in der Kriegsindustrie nützlich machen – sowie Umfang und Tendenz der von ihm geleisteten Arbeit. Ollenhauer selbst reagierte auch jetzt wieder nicht selbst; statt dessen schrieb Vogel einen langen Klagebrief an Labour-Generalsekretär Middleton: Man erkenne die Geldnöte an, und Ollenhauer wolle auch jeden Job annehmen, den er fähig sei auszufüllen. Doch darum gehe es Gillies gar nicht, er wolle Ollenhauer lediglich die Grundlage für die Arbeit entziehen, die jedoch im Interesse des kommenden Deutschland und auch der britischen Arbeiterbewegung liege; wenn ihre Aktivitäten nicht wirklich zum Tragen kämen, so liege das nicht in ihrer Verantwortung.

Middleton, der den beiden Deutschen in der Fernside Avenue wohlgesonnen war, händigte den Brief Gillies aus, und der hatte nichts Eiligeres zu tun, als Kommentare anzufertigen: Es gäbe außer dem 41jährigen Ollenhauer keinen Emigranten in England, der arbeitsfähig sei und dennoch unterstützt werde. Middleton schrieb zurück, auch er würde es unter mehreren Gesichtspunkten begrüßen, wenn Genosse Ollenhauer eine geeignete Beschäftigung fände. Und er fügte hinzu, Ollenhauers Position als Repräsentant der »deutschen sozialistischen Anti-Nazis« würde dadurch beträchtlich gestärkt werden. In einer persönlichen »freundschaftlichen« Unterhaltung setzte der Generalsekretär der Labour Party ihm auseinander, nun im Namen auch des gesamten Internationalen Ausschusses, es müsse eine Teilzeitbeschäftigung gefunden werden, die mit seiner »sonstigen Arbeit« vereinbar sei.

Tatsächlich stellte die Labour Party die Unterstützung für Erich Ollenhauer zum 1. März 1943 ein; Zeit genug, sich nach einem Gelderwerb umzusehen, hätte er also gehabt. Doch er dachte ja nicht daran! War es Phlegma, war es ein Kopf-in-den-Sand-Stecken und der Glaube, daß man es schon nicht wagen werde, da es sich, wie Stampfer formulierte, nur um einen neuen Streich »aus der bekannten Ecke« handele? Oder war es nur Unbeholfenheit, sich in einer so praktischen Aufgabe wie Arbeitssuche zu bewähren? Doch der entscheidende Grund lag in dem, was er selbst »seine Arbeit« nannte, die er nur ganz oder gar nicht machen zu können glaubte.

Für Erich Ollenhauer, der in nichts anderem groß geworden war als in der Welt des sozialdemokratischen Parteibeamten, im übrigen auch kaum Englisch sprach, wäre es einer tiefen Entfremdung von sich selbst gleichgekommen, hätte er irgendwann arbeiten sollen, nur um Geld zu verdienen. Was für ihn Arbeit war, also das Dasein für seine Partei, konnte mit Geldarbeit nicht gleichgesetzt werden, und hier war auch keine Aufteilung möglich. Ganz abgesehen davon, daß er in der Tat nicht gewußt hätte, womit er denn Geld verdienen sollte. In einem Antrag an den Internationalen Solidaritätsfonds scheute er sich nicht zuzugeben, daß er noch keine Arbeit habe finden können und daß er auch nur sehr schwer welche finden werde, weil er keine Vorbildung in einem manuellen Beruf habe und seine englischen Sprachkenntnisse ungenügend seien.

Gegenüber seinen Freunden in aller Welt, denen er über seine unerfreuliche Lage berichtete, spielte er die Sache herunter, nicht ohne eine gehörige Portion Selbstironie und ohne sich dabei selbst zu wichtig zu nehmen. Niemals vergaß er anzumerken, daß man auch im vierten Kriegsjahr in England noch gut lebe und daß persönlich alles »nach wie vor in Ordnung«, »das ganze Haus 3« bei guter Gesundheit sei und man weder hungere noch friere. Und immer wieder: »Irgendwie« werde man schon mit den Dingen fertig werden; er wolle sich »die Sache« erst mal ansehen, die »selten schönen Frühlingstage«, später die »langen Tage« genießen und im übrigen vergessen, daß es dauernd ein »black out« gebe: die wegen des Luftkrieges auferlegten Vorkehrungen. Auch die Laune am geselligen Beisammensein wollte er sich ausdrücklich nicht verderben lassen.

Daß er zu Weihnachten 42/43 einen finanziellen Gruß aus Schweden – Mittelsmann war Ernst Paul – erhielt, mag ihn in seinem Optimismus, man werde ihn nicht hängenlassen, bestärkt haben. »Etwas Luft«, meldete er an Paul, verschaffte er sich zunächst »durch den Zufall einer vorübergehenden Arbeit.« Fritz Heine bekam durch seine Tätigkeit bei Sefton Delmer täglich Material aus Deutschland in die Hand, Zeitungen vor allem. Daraus erstellte er für sich eine Übersicht über die Lebensläufe von rund 4000 Nazi-Größen. Diese Biographien Heines schrieb Ollenhauer mit der Maschine ab und verkaufte ein Exemplar an den amerikanischen Geheimdienst. Den Ertrag teilte er sich mit Heine. Und schließlich, nachdem er sich einige Monate auch mit Hilfe der versprochenen zweiten 500-Dollar-Rate des JLC durchgeschlagen hatte, trog seine Hoffnung auf schwedische Hilfe nicht. Im Herbst 43 kam Torsten Nilsson selbst nach London und machte sich ein Bild von der Bedrängnis, in der sein alter Freund steckte. Nach seiner Heimkehr setzte der Schwede eine größere Sammelaktion in Gang, um Erich Ollenhauer und seiner Familie eine besonders ansehnliche Weihnachtsgabe senden zu können. Im Sommer 1944 schickten die Schweden eine stattliche Summe: 5000 Kronen, mehr als 5000 Reichsmark. Ollenhauer war für den Rest des Krieges seiner Sorge um den Lebensunterhalt enthoben!

Weder der Entzug der Unterstützung noch die Welle des Deutschenhasses und die damit verbundene Unsicherheit, welche Zukunft seinem Vaterland beschieden sein würde, noch die Absage eines langjährigen Gefährten wie Curt Geyer an ihre gemeinsame Sache haben Erich Ollenhauer aus dem Gleichgewicht bringen können. Daß er nach London gegangen war, bereute er nicht einen Augenblick, und auch seiner Bewunderung für die Engländer, ihre Gelassenheit und ihre Kampfentschlossenheit taten Gillies und seine Gesinnungsfreunde keinen Abbruch. Hans Vogel hat nur ein einziges Mal davon gesprochen, daß ihre, also seine und Ollenhauers, Loyalität zu ihrem Gastland berührt sei. Es war auf dem Höhepunkt der antisozialdemokratischen Kampagne im Winter 42, als der »Sunday Dispatch« den Sozialdemokraten in einem weithin beachteten Artikel vorhielt, die britischen Kriegsanstrengungen untergraben und Deutschland zu einem dritten Weltkrieg befähigen zu wollen. Selbst Camille Huysmans, der noch im Februar 1940 zum Präsidenten der SAI gewählt worden war und der nun im Verein mit Gillies versuchte, die Internationale nicht nur ohne, sondern gegen die SPD wiederaufzubauen, vermochte nicht, Ollenhauer in seiner internationalen Gesinnung – er fungierte immer noch als Sekretär der Jugend-Internationale – schwankend zu machen. Dabei wird es Ollenhauer gewiß geschmerzt haben, daß er und Vogel nicht, wohl aber der abtrünnige Geyer zu manchen internationalen Zusammenkünften eingeladen wurden.

Allerdings hatten sich längst zwei andere internationale Kreise gebildet, das Internationale Bureau der Fabier mit seinem Chairman Noel-Baker und der Internationale Beirat von »Left News«, dem von Victor Gollancz herausgegebenen Blatt. Damit hatte es zu tun, daß sich Ollenhauer durch den Affront des greisen Huysmans, der schon der alten Internationale kurz vor dem Ersten Krieg als Sekretär gedient hatte, nicht sonderlich getroffen fühlte. Die Fabier waren auch sonst sehr bemüht um die deutschen Emigranten, eine Fülle von Einladungen legen Zeugnis ab von ihrer weltoffenen und humanistischen Gesinnung. Auch örtliche Londoner Labour-Gruppen sowie die engen Verbindungen zur innerhalb der Labour Party wirkenden Socialist Clarity Group, die schon vor dem Kriege Neu Beginnen mit aktivem Einsatz in der illegalen Arbeit unterstützt hatte, und zur Socialist Vanguard Group, die dem ISK verbunden war, trugen dazu bei, ein Gefühl des Abgestoßen-Werdens nicht aufkommen zu lassen. An den mannigfachen Kontakten zu Labour-Gruppen und einzelnen Labour-Leuten hatten Vogel und Ollenhauer teil; auch auf den monatlichen Versammlungen der London-Gruppe der SPD sprachen häufig Labour-Politiker. Wenn Richard Löwenthal urteilt, »die« Haltung der Labour Party zur deutschen Sozialdemokratie und zur Zukunft Deutschlands habe es, allen gefaßten Beschlüssen zum Trotz, und obwohl Gillies bis 1945 in seinem Amt blieb, nicht gegeben, sondern nur die Haltung einzelner, so drückt er damit gewiß auch die Meinung Erich Ollenhauers aus.

Der britische Zeitgeschichtler Anthony Glees befleißigt sich in seinem Buch über die deutschen Sozialdemokraten und ihr Verhältnis zur Labour Party und zu amtlichen britischen Stellen, vor allem zum Foreign Office, einer Schwarz-Weiß-Malerei, die der Wirklichkeit nicht gerecht wird und die auch die überlieferten Akten und Dokumente nicht zulassen. War es denn ein Zufall, daß der Höhepunkt der in ihrer Tragweite überschätzten Kampagne gegen die deutschen Emigranten in jene Monate im Herbst 1942 fiel, in denen zwar die Schlacht von Stalingrad noch nicht geschlagen und die Wende von El Alamein noch nicht herbeigeführt war, aber – in der Folge des amerikanischen Kriegseintritts – die Beschäftigung mit den Kriegszielen in den Vordergrund zu rücken begann? Die grundlegende Fehleinschätzung von Anthony Glees, der fasziniert scheint von der SPD, kritische Distanz kaum erkennen läßt und die Einbettung seines Themas in das Kriegsgeschehen vernachlässigt, rührt daher, daß er die beiden exilierten Sozialdemokraten in London, Hans Vogel und Erich Ollenhauer, die für ihn *die* SPD darstellen, in rückwärtiger Betrachtung zu zentralen Gestalten des Zeitgeschehens macht und ihre Möglichkeiten, die auszufüllen sie von den Engländern gehindert worden seien, viel zu hoch veranschlagt. Glees geht soweit zu unterstellen, daß es die Nachkriegs-SPD so nicht gegeben hätte, wenn Vogel und Ollenhauer sich in London nicht so wacker behauptet hätten.

Tatsächlich hätte sich in der unmittelbaren sozialdemokratischen Nachkriegsgeschichte nahezu nichts anders entwickelt, wenn es Ollenhauer – Vogel war tot – eingefallen wäre, der Politik abzuschwören und in England zu bleiben. Er selbst hätte dies kaum je bestritten. Er war sich schon in London darüber klar, daß man Pläne »im luftleeren Raum« mache und im übrigen »der Konflikt in der Beurteilung der zukünftigen Rolle des deutschen Volkes nicht von uns Emigranten, sondern von der weiteren Entwicklung der politischen und militärischen Situation abhängt«. Einsicht in das Wesen des »Emigrationsbetriebs«, von dem er bezweifelte, daß er »wesentlich« sei, war nun keine Sache von Augenblicksstimmungen mehr, sie war von Dauer und wurde Teil seines Londoner Exils. Seine zunächst verblüffende Ruhe, in der er dem vansittartistischen »Generalangriff« begegnete, hatte hier ihre Ursache. »Betrieb« gebe es genug, gestand er Paul, und über Langeweile wolle er sich nicht beklagen. Dennoch sei alles »mehr oder weniger ein Spiel auf der Nebenbühne, mehr zur Unterhaltung der Mitwirkenden als zur wirklichen Einflußnahme auf die Geschehnisse«. In dem Krach mit Geyer sah er interne Auseinandersetzungen hervortreten, die im Rahmen der großen Geschehnisse nicht sehr wesentlich erschienen. Daß sie dennoch auch ihre prinzipielle und praktische, politische Bedeutung hätten, wollte er damit nicht ausschließen. Politisch gesehen, schrieb er an Stampfer, der das schwer verstehen konnte, seien diese Differenzen ziemlich belanglos, aber nirgends hätten Gruppen und Sekten ein so zähes Leben und einen so starken Egoismus wie in der Emigration. Wann je in den zurückliegenden Jahren der Emigration hätte er sich so geäußert?

Als sich das Ende der Emigration abzeichnete, begann er, das Wesen von Emigrationspolitik zu durchschauen. Geyer und das Spiel auf der Nebenbühne, das alles war nicht mehr wichtig, die Geschichte würde darüber hinweggehen. Wichtig waren allein das Ende der Diktatur in Deutschland und der Beginn der Freiheit. Es hatte mit seinem Lebensweg und seinem Weltbild zu tun, daß er sich ein freies Deutschland nur in einem freien Europa denken konnte und beides wiederum nur mit einer machtvollen Arbeiterbewegung, die ihm »der wirkliche Garant des Friedens« war. Auch sein hartnäckiges Engagement, die Sozialistische Jugend-Internationale wiederzubeleben, fügte sich in das übergeordnete Bemühen um eine Friedensordnung, deren unverzichtbarer Bestandteil das freie Deutschland sein würde. Die neue internationale sozialistische Arbeiterbewegung, wie immer sie in ihren organisatorischen Formen aussehen möge – wann je zuvor hätte er die organisatorischen Formen zur Disposition gestellt? –, würde ein lebenswichtiger Bestandteil jeder demokratischen Lösung in Europa nach Hitler sein, und sie sei wiederum nicht zu denken ohne einen Partner im kommenden Deutschland. Dieser Partner würde die Sozialdemokratie sein. Daß sie wieder und neu erstehe, dafür wollte er da sein. Das war die »Arbeit«, zu der er sich berufen fühlte und die er nicht hatte im Stich lassen wollen.

Prinzip Zukunft

Anfang Februar 1941 notierte Willi Eichler, Vogel und Ollenhauer würden »anscheinend vollkommen ehrlich ein möglichst reibungsloses Zusammenarbeiten aller Gruppen« wünschen. Tatsächlich betrieb Ollenhauer die Entkrampfung im Verhältnis der einst so feindlichen Gruppen und ihre spätere Einigung, seit er in London Fuß gefaßt hatte.

Schon in seinem ersten Londoner Auftritt am 14. Februar – vor der London-Gruppe deutscher Sozialdemokraten – bekundete er die Absicht, die Zersplitterung zu überwinden. In Hans Vogel fand er einen wohlwollenden Dulder des Unterfangens, der Otto Wels kaum je gewesen wäre, und vor allem traf er auf wohlwollendes Interesse unter seinen künftigen Partnern; daß Karl Frank und Paul Hertz nicht mehr mit von der Partie waren, erleichterte und förderte die Verständigungsbereitschaft. Noch bevor die beiden Sopade-Vertreter englischen Boden betreten hatten, waren Richard Löwenthal und Willi Eichler darüber einig geworden, daß der »Quatsch« aufhören müsse, der Quatsch des ewigen Zanks in der nicht-kommunistischen, linken Emigration. So war es noch im Januar 1941 zu ersten Kontakten gekommen, in denen Ollenhauer, wie er an Katz berichtete, »ein außerordentlich starkes Verlangen nach einer gewissen Zusammenarbeit« spürte. Nach zwei gemeinsamen Besprechungen wurde schon am 8. März das vereinbarte Kartell auf den Namen »Union deutscher sozialistischer Organisationen in Großbritannien« getauft und Hans Vogel zu ihrem Vorsitzenden gewählt. Es war die stillschweigende Anerkenntnis seiner Anciennität; Vogel war Reichstagsabgeordneter gewesen und ranghöchster Funktionär der Bewegung.

Acht Jahre währendem Emigrationsstreit war ein abruptes Ende gesetzt, als am 19. März 1941 eine gemeinsame, auf dem antifaschistischen Grundkonsens beruhende Erklärung verabschiedet und die Gründung der Union nun offiziell und nach außen hin sichtbar besiegelt wurde. Ihre Leitung oblag dem Exekutivkomitee, dem neben dem Vorsitzenden je ein Gruppenvertreter angehörte: Ollenhauer für die SPD (auf den Namen Sopade verzichteten er und Vogel fortan), Erwin Schoettle für NB, Willi Eichler für den ISK und Paul Walter für die SAP. Beschlüsse konnten nur einstimmig gefaßt werden. Die Landesgruppe deutscher Gewerkschafter entsandte ihren Vorsitzenden Hans Gottfurcht als ständigen Vertreter in die Union. Kurz und knapp teilte Vogel noch am Gründungstag der Labour Party den Zusammenschluß mit. (9) Die Verkrampfungen zurückliegender Jahre waren verflogen, und Ollenhauer kommentierte nicht ohne Genugtuung: Die öffentlich ausgetragenen Auseinandersetzungen innerhalb der deutschen sozialistischen Emigration seien verschwunden und sachliche Meinungsverschiedenheiten würden sachlich diskutiert. Alles andere galt ihm nun als nicht mehr zeitgemäß. An die Stelle von Zank und Rechthaberei, wesentliche Kennzeichen von Exilpolitik, traten Offenheit, Verständigungsbereitschaft und der Wille, Solidarität auch anders zu erfahren als in der eigenen engen Gemeinschaft.

Erich Ollenhauer hat über die Gründe seines Sinneswandels nie geredet. Die Zusammenarbeit mit jenen Gruppen, die er noch in Paris im buchstäblichen Sinne des Wortes links liegen ließ, galt ihm nun als Wert an sich, war seinem Londoner Exil gleichsam vorgegeben. Das Erlebnis des französischen Zusammenbruchs und die Flucht, die Erschütterung all dessen, was ihm Halt gegeben und Selbstgewißheit verliehen hatte, nicht zuletzt der Zerfall der eigenen Gemeinschaft der Sopade, war auch an ihm, der stets so viel Ruhe ausgestrahlt und so viel Gelassenheit zur Schau getragen hatte, nicht spurlos vorübergegangen; vielleicht auch war das Trauma der sozialdemokratischen Parteispaltung im Ersten Weltkrieg wieder lebendig geworden. Nur er selbst und Hans Vogel hielten die Fahne des 33er Parteivorstandes noch hoch: Sollten sie sie etwa allein heimtragen wollen, sollten sie weiter auf die anderen als Splittergruppen herabschauen und selbst einen Vorherrschaftsanspruch behaupten, sollten sie weiter den Preis der Isolierung bezahlen, der nun vielleicht das politische Aus bedeuten würde?

Seit er Kriegsende und Heimkehr nahe wähnte, seit der Blick in die Zukunft gerichtet war und er selbst zum erstenmal seit 1933 wieder die Zweckmäßigkeit seines Tuns deutlich vor Augen hatte – »nützlich« sollte jetzt eine seiner Lieblingsvokabeln werden –, brach sich auch der politische Gestaltungswille wieder Bahn. Und das hieß für einen deutschen Sozialdemokraten, gleich welcher Richtung er sich verbunden fühlte, zu Beginn des Jahres 1941: Kampf gegen das Hitler-Regime an der Seite der Alliierten und Vorbereitung eines »demokratischen«, möglichst erträglichen Friedens. In einer programmatischen Rede über die Aufgaben der Union hatte Ollenhauer ihr genau diese beiden Aufgaben zugewiesen. In der gemeinsamen Internierung durch die Engländer und der gemeinsamen Hilfeleistung durch die nicht betroffenen Löwenthal, Eichler und schließlich auch Sander waren sich die deutschen Sozialisten so unterschiedlicher Richtung nicht nur menschlich nähergekommen, sondern hatten erfahren, wie prekär ihre Lage als deutsche Flüchtlinge geworden war und wie sehr es darauf ankam, sich zunächst einmal als Deutsche zu behaupten. (10)

In ihrem Patriotismus standen sie alle sich in nichts nach, gleichviel, ob sie ihre vorübergehende Heimat nun in der SAP, im ISK oder bei NB – diese Gruppe zog den besonderen Haß des Lord Vansittart auf sich – gefunden oder ob sie den alten PV repräsentiert und ihm die Treue gewahrt hatten. (Immer wieder berichtete Ollenhauer den neuen Partnern über das Treiben von Geyer, Loeb und vor allem Huysmans; daß Erich Ollenhauer in der Runde gegen die Vansittartisten so kühl und überlegt reagierte, hatte auch in der solidarischen Reaktion der Genossen aus der Union eine Ursache.) In der Abwehr jedweder Zukunftsverweigerung für Deutschland lag jener Grund, auf dem sich die vier Gruppen und die Gewerkschafter mehr und mehr zusammenfanden und nun nicht, wie ursprünglich gedacht, ihren Beitrag zu Krieg und Friedensschluß berieten, sondern, auf sich selbst zurückgeworfen, diskutierten, wie sie das kommende Deutschland gestalten wollten. Als wesentliches Element für den Wiederaufbau des Landes erschien die Wiederherstellung der Partei. Ohne sie war das kommende Deutschland nicht denkbar, und ihr wandte sich die Union nun vor allem zu.

Ollenhauer hat sich Friedrich Stampfer und Rudolf Katz gegenüber, die beide Verrat an der Sache sozialdemokratischer Legitimität witterten, damit herausgeredet, daß die Labour Party den Zusammenschluß der Gruppen gewünscht habe, daß sie keine andere Wahl gehabt hätten und außerdem keine Verpflichtungen eingegangen seien. Auch wenn Gillies einen entsprechenden Wunsch vorgetragen haben sollte, was möglich ist, so war es doch eine taktische Schutzbehauptung, wenn Ollenhauer sich hinter der Labour Party versteckte. Er wußte, daß öffentlich geführte Attacken aus den eigenen Reihen oder von jenseits des Atlantik, zumal wenn sie prinzipielle Fragen wie Räteverfassung und Parlamentarismus oder die vom ISK immer noch befürwortete Führerauslese berührten, Schaden anrichten würden. Warum sich also darauf einlassen? Er baute stillschweigend darauf, daß sich linkssozialistische Positionen unter dem Druck der Ereignisse um und in Deutschland weiter abschleifen würden.

Dem Bemühen, die eigene Gefolgschaft nicht zu überfordern, entsprang auch seine Versicherung, das englische Beispiel der Union wolle er nicht auf andere Länder übertragen wissen. Den Freunden in Amerika war Zurückhaltung auch deshalb angezeigt, weil von ihnen Geld erhofft wurde; außerdem war es Ollenhauers Sache nie, irgendjemanden ohne Not vor den Kopf zu stoßen, so enge Weggefährten schon gar nicht. Dennoch gestattete er sich ein deutliches Wort an die Adresse Friedrich Stampfers: In Lissabon war er es nämlich gewesen, der den PV offiziell hatte für aufgelöst erklärt wissen wollen. Ollenhauer erinnerte ihn nun daran und gab seiner Freude Ausdruck, daß er heute das Mandat mit ›heiligem Ernst‹ verteidige: »Wenn wir 1940

– ich glaube, es war vor Ihrer Abreise nach New York – Ihrem Drängen nachgegeben hätten, den Parteivorstand unter den veränderten Verhältnissen als aufgelöst zu betrachten, so wäre heute nichts mehr von diesem Mandat zu verteidigen, und wir könnten nur als einzelne Sozialdemokraten unsere privaten Ansichten vertreten.« Und das genau wollte Ollenhauer nicht. Er wollte eine Zukunft haben – für sein Land, für seine Partei und für sich! Eine Zukunft, deren Gestaltung er nicht einfach anderen oder dem Zufall überlassen, sondern die er mitgestalten wollte.

Den »dramatischen Szenenwechsel«, der mit Hitlers Überfall auf die Sowjetunion verbunden war und allenthalben mit großer Erleichterung aufgenommen wurde, kommentierten die »Sozialistischen Mitteilungen« mit äußerster Zurückhaltung, wenn nicht mit einer auch in dieser Situation kaum verhohlenen Sorge. Vom Tage des Überfalls an war die Angst vor einer künftigen, aus diesem Krieg erwachsenden russischen Vorherrschaft in Europa bei traditionellen Sozialdemokraten mächtiger als die Erleichterung darüber, daß Hitler-Deutschland nun einem mutmaßlich rascheren Ende entgegensehen würde. Während SAP und NB ihrer Genugtuung über die Heimkehr des verlorenen Sohnes der Arbeiterbewegung unverhüllt Ausdruck verliehen und daran die Hoffnung knüpften, der erste Arbeiterstaat werde den Stalinismus überwinden, zeigten sich Vogel und Ollenhauer bedrückt von der Vorstellung, einer der beiden Seiten könne »auf dem europäisch-asiatischen Festland« ein schneller Sieg beschieden sein und niemand würde ernstlich Widerstand leisten. Ihre Hoffnung war, daß sich beide Seiten in langen Schlachten erschöpften, denn »dann kann die Macht der britischen und amerikanischen Demokratie zum beherrschenden Faktor der politischen Neugestaltung der Welt werden«. (Der Wunschgedanke vom total erschöpften Rußland entpuppte sich als hartnäckig, noch nach dem Krieg führte er zu einer folgenreichen Fehleinschätzung der sowjetischen Politik durch die SPD.)

Schoettle und Paul Walter waren außer sich. Nicht nur, daß der Artikel ohne jede Rücksprache, gleichsam als fait accompli herausgebracht worden war, auch in der Sache mochten sie die Vorgabe der PV-Gruppe keinesfalls hinnehmen. Wenn es irgendeine gemeinsame Erklärung zum Krieg zwischen Deutschland und Rußland geben solle, dann, so forderten sie, müsse der Artikel zurückgezogen werden. Doch während Löwenthal endlich »Klare Fronten!« geschaffen sah, war Ollenhauers Weltbild gerade mit der Konstellation vor dem 22. Juni in Einklang gewesen: Das totalitäre Rußland an der Seite des totalitären Deutschland und beide gegen die miteinander verbündeten Demokratien Englands und Amerikas. Ollenhauer wollte seiner Überzeugung nicht abschwören, und er wollte wohl auch ein Zeichen setzen, ein Zeichen, daß seine Kompromißbereitschaft gegenüber den einstigen linkssozialistischen Gegnern einhergehe mit Kompromißlosigkeit gegenüber den Kommunisten und daß darüber nicht mit ihm zu reden sei. Um dennoch die Union nicht in Gefahr zu bringen, plädierte er dafür, angesichts augenblicklicher Schwierigkeiten auf eine gemeinsame Stellungnahme überhaupt zu verzichten. Doch so leicht wollten sich seine Partner nicht abfertigen lassen; sie verlangten, daß jede Gruppe einen neuen Entwurf erarbeite und Willi Eichler daraus eine gemeinsame Fassung erstelle.

Daß die Wahl auf Eichler fiel, war kein Zufall. Von seiner nichtmarxistischen Grundhaltung her war der ISK nicht nur in dieser Frage der natürliche Verbündete für Ollenhauer und Vogel; doch weil er sich in dem aktuellen Konflikt auf den Gesichtspunkt einer schnellstmöglichen militärischen Niederlage Hitler-Deutschlands beschränkte und auch den kapitalistischen Westmächten gegenüber kritisch blieb, wurde Eichler auch von den beiden Gruppen akzeptiert, die der Sowjetunion ohne Vorurteile zu begegnen meinten. In seinem Text enthielt sich Ollenhauer einer offen anti-sowjetischen Polemik; er würdigte nun die Bedeutung Rußlands für die militärische Entscheidung des Krieges, doch rückte er auch jetzt die »für den kommenden Frieden« entscheidenden Fragen in den Vordergrund – mit der Folge, daß eine Einigung prompt nicht zustande kam. Die SAP verlangte eine positive Würdigung der Oktoberrevolution, und schon darüber geriet man in Streit. Daß NB und SAP nun ihre eigenen Entwürfe einer wenn auch begrenzten Öffentlichkeit bekanntmachten, paßte Ollenhauer überhaupt nicht. Er erregte sich so sehr, daß Vogel ihn bremsen und die Gemüter beschwichtigen mußte: Ollenhauers Kritik sei nicht als Versuch zur Beschränkung der Meinungsfreiheit anzusehen! Der Kriegseintritt der Sowjetunion hatte seinen Blick in die Zukunft Deutschlands verdunkelt; unter einem anderen Blickwinkel konnte und mochte er den deutschen Überfall nicht betrachten.

»Wie wird es gehen«, fragte er am 1. August 1941 in mehreren ähnlich lautenden Briefen voller Sorge, zu einem Zeitpunkt also, da die Truppen Hitlers auf dem Vormarsch waren, »wenn die zu erwartende Besetzung Deutschlands nach dem Zusammenbruch neben den Truppen der Demokratien auch Sowjettruppen nach Deutschland bringen wird?« Sowjetische Besetzung hieß für ihn Bolschewisierung: »Eine Lösung, die wir als demokratische Sozialisten heute so wenig als früher akzeptieren könnten.« Die einzige Hoffnung, an die er sich klammerte, ruhte auf England und auf Amerika und darauf, daß sie eine demokratische Entwicklung ermöglichen würden. Man wird verstehen können, daß sich Ollenhauer durch die tatsächliche Entwicklung bei Kriegsende und nach 1945 bestätigt fühlte.

Der Konsolidierung der Union tat der Krach um den deutsch-russischen Krieg keinen Abbruch. Spätestens seit dem Hitler-Stalin-Pakt war die Bindung zwischen Linksgruppen und Sozialdemokratie um so vieles stärker geworden und die Begeisterung für das Erbe der Oktoberrevolution um so vieles geringer, daß niemand daran dachte, Ollenhauer vor die Alternative zu stellen und den Bruch zu riskieren. Darin lag die Stärke von Ollenhauers Position, und er nutzte sie, in der Frage des Verhältnisses zum kriegführenden Rußland ebenso wie in der Frage des Verhältnisses zu den deutschen Kommunisten, die nun die erwartete neue Offensive starteten. Daß sie jetzt Morgenluft witterten, hatte er beizeiten geahnt, doch daß die Kommunisten nun über die Einheitsfront hinaus die Sammlung der deutschen Hitler-Gegner, die bürgerlichen Kräfte bis weit nach rechts eingeschlossen, anstrebten, verblüffte einen Augenblick selbst ihn. Die intensiver werdenden Diskussionen in der Union und parallel dazu in den einzelnen Gruppen, die um die eigenen Vorstellungen von einem künftigen Deutschland kreisten und zu Ende des Jahres 1941 in der gemeinsamen Entschließung »Die deutschen Sozialisten und Gewerkschafter und die Überwindung der Nazidiktatur« mündeten, gaben ihm den nötigen Rückhalt, um in der Sache so hart zu bleiben wie eh und je, doch in der Form ein wenig beweglicher vorzugehen.

Daß in einem Augenblick, da die Bewunderung für die Widerstandskraft der Sowjetunion überall wuchs, seine taktische Situation nicht gerade leicht war, leugnete Ollenhauer nicht. Stampfer gestand er, sie stünden gegen große Teile der öffentlichen Meinung, die ihre berechtigte Bewunderung für die russische Armee und das russische Volk auch auf die deutschen Kommunisten übertrage. Selbst wenn er die Bewunderung für den russischen Kampf geteilt hätte, was er gelegentlichen Beteuerungen zum Trotz nicht tat, an seinem Urteil, daß die Kommunisten »nichts von ihren totalitären Prinzipien aufgegeben« und nur einige »Lippenbekenntnisse« mehr abgelegt hätten, hätte sich nichts geändert. Was hatte auch, so erregte er sich einmal, in einem Brief an einen nach Bolivien verschlagenen Freund, über die »Vertrauensseligkeit« der Leute, der Krieg der Sowjetunion gegen Hitler mit der Frage des Verhältnisses zwischen Sozialisten und Kommunisten zu tun! Und dennoch! Als sich Wilhelm Koenen und Heinz Schmidt, die beiden wichtigsten Londoner KPD-Vertreter, in einem Offenen Brief »An alle deutschen Antifaschisten in Großbritannien« wandten und die Union zu gemeinsamem Auftreten und gemeinsamem Kampf aufforderten, als die KP wieder einmal um eine Unterredung zwecks »Zusammenarbeit im Rahmen einer Einheitsvertretung« bat und sich Heinz Schmidt ungebeten der sogenannten Lidice-Erklärung sämtlicher nicht-kommunistischer Exilgruppen, einer Protestresolution gegen den Naziterror in den besetzten Ländern, anschloß und einen öffentlichen Punkt daraus machte, daß einzig die Kommunisten ausgeschlossen waren, erklärte sich Hans Vogel – das Einverständnis Ollenhauers kann vorausgesetzt werden – bereit, mit Koenen zu sprechen: Das Gespräch fand in den ersten Julitagen 1942 statt.

Daß NB und SAP in gewisser Hinsicht Pate gestanden haben, ist gewiß; beide wollten die Kommunisten von antifaschistischen Protesten und Kundgebungen nicht fernhalten und führten selbst, ohne daß sie ihre prinzipiellen Gegensätze berührt sahen, zumindest eine gemeinsame Veranstaltung durch; bei größerer Aktivität, so drohte Hans Vogel prompt, würde er sein Vorsitzenden-Amt niederlegen. Sein Bemühen, die Wogen stets rechtzeitig zu glätten, war dabei unverkennbar, und so war es für ihn und für Ollenhauer zu einer Frage der Opportunität geworden, gelegentlich einmal einen Brief zu beantworten oder gar ein Gespräch zu führen, in dem nichts zugesagt und nichts versprochen zu werden brauchte. Auch in dem Gespräch mit Koenen verschanzte sich Vogel sogleich hinter überkommenen Argumenten: Er wolle die prinzipiellen Gegensätze überwunden und eine Verständigung zwischen SAI und Komintern erzielt sehen, bevor er über ein gemeinsames Auftreten nach der Heimkehr mit sich reden lasse; daß die SAI allenfalls noch auf dem Papier existierte, schien ihn nicht zu stören. Immerhin wurde alsbald nach dem Treffen das Emergency Bureau for the Rescue of German Anti-Nazi-Refugees gegründet; hier leisteten Kommunisten und Sozialdemokraten stillschweigend – nichtöffentliche! – Arbeit zum Wohle einiger derer, die noch in Frankreich festsaßen; als Honorary Adviser fungierte Fritz Heine.

Es sollte der einzige Fall dieser Art bleiben. Als die Kommunisten eine gemeinsame Initiative für in Castres festgehaltene und von der Auslieferung bedrohte Kommunisten, darunter Franz Dahlem, verlangten, und als sie ehemalige Abgeordnete zusammenbringen wollten, die einen Aufruf gegen Judenverfolgungen erließen, lehnten die Sozialdemokraten ab. Um den geringsten Zweifel an ihrer fortdauernden antikommunistischen Tradition auszuschließen, verfaßte Fritz Heine im Sommer 42 ausführliche »Bemerkungen zur organisatorischen Seite des Problems der Einheit«. Werner Röder hielt daran für besonders bemerkenswert, daß der PV sich nicht mehr nur auf die prinzipiellen ideologischen Gegensätze zurückgezogen, sondern seine Haltung nun auch von der organisationspolitischen Seite her zu begründen versucht habe. Tatsache ist jedoch, daß schon in den zwanziger und frühen dreißiger Jahren, als Kommunisten noch weithin als Brüder galten, wenn auch als feindliche, die ablehnende Haltung der SPD gegenüber einem wie auch immer gearteten Bündnis in der »Technik« der Kommunisten ihre Ursache hatte. Wenn

An der Schreibmaschine, 1953.

Heine sich jetzt ausschließlich dieser Seite zuwandte, dann deshalb, weil die Kommunisten nun noch krasser als bisher originäre Ziele und Unterschiede zu Sozialdemokraten und bürgerlichen Demokraten aller Schattierungen zu verwischen suchten und dies in der gegenwärtigen Kriegssituation wirksamer zu gelingen drohte als in den Jahren zuvor. Heine ging es jetzt um den Nachweis, daß alle Versuche der Kommunisten, eine Einheits- oder Volksfront oder Gesamtvertretung der Emigration zu bilden, immer und überall mit der Absicht verbunden seien, ihre Partner zu »überlisten«; die Anführungszeichen kommen von Heine selbst, der gegen Ende seiner Analyse jene Bedingungen nannte, unter denen die KP eine vertrauensvolle und freundschaftliche Gemeinschaft mit den Sozialisten aller Richtungen, oder, wie er es auch ausdrückte, der erneuerten Sozialdemokratie, pflegen könnte: vom Ausland unabhängig und selbständig, auf den Alleinherrschaftsanspruch und die Vernichtung des Partners verzichtend. Doch wäre das noch die Kommunistische Partei gewesen? Die Fragwürdigkeit einer Trennung von Organisationspolitik und Ideologie hatte Heine mit der Nennung seiner Bedingungen selbst deutlich gemacht. Bemerkenswert sind seine »Bemerkungen« im übrigen auch durch das Attribut der Erneuerung, das er der künftigen Sozialdemokratie zumaß!

An irgendeine Änderung bei den Kommunisten glaubte der Kreis um Ollenhauer ohnehin nicht, und so waren sie auch nicht überrascht, als sie bald einen neuen Beweis für die Verwerflichkeit der Kommunisten entdecken zu müssen glaubten: die Gründung des Nationalkomitees Freies Deutschland. Wenn das in dem Komitee verwirklichte neue Bündnis zwischen den ›alten‹ und ›neuen‹ Feinden des Faschismus die Grundlage eines neuen Deutschland nach Hitler werde, dann, so Ollenhauers düstere Prophezeiung, werde für »eine freie demokratische und sozialistische Arbeiterbewegung in Deutschland kein Platz sein«. Die nationale Aufgabe, so antwortete er noch 1945 Wilhelm Koenen, werde nicht im Bunde mit Militaristen und Nationalisten gelöst, auch wenn sie neue Hitlergegner seien. »Das wirkliche nationale Interesse des kommenden Deutschlands erfordert nicht die Einheitsfront der ›Freien Deutschen‹, sondern die eindeutige und kompromißlose Kampfstellung und ständige Kampfbereitschaft der deutschen Demokraten gegen den deutschen Nationalismus.« Daß die Gründung des Moskauer Komitees und seines Londoner Ablegers, der Freien Deutschen Bewegung, im Sommer 1943, ihn dennoch belastete, hatte damit zu tun, daß sich einer seiner langjährigen Gefährten, Victor Schiff – eigenwillig und bisweilen querköpfig wie er war – von der Aussicht faszinieren ließ, im Bündnis mit der Sowjetunion die deutschen Grenzen von 1933 behaupten und die Reichseinheit wahren zu können. Ein Bündnis mit der KP, das er schon 1942 verfolgt hatte, galt ihm dabei als Mittel zum Zweck.

Für Erich Ollenhauer, der in den Kommunisten immer und überall »die absoluten Verfechter der russischen Außenpolitik« sah und von dieser nichts anderes als nackte Gewaltherrschaft erwartete, war Schiffs Gedankengang nicht nachvollziehbar. Sein Patriotismus hörte da auf, wo die Unterwerfung anfing. Jedes Zusammenspiel mit Moskau war ihm gleichbedeutend mit Unterwerfung, zumal ihm, wie er mehrfach formulierte, die Moskauer Politik nicht »von irgendwelchen weltanschaulichen Vorstellungen sozialistischer oder kommunistischer Färbung« bestimmt war, sondern stets »von den nationalen und außenpolitischen Interessen Rußlands«. In Gesprächen mit KP-Abgesandten, an denen er diesmal zusammen mit Vogel teilnahm, hatte Ollenhauer jede Möglichkeit einer sozialdemokratischen Teilnahme an der Freien Deutschen Bewegung ausgeschlossen; die Voraussetzungen für eine organisatorische Zusammenarbeit seien nicht gegeben, lautete seine Begründung. Die linkssozialistischen Gruppen, um die sich die Kommunisten auch bemüht hatten, standen dem schwarz-weiß-roten Unternehmen mindestens so ablehnend gegenüber wie Ollenhauer. Nur Victor Schiff bestand nun auf einer Teilnahme an der Gründungsversammlung am 25. September 1943. Als er erkennen mußte, daß sich die SPD entzog und nicht einmal einen Beobachter schickte, legte Schiff sein Mandat im sogenannten London-Ausschuß der SPD nieder; der London-Ausschuß war das Leitungsgremium – Vorsitz: Willi Sander – der in der London-Gruppe zusammengeschlossenen Sozialdemokraten.

Gemeinsam mit einigen sozialdemokratischen Gesinnungsfreunden engagierte sich Schiff fortan, freilich nicht lange, in der Freien Deutschen Bewegung. Erich Ollenhauer warf er eine »überflüssige Zuspitzung« des Konflikts vor; als beide im Juli 43 vor der London-Gruppe gemeinsam aufgetreten waren, hatte Ollenhauer in seiner Rede nicht nur Sowjetstern und Hakenkreuz gleichgesetzt, sondern auch den Widerstand der russischen Bevölkerung gegen den Aggressor auf eine Stufe gestellt mit der Gefolgschaft der Deutschen für Hitler. Wie Stalin sage auch Hitler seinem Volk, daß es um Sieg oder Untergang gehe! Und außerdem, so hatte er noch hinzugefügt, wären die Russen ohne das Bündnis mit den Engländern längst verloren! Als 1944 der polnisch-russische Gebietstausch auf deutsche Kosten ruchbar wurde und sich die deutschen Kommunisten in der Freien Deutschen Bewegung nicht distanzierten, gar von gerechtfertigten Schutzmaßnahmen der slawischen Völker gegen das mit dem Hitlerfaschismus verbündete deutsche Volk sprachen, verließ Victor Schiff im Mai 1944 die Freie Deutsche Bewegung, desillusioniert und »geheilt«, wie Ollenhauer ein wenig spöttisch bemerkte. Er kehrte in den Schoß der SPD zurück, die ihn nicht ausgeschlossen hatte. Erich Ollenhauer fühlte sich schneller gerechtfertigt, als er selbst angenommen hatte. In dem Maße, wie die Sowjetunion in Osteuropa vorrückte und sich ihre Entschlossenheit herausstellte, Varianten ihres Einparteiensystems auch anderen Ländern aufzuerlegen, verschwanden zugleich die letzten ›Meinungsverschiedenheiten‹ in dieser Frage zwischen Ollenhauer und seinen Partnern in der Union. »Für die letzte Zeit«, so resümiert Richard Löwenthal, »ist es völlig richtig, daß die ganze Sozialdemokratie im Exil eine Stellungnahme der Vorbereitung des Widerstands gegen die sowjetische Gleichschaltung eingenommen hat.«

Tatsächlich waren die Meinungsverschiedenheiten längst unerheblich geworden. Daß die Dinge im Fluß waren und ihre Entscheidung von Faktoren abhing, die stärker waren als sie, war allen in der Union, nicht nur Ollenhauer, zur bedrückenden Erfahrung geworden. Wo also lag ihre Aufgabe noch? Vieles werde von den Alliierten abhängen, schrieb Ollenhauer an Ernst Paul, doch wie immer sich die Dinge entwickelten, notwendig sei, »daß wir wissen, was wir wollen«;

»nützlich« seien die Diskussionen auf alle Fälle. Fast allen seinen in so viele Länder verstreuten Freunden erläuterte er sein Tun damit, daß es »nützlich« sei, »wenn wir uns bemühen, unsere Vorstellungen über die Aufgaben zu klären, die nach dem Krieg vor uns liegen werden, oder die wir zu lösen wünschen. Es wird dabei viel leeres Stroh gedroschen, aber das ist in jeder Emigration so.« Auf der anderen Seite sei schon die Tatsache ein Gewinn, daß man die Menschen zwinge, ihre Vorstellungen und Wünsche zu konkretisieren, damit das allgemeine Geschwafel überwunden werde. Hier war politischer Selbsterhaltungstrieb im Spiel; wenn man auch mittlerweile wußte, daß selbst nichts zu entscheiden sein würde, so konnte das unmöglich heißen, nur abzuwarten. Es wäre politischer Selbstaufgabe gleichgekommen. Außerdem herrschte die Gewißheit vor, im entscheidenden Augenblick gebraucht zu werden. Und dafür galt es gerüstet zu sein.

So rief die Union mitten in der Phase der beginnenden kommunistischen Umarmungsoffensive, im Sommer 42, ihre Mitglieder zusammen, um die Vorstellungen über die Zukunft Deutschlands zu diskutieren und damit auch über die Schaffung einer einheitlichen demokratischen und sozialistischen Partei. Sie allein lag schon jetzt im Bereich nicht nur des Vorstellbaren und des Beeinflußbaren, sondern der eigenen Verantwortung. Daß die politische Einheit der demokratischen Arbeiterbewegung notwendig sein würde, galt allen Beteiligten als Voraussetzung jeder weiteren Diskussion über die Zukunft Deutschlands. Es ging nicht mehr um das Ob, sondern nur noch um das Wie. Nachdem Willi Eichler am 14. Oktober 1942 über »Zukünftige Formen und Möglichkeiten der deutschen Arbeiterbewegung« gesprochen und dabei noch einmal für die Elitetheorie des ISK, eine höchstens hunderttausend Mitglieder umfassende Partei, die die Entwicklung schneller vorantreiben könne als eine Massenorganisation, geworben hatte, beschloß die Führung der Union, daß »zur Fortführung der Diskussion über die Möglichkeiten und die Aufgaben einer sozialistischen Einheitspartei« erneut die Mitglieder zusammenkommen sollten; als »Berichterstatter« wurde ohne Widerspruch Erich Ollenhauer benannt. Es war das Zeichen nicht nur des Gewichts der alten SPD innerhalb der Union, sondern auch des Respekts vor Erich Ollenhauer, dem durch unermüdlichen Fleiß und durch den unbedingten Willen, die Union, von ihm liebevoll »unser Diskussionsverein« genannt, an ihr Ziel zu führen, Autorität zugewachsen war. Seiner Aufgabe nahm Ollenhauer sich mit Geschick und Gewandtheit und großer Hingabe an; die vier Gruppen mit ihrem so unterschiedlichen Hintergrund zusammenzubringen, war ihm Herzenssache geworden.

Mit seiner Rede über »Möglichkeiten und Aufgaben einer geeinten sozialistischen Partei in Deutschland« bescherte Ollenhauer der Union die Plattform, zu der alle Ja sagen konnten, ohne daß er selbst eine seiner wesentlichen Überzeugungen angetastet hätte: Grundrechte und Rechtsstaat, parlamentarisches Regierungssystem, innerparteiliche Demokratie. Sein Publikum – zu dem die sozialdemokratische Emigration in aller Welt zählte, der er die Nachschrift der Rede zuschickte – beeindruckte er nicht so sehr durch seine Charakteristik der Kommunisten oder durch sein engagiertes Bekenntnis zu einem Eingriff in die Besitzverhältnisse, das sich allen von selbst verstand. Neue Akzente setzte Ollenhauer im Hinblick auf die Funktionsfähigkeit der Demokratie; alte Weimarer und neue englische Erfahrungen standen Pate. Er skizzierte eine Sperrklausel, damit Splitterparteien aus dem Parlament ferngehalten würden; ein konstruktives Mißtrauensvotum, ohne den Ausdruck zu benutzen, aber doch den Sachverhalt unmißverständlich beschreibend; ein Mehrheitswahlrecht; und er forderte, daß die neue Demokratie Härte gegen ihre Feinde zeige, also wehrhaft sei.

»Wesen und Form der neuen Partei« umreißend, ließ er die quälenden Debatten, die die sozialistischen Emigrationsgruppen während des zurückliegenden Jahrzehnts geführt hatten, hinter sich und wies den Weg in die Zukunft der neuen Partei: »Es liegt im Wesen einer demokratischen und freiheitlich orientierten sozialistischen Partei, daß sie ständig danach streben muß, immer neue Schichten der Bevölkerung für ihre Ansichten und Aufgaben zu gewinnen und sie von der Richtigkeit ihrer Vorstellungen und Zielsetzungen zu überzeugen . . . Die neue Partei muß bereit sein, ohne doktrinäre Enge, die Führung dieser Kräfte im Volke zu übernehmen und sich zum Zentrum des Kampfes für eine gerechte und soziale Ordnung für alle Volksschichten zu entwickeln. Sie kann es nur werden, wenn sie gegenüber weltanschaulichen, religiösen oder anderen philosophischen Motivierungen einer fortschrittlichen sozialen Einstellung des einzelnen tolerant ist.« (Kurt Schumacher hat den gleichen Sachverhalt zwar plastischer ausgedrückt, die weltanschauliche Offenheit der SPD hat er dennoch nicht als erster proklamiert!) Erich Ollenhauer hat in seiner Rede im Dezember 1942 und auch bei vielen anderen Gelegenheiten in London immer wieder von der »neuen Partei« gesprochen und davon, daß ihr Name keine Rolle spiele. Koketterie war gewiß nicht im Spiel, wenn er in einer kleinen Schrift »Die politische Arbeiterbewegung in Deutschland« am Jahresende 1943 feststellte: »Vieles spricht dafür, daß die alte demokratisch-sozialistische Zielsetzung der Partei unter dem Druck und den Erfahrungen der Diktatur neues Leben und neue Anziehungskraft erhalten hat, aber wenn sich in dieser wiedererstehenden sozialdemokratischen

Partei alle früheren Gruppierungen der demokratisch-sozialistischen Bewegung in einer Partei vereinigen, ist es möglich, daß die neue Bewegung den Beginn des neuen Abschnitts ihrer Geschichte auch in einer Änderung des alten Namens dokumentieren will.«

Wollte er auf diese Weise den linkssozialistischen Gruppen die Aufgabe ihrer Eigenständigkeit leichter machen? Oder hatte er sich, nachdem so vieles zusammengebrochen war, klargemacht, daß keiner dort wieder anfangen könne, wo er 1933 aufgehört hatte? Er selbst schrieb davon und auch davon, daß es um die Ideen und um die Sache gehe und nicht um die Partei als solche. »Die Vitalität der Partei«, äußerte er nun mehr als einmal, »hängt in hohem Maße davon ab, daß in einer so tiefgehenden geistigen und politischen Umwälzung politische Auffassungen und Gruppierungen ebenfalls tatsächlichen Veränderungen unterworfen sind.« Und dennoch! Für Erich Ollenhauer, dessen Leben auf so außerordentliche Weise mit der alten SPD verwoben war, hatten diese drei Buchstaben immer viel mehr bedeutet als nur einen Namen. So mußte seine Bereitschaft, diesen Namen abzulegen, fast rätselhaft anmuten; sie stand in krassem Widerspruch auch zu jenem so viel vertrauter wirkenden Bild, das Stampfer anläßlich seines Besuchs in London gewonnen hatte und das er in seinen Erinnerungen wiedergibt: »Erich Ollenhauer zieht an seiner Pfeife, sagt gemächlich: ›Das ist doch kein Problem. Wenn der Krieg vorbei ist, ist jede Ortsgruppe sofort wieder da.‹ «

Auch daß er bald die Ereignisse in Italien erörterte, die ihm eine erstaunliche Lebenskraft der alten Parteiideen bewiesen, deutet darauf hin, daß sein Glaube an seine SPD ungebrochen war. Selbst eine so gerade und so gradlinige Persönlichkeit wie die Erich Ollenhauers war in sich widerspruchsvoller und, wenn man so will, anspruchsvoller, als ein rascher Blick auf seine Lebensgeschichte ahnen ließe.

Friedrich Stampfer jedenfalls dachte, als er Ollenhauers Rede über die geeinte sozialistische Partei las, nicht mehr an den Eindruck, den er selbst in London gewonnen hatte. Er und Katz waren empört und nahezu außer sich, gewiß auch unter dem Eindruck der ganz anderen Verhältnisse in Amerika, wo laut Stampfer »schon ein Sozialdemokrat ein scheel angesehener Minderheitsvertreter, ein des Kommunismus oder der Kommunistenfreundschaft Verdächtigter, eine nahezu unmögliche Figur ist«. Beide bekundeten ihren »schärfsten Meinungsgegensatz«, bestritten Ollenhauer und Vogel das Recht, so zu handeln, wie sie handelten; es sei das Gegenteil von dem, wozu sie seinerzeit ins Ausland geschickt worden seien. Ihre Erregung gipfelte in dem Vorwurf: »Ihr habt Euch ganz einfach von Herrn Löwenthal übers Ohr hauen lassen.«

Die beiden Gescholtenen aber ließen sich diesmal noch weniger gefallen als bei der Gründung der Union. Sie waren froh, auch stolz, daß das Wagnis der Union geglückt und daß ihnen endlich beschieden war, was es in der Emigration gemeinhin nicht gibt: ein politisches Erfolgserlebnis. Stampfer sei mit ihrer Argumentation nicht einverstanden und sie nicht mit Stampfers, stellte Ollenhauer kühl fest. Und was den Herrn Löwenthal betreffe, so beschränke sich ihr Verhältnis darauf, daß sie ihn gelegentlich bei Veranstaltungen sähen und sich dann gegenseitig einen hübschen ›Guten Tag‹ sagten. Mit zuvor nie gekanntem Selbstbewußtsein fügte Hans Vogel an die Adresse Friedrich Stampfers hinzu: »Ihr weiteres Argument, das förmlich nach Furcht riecht, daß den alten Sozialdemokraten, wenn sie hübsch artig sind, in einer neuen Partei der Exkommunisten ein Ausgedinge eingeräumt werden dürfte? Das heißt doch, jeden Glauben an die eigene Kraft und die der alten Freunde preisgeben.«

Vogel und Ollenhauer hatten noch einen weiteren Trumpf in der Hand: Fritz Tarnow. Der gestandene, jeder Linksabweichung unverdächtige Gewerkschaftsführer wirkte in Stockholm in gleichem Sinne wie die beiden Londoner. Er könne sich nicht denken, ließ Vogel Stampfer wissen, daß ein so gescheiter und kluger Mensch wie Fritz Tarnow etwas unternehme, was gegen die Auffassungen der Freunde im Reich verstoßen könnte. Vogel spielte darauf an, daß die illegalen Verbindungen von Stockholm ins Reich immer noch – oder genauer: wieder – gut seien und Tarnow also über die Stimmung ›drinnen‹ Bescheid wisse; Stampfer hatte die Union besonders für ihre Eigenmächtigkeit gegenüber den Genossen im Reich kritisiert. Auch Ollenhauer verzichtete nicht auf den Hinweis, daß sich unter Führung von Tarnow und unabhängig von ihnen in Schweden eine ähnliche Arbeitsgemeinschaft entwickelt habe wie in London: »Als Resultat der dortigen gemeinsamen Aussprachen – vor allem mit SAP-Genossen – hat uns Tarnow den Entwurf einer gemeinsamen Programmgrundlage der sozialistischen Gruppen geschickt.«

Tarnows »Gedanken zur Bildung einer sozialistisch-demokratischen Einheits-Partei im neuen Deutschland« und sein »Entwurf einer öffentlichen Erklärung nach der Einigung der demokratisch-sozialistischen Gruppen in der Emigration«, die er im Oktober 42 erstellt hatte und die mit wesentlichen Elementen von Ollenhauers Dezember-Rede übereinstimmten, hatte Vogel unter dem Datum des 8. Dezember, also nur zwei Tage nach der Mitgliederversammlung der Union, an die Gruppen verschickt. Die Denkschrift Tarnows war ein vorweggenommenes Ergebnis der Diskussionen jener »Internationalen Gruppe demokratischer Sozialisten« aus vierzehn Ländern, die als »Kleine Internationale« bekannt werden sollte und deren Vorsitzender – neben einem Schweden – kein anderer als Ernst Paul war. Die »Friedensziele demokratischer Sozialisten«, auf die sich die Gruppe im Frühjahr 1943 verständigte, waren ebenso wie die Verlautbarungen der Union, besonders ihrer Internationalen Entschließung vom Oktober 1943, von der Hoffnung durchzogen, daß die sozialistische Idee den Wiederaufbau Europas prägen und daß das deutsche Volk selbst seinen Weg werde bestimmen können.

Verblüffende Parallelen gab es bis in Einzelheiten hinein, mit einer Ausnahme: Anders als Erich Ollenhauer hielt die Stockholmer Gruppe einen Bruch zwischen den angelsächsischen Mächten und der Sowjetunion für verhängnisvoll und die Gefahr eines Dritten Weltkrieges heraufbeschwörend. Zwar sprach sich auch die Union für ein System der kollektiven Sicherheit aus: »Es ist ein Lebensinteresse der deutschen und europäischen Demokraten und Sozialisten, daß der Frieden Europas durch die Zusammenarbeit der Britischen Völkergemeinschaft, der Sowjetunion und der Vereinigten Staaten von Amerika eine stabile Grundlage erhält.« Auch Ollenhauer wünschte sich ein System der kollektiven Sicherheit und hätte öffentlich nichts anderes bekundet. Doch daran geglaubt hat er damals nicht, weder an die Bereitschaft der Sowjetunion noch an die Möglichkeit, diese dazu zu bringen. Erich Ollenhauer mußte sich durch die Stockholmer Entwicklung hin zur demokratisch-sozialistischen Einheitspartei jedenfalls bestätigt fühlen; daß sein Freund Ernst Paul ein allseits geachteter und wohlgelittener Vorsitzender des internationalen Gegenstücks zu seiner Union war, vermittelte ihm ein Gefühl tiefer Genugtuung.

Um so bedrückender war für ihn, daß sich der engere Kreis der sozialdemokratischen Emigration in Schweden, die Landesgruppe deutscher Sozialdemokraten, zugleich auf dem Gebiet von Emigrantenkrächen hervortat. Emil Stahl schied Ende Februar 43, nach einer Serie von Zank und Streit, als PV-Vertreter für Schweden aus. Sein Nachfolger wurde Kurt Heinig, der mit Tarnow seit Berliner Zeiten in persönlicher Fehde lebte und von diesem als mißgünstig, eng und notorischer Querulant bezeichnet wurde. Tatsächlich wurde unter Heinig der Krach in der sozialdemokratischen Emigration noch lauter und die Lage noch unerquicklicher. Sie trieb den fernen Ollenhauer zur Verzweiflung. Er war »unglücklich« über die so »heillos verfahrene« Lage, für die er keine rationalen Gründe fand, über »eine seltene Mischung von Eigensinn, Überheblichkeit und politischer Unklarheit« und darüber, daß er nicht eingreifen konnte. Seinen Verdruß überspielte er mit Ironie; Freund Paul erinnerte er immer wieder an die schönen Tage von Prag und daran, daß sie ja selbst eine gewisse Übung in Emigrantenkrächen hätten, daß also Emigration gelernt sein müsse und man alles nicht so tragisch nehmen dürfe. Der gute Edgar (Hahnewald), der sich in den Stockholmer Streitereien hervortat, sei eben noch in dem jugendlichen Stadium, in dem sie sich 1934 und 1935 befunden hätten, als man sie habe mit dem Stuhlbein erschlagen wollen! Doch derlei Selbstironie rettete ihn nicht über die Zeit. Als Heinig daran ging, den Zusammenschluß der Gruppen in Stockholm zu hintertreiben, hörte auch für Ollenhauer aller Spaß auf. Zum erstenmal in der gesamten Emigration hatte eine Gruppe von linkssozialistischen Genossen, in diesem Fall aus der SAP (ISK und NB waren in Skandinavien nicht vertreten), Aufnahmeanträge in die SPD gestellt; ihr Vermächtnis an die künftige Einheitspartei war die Schrift »Zur Nachkriegspolitik der deutschen Sozialisten«, von der Helmut Müssener, herausragender Kenner des schwedischen Exils, schreibt, sie sei von Optimismus und dem Glauben an Deutschland bestimmt gewesen; auch hier sind die Parallelen zur Programmatik der Union erstaunlich.

Für Erich Ollenhauer war das Begehren der Stockholmer Genossen ein unerhörter Vorgang, bedeutete es doch einen entscheidenden Schritt, möglicherweise mit Signalwirkung, in Richtung Parteieinheit. Als eine indirekte Warnung an Erich Lindstaedt, politische Meinungsverschiedenheiten nicht länger mit organisatorischen Mitteln auszutragen, ebensowenig etwas fruchtete wie mehrere erläuternde Briefe an Heinig selbst, herrschte er diesen nun an: »So geht es nicht.« Ollenhauer tat nun etwas, was so gar nicht seine Art war und auch nicht werden sollte, er gab eine Anweisung: Grundsätzlich seien auch Emigranten in die Partei aufzunehmen, die am 30. Januar 1933 nicht Mitglied waren, sofern sie zwei Bürgen beibrächten; der PV mache von einem Einspruchsrecht keinen Gebrauch. Nun hatte Heinig besonders hartnäckig versucht, die Aufnahme eines SAPlers zu verhindern, den er vielleicht noch mehr aus persönlichen Ressentiments als aus politischen Gründen ablehnte: Willy Brandt. Ollenhauer mußte erkennen, daß damit die ganze Operation in Gefahr geriet, außerdem hatte er Brandt 1938 und 39 zweimal gesprochen; das vertrauensvolle Verhältnis, das sich mittlerweile zwischen Brandt und seinem Freund Paul entwickelt hatte – und das nach dem Krieg fortdauerte –, hätte ohnehin ausgereicht, um ihn von dem Widersinn des Heinigschen Manövers zu überzeugen.

So also kam es, daß Erich Ollenhauer am Jahresende 1944 ein Machtwort über die Wiederaufnahme Willy Brandts in die SPD sprach. Fremde Staatsangehörigkeit, so belehrte er Heinig, sei noch nie ein Hindernis für Mitgliedschaft in der deutschen Sozialdemokratie gewesen, sie könne es schon gar nicht sein, wenn »ein ausländischer Sozialist durch seine Vergangenheit in Deutschland und durch seine Verbundenheit mit der deutschen Arbeiterbewegung in der deutschen Partei die einzige politische Vertretung in der Emigration sieht«. Er könne also Mitglied »unserer Emigrationsgruppe« werden.

Ollenhauer meinte allerdings, Brandt müsse sich entscheiden, ob er seine politische Zukunft als Norweger oder als deutscher Sozialist sehen wolle.

Die Rede Erich Ollenhauers vom Dezember 1942, die Art, wie er sie gegen Kritik enger Weggefährten verteidigte und zur Grundlage des Fortgangs der Verhandlungen in der Union machte, stellten eine bedeutsame intellektuelle wie praktisch-politische Leistung dar und waren das Gesellenstück eines künftigen Parteivorsitzenden. Daß sein Plädoyer für die Volkspartei der Wirklichkeit ebenso weit vorauseilte wie seine, gemessen an der Tradition, umwälzende Forderung, in der künftigen Partei Bürokratie und politische Führung voneinander zu trennen, ändert daran nichts. Es entbehrt nicht der Ironie, daß beide Versprechen Ende der fünfziger Jahre gegen Ollenhauer eingeklagt wurden und ihn politisch überholten.

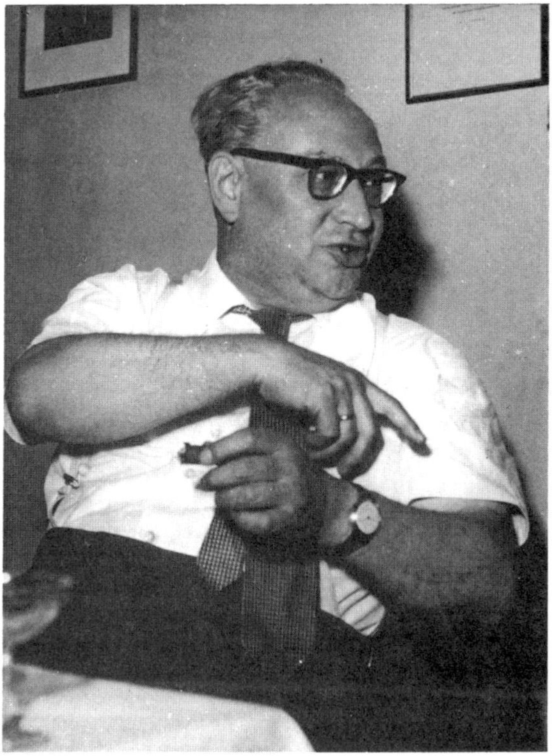

»Left United Kingdom for Germany 4/10/45« – der Kontrast zwischen dem nüchternen Stempel in seinem englischen Ausweis und den Empfindungen, die Ollenhauer auf seinem Weg zurück begleiteten, hätte nicht größer sein können. Aufnahme 1953.

»Komm zurück, wir brauchen Dich«

Spätestens seit in Teheran die Würfel für die Grenzen des künftigen Polen – und im Ansatz für die Teilung Europas – gefallen waren, wußte Ollenhauer Bescheid: In gleichem Maße, in dem sich die militärischen Aussichten der Alliierten verbesserten, sanken die Aussichten für ein kommendes freies und demokratisches Deutschland. Er wußte um die Priorität der Engländer, zunächst die Kriegskoalition aufrechtzuerhalten und erst dann den noch kaum erkannten machtpolitischen Ansprüchen des russischen Verbündeten entgegenzutreten, und er machte sich keine Illusionen mehr. (Er hielt dieses Dilemma übrigens mehr für eines der Labour Party als der Konservativen. Nach der Potsdamer Konferenz und Labours glänzendem Wahlsieg vom Sommer 45 klagte er, die Position der Labour-Regierung sei gegenüber den russischen Vorherrschaftsplänen auf dem Kontinent schwächer als die einer konservativen Regierung.) Von der Jahreswende 43/44 an stellte Ollenhauer sich auf die Gegebenheiten ein: weitgehende Annektionen im Osten, Bevölkerungstransfer, Zwangsarbeit für deutsche Arbeiter und Besetzung in voneinander getrennten Zonen.

Im Mai 44 ging er davon aus, daß vielleicht die Generäle des Moskauer Freiheitskomitees von den Russen zugelassen würden, nicht aber »wir Sozialdemokraten«. Fünf Monate später, im Oktober 44, schied er »das russisch besetzte Gebiet« nicht nur für sich, sondern für deutsche Sozialdemokraten überhaupt als Rückkehrmöglichkeit aus. Wenn er von ihnen immer wieder die »Anerkennung der neuen bitteren Realitäten« forderte, so wollte er damit auch ausgedrückt wissen, daß die russisch besetzte Zone kein Gegenstand für Planspiele sei, sondern sich leider selbst überlassen bleiben müsse. Folge einer tiefverwurzelten Angst vor den Russen, seiner Abscheu vor dem Bolschewismus und seines nicht sonderlich risikobereiten Temperaments war es, daß er sich von vornherein nicht auf jene Möglichkeiten einließ, die Österreicher und, auf andere Weise, Finnen bei Kriegsende zu nutzen wußten und die sich – wer wollte es wissen? – vielleicht auch noch in Deutschland bieten mochten.

Erich Ollenhauer also hatte sich vorweg mit den »Realitäten« abgefunden, und er machte in den letzten Kriegsjahren auch keine Ansprüche mehr an die westlichen Alliierten geltend. Der Grund dafür lag überwiegend in Deutschland selbst. Zehn lange Emigrationsjahre hatte er mit dem Glauben gelebt, das von Hitler geknechtete deutsche Volk und seine Arbeiterschaft würden sich eines Tages erheben und der nationalsozialistischen Herrschaft ein Ende bereiten, wenn nicht allein aus eigener Kraft, so doch im Gefolge militärischer Rückschläge. Auf diese Weise hatte er immer und immer wieder gegen die Vansittartisten argumentiert. Er selbst hatte für den Fall, daß die Geschichte es »anders« wollte und »die notwendige Reinigung von innen her« ausbliebe, die Zukunft sehr schwarz gesehen. Nun wendete sich das Kriegsglück endgültig, die Aussichten, daß »nur die Waffen der Alliierten entscheiden müssen«, verdichteten sich zur Gewißheit, und Erich Ollenhauer fand sich damit ab, daß die Geschichte es tatsächlich »anders« wollte; an seinem Volk aber wurde er auch jetzt nicht irre.

Mehr noch: Obwohl er wußte, daß es ohne die aktive Mitwirkung der demokratischen Kräfte im Lande noch unendlich viel schwerer würde, verlangte er, auch in diesem Punkte »von den gegebenen Tatsachen« auszugehen, »die Dinge« zu sehen, »wie sie sind«. Er verlangte es um der Zukunft Deutschlands willen. Skrupel, daß er jahrelang – ein ganzes Exil lang – an die Erhebung geglaubt und sie beschworen hatte und nun plötzlich von der »Tatsache« auszugehen forderte, es gebe keine Erhebung, kannte er nicht. Man mache sich eine nur ungenügende Vorstellung von den Bedingungen, unter denen »unsere Menschen« heute in Deutschland leben und arbeiten müßten, wußte er im Januar 1944. Ein Jahr später, im Februar 1945, schrieb er, die Tatsache, daß der Terror so stark ist, werde oft nicht genügend gewertet, weil man sich in demokratischen Ländern einfach keine Vorstellungen davon machen könne. Auch diejenigen, die durch einen ungeheuren Terror zum Schweigen verurteilt seien, hätten unter europäischen oder internationalen Sozialisten Anspruch auf Gerechtigkeit.

Die Entschuldigung, die er für sein Volk hatte und damit auch für seinen eigenen Sinneswandel, fand er durch die Ereignisse des 20. Juli bestätigt, jedenfalls nachdem er sich aller Vorstellungen von einer »Generalsrevolte« rasch hatte entledigen können. Der Rostocker Willi Jesse, den er aus den zwanziger Jahren gut kannte, war vom Kern der Verschwörer als Zivilkommissar für Mecklenburg-Pommern vorgesehen. Als die Gestapo ihn festnehmen wollte, gelang Jesse im August 1944 eine dramatische Flucht nach Schweden. (11) Aus seinen Berichten, die Tarnow nach London übermittelte, entnahm Ollenhauer erstens, daß jeder Versuch, sich zu erheben, in einer Welle des Terrors erstickt werde, und zweitens, daß die bewußte Opposition im zivilen Sektor auf einer breiteren Basis beruhe als angenommen. Man könne, so resümierte er Anfang 45 die Nachrichten, »ausgesprochen optimistisch sein hinsichtlich der Haltung unserer Genossen« und annehmen, daß sie trotz der langen räumlichen Trennung in den entscheidenden politischen Fragen der zukünftigen

Arbeiterbewegung mit ihnen, den Emigranten, keine prinzipiellen Meinungsverschiedenheiten haben dürften.

Der Wille, mit den Russen nichts zu tun zu haben, das Gefühl, aufgrund der ausbleibenden innerdeutschen Erhebung nichts verlangen zu können, seine Art, Gegebenheiten eher hinzunehmen als sich gegen sie aufzulehnen, und nicht zuletzt sein glühender Wunsch heimzukehren, gleichviel wie dunkel die Zukunft aussehen mochte, verbanden sich in Erich Ollenhauer mit dem nahezu missionarischen Bewußtsein, daß die Sozialdemokratische Partei niemals so gerechtfertigt sei wie in diesem Augenblick der tiefsten Erniedrigung seines Volkes. Es erfüllte ihn mit Stolz, daß sich die menschliche Bindung »unter uns Sozialisten« in dem vergangenen Jahrzehnt als viel stärker erwiesen habe als die trennenden Momente in den taktischen politischen Fragen. Lange bevor er seinen Fuß wieder auf deutschen Boden gesetzt hatte, war er überzeugt, daß dies in vielleicht noch stärkerem Maße unter den Menschen der Fall sei, die in Deutschland »bis zum heutigen Tag blieben, was sie waren«. In diesem inneren Zusammengehörigkeitsgefühl offenbarte sich ihm »die wirkliche Lebenskraft unserer Ideen«.

»Wir erleben jetzt die Genugtuung, daß die Ideen der Sozialdemokratie den stärksten Terror überlebt haben«, sagte er, der bald zwölf Jahre auf das gewartet hatte, was nun als »Gegenwartsaufgabe«, wenn auch unter nie geahnten Vorzeichen, vor ihm lag: Der Aufbau einer neuen lebensfähigen Demokratie, getragen von dem Willen sozial und demokratisch denkender und handelnder Menschen. »Das Instrument dieser Politik soll eine neue Sozialdemokratie sein.« Erich Ollenhauer hörte in diesen Monaten vor dem Kriegsende nicht auf, die »Kraft unserer Ideen« und den »unerschütterlichen Glauben an die Richtigkeit und die Größe unserer Ideale« ebenso zu beschwören wie den »unbeugsamen Willen zum Leben und zum Kampf«.

Auch in ihrer gleichsam offiziellen Erklärung zum Kriegsende in Europa verwiesen Vogel und Ollenhauer voller Stolz auf die harte Prüfung, die die Anhänger der Sozialdemokratie bestanden hätten; darin sei »eine neue Bestätigung der unzerstörbaren Lebenskraft unserer Ideen erhalten« – für »Frieden, Freiheit, Recht und Sozialismus«. Es gebe Emigranten, so sagte er einmal mißbilligend vor den Mitgliedern der Union, die alle ihre Wunschvorstellungen, die sie mit dem Gedanken der Rückkehr nach Deutschland verbunden hätten, zerbrechen sähen und resignierten, und er fügte hinzu: »Der einzelne kann so handeln. Die Bewegung kann es nicht.« Es war keine Frage, daß er sich auch und gerade in diesem Punkt mit »der Bewegung« eins fühlte. Ollenhauer, dem Resignation fremd war, erwartete von jedem Sozialdemokraten, daß er seinen Platz in der Bewegung im Lande sobald »als möglich« einnehme – um den Freunden und Genossen zu helfen, um gemeinsam mit ihnen den Versuch zu machen, eine vernünftige und lebenswerte Ordnung wiederaufzubauen, um ganz einfach »wieder anzufangen« und »neu zu beginnen«. Kein Brief und keine Rede in diesem letzten Kriegsjahr, in dem er dieses eine Thema nicht immer aufs neue variiert hätte! Nie zuvor hatte er die Bewegung so sehr verknüpft gesehen mit dem Schicksal des Landes wie gerade jetzt. Sie, die deutschen Sozialisten, seien wahrlich keine Kriegsschuldigen, aber sie würden die Last dieser Schuld zu tragen haben, weil sie zu diesem Volk gehörten!

Diese Last drückte ihn keineswegs nieder, im Gegenteil, die Aussicht auf den Wiederanfang und den Neubeginn beflügelte ihn ungemein. Er verbuchte es als »Gewinn« und nur als Gewinn, in England gelebt zu haben; jenseits aller Erschwernisse war er durch nichts und niemanden in seiner Bewunderung für Land und Volk der Engländer wankend geworden, und nun war er ganz einfach dankbar. Seine Berichte über die persönlichen Lebensumstände wurden fast übermütig. So bemerkte er, daß die deutsche Luftwaffe nicht gerade »mit Apfelsinen und Bananen gebombt« hätte, und Stampfer schilderte er die Lage in London auf diese Weise: »Hermann ist seit einem Monat in der Filmbranche tätig, nicht als Star, sondern als clerk. Er sorgt dafür, daß die Kinos im Lande mit den richtigen Plakaten versorgt werden. Hans (Vogel) beginnt nächste Woche mit dem Wiederaufbau, er wird seinen berühmten Vorderzahn gegen ein neues Gebiß eintauschen. Fritz (Heine) kämpft noch immer unentwegt für eine ›erhöhte Aktivität‹, er glaubt, daß sich auch aus Magermilch Butter machen läßt, wenn man nur genügend strampelt. Wisa (Sander) betreut die Londoner und englische Emigration, hält die Fahne (»S. M.«) hoch und schnorrt, wo er kann. Alles in allem das alte gute Gespann, das sich auch manchmal kracht, aber im ganzen auf der gleichen Linie liegt. Unsere Damen hüten die Häuser, sind ständig auf der Jagd nach pointfreien Einlagen im Speisezettel, meistens mit Erfolg, es ist in mancher Beziehung schon etwas leichter geworden. Statt mit Kreuzworträtsel beschäftigen sie sich mit dem unergründlichen Problem, wie man mit 24 Kleiderpoints die schwindenden Reste der alten Garderobe auffrischt.« Auch Martha fand, als die deutschen Bombardements nicht mehr soviel Angst und Schrekken verbreiteten, wieder zu sich und ihrer Lebensfreude. Sie wolle, schrieb sie an Gisl Paul, noch etwas von England sehen, bevor sie zurückgehe. Sie sei noch immer »der alte Vergnügungsdampfer«, wenn auch jetzt mit grauem Haar und Brille auf der Nase.

Erich Ollenhauer wäre sich selbst untreu geworden, wenn er bis zur tatsächlichen Rückkehr die Hände in den Schoß gelegt hätte. Vielmehr wollte er ein Höchstmaß an Vorbereitungen getroffen wissen, vor allem auf drei Gebieten:

1. Mit taktischem Geschick – hartnäckig in der Sache, zurückhaltend in der Form – bemühte sich Ollenhauer, die Jugend-Internationale wieder in Gang zu bringen und sie, bevor er sich selbst aus der Arbeit zurückziehen würde, auf den Weg der Wiedergründung zu führen. Vorläufiges Ergebnis seiner umfänglichen Korrespondenz war ein Rundschreiben vom August 1945, in dem er gemeinsam mit Torsten Nilsson die Verbände um Berichte, Benennung von Vertretern in einem provisorischen Komitee und Vorschläge für den Wiederaufbau bat. Er hoffe, schrieb er an Paul, seine fünfundzwanzigjährige Arbeit als internationaler Sekretär im nächsten Jahr mit der Gewißheit abschließen zu können, »daß es wieder eine SJI geben wird«.

2. Ollenhauer ließ nichts unversucht, so viele Kontakte als irgend möglich zu knüpfen, zunächst außerhalb, bald nach dem Kriegsende auch innerhalb Deutschlands. Ein besonders wichtiges Feld war ihm das befreite Frankreich – wegen der eigenen Hinterlassenschaften und weil hier 1940 mehr als hundert Genossen hängengeblieben waren und weil es von der zeitlichen Abfolge her die erste Chance bot, mit einem Teil des bisher besetzten Europa in Verbindung zu treten. Als Günter Markscheffel am 17. November 1944 – er hatte sich zuletzt in Savoyen versteckt gehalten und dort Anschluß an die Résistance gefunden – in Paris eintrudelte, erhielt er über Max Lippmann, den deutschen Sozialdemokraten, der amerikanischer Offizier geworden war, eine Order aus London: Er solle fortan für die Sozialdemokraten, die aus dem französischen Untergrund auftauchen würden, die Anlaufstelle sein, er solle ferner die Sozialistische Partei darin bestärken, dem deutschen Volk nicht kollektiv Schuld zuzuweisen, und er solle Geld beschaffen. (Markscheffel wendete sich, wie Ollenhauer es ihm vorgeschlagen hatte, ausgerechnet an die fast noch illegale Leitung des jüdisch-sozialistischen »Bund«, die nach mehrstündiger Beratung und ohne ein einziges Mal an Markscheffel das Wort zu richten, Geld bewilligte, nicht nur dieses einzige Mal!)

3. Schließlich lag es Ollenhauer am Herzen, die Union an ihr Ziel zu bringen und die Einigung der Gruppen zu vollenden. Die Beratungen über programmatische Richtlinien waren 1944 und 45 – je mehr es dem Ende zuging, desto ausgeprägter – harmonisch verlaufen und ohne Reibungsflächen; selbst die lange überfälligen, vielleicht am schwierigsten zu erarbeitenden Richtlinien für den Organisationsaufbau der künftigen Partei wurden im Einvernehmen beschlossen. In dem Augenblick, da sich im November 1945 alle Beteiligten auf eine Partei verständigten, wie sie Ollenhauer bereits im Dezember 42 skizziert hatte, war die organisatorische Einheit besiegelt und die

faktische Eingliederung von ISK und SAP – NB verstand sich längst als sozialdemokratische Richtung und hat sich sowenig aufgelöst, wie sie eine Gründung bekanntgegeben hatte – nur noch Formsache.

In den »Leitgedanken über den Aufbau und Politik der neuen Sozialdemokratischen Partei« wurde aber nicht nur die Einheit aller deutschen Sozialisten beschworen, sondern auch die »breite Volksbewegung«, die die neue Sozialdemokratie sein müsse, und gleichermaßen die innere Demokratie: In ihrem geistigen Leben und in ihren inneren Auseinandersetzungen sollte Toleranz geübt werden. Die »Programmatischen Richtlinien«, die – nebst dem inneren Aufbau der Partei – der Wirtschaftspolitik, der Staatsverfassung, dem Aufbau von Verwaltung und Justiz, der Kulturpolitik und dem Erziehungswesen galten und im wesentlichen das Werk von Ollenhauer, Eichler und Löwenthal waren, erschienen noch im November 1945. Einen Monat später, am 29. Dezember, wurde die »Vereinigung deutscher Sozialdemokraten in Großbritannien« mit einer Rede Erich Ollenhauers aus der Taufe gehoben; der Vorsitz fiel an Willi Sander, der selbst erst 1950 zurückkehrte. In einer offiziellen Mitteilung hieß es: »Erich Ollenhauer bezeichnete die organisatorische Einigung der deutschen Sozialisten in Großbritannien als die logische Folge der erfolgreichen Zusammenarbeit der ›Union‹ und der Vereinigung aller freiheitlich und demokratisch gesinnten Sozialisten in Deutschland in der dort wiedererstehenden Sozialdemokratischen Partei.« Erich Ollenhauer hatte allen Grund gehabt, die Arbeit an den »Programmatischen Richtlinien« der Union sowie deren schließliche Auflösung zu beschleunigen. Als er am Jahresende 1945 vor den sich neu zusammenfindenden Sozialdemokraten sprach, wußte er bereits, daß seine endgültige Heimkehr nur noch eine Frage von Wochen sein und in der »alt-neuen Partei«, wie man nun sagte, eine große Aufgabe auf ihn warten würde.

Zunächst auf dem Wege über den Berliner und den Moskauer Sender, die er abhörte, und bald auch über direkte Informationen wie das Berliner SPD-Organ »Das Volk« hatte Ollenhauer früh erfahren, daß das politische Leben jedenfalls in der alten Hauptstadt wieder in Gang gekommen war. Was er hörte, bestätigte ihn in seinen schlimmsten Erwartungen und beängstigte ihn: Unüberhörbar war der Wunsch der beteiligten Berliner Sozialdemokraten, die Spaltung der Arbeiterbewegung zu überwinden, und unübersehbar war das Interesse der sowjetischen Besatzungsmacht, sich bei den Deutschen in ein günstiges Licht zu rücken sowie den Parteien in ihrer Zone – der KPD freilich von Anfang an mehr als den anderen – gewisse Möglichkeiten der Entfaltung zu verschaffen. Am 10. Juni bereits war durch einen Befehl von Marschall Shukow die Bildung von vier politischen

Parteien ermöglicht worden, nur fünf Tage später hatte sich für die SPD ein »Zentralausschuß« an die früheren Mitglieder und die Öffentlichkeit gewandt, am 17. Juni war in einer Funktionärversammlung die Berliner Sozialdemokratie wieder zusammengekommen und der Zentralausschuß als Führungsorgan bestätigt worden.

In einer »Erklärung des Parteivorstandes« vom 11. Juli 1945 forderten daraufhin Ollenhauer und Vogel, die namentlich nicht hervortraten, mit Nachdruck »die Wiederherstellung der Organisation und Pressefreiheit für die demokratischen Kräfte des deutschen Volkes in allen Teilen des besetzten Deutschlands«. Der Vorstand der Sozialdemokratischen Partei Deutschlands, so die ausdrückliche Formulierung, hoffe, daß die Sozialdemokratie auch »in den übrigen Besatzungszonen« bald wieder ihre Tätigkeit aufnehmen könne; dabei müßten alle Parteien »im inneren Aufbau ihrer eigenen Organisation« frei sein. Wurde in dieser Form nur erst darauf angespielt, daß die in russischem Umfeld entstandene Sozialdemokratie nicht frei sei, und der Versuch der Selbstbehauptung scheitern müsse, bezweifelte Ollenhauer in seiner Korrespondenz offen, daß es sich um einen freien Entschluß der Berliner Sozialdemokratie handeln könne, wenn sie die Linie der Zusammenarbeit mit den Kommunisten verfolge; für ihn war sie allein »durch die Umstände« bestimmt. Vieles deutete darauf hin, daß ihm die in Deutschland gewachsene Sehnsucht nach »Einheit« teils nicht hinreichend bewußt war und daß er sie zum anderen Teil für politisch nicht hilfreich hielt.

Erich Brost gegenüber, der schon am 8. Juni hatte zurückkehren können und seither Berichte über das Leben in Deutschland schickte, in Hamburg auch seine Schwester Hilde aufspürte, hatte Ollenhauer am Tage, da namens des PV die Erklärung zur Wiederzulassung der Parteien herausgegeben wurde, die »Meldungen und Spekulationen über die Vorgänge in Berlin« mit dem Satz kommentiert, daß er die Konsequenzen »nicht weiter auseinanderzusetzen« brauche; zugleich enthüllte er seine große Sorge: Es sei möglich, daß die Berliner einen Anspruch »gegenüber auch uns« erheben. Ehe er sich selbst ein Bild hatte machen können oder auch nur in direkten brieflichen Kontakt mit den Genossen in Berlin getreten war, hatte er sich selbst angegriffen gefühlt, ohne daß er es war! Grotewohl, Fechner, Dahrendorf, die drei führenden Männer im Zentralausschuß, waren ihm und noch mehr Hans Vogel, der Grotewohl und auch Dahrendorf aus der Reichstagsfraktion kannte und Fechner aus der Parteiarbeit, ein Begriff; durch Kommunistenfreundlichkeit oder andere »linke« Abweichungen war keiner von ihnen je aufgefallen. Nichts deutet darauf hin, daß es persönliche Vorbehalte gegeben hätte. (12) Wenn Ollenhauer also seit Beginn ihres Hervortretens in Berlin Abwehr demonstrierte, so lag dem erstens die Einschätzung zugrunde, daß die

Sozialdemokratische Partei unter russischen Augen und mit Kommunisten zur Seite nicht lebensfähig sei (und eigentlich gar nicht hätte gegründet werden dürfen). Und zweitens war ihm der Gedanke unheimlich, den Berlinern gegenüber das Mandat von 1933 vertreten zu müssen; vielleicht beschlich ihn auch nur ein unbestimmtes Gefühl, diese würden keinen Grund sehen, das Mandat der Londoner ausdrücklich anzuerkennen.

Was sich seit der Jahreswende 1943/44 abgezeichnet hatte, wurde Erich Ollenhauer in den Wochen nach Kriegsende zur Gewißheit: Nach Berlin würde er nicht zurückkehren und auch an keinen anderen Ort der sowjetisch besetzten Zone. Seine Wendung, »aus dem Innersten Afrikas« könne er eher etwas erfahren als von dort, zeigt neben vielem anderen die Haltung wachsamen Mißtrauens, die ihn erfaßt hatte und mit der er sich auch nicht zu verstellen brauchte. Die Lage in Berlin sei trostlos und die politische Bewegungsfreiheit weitgehend bestimmt durch den dominierenden Einfluß der Russen, schrieb er an Wilhelm Dittmann in der Schweiz, dabei weder Zweifel noch Zorn noch Trauer erkennbar aufkommen lassend. Als ihn und Vogel die Aufforderung erreichte, nach der – um ein paar Tage vorgezogenen – Zulassung der KPD in Berlin beim Oberkommando der russischen Besatzungszone die Registrierung der SPD zu beantragen und jemanden vom PV zu bestimmen, »dem zwecks Aufbau der Partei die Einreisegenehmigung nach Berlin erteilt werden solle«, antwortete Hans Vogel in verblüffender Offenheit: Es hätte sie »in einige Verlegenheit« gebracht, wenn die Berliner Freunde selbst diese Rückkehr verlangt hätten und die Russen darauf eingegangen wären. »Oder würdest Du selbst«, hielt er dem in die USA emigrierten Albert Grzesinski, der das absonderliche Ansinnen gestellt hatte, entgegen, »ohne jede Bedenken in die russische Zone zurückgegangen sein, solange dort die Russen allein bestimmen und keinerlei Nachrichten nach außen gelangen konnten?«

Tatsächlich sollte Hans Vogel bald darauf einen schon vom 17. August datierten Brief Otto Grotewohls erhalten, den sogar Ollenhauer »sehr freundschaftlich« nannte. Grotewohl habe, so meldete er an Brost wie auch an Stampfer, die Hoffnung geäußert, daß sie bald am gemeinsamen Beratungstisch die strittigen Fragen klären und dann wieder »in alter Kameradschaft« zusammenarbeiten könnten. Doch Ollenhauer wollte sich auf nichts einlassen und kommentierte mit knapper Ironie: »Sie glauben an einen Erfolg ihrer Parteiarbeit.« Vogel selbst schrieb von »einem sehr vernünftigen Brief«. Namens des Zentralausschusses habe Grotewohl eine »ersprießliche Zusammenarbeit« angeboten und ihn zur baldigen Rückkehr aufgefordert! In seiner Antwort hielt er dennoch nicht nur auf Distanz, sondern auf mögliche Aufgabenteilung: Jeder müsse für seinen Teil versuchen,

»die Sozialdemokratische Partei als eine unabhängige und selbständige politische Organisation aufzubauen und sie zum Sammelpunkt und zum politischen Kampfinstrument für alle Menschen zu machen, die in dem freiheitlichen und demokratischen Sozialismus ihr politisches Ideal sehen«. Die Fragen der Mittel, der Taktik, Organisation und Führung sollten »einer Entscheidung durch eine Vertretertagung der Gesamtpartei unterworfen werden«. Vorerst sollte nach der Vorstellung der Londoner die ostzonale Sozialdemokratie selbst sehen, wie sie fertig würde.

Als in London die höfliche, aber bestimmte Abfuhr für Otto Grotewohl zu Papier gebracht wurde, war inzwischen ein Kontakt zu Teilen der westzonalen Sozialdemokratie zustande gekommen, und wenn es noch eines Anlasses für die brüske Verweigerung in Richtung Berlin bedurft hätte, so lag er in der tiefen Genugtuung, die beide, Vogel wie Ollenhauer, über die Nachrichten aus den westlichen Zonen des besetzten Deutschland empfanden. Hier schloß sich der Kreis ihres Exils. Es sei erstaunlich, resümierte Ollenhauer seine Eindrücke, wie wenig sich die Art und die Anschauungen der Menschen geändert hätten und »wie wenig zwischen dem Denken und Fühlen unserer Genossen im Lande und uns liegt . . . Sie warten, daß wir kommen.« Was hier noch beschwörend klang, wurde wenige Tage später, noch in den letzten Tagen des August 1945, Wirklichkeit: In London ging die Einladung zu einer westzonalen Parteikonferenz ein, die für den 5. bis 7. Oktober 1945 in Kloster Wennigsen bei Hannover angekündigt war und die der Einladende – Dr. Kurt Schumacher – als »Reichskonferenz« verstanden wissen wollte.

Schumacher, der sich an die SPD-Bezirke in den Westzonen wandte und mit der Einladung seine »Politischen Richtlinien« verschickte, umwarb den Londoner Rest des Exilvorstands mit den Worten: »Um zu ermöglichen, daß ideologische und organisatorische Fragen der Partei, die überall wieder aufblüht, aufeinander abgestimmt werden, ist es erforderlich, für den nicht russisch besetzten Teil Deutschlands eine nationale Konferenz abzuhalten.« Es mußte den Londonern wie Musik in den Ohren klingen, daß Schumacher »nichtrussisch« mit »national« gleichsetzte, daß er eine Konferenz der Westzonen als Reichskonferenz bezeichnete und daß er damit einverstanden war, daß das Mandat der Mitglieder des Parteivorstandes einem Parteitag zurückgegeben werde. Sogar gegenüber den sich gerade, wenn auch nur halblegal, formierenden Parteibezirken bekannte sich Schumacher zur Existenz und Wirksamkeit des Mandats von 1933, hinzufügend, daß es auf praktisch-politische Schritte ankomme, die der Lage angemessen seien. Wenn Schumacher mit dieser Einladung auch ausdrücklich den Wunsch nach Bundesgenossenschaft gegen den Zentralausschuß verbunden hätte, in London wäre kein Einwand erhoben worden. Jedenfalls wurden hier nun alle Hebel in Bewegung gesetzt, um eine Reiseerlaubnis zu bekommen, die schließlich erteilt wurde. Was es im Zusammenhang mit der Rückgabe des Mandats zu klären galt, war ohnehin längst in Angriff genommen worden.

Hans Vogel hatte sich schon am 16. März 1945 an die anderen exilierten Parteivorstandsmitglieder von 1933 gewandt: Marie Juchacz, Siegfried Aufhäuser, Paul Hertz, Erich Rinner, Wilhelm Sollmann, Friedrich Stampfer und Georg Dietrich, den es 1940 gleichfalls in die USA verschlagen hatte, sowie Emil Stahl in Schweden. Ziel des Vorstoßes war nach Vogels eigenen Worten »die Rekonstruktion des PV«. Marie Juchacz, Aufhäuser, Dietrich und Hertz lehnten ab, nicht weil sie neuen Streit vom Zaun brechen wollten, sondern weil sie meinten, die mechanische Neubildung des alten Parteivorstandes müsse mißverstanden werden. »Wir, die 12 Jahre im Ausland gelebt haben, können uns nicht auf ein Mandat berufen, das uns unter völlig anderen Umständen erteilt wurde.« Niemand habe im Jahr 1933 daran gedacht, ein Mandat für ein halbes Menschenalter zu erteilen, niemand habe erwartet, daß die Verbindung zwischen drinnen und draußen Jahre hindurch völlig abgeschnitten sein würde. Von den übrigen angeschriebenen Vorständlern antwortete Rinner überhaupt nicht mehr. Er hatte sich vollends von alter Heimat und Partei gelöst und wollte auch die menschlichen Bindungen nicht aufrechterhalten wissen; seit Jahr und Tag habe er von ihm nichts gehört, berichtete Ollenhauer fast verstört einem Freund. Aus Wilhelm Sollmann war inzwischen ein amerikanischer Staatsbürger mit Vornamen William geworden; er schickte statt der gewünschten Ermächtigung einen Zehn-Dollar-Scheck »als kleinen Beitrag zur Abtragung der großen Schuld«, die er gegenüber der SPD empfinde. In vierzig Jahren Mitgliedschaft habe ihm die SPD mehr gegeben, als er ihr jemals geben könnte, auch wenn er über Millionen Dollar verfügte! Mit Stahl standen die Londoner ständig in Verbindung, und mit Stampfer war das Unternehmen ohnehin brieflich abgesprochen worden.

Die ablehnende Antwort derer, auf die es angekommen wäre, konnte Vogel und Ollenhauer dennoch nicht schwankend machen. Wenn der Vorstand nicht rekonstruierbar war, das Mandat mußte zurückgegeben werden, und zwar in aller Form, in strikter Ordnungsmäßigkeit und »ohne weitere Vereinsspielerei«. Dafür war es letztlich nicht wichtig, wie viele ehemalige Vorstandsmitglieder sich noch mit ihm identifizieren mochten! In ihrer Erklärung zur Wiederzulassung der Parteien bekräftigten Vogel und Ollenhauer im Juli, daß bis zu einer Tagung der Gesamtpartei der Vorstand sich an sein Mandat der Treuhänderschaft gegenüber der Gesamtpartei gebunden fühle. Der

Vorstand – das waren eben immer noch sie beide, wer sonst? Aus diesen »Koordinierungsbemühungen« ist jedoch kein Anspruch auf die innerdeutsche Parteiführung herauszulesen. Sie waren vielmehr Ausdruck des Legalitätsdenkens wie des Strebens nach Anerkennung des zwölfjährigen Exils, das erst dadurch gerechtfertigt werden würde; sie änderten nichts an der ehrlichen Bereitschaft, sich einer innerdeutschen Führung – das Einverständnis mit deren politischem Kurs vorausgesetzt – unterzuordnen. Wie anders wäre die Freude zu verstehen, die Erich Ollenhauer über Schumachers Einladung empfand und aus der er so gar keinen Hehl machte? Es war die Freude darüber, daß nichts umsonst gewesen war! An Brost schrieb er: »Dr. Schumacher, der jetzt in Hannover ist, hat uns eingeladen, an einer Besprechung von Parteigenossen Anfang Oktober teilzunehmen. Sie wollen die Partei so schnell wie möglich wieder aufbauen, aber es soll alles wenn möglich im Einverständnis und in persönlichem Kontakt mit uns geschehen. Das ist jedenfalls eine sehr wichtige Tatsache.« Und Stampfer berichtete er unter dem Datum des 13. September, daß sie seit zwei Wochen Kontakt mit Dr. Kurt Schumacher hätten, der eine erste Konferenz von Parteivertretern für Anfang Oktober vorbereite. »Er hat uns dringend zur Teilnahme eingeladen, weil er Wert darauf legt, die ersten Schritte im Einvernehmen mit uns durchzuführen.«

Als Willi Eichler, der Mitte August mit alliierter Hilfe zu einer Deutschland-Reise aufgebrochen war, auch noch nach London meldete, daß er »von einer Emigranten-Hetze« nichts gemerkt habe, im Gegenteil, wurde Ollenhauers Vorfreude auf die Arbeit in der Heimat noch beflügelt. In einem Memorandum, das an Mitglieder und Funktionäre der Sozialdemokratischen Partei gerichtet war, brachte er sogleich die Londoner Vorstellungen über die künftige Partei zu Papier und knüpfte ein weiteres Glied in der Kette politischer Übereinstimmungen mit Schumacher; deren Anfang lag in dem beiderseitigen Willen, die Sozialdemokratie in den westlichen Besatzungszonen als eine in sich geschlossene Partei aufzubauen, so daß sie nicht nur gegen gefährliche Einwirkungen seitens der ostzonalen SPD gefeit sein, sondern vielmehr als Bollwerk gegen einen russisch-kommunistischen Zugriff, ja als Instrument sozialdemokratischer und nationaler Selbstbehauptung sich erweisen würde.

Kurt Schumacher, der dank einer übermenschlich anmutenden Willenskraft und infolge eines unbedingten, kaum ernsthaft bestrittenen Führungsanspruchs sowie mit ungewöhnlichem Charisma der wieder und neu erstehenden SPD sein Gepräge gab, hatte schon am 6. Mai, als er den Ortsverein Hannover begründete, unter Berufung auf Rußland und seine außenpolitischen Ziele ausgerufen: Sozialdemokraten müßten es ablehnen, »das autokratisch gehandhabte Instrument irgendeines fremden imperialen Interesses« zu werden. In den Sommermonaten bis hin zur Konferenz im Oktober wiederholte Schumacher den Satz in immer neuen Variationen. In seinen »Politischen Richtlinien« vom August enthüllte er die offensive Kehrseite seines Kurses sozialdemokratischer und zugleich nationaler Selbstbehauptung. Er verlangte »zwar nicht ein politisches Eingreifen der angelsächsischen Staaten« in der russischen Besatzungszone, die zu weit nach Westen gerückt sei, »wohl aber die moralische Intervention der Öffentlichkeit in den Ländern der europäisch-amerikanischen Kultur«.

Im Büro Dr. Schumacher, Hannover 1946. Während Schumacher, krank und gekennzeichnet, die zwölfjährige Leidenszeit verkörperte, stand Ollenhauer, »Schumachers Stellvertreter auf Erden«, als einziges Vorstandsmitglied von 1933 für Kontinuität und Legalität.

In keinem Augenblick dieser ersten Nachkriegsmonate und solange die Dinge noch im Fluß waren, also bis in den Dezember 1945 hinein, dachte Schumacher daran, ebensowenig wie Erich Ollenhauer in London je daran dachte, Verbindungen zu Grotewohl zu knüpfen, den Schumacher schon in der Reichstagsfraktion für einen Schwächling gehalten hatte und den er als ebenbürtigen Partner nicht akzeptierte. Er legte es auch nicht darauf an, was wahrscheinlich nicht schwer gewesen wäre, einen Mann seines Vertrauens in den Zentralausschuß zu schleusen. Otto Grotewohl war es nicht in die Wiege gelegt, zum Vollstrecker des russisch-kommunistischen Verschmelzungswunsches zu werden, und Anknüpfungspunkte hätte es zwischen Ost- und West-SPD genug gegeben. In seiner berühmten Rede vom 14. September hatte Grotewohl nicht nur seinem Willen nach baldiger Schaffung einer gesamtdeutschen SPD Ausdruck verliehen, er hatte die westlichen Genossen auch gemahnt, nicht »aus Mangel an zutreffenden und ausreichenden Informationen zu Beschlüssen« zu kommen, »die sich für die Zukunft hindernd und hemmend auswirken müßten«. Nur auf sich gestellt war ein Otto Grotewohl nicht fest, gewiß auch nicht willensstark genug, sich dem gewaltigen Druck, einschließlich der Verlockungen, zu widersetzen. Er gehörte zu den Menschen, die die Faust im Nacken spüren müssen, um Entscheidungen fällen zu können. Gustav Schmidt-Küster, der entschiedene Vereinigungsgegner in Magdeburg, in dessen Haus Grotewohl auf dem Rückweg von Wennigsen im Oktober Station machte, schildert ihn als labil und konziliant und läßt durchblicken, daß er dem »ungestümen« Schumacher nicht gewachsen gewesen sei; als »Verräter« mochte er ihn auch später nicht sehen. Vielleicht begünstigte ein Gefühl des Auf-sich-allein-gestellt-Seins, gar des Nicht-gewollt-Seins, wie es ihn nach Schumachers Konferenz von Wennigsen beschlichen haben mochte, die Willfährigkeit gegenüber den Russen, die ihn während der Sechziger-Konferenz, in der Nacht vom 20. auf den 21. Dezember 1945, nach Karlshorst brachten und – jedenfalls nicht nur mit viel Alkohol, sondern auch mit dem Anreiz einer für Deutschland vorteilhaften Perspektive – ›umdrehten‹.

Tatsächlich war erst von diesem Augenblick an nichts mehr offen und nahmen die Dinge ihren Lauf. Zunächst auf die Weise, daß eine Anzahl Berliner Sozialdemokraten, die die sofortige Vereinigung, zumal unter dem Zwang der östlichen Besatzungsmacht, nicht mitmachen wollten, den Kampf um ihre politische Unabhängigkeit aufnahmen. Sie waren nicht von Schumacher gelenkt, und Unterstützung erhielten sie lediglich von ein paar jüngeren alliierten Politoffizieren. Erst deren Berichte vermittelten an höherer Stelle eine Ahnung davon, was in der SBZ im einzelnen geschah und was sich in Berlin zusammenbraute. Ob es ein Zufall war, daß sich Schumacher erst am

8. Februar 1946 und *nachdem* sich in Berlin die Vereinigungsgegner formiert hatten, wieder mit Grotewohl traf und sich erst gegen Ende des Monats mit Hilfe der Engländer selbst nach Berlin begab, scheint sich nicht mehr klären zu lassen.

Gewiß hatten die Westmächte auch nach Kriegsende noch wenig Neigung, sich ausgerechnet der Deutschen wegen mit der Sowjetunion anzulegen. Aber hatten sie nicht bald noch weniger Neigung, sich um der Deutschen willen mit ihr zu verständigen? Und hätte dem, wenn überhaupt, nicht allein Druck der betroffenen Deutschen und ihrer Parteien nachhelfen beziehungsweise vorbeugen können, ja müssen? Es bleibt eine wichtige Frage, ob ein Kurs, der an der Einheit der eigenen Sozialdemokratischen Partei ausgerichtet gewesen wäre und den er – Schumacher – mit der ihm eigenen Kraft und Leidenschaft über die Westzonen hinaus verfolgt hätte, zu einem anderen Ergebnis als dem der Spaltung zunächst der eigenen Partei und dann »des Reiches« hätte führen können. Zwangsläufig wäre das allerdings nicht gewesen. Denn die Alternative lautete nicht nur: Sozialistisch-kommunistische Einheit mit der Konsequenz, zum Befehlsempfänger der sowjetischen Besatzungsmacht herabzusinken, oder aber Freiheit mit der Konsequenz, die deutschen Belange aus eigener Erkenntnis und freiem Willen unabhängig gestalten zu können. Die Alternative hätte vielmehr auch lauten können: Kampf um die Einheit der SPD mit der beabsichtigten Konsequenz, der Sowjetunion die Alleinherrschaft über den von ihr besetzten Teil unmöglich zu machen. Doch für Kurt Schumacher – so diese Variante der Betrachtung – gehörte der Teil Deutschlands, der unter sowjetischer Besatzung stand, ebensowenig zu dem Gebiet, in dem er Politik machen wollte, wie für Erich Ollenhauer. In ihrer Botschaft an die Konferenz, die in Wennigsen verlesen wurde, skizzierten die Londoner eine Politik, die Kurt Schumacher als neuerliche wichtige Bestätigung seines eigenen Kurses hatte empfinden müssen. Das Verhältnis zu den Kommunisten, so legten sie dar, könne nicht auf örtlicher oder bezirklicher Basis entschieden werden. Es seien lebenswichtige Fragen zu klären, und zwar »nur im Rahmen der Gesamtpartei zu einem späteren Zeitpunkt«.

Beide, Schumacher wie Ollenhauer, fühlten sich unter dem Druck, den westlichen Teil gegen die Russen behaupten zu müssen und nicht auch noch den östlichen erobern zu können. Und auch, wenn sie es vom Verstand her gewollt hätten: Beider antirussische und antikommunistische Berührungsangst (aktualisiert durch Vorgänge wie die der Gleichschaltung in Polen) war übermächtig und beider – sozialdemokratische! – Abneigung gegen so risikobeladene Operationen derart ausgeprägt, daß diese Alternative für sie erst gar keine war. Beide hielten sie ihren westlichen Teil für das Reale der Nation, und beide glaubten sie daran, daß die Russen gezwungen werden würden und könnten, sich aus Deutschland zu entfernen. Beide wußten damals nicht, wie sehr auch die Sowjetunion Weltmacht geworden war, wie wenig eilig es die Westmächte mit der Überwindung der Teilung Deutschlands haben würden und wie ernst eine um die Einheit Europas und die nationale Frage der Deutschen bemühte Politik den interessenmäßig stark einbezogenen russischen Faktor zu nehmen haben würde. Erich Ollenhauer sollte sich in späteren Jahren dessen bewußt werden.

Vor dem Hintergrund der Überzeugung, daß in einer russischen Zone die Eigenständigkeit der SPD nie zu behaupten sein würde, war es konsequent, der im kommunistischen Würgegriff zu ersticken drohenden Partei nicht zu helfen und den schwankenden Genossen nicht das Rückgrat zu stärken, sondern vielmehr die ostzonale Partei und ihre Führer auszugrenzen. Daß Schumacher auch seine eigene Machtposition in der Nachkriegs-SPD sichern, jedenfalls verhindern wollte, daß sie bei etwaiger personeller Verzahnung mit dem Berliner Zentralausschuß angetastet oder eingeschränkt würde, kann eine zusätzliche, nicht notwendigerweise bewußte Motivation gewesen sein, als er in Wennigsen Nägel mit Köpfen machte.

Schumacher, der seinen eigenen Begriff der »Reichskonferenz« hatte fallenlassen, um Erwartungen und Ansprüchen vorzubeugen, die den seinen konträr waren, hatte nicht umhin können, wenigstens die drei führenden Genossen aus Berlin – Grotewohl, Fechner, Dahrendorf – nach Wennigsen einzuladen. Als sie dort gegen Abend des ersten Verhandlungstages anlangten, wurde ihnen der Zutritt zum Saal im Calenberger Hof verwehrt; die halbe Nacht hindurch diskutierten sie mit den drei Londonern, Schumacher sahen sie nicht, er hatte seinen Vertrauten Kriedemann geschickt. An den Beratungen des zweiten Tages, bei etwas veränderter Konstellation, nahmen sie teil, und Grotewohl erhielt für seine Rede, in der er von Zweifeln an der Ehrlichkeit der demokratischen Orientierung der KP sprach, starken Beifall. Dennoch muß es im weiteren Verlauf zu heftigen Wortgefechten zwischen ihm und Schumacher gekommen sein. Beide wurden am Abend zusammengebracht, und sie verständigten sich jetzt auf jene drei Punkte, die als »taktische Meisterleistung« (Heine) oder »großen politischen Erfolg« (Nau) Schumachers zu werten, nur dann gerechtfertigt ist, wenn dessen Ausgangspunkt akzeptiert wird.

In der Tat hatte Schumacher, anders als Grotewohl, der eine provisorische Gesamtleitung der Partei anstrebte, erreicht, was er hatte erreichen wollen: Es wurde festgestellt, daß die organisatorische Einheit der Partei nicht gegeben sei und daß die Verantwortungsbereiche strikt voneinander zu trennen seien. »Bis zur Verwirklichung der Reichseinheit und damit der Parteieinheit« werde der Zentralausschuß in Berlin als die Führung der Sozialdemokratischen Partei in der östlichen Besatzungszone angesehen, der politische Beauftragte der drei westlichen Besatzungszonen sei der Gen. Dr. Schumacher, Hannover. Daß der Zusatz, engen Kontakt halten zu wollen, nicht sonderlich ernst gemeint war, erwiesen schon die folgenden Wochen. Auch die Formulierung, die Heine und Ollenhauer in ihrem Wennigsen-Bericht wählten, Berlin nämlich sei von der Konferenz lediglich »informiert« worden, zeigte an, wie wenig ernst der Zentralausschuß noch genommen werden sollte; daß sie die Vereinbarung von Wennigsen aus tiefster Überzeugung für gut befanden, wurde ausdrücklich erwähnt.

Mitten in den Bemühungen um die Reisevisa, die der treue Freund Philip Noel-Baker, mittlerweile Staatsminister im Foreign Office, schließlich besorgen konnte, hatte Hans Vogel am 21. September ins Krankenhaus gebracht werden müssen. Schon sehr krank hatte er, begleitet von Ollenhauer, seine letzte Besprechung mit Léon Blum geführt und dabei die Genugtuung erfahren, daß auch nach den schlimmen Jahren in Buchenwald dessen internationalistische Gesinnung so lebendig war wie eh und je. Als feststand, daß er nicht würde reisen können, brachte er das, was er der Konferenz in Wennigsen hätte sagen wollen, zu Papier: Sein Blick zurück auf zwölf Jahre Exil war umschattet von Trauer und Melancholie. Noch bevor die tödliche Krankheit ausgebrochen war, hatte er Freund Heinrich Ritzel von der seelischen Last geschrieben, die sich nach zwölf Jahren Emigration und ihrem »Leerlauf« bemerkbar mache. Es sei Zeit, daß das Leben wieder eine Aufgabe und damit auch wieder einen Sinn erhalte. Doch rechnete er, der einst als bärenstark, trinkfest und sangesfroh beschrieben worden war, für sich auf einen neuen, aktiven Abschnitt seines Lebens? Seit der Flucht aus Frankreich hatte er für sich nichts mehr erwartet. Großgeworden in der Aufbruchstimmung, im Wissen um die Macht der Organisation, die ein Bewußtsein eigener Menschenwürde verlieh, und in dem Zukunftsglauben an die sozialdemokratische Sache, hatte er, zwar nicht gleich 1933 und zunächst nur langsam, 1940 aber abrupt all das zusammenbrechen sehen, dessen er so gewiß gewesen war.

Hans Vogel, in dessen hochragender Gestalt Glanz und Elend, Glück und Unglück einer ganzen deutschen Arbeitergeneration verkörpert schienen, hatte den Wandel geschichtlichen Glücks bis zur Neige ausgekostet, und er wußte, daß es unwiederbringlich dahin war! Sie hätten seit 1933 im Ausland versucht, »für die Leistungen und die Auffassungen der Partei zu werben und für die Genossen im Lande zu sprechen, die durch die Diktatur mundtot gemacht worden waren«. Ihre Mission gehe, so schrieb er nun ohne jede innere Begeisterung an die sich wieder zusammenfindende Bewegung, mit der Rückkehr der Partei in die Legalität ihrem Ende entgegen. Sie hofften auf die Möglichkeit, den Genossen im Lande Rechenschaft abzulegen und ihnen das Mandat zurückzugeben. »Es ist unser dringlichster Wunsch, dann wieder in den Reihen der Parteigenossen in Deutschland mit euch allen gemeinsam für die gemeinsame Sache wirken zu können.« Für Vogel sollte es dazu, so wie er es längst vorausgeahnt hatte, nicht mehr kommen; als Londoner Delegierte für die Parteikonferenz in der Heimat waren, da er schon nicht mehr reisefähig war, Erich Ollenhauer, Fritz Heine und Erwin Schoettle bestimmt worden. Hans Vogel starb am 6. Oktober, als die Konferenz von Wennigsen in ihren zweiten Tag ging.

Deutsche Genossen hörten die traurige Kunde im Radio und überbrachten sie Erich Ollenhauer in Wennigsen. Zurück in London nahm er tief bewegt und bewegend Abschied: Es sei ihm, als fehle ein Stück seines eigenen Ich. Er redete über den toten Kameraden, der nicht nur ihm als »der reinste und typischste Repräsentant des politisch bewußten deutschen Arbeiters« galt, als rede er über sich und sein Exil, über den Glauben an Deutschland und die Treue zur Bewegung. Es seien Hans Vogel keine Wirren und keine Enttäuschungen erspart geblieben, die die Emigration ihnen auferlegt habe. Materielle Bedrängnis, persönliche Gefahr, politische Ignoranz habe er gekostet und auf sich genommen. »Das alles war für ihn nicht Haltung, geboren aus der Verpflichtung, die ihm seine Stellung auferlegte. Es war für ihn eine Selbstverständlichkeit, ein Stück seines innersten Wesens.« In diesen zwölf Jahren habe er mit seinem körperlichen Ich in Prag, Paris und London gelebt, doch mit seinem Geist, mit seinem Willen und mit seiner Sehnsucht in Deutschland, in Franken vor allem, mit seinen fränkischen Arbeitern und Bauern. »Er kannte sie, und darum zweifelte er nie – auch nicht in den schwärzesten Stunden der Isolierung – an ihrer Treue und an der Lebenskraft ihrer sozialistischen Ideale.«

Erich Ollenhauer sprach von einem glücklichen Leben, »denn es gibt für uns keine höhere Erfüllung der kurzen Zeitspanne, die uns in dieser Welt zugemessen ist, als Arbeit, in der wir über uns selbst hinauswachsen können im Dienst einer großen menschlichen Aufgabe«. Und dennoch: Welch große und tiefe Tragik lag über diesem Tode! »Es fehlt«, so empfand es auch der jüngere Kamerad, »der krönende, versöhnende Abschluß, der das Sterben leichter macht.« Mehr als zwölf Jahre hatte Hans Vogel auf den Tag gehofft, an dem die Bewegung wieder frei sein würde, »an dem das Wiedererstehen der Bewegung im Lande seinen Glauben an die deutschen Arbeiter und Sozialisten bestätigen und seinen Kampf für die Bewegung im

Ausland rechtfertigen würde«. In den letzten Wochen seines Lebens hätten ihn die Meldungen über die wiedererstehende Bewegung noch erreicht und – »es kam das Schönste, auf das wir in dunklen Tagen manchmal kaum noch zu hoffen wagten, es kam der Ruf aus der Heimat: Komm zurück, wir brauchen Dich.« Gerufen und gebraucht zu werden, was sich für Hans Vogel nicht mehr erfüllen sollte, wurde für Erich Ollenhauer zu dem, was seinem Leben Sinn geben sollte.

Gemeinsam mit Fritz Heine und Erwin Schoettle war Ollenhauer am 4. Oktober 1945 mit einem britischen Militärflugzeug von Croydon nach Bückeburg geflogen. »Left United Kingdom for Germany 4/10/45« – der Kontrast zwischen dem nüchternen Stempel in seinem englischen Ausweis und den Empfindungen, die Ollenhauer auf seinem Weg zurück begleiteten, hätte größer nicht sein können. Daß er in ein schwer zerstörtes Land heimkehren würde, hatte er nicht nur geahnt, sondern gewußt. Das Ausmaß an materieller und menschlicher Zerstörung aber hatten weder er noch seine Begleiter sich ausmalen können. Erwin Schoettle hielt die Eindrücke fest: »Schon auf dem Flug von der Küste nach Deutschland hatten wir allerorten die Spuren des fürchterlichen Krieges gesehen. Als wir über Osnabrück flogen, enthüllte sich uns der Schrecken, der über das Land hinweggegangen war. Ein Trümmerfeld, leere Fensterhöhlen, die in der Sonne des späten Nachmittags unheimlich und finster heraufblickten, kündigten an, was wir in Hannover aus unmittelbarer Nähe erleben sollten: die zerstörte deutsche Stadt als der Normalfall am Ende des Zweiten Weltkrieges. Auf der Fahrt von Bückeburg nach Hannover begegneten uns die Trümmer der Wehrmacht, müde, grau, abgerissene Gestalten auf dem Weg nach Hause.« Auf dem Bückeburger Militärflugplatz hätten übrigens die Uniformierten verschiedener Nationen nicht wenig gestaunt, als plötzlich drei deutsche Zivilisten sozusagen vom Himmel gefallen seien! Der Weg führte die drei Heimkehrer in einem englischen Auto und begleitet von einem englischen Major direkt in die hannoversche Jacobstraße, wo Kurt Schumacher und sein »Büro« – bestehend aus Annemarie Renger, Egon Franke, Herbert Kriedemann und Alfred Nau – residierten. (13) Erwin Schoettle, der ehemalige Stuttgarter Parteisekretär, war der einzige aus London, der Schumacher, den ehemaligen Stuttgarter Reichstagsabgeordneten, näher kannte. Dennoch wurde das Zusammentreffen vom ersten Augenblick an zu einem Zwiegespräch zwischen Schumacher und Erich Ollenhauer; es begründete jenes Verhältnis, das von wechselseitigem Vertrauen geprägt und niemals getrübt werden sollte. Dafür war die vollkommene Verschiedenheit in den Temperamenten nur eine Bedingung. Erich Ollenhauer hatte zwölf Jahre lang kaum anderes gesagt und geschrieben, als daß die

Bewegung im Lande selbst wiedererstehen werde. Nun, da der Mann vor ihm stand, der zu diesem Zeitpunkt bereits den Grundstein für die künftige Parteiorganisation gelegt hatte, ließ auch er sich, jenseits aller Bereitschaft sich unterzuordnen und jenseits seines eher dienenden, denn führenden Naturells, gefangennehmen von der, wie er rückblickend zehn Jahre später schrieb, »überragenden Persönlichkeit« und ihrer »Elementarkraft«. Ollenhauer selbst hat sich über sein Verhältnis zu Schumacher nie geäußert, es wäre auch nicht seine Art gewesen, hätte er es getan. (In seiner Trauerrede 1952 kämpfte er mit den Tränen!) Dennoch deuten manche Anzeichen darauf hin, daß er im Angesicht des personifizierten Martyriums nicht nur tiefen Respekt empfunden, sondern auch so etwas wie einen Schuldkomplex erfahren hat; jedenfalls hat er sich Schumacher voll und ganz verschrieben.

Auch er, Ollenhauer, war zwölf Jahre lang nicht auf Rosen gebettet gewesen, er hatte bisweilen komfortabel und beschaulich gelebt, manchmal auch wie ein Zigeuner und Bettler. Doch niemals hatte er aus der Geborgenheit der familiären und politischen Gemeinschaft heraustreten, niemals hatte er sich bis in die Substanz seines Daseins bedroht fühlen müssen. Nein, es gab keinen Vergleich mit jenem 1895 geborenen, nur sechs Jahr älteren Bürgersohn aus Culm an der Weichsel, von dessen Schicksal er erst in diesen Oktobertagen Näheres erfuhr und das er in seinem eigenen Bericht über die Konferenz festhielt: Freiwilliger im Ersten Weltkrieg, in dem er den rechten Arm verlor; Studium der Nationalökonomie und der Rechtswissenschaften, Promotion über den »Kampf um den Staatsgedanken in der deutschen Sozialdemokratie«; 1918 Eintritt in die SPD, 1920 Redakteur an der »Schwäbischen Tagwacht«, dem Organ der württembergischen Sozialdemokratie, in der er in den zwanziger Jahren Funktionen innehatte; von 1924 bis 31 im Landtag in Stuttgart, von 1930 bis zum Ende Reichstagsabgeordneter. Ob Schumacher, von dessen Wirken vor 1933 nur wenig überliefert ist, dem Kreis der »militanten« Sozialisten um die »Neuen Blätter für den Sozialismus« angehört hatte oder nicht, fest steht, daß er mit Theodor Haubach und noch mehr mit Carlo Mierendorff Freundschaft hielt; mit Julius Leber hingegen verband ihn abgrundtiefe – wechselseitige – Abneigung, wie nicht nur Lebers Bemerkung vom »verbissenen doktrinären Kaffeehausmarxisten« bezeugt. Was Mierendorff anbetraf, so war Schumacher der Meinung, daß – hätte er überlebt – ihm die Führung der Nachkriegs-Sozialdemokratie zugefallen wäre; Annemarie Renger sind entsprechende Äußerungen gegenwärtig. (Und hätte Leber überlebt und noch gewollt? Ein erbitterter Kampf um die Führung der Nachkriegs-SPD wäre wohl unausweichlich geworden, und niemand kann sagen, wer ihn für sich entschieden hätte, Schumacher oder

Leber. Gewiß scheint nur, daß die SPD unter dem Elsässer und weltoffenen Lübecker Julius Leber ein anderes Gesicht bekommen hätte.)

Am 23. Februar 1932 hatte Schumacher mit Goebbels und den Nationalsozialisten von der Tribüne des Reichstags aus abgerechnet und sich seither deren besonderen Haß zugezogen. Dennoch weigerte er sich zu emigrieren. Seine Verhaftung im Juli 1933 überraschte ihn selbst nicht; im KZ auf dem Heuberg, wohin er zunächst gebracht worden war – später kam er nach Dachau –, prophezeite er einem Mithäftling, zehn Jahre sitzen (und deshalb den Fraß in sich hineinstopfen) zu müssen. 1943 das erstemal entlassen – unter der Auflage, nicht nach Stuttgart zurückzukehren –, wurde er ein Jahr später, im Zuge der Verhaftungswelle nach dem 20. Juli, noch einmal eingesperrt, nun in Neuengamme, wo er Verbindungen zu sozialdemokratischen Mithäftlingen aus dem hannoverschen Raum knüpfen konnte. Durch den Zufall, daß seine Schwester in Hannover lebte, war Schumacher dorthin gelangt, und so wurde die Stadt zur Stätte sozialdemokratischer »Wiedergeburt«.

Trotz des Gewichts der Schumacherschen Persönlichkeit war das Verhältnis zwischen ihm und Ollenhauer nicht einseitig und nicht nur durch die Unterordnung des einen unter den anderen bestimmt. Schumacher suchte in seinem künftigen Stellvertreter nicht nur den bequemen und ergebenen Gehilfen. Anders als er selbst, der Bürgersohn und Doktor, war Ollenhauer ein Arbeiterjunge, ein geborener Sozialdemokrat und gelernter Funktionär, der noch dazu über interessante Auslandskontakte verfügte und, vielleicht noch wichtiger, die gesamte nachwachsende Parteigeneration kannte, soweit sie nicht dem Dritten Reich und dem Krieg zum Opfer gefallen war. Schließlich verkörperte Ollenhauer als 1933 gewähltes Vorstandsmitglied jenes Stückchen Legalität, das auch Schumacher in die Nachkriegs-Partei eingebracht wissen wollte.

Schumacher hatte im übrigen auch, bevor er seine Einladung nach London abgesandt hatte, in Erfahrung gebracht, vermutlich über englische Kontaktleute, daß Ollenhauer in London die Union zustande gebracht, also entlang der gleichen Linie gewirkt hatte, die er selbst verfolgte: Die sozialistische Einheit diesseits der KP herzustellen. Ollenhauers ausgleichende und integrierende Fähigkeiten, seine Umgänglichkeit und vieles andere mehr, was ihm in den nächsten Jahren neben und trotz Schumacher ein besonderes Gewicht in der Partei verleihen sollte, konnte 1945 noch nicht bekannt sein. Und Ollenhauer hat bei aller Ergebenheit auch um die Schwächen des ersten Mannes gewußt! Auf einen Brief seines Freundes Brost, der sich offenbar nicht sonderlich schmeichelhaft über Schumacher und dessen Eigenheiten geäußert hatte, antwortete Ollenhauer, der sich inzwischen in Wennigsen selbst ein Bild hatte machen können, mit gehörigem Selbstbewußtsein: Wenn er wirklich Mängel für eine führende Position habe, »die gerade in einer so schwierigen Übergangszeit zu Komplikationen führen können, dann ist es um so notwendiger, daß noch ein paar Leute mit zentralen Erfahrungen und Personenkenntnis hinzukommen«.

Über die gemeinsame Überzeugung hinaus, die jeder der beiden für sich gewonnen hatte und nun in die gemeinsame Arbeit einbrachte, nämlich die Partei in den Westzonen und nur dort aufzubauen und ein Bollwerk gegen Vereinigungsofferten aus dem Osten zu errichten, kamen also viele Momente zusammen, rationale und emotionale, politische und weniger politische, die das Verhältnis zwischen Kurt Schumacher und Erich Ollenhauer ausmachen sollten, ein Verhältnis, das in der Geschichte der Partei seinesgleichen nicht hat. Der Grundstein dafür wurde im Oktober 45 in Hannover und in Wennigsen gelegt, als Schumacher die schnellstmögliche Rückkehr Ollenhauers und auch Heines wünschte.

Auf der Konferenz selbst spielte Ollenhauer keine ins Gewicht fallende Rolle, er übte Zurückhaltung. Er war überglücklich heimzukehren und wieder ganz dazu zu gehören, als sei insoweit nichts gewesen. Der stärkste Eindruck, so bekannte er nachher, sei der gewesen, »daß es nicht einen Augenblick eine Fremdheit gab«. Er und Heine hätten sich während der Verhandlungen immer wieder gefragt, »ob wir zwölf Monate oder zwölf Jahre von den Genossen im Reich getrennt waren«. An anderer Stelle äußert er gar: »Es war nicht, als ob wir zwölf Jahre getrennt gewesen wären, es schien uns wie zwölf Tage.«

Martha empfand bei seiner Rückkehr von Wennigsen nach London, als habe er das Emigrantendasein einfach von sich »abgeschüttelt«. Er war wieder eins mit der Bewegung im Lande, war erneut in ihr aufgegangen. In ihrem Wennigsen-Bericht, den sie nicht ohne Grund »Wiedergeburt« nannten, schilderten Ollenhauer und Heine eine Begebenheit, die jenes Zusammengehörigkeitsgefühl erahnen läßt, das sie in Wennigsen erfüllte und von dem sie nicht wissen konnten, daß es sich so wieder einstellen würde. Es war der Auftritt von Arbeiter-Sängerchor und Arbeiter-Musikkapelle auf der Begrüßungsfeier, der zu Tränen rührte: »Sie boten so Gutes, daß es unwahrscheinlich erschien, daß Sänger und Musiker erst vier Wochen zuvor ihre Tätigkeit wieder aufgenommen hatten. Als der Chor nach vielen Jahren zum ersten Mal wieder den Sozialistenmarsch in einer öffentlichen Veranstaltung sang, da wurde manches Auge feucht.« Es gebe nichts, schrieb Ollenhauer über die Konferenz an Stampfer, was nach der optimistischen Seite übertrieben wäre, und Katz gestand er, sie sei »das stärkste persönliche und politische Erlebnis seit 1933« gewesen. »Die Partei geht mit einer wirklichen elementaren Kraft wieder an die Arbeit.«

So war ihm und Heine in Wennigsen die Sorge genommen worden, als Emigranten mißtrauisch angesehen zu werden. Die Position der Rückkehrer »in der neuen Partei«, hielten sie in ihrem Bericht fest, werde »allein von den Leistungen abhängen, die sie in der neuen Partei und für die neue Partei nach ihrer Rückkehr vollbringen«. Und das Mandat? Es wurde ebensowenig noch einmal erwähnt wie der Rechenschaftsbericht, der auf dem ersten Parteitag gegeben werden sollte. Tatsächlich war die Zeit mit dem Neubeginn von Wennigsen darüber hinweggegangen, es sollte keine Rede mehr davon sein!

Während der knapp vier Monate, die er noch in London zubringen mußte, kam Ollenhauer, so berichtete er an Paul, »nicht wieder richtig zur Besinnung«, wollte es gewiß auch nicht. In der euphorischen Stimmung, in die ihn das Erlebnis von Wennigsen versetzt hatte, wickelte er seine vielfältigen Aufgaben in London ab und – wartete. Er wartete, daß die Engländer ihm und Heine endlich grünes Licht für die endgültige Heimkehr geben würden: »Ich weiß noch nicht, wie es gehen wird, aber wir werden es schon gehend machen.« Erich Ollenhauer und Fritz Heine landeten, wiederum in einer britischen Militärmaschine, am 13. Februar 1946 auf dem Hamburger Flughafen und fuhren sofort nach Hannover weiter; Martha Ollenhauer folgte im Sommer nach. Auf einer Konferenz leitender Funktionäre aus den zehn Bezirken der britischen Zone, die unmittelbar nach Ankunft der Londoner in Hannover stattfand, begrüßte Schumacher »die Genossen Ollenhauer und Heine als neue Mitglieder des Büros der Westzonen« und teilte mit, Genosse Ollenhauer habe organisatorische und politische, Genosse Heine Presse- und Propaganda-Aufgaben übernommen.

Fazit: Wie einer wurde, was er war

Als Erich Ollenhauer am 14. Dezember 1963 starb, gab es niemanden, der nicht die Lauterkeit seines Charakters gerühmt, der nicht seine Bescheidenheit, seine Selbstlosigkeit hervorgehoben oder der abgestritten hätte, daß er Feinde nicht hatte. Jedermann galt als selbstverständlich, daß diesem Patrioten, der nie ein Staatsamt innegehabt hatte, ein Staatsbegräbnis zuteil wurde. Eugen Gerstenmaier, der christdemokratische Bundestagspräsident, der dem Todgeweihten das Purpurband des höchsten deutschen Ordens auf die Brust gelegt hatte, sprach in seiner Trauerrede davon, daß man ihn niemals anders gesehen habe »als so, wie er ein Leben lang war: erfüllt und hingegeben an die Sache, der er diente, getragen und geliebt von der großen Gemeinschaft der Sozialdemokratischen Partei Deutschlands, vernünftig, fair und humorvoll auch im Umgang mit seinen politischen Gegnern und alles in allem ein Mann, der in seinem eigenen Lebensweg, in seinem Denken und Handeln, im Bewußten und Unbewußten seines Wesens gereift, geläutert und in sich selbst gesammelt zur Darstellung brachte, was aus einem elementaren Bestandteil des deutschen Volkes, nämlich aus der deutschen Arbeiterschaft, geworden ist.«

Zwei Jahrzehnte nach seinem Tod fehlt seinem Namen ein herausragender Platz in der sozialdemokratischen Ahnengalerie. Das Bonner Parteihaus der SPD trägt seinen Namen, doch er hat keinen Klang mehr, falls er ihn je gehabt hat. Wenn ihm Attribute zugeteilt werden, dann sind es die des Unscheinbaren und bis zur Langweiligkeit Ausgleichenden, des Biederen und Erfolglosen. Niemand würde je etwas Abfälliges über ihn sagen, niemandem aber würde je etwas Besonderes einfallen, das mit dem Namen Erich Ollenhauer in Verbindung zu bringen wäre. Viel Feind, viel Ehr', sagt ein deutsches Sprichwort. Gilt für Erich Ollenhauer das Umgekehrte: Wenig Feind, wenig Ehr'? Wie konnte es dann sein, daß er so gerade, so hoch stieg und elf Jahre lang an der Spitze der SPD stand und dort womöglich noch länger gestanden hätte, wäre er nicht so früh, 62 Jahre alt, abberufen worden?

Als er 1946 heimkehrte, hatte er einen äußerlich bewegten, aus dem durchschnittsdeutschen Rahmen stark herausfallenden Lebensweg hinter sich: Funktionär der Bewegung in den aufwühlenden zwanziger Jahren und im Angesicht des emporsteigenden Faschismus; Flucht aus Deutschland; fünf Jahre Prag und vergebliche

Hoffnung auf rasche Rückkehr; Flucht aus der liebgewordenen zweiten Heimat ins fremde Paris; Internierung; Erlebnis des Zusammenbruchs 1940, der mehr bedeutete als den militärischen Kollaps einer Republik; Flucht auf Leben und Tod über die Pyrenäen und durch Spanien nach Lissabon; schließlich fünf Jahre London unter schwierigen materiellen Bedingungen. Der innere Lebensweg kontrastierte zur Bewegtheit des äußeren, wie es schärfer nicht vorstellbar ist. Er war gekennzeichnet von stets wiederkehrender Regelmäßigkeit und Unangefochtenheit. Immer war er seiner »Arbeit« verhaftet, nie hat er außerhalb seines ihm vertrauten Kreises gelebt oder zu leben versucht. Daß er sich in London mit den einst so bekämpften Linkssozialisten versöhnte, steht dazu nicht in Widerspruch. Wenn irgend er noch eine politische Zukunft haben wollte – und die wollte er haben, weil es der Grund seiner Existenz war –, dann blieb ihm keine andere Wahl. (Wie mag er es später empfunden haben, als er gegen Ende seines Lebensweges im wesentlichen von ›Abweichlern‹ bedrängt wurde, die im übrigen sämtlich aus der sozialistischen Jugendbewegung hervorgegangen waren? Nun wollten gerade sie besser wissen als er, der niemals vom rechten Weg abgekommen war, was der Partei nütze: die beiden NBler Erler und Knoeringen, der »Kommunist« Wehner, der SAPler Brandt, der ISK-Führer Eichler.)

Eine innere Entwicklungslinie läßt sich für die zwölf Jahre der nationalsozialistischen Herrschaft und die damit einhergehende Emigration so wenig nachzeichnen wie für die vorangegangenen zwölf Jahre seines Wirkens in der Arbeiterjugend. In ihm zerbrach nichts, und nichts konnte ihn dazu bringen zu überlegen, ob alles richtig war oder was gewesen wäre, wenn... Wie sonst hätte er bei seiner Heimkehr 1945 äußern – und sich so verhalten – können, es komme ihm vor, als sei er zwölf Tage und nicht zwölf Jahre ›draußen‹ gewesen? Er hat weder mit sich gerungen noch mit der Gemeinschaft, der er sich verschrieben hatte. Daß er nie laut wurde, sich nie erregte und nie fluchte, auch in den brenzligsten Situationen nicht, bestätigt jeder, der ihn erlebt hat. Er war nicht aus der Ruhe und nicht aus dem Gleichgewicht zu bringen. Und wer mit Ollenhauer Krach bekam, der hatte nun wirklich selber schuld! In der Nacht der verheerenden, jedenfalls in ihrem Ausmaß unerwarteten Wahlniederlage von 1957 verabschiedete er sich mit dem Bescheid, wann er am folgenden Morgen im Büro sein werde. Noch einmal also: Was ließ ihn so hoch steigen, da doch Menschen dieses betulichen, ordentlichen Schlages gemeinhin auf andere nicht wirken und auch gar nicht wirken wollen? Von Theodor Heuss bis Gerstenmaier, vom »Spiegel« bis zur »Welt« – überall war von Ollenhauer als einem Biedermann die Rede. Darin sollten genau jene Tugenden gebündelt werden, die ihm eigen waren, die jedermann nur hochachten konnte und die dennoch so ausschließlich nur jemandem eigen sein konnten, der nichts weniger hatte als ein Verhältnis zur Macht.

Arm und begabt wie er war, hatte er Lehrer nicht werden können und Kaufmann nicht werden mögen. Sich selbst entfalten und bewähren, diese Möglichkeit bot ihm im und nach dem Ersten Weltkrieg allein die Arbeiterbewegung. Hier fand er die Erfüllung, die ihm die nachwilhelminische Gesellschaft versagte. Erfüllung finden hieß, daß er sich seiner selbst gewiß wurde, mit sich in Einklang lebte und Selbstbewußtsein erfuhr – wenigstens innerhalb der Reihen der »Bewegung«. So empfanden es Tausende Gleichaltriger, und dieses Gefühl der Geborgenheit war für die aufstrebenden Angehörigen der nun staatsbürgerlich gleichberechtigten, doch sozial nicht gleichwertigen Arbeiterschaft unendlich viel. Es konnte nicht stark genug sein, um gesellschaftliche Veränderungen zu bewirken. Tatsächlich deutet nichts darauf hin, daß Erich Ollenhauer in Gewerkschaft oder Sozialdemokratischer Partei je Instrumente zur Eroberung von Macht gesehen hätte. Die SPD war die Partei, die jedermann und jedes Volk frei von Knechtschaft und frei von Not wissen wollte, und das wollte er auch; darin drückte sich aus, was er mit dem Begriff Sozialismus verband. Doch wie der Weg dahin bestückt sein sollte, davon machte er sich kein Bild.

Um so eindeutiger stellte sich ihm die Partei als Heimat und damit als ein Wert an sich dar. Was auch immer mit ihr geschah und was auch immer ihr angetan werden mochte, sie war letztlich nicht besiegbar und in ihrem Kern nicht antastbar. Als Erich Ollenhauer ihr Funktionär geworden war, hatte sich die bis 1922 noch gespaltene und durch die Kommunisten bedrängte Sozialdemokratische Partei, trotz Republik und freiheitlicher Weimarer Verfassung, in der Rolle des gewichtigen Außenseiters eingerichtet. Die großen Visionen der Vorkriegs-SPD, die so überragende Führer wie Wilhelm Liebknecht und August Bebel, Rosa Luxemburg und Georg von Vollmar hervorgebracht hatte, waren spätestens in den Wirren von Krieg und Zusammenbruch dahingegangen. Es blieb das Rudiment der Kautskyanischen Ideologie, die ihres wesentlichen Gehalts, eben der Vision, entkleidet war. Es blieb die Schuldzuweisung an »die Verhältnisse«, die der Ausdruck dafür war, daß man sich einer übermächtigen Konstellation gegenüber wähnte, die gestaltend zu überwinden die konzeptionelle und auch organisatorische Kraft nicht hinreichte. Hieraus ergab sich ein verstärkter Rückzug auf sich selbst. Die Bewegung, die Bewegendes kaum noch hatte, igelte sich ein, erstarrte zur geschlossenen Gesellschaft in der Gesellschaft – bei gleichzeitiger Anerkenntnis des neuen, parlamentarischen Regierungssystems. So mußte die Partei den Eindruck der Zwiespältigkeit erwecken. Die prinzipielle Weigerung des Vorsitzenden Wels, ein Regierungsamt zu übernehmen, erhellte, gelegentlicher Ausbruchsversuche zum Trotz, wie sehr diese Bewegung dazu neigte, sich selbst zu genügen, und wie sehr es nicht nur einer weithin unfruchtbaren Parteilinken, sondern gerade dem geistig wenig anspruchsvollen Parteizentrum an realistischem, auf den Staat bezogenem Machtbewußtsein mangelte.

Der Aufstieg des jungen Funktionärs Erich Ollenhauer, der nichts mehr und nichts weniger erstrebte, als in dieser Bewegung »hauptamtlich« zu wirken, entbehrte nicht der inneren Logik. Zufälle des Lebens spielten in diese sozialdemokratische Musterkarriere kaum hinein. Dem Weg vom Volontär eines Provinzblattes über den Vorsitz in der Sozialistischen Arbeiterjugend bis hin zum Mitglied des Parteivorstandes und zur unentbehrlichen rechten Hand des Vorsitzenden haftete etwas Zwangsläufiges an. In der Konsequenz seines Aufstiegs zwischen 1920 und 1933 hatte die Aufnahme in jene kleine Gruppe gelegen, die die Partei im Exil vertreten sollte. Am Ende des zwölfjährigen Exils war er der einzige, der noch in der Lage und noch willens und bereit war, im Prinzip dort wieder anzuknüpfen, wo die Partei und er 1933 aufgehört hatten; daß sich einzelne konkrete Einsichten und praktische Schlußfolgerungen gewandelt hatten, änderte nichts an dieser tieferen Kontinuität. Sein unbedingtes Festhalten am »Mandat«, an der Beauftragung derer, die mit Otto Wels ins Exil gegangen waren, ist nur eine unter vielen möglichen Illustrationen zum Thema strikter Ordnungs- und Gesetzmäßigkeit und auch dazu, daß er aus sich selbst heraus nichts Besonderes sein mochte.

Erich Ollenhauer stellte 1945 die Kontinuität der Partei dar wie keiner sonst, jener Partei, die durch den gepeinigten, Leid und Leiden verkörpernden Kurt Schumacher repräsentiert und in nahezu Lassalle'schem, also autoritärem Sinne geführt wurde. Doch jene Partei wurde weit weniger durch die Hinterlassenschaft der Märtyrer von Buchenwald, Dachau und Plötzensee geprägt als durch das, was in der Gestalt vieler einfacher, wackerer Sozialdemokraten als lockere Gemeinschaft von Gleichgesinnten überlebt hatte. Im Verständnis eines großen Teils ihrer Anhänger hatte die Sozialdemokratie während der zwölf bitteren Jahre der NS-Herrschaft nie ganz aufgehört zu existieren, auch wenn sich der Widerstand in trotzigem Schweigen oder darin erschöpft hatte, sich nicht über ein moralisch vertretbares Maß hinaus äußerlich anzupassen, sondern statt dessen persönlichen Kontakt zu Genossen nie ganz abreißen zu lassen. Das war die Partei, die Erich Ollenhauer 1933 und dann immer wieder beschworen hatte, an der er nie irre wurde und als deren Sprecher er sich ein Exil lang empfunden hatte. Und das war die Partei, die nun, 1945/46, wieder ans Tageslicht trat. Mußte es da nicht wiederum eher logisch als zufällig erscheinen, daß gerade er »Schumachers Stellvertreter auf Erden« wurde? So wurde er, mit spitzer Ironie und nahe am Kern, in mehr als einem zeitgenössischen Kommentar apostrophiert.

Kurt Schumacher, der von der Partei verlangte, daß sie ihm folge, hatte seine eigenen Vorstellungen von politischer Erneuerung, auch davon, daß die SPD sich für weitere Schichten des Volkes öffnen müsse, doch zugleich schätzte er die Gefolgschafts- und Loyalitätstugenden der alten Partei, von der er wußte oder spürte, daß sie in hohem Maße auch die neue Partei sein würde. Und er schätzte, auf eine sehr emotionale Weise, jene schlichten Funktionäre, die ohne viel Widerrede ans Werk gingen, die der Partei und nur der Partei dienen wollten und in ihr aufgingen – solange die Partei so war, daß sie die wechselseitige Identifizierung möglich machte. Kurt Schumacher hat in den Jahren, die ihm noch vergönnt sein sollten, nie auch nur den geringsten Zweifel daran gelassen, daß er in Erich Ollenhauer seinen Nachfolger sah. Ernst Reuter war enttäuscht, vielleicht verbittert, daß im Zusammenhang der Schumacher-Nachfolge sein Name nicht einmal in Erwägung gezogen wurde. Aber wie sollte er eigentlich, da der Wille des unumstrittenen Parteiführers Schumacher eindeutig gewesen war und das Herz der übergroßen Mehrheit von Funktionären wie Mitgliedern für ihresgleichen, für Erich Ollenhauer schlug?

In dem Amt des stellvertretenden Parteivorsitzenden, das ihm seit Wennigsen vorgegeben, in das er auf dem ersten Nachkriegsparteitag 1946 in Hannover überzeugend hineingewählt und seither ebenso überzeugend bestätigt worden war, hatte Ollenhauer die Erwartungen bestätigt und vielleicht übertroffen. Zunächst hatte er sich als Organisator in der Zentrale und als Mann der Parteiorganisation bewährt; niemand sonst »referierte« landauf, landab so unermüdlich wie er. (Auf dem Nürnberger Parteitag 1947 sprach er zur Arbeit der Jungsozialisten; sechzehn Jahre nach seiner Leipziger Rede über Partei und Jugend zeichnete er nahezu das gleiche Bild einer Parteijugend, die sich einzuordnen habe, nun freilich mit dem Unterschied einer weit nach oben geschobenen Altersgrenze, die mit der schrecklichen, von Krieg und Nazizeit gerissenen Lücke begründet wurde.) Während Schumachers langen Krankheiten 1948/49 und 1951/52 hatte er in souveräner Manier die Sitzungen geleitet und die Geschäfte geführt – gestützt auf die Weisungen, die vom Krankenlager des Parteichefs kamen und denen er sich selbstverständlich fügte. Nie hätte er den Eindruck erwecken wollen, nun sei er stellvertretend der erste Mann. Auf dem Düsseldorfer Parteitag 1948 ließ der erkrankte Schumacher seine Rede durch einen ganz besonders Getreuen, den Kieler Oberbürgermeister und schleswig-holsteinischen Parteivorsitzenden, Andreas Gayk, verlesen. Es sprach nicht etwa Ollenhauer an seiner Statt.

Ob an der Seite Schumachers oder diesen vertretend, immer und überall war er der Vollstrecker eines vorformulierten oder selbst zurechtgelegten zentralen Parteiwillens. Wer nicht spurte, der mußte zurechtgewiesen werden – auch daran hatte sich nichts geändert. 1947 drohte er auf ziemlich grobe Weise dem noch von den Amerikanern eingesetzten bayerischen Ministerpräsidenten Wilhelm Hoegner mit dem Parteiausschluß; Hoegner hatte sich extrem föderalistisch aufgeführt. Ein Jahr später bestritt Ollenhauer den Länderchefs die Kompetenz, in Fragen des gesamtstaatlichen Wiederaufbaus und gegenüber den Besatzungsmächten namens der SPD zu sprechen. In der Schlußphase der Beratungen über das Grundgesetz wurde er noch selbst Mitglied des Parlamentarischen Rats – ein weniger bekannter Genosse aus Niedersachsen hatte zurücktreten müssen –, um auf diese Weise den Einfluß der Parteiführung ganz unmittelbar geltend zu machen. Tatsächlich hat er in der abschließenden Gestaltung des Grundgesetzes eine nicht unwichtige Rolle gespielt. Auch in der Ministerpräsidenten-Konferenz auf dem Rittersturz, Juli 1948, war er es, von dem auf sozialdemokratischer Seite die Direktiven ausgingen. Und 1950 schließlich, auf dem Parteitag in Hamburg, nachdem Wilhelm Kaisen sich in Gegensatz zur Linie der Parteispitze in Sachen Europa gestellt und eine offenere Haltung auch unter den obwaltenden Umständen befürwortet hatte, war er es, der im Anschluß an eine zuvor von ihm aufgesetzte Anti-Kaisen-Resolution erfolgreich die Parole ausgab, den Bremer Bürgermeister nicht wieder in den PV zu wählen!

Die Beispiele sind sehr verschieden und mögen willkürlich erscheinen, doch ließe sich ihre Zahl vermehren. Sie haben eines gemeinsam: Ollenhauer wuchs auf diese Weise, so paradox es klingen mag, durchaus eigene Autorität zu. Das wäre nicht möglich gewesen, wenn er seine Aufgabe allein darin gesehen hätte, Gräben zuzuschütten, die Schumachers Schroffheit aufgerissen hatte. Gewiß war er unzählige Male damit beschäftigt, verstörte Genossen – und nicht nur Genossen – zu beruhigen, die der Vorsitzende verletzt hatte. Als Schumacher, kaum daß der Bundestag zu arbeiten begonnen hatte, sein unbedachtes Wort vom »Bundeskanzler der Alliierten« in den Plenarsaal geschleudert hatte, begab sich Ollenhauer anderntags zum Bundestagspräsidenten und bat ihn um Vermittlung. Als der aber auf schriftlicher Entschuldigung bestand (die Schumacher einige Tage später dann doch lieferte), zog Ollenhauer »bedrückt«, wie christdemokratische Kollegen sich erinnerten, von dannen. Gewiß war er, der zeit seiner gesamten Abgeordnetentätigkeit nicht einen einzigen Zwischenruf gemacht hat, tief erschrocken gewesen. Aber er ließ sich auch jetzt zu nichts hinreißen, was nach Distanzierung hätte aussehen können; daß er mit ein wenig Eigenständigkeit der Partei und ihrem Ansehen im Volk vermutlich hätte helfen können, dieser Gedanke kam ihm nicht, oder aber er schob ihn rasch beiseite. Ollenhauer war auf Ausgleich bedacht, aber stets entlang einer vorgezeichneten Linie, die er sich zu eigen gemacht hatte. Toleranz praktizierte er kaum in dem Sinne, daß er die Repräsentanten verschiedener Strömungen oder auch nur verschiedene Temperamente heranzuziehen und zu bündeln bemüht gewesen wäre. Schumacher hätte es nicht zugelassen, und er selbst konnte sich die Partei weiterhin nur als am Vorstand und dessen hauptamtlichem »Büro« ausgerichtet vorstellen.

Ein weiteres Moment – neben dem nahezu süchtigen Verhaftet-Sein in der Organisation – spielte eine Rolle, daß er als Nachfolger Schumachers im Sommer 1952 unangefochten blieb: In diesen ersten Jahren neuer deutscher Staatlichkeit hatte sich Ollenhauer den Ruf eines »gottgewollten Parlamentariers« erworben. Kaum ein Beobachter der frühen Bonner Szene mochte glauben, daß Ollenhauer nie zuvor in einem Parlament gesessen hatte. 1949 war er für den Wahlkreis Bochum direkt gewählt worden. Nach Schumachers Tod übernahm er dessen Wahlkreis in Hannover, die »Erzdiözese«, wie es im Parteijargon hieß. Ein französischer Korrespondent stellte nach einer Europa-Debatte 1950, in der Ollenhauer an Stelle des erkrankten Schumachers direkt auf Adenauer geantwortet hatte, erstaunt fest, daß er gar keine Nummer Zwei sei, sondern eine zweite Nummer Eins, »sagen wir, eine Nummer 1b«! Ollenhauer sprach ruhig und sachlich, so als wolle er ausdrücken, daß doch alles ganz klar sei, was er vorbringe; er sprach mit melodischer und warmer Stimme, »mit dem Gesicht zur anderen Seite« und legte es nicht zuerst darauf an, den Beifall von den eigenen Bänken einzuheimsen. Diese Offenheit resultierte aus seiner inneren Sicherheit und hatte wenig mit Offenheit in der Sache zu tun, in der er Schumachers Linie des Alles oder Nichts verfocht: entweder die ganze Macht für die SPD oder gar keine.

Als nach dem ersten Urnengang 1949 die Wahl des Bundespräsidenten anstand und sich eine schwache Möglichkeit abzeichnete, einen über die eigenen Reihen hinaus respektierten SPD-Kandidaten gewählt zu bekommen – genannt wurden Hans Böckler, der erste DGB-Chef, Louise Schröder, auch Paul Löbe, Reuter, Kaisen –, bestand Schumacher darauf, selbst nominiert zu werden; er würde gewiß nicht gewählt werden, womit allen etwaigen Versuchungen in Richtung Große Koalition ein Riegel vorgeschoben wäre. In der Fraktion der Bundesversammlung, die über Schumachers Kandidatur zu befinden hatte, fand die intransigente Linie keineswegs ungeteilten Beifall. Die offene Abstimmung brachte kein klares Bild; nach Auffassung einiger, die meinten, genau aufgepaßt zu haben, stimmte die Mehrheit nicht für Schumacher. Dennoch wurde zu seinen Gunsten »ausgezählt«. (Wilhelm Kaisen hat mir diese Geschichte am Rande eines langen Interviews anläßlich seines 90. Geburtstages 1977 erzählt, damals unter dem Siegel der Verschwiegenheit.) Auch dies ist ein Beispiel für eine Verengung, die Erich Ollenhauer in den Londoner Jahren überwunden zu haben schien.

Das Fazit lautet: In das nächsthöchste, auch in das höchste Parteiamt war Erich Ollenhauer gradlinig und wie von selbst hineingewachsen. Er hatte keinen Anspruch geltend machen und sich gegen niemanden durchsetzen müssen. Die Zustimmung in Dortmund im September 1952, einen Monat nach Schumachers Tod, war einhellig; er erhielt 357 von 363 Stimmen. Auch auf den beiden folgenden Parteitagen, Berlin 1954 und München 1956, war das Votum ähnlich überzeugend. Das krasse Ergebnis der Bundestagswahl 1953 – die SPD gewann zwar eine Million Stimmen hinzu, doch der prozentuale Anteil sank von 29,2 auf 28,8, während die CDU/CSU auf 45,1 Prozent kam – beeinträchtigte weder die Zustimmung für Ollenhauer noch bewog es die Partei, mit sich zu Rate zu gehen. Nach der Wahl war es einzig Reuter, der in den Beratungen von Führungsgremien und Fraktion verhaltene, aber deutlich formulierte Kritik daran übte, daß die SPD fast nur kritisiert und nicht für eigene positive Ziele geworben habe. Weder fand er ein nachdenkliches Echo noch gar Verständnis; er starb noch im selben Monat September. Es war – mit Ausnahme einiger, die sich aus taktischen Gründen zurückhielten – die Reaktion einer Partei, die wieder oder immer noch eine geschlossene Gesellschaft war, es unter den Bedingungen der ersten Nachkriegsjahre auch sein wollte und – konnte. Es war die Reaktion einer Partei, die wieder oder immer noch sich selbst genügte. Macht blieb für sie und ihren Vorsitzenden weiterhin eine abstrakte Größe. Das bedeutete unter anderem auch, daß man sich über die Stimmungen in der Bevölkerung nicht unbedingt Rechenschaft geben mußte.

Die politischen Linien waren Ollenhauer vorgegeben, als er Parteivorsitzender wurde. Gewiß vertrat er sie weniger schroff, setzte hier und da auch einen neuen Akzent, aber er war der Typ, der eine neue Politik nicht einmal dann mit Verve durchzusetzen gesucht hätte, wenn ihm sein Verstand dies hätte geboten erscheinen lassen. So wurde also fortgefahren erstens mit der Mäkelei am »Wirtschaftswunder«, die im kleinen gerechtfertigt war und im großen mißgünstig wirkte; daß die SPD unter Ollenhauers Führung fast alle tragenden Gesetze – von der Kriegsopferversorgung über den Lastenausgleich, die Rentenreform und die Montan-Mitbestimmung bis hin zur Wiedergutmachung (die sie gegen Teile der Koalition durchsetzte) – nicht nur mitbeschloß, sondern maßgeblich mitgestaltete, daß sie gleichzeitig in Ländern und Gemeinden herausragende Verantwortung trug, machte ihre Haltung noch schwerer einsehbar. Zweitens wurde fortgefahren mit dem harten Nein gegen Adenauers Politik der Westintegration, der das ebenso harte Ja zur Priorität der Wiedervereinigung entgegengesetzt blieb. Ollenhauer und seine Freunde wußten nicht, ob die deutsche Einheit zu erlangen sei, doch sie wußten, daß das Ziel der Einheit in je weitere Entfernung rücke, desto enger die Bundesrepublik in ein westliches Militärbündnis eingegliedert würde.

Diesen negativen Zusammenhang hat Ollenhauer mehr als einmal in auch dreißig Jahren später noch – oder sollte man sagen: wieder? – bedeutenden und bedenkenswerten Bundestagsreden klargelegt.

Plakat zur Bundestagswahl 1953. Das krasse Ergebnis beeinträchtigte weder die Zustimmung für Ollenhauer noch bewog es die Partei, mit sich zu Rate zu gehen. Macht blieb für sie und ihren Vorsitzenden weiterhin eine abstrakte Größe.

Daß die Einheit *gegen* die Weltmacht Sowjetunion nicht zu erreichen sein würde, war ihm, der sich in seinem politischen Leben mit russisch-sowjetischer Politik nie anders als negativ hatte befassen mögen, bald nach dem Krieg zu Bewußtsein gekommen. Nach dem Ende der Berliner Blockade 1949, vor allem aber nach Stalins erster Note 1952 forderte er unaufhörlich, der Sache auf den Grund zu gehen und Moskau beim Wort zu nehmen. Doch dazu bestand weder in Washington, London, Paris noch im offiziellen Bonn die geringste Neigung. Da er selbst in der Rolle des Oppositionsführers, vielleicht auch aus manchen anderen Gründen sonst, kein Partner für die Sowjetunion war, bestand die große Schwierigkeit darin, daß er nicht deutlich machen konnte, wie er *mit* der Sowjetunion die Einheit Deutschlands und die dafür unentbehrliche Zustimmung der Westmächte wie der Nachbarn erreichen wollte. Seine Vorstellungen von einem europäischen, kollektiven Sicherheitssystem blieben zu abstrakt, zumal nicht erkennbar war, woher die Partner dafür kommen sollten. Schließlich wurde in der prosperierenden Gesellschaft die Wiedervereinigung zwar unablässig beschworen, doch in der tatsächlichen Interessenskala der einflußreichen Kreise rangierte sie nicht obenan. Daß Ollenhauer den Vereinigten Staaten gegenüber kleinmütig auftrat und fast so, als wolle er sich für irgend etwas entschuldigen, machte die Sache nur schlimmer und verstärkte den Eindruck von Ratlosigkeit – so ungefähr das Schlimmste, was einem führenden Politiker widerfahren kann. Adenauer meinte über Ollenhauers Amerika-Reise 1957: Er habe versucht klarzulegen, »wie treu und gut und brav doch die SPD sei«. Dabei war er wirklich der Treuesten einer, wo es darum ging, den Berlinern in ihrer Selbstbehauptung beizustehen.

Was sich nachträglich wie Ratlosigkeit ausnimmt und es vielleicht auch war, muß nicht in Gegensatz dazu stehen, daß sich Ollenhauer von festen Überzeugungen leiten ließ und vermutlich bedrückende Ahnungen hatte, daß die Politik der Stärke scheitern und sich die behauptete Automatik von Wiederbewaffnung zu Wiedervereinigung als Illusion erweisen werde. Wer wollte von diesen Überzeugungen oder Ahnungen sagen, daß sie keine Berechtigung gehabt und nicht sogar eine gewisse Bestätigung erfahren hätten? Das eigentliche Problem war wohl, daß noch so berechtigte Einwände gegen die leichtfertig mit der Adenauer'schen Politik verbundenen Hoffnungen nicht rechtfertigen konnten, daß sich die SPD außenpolitisch – selbst im Rahmen der 1951 neubegründeten Sozialistischen Internationale – isolierte und ihrerseits Illusionen über die staatliche Einheit Deutschlands zuließ oder sogar kultivierte. Die »Bürgermeister-Fraktion«, geschwächt durch Reuters Tod, und einige der jüngeren Abgeordneten, die für mehr Flexibilität plädierten, drangen nicht durch. Es ist unklar geblieben, welche Erwartungen Erich Ollenhauer damit verband, Nikita Chruschtschow Anfang 1959 zu einem Gespräch in der Ostberliner Sowjet-Botschaft aufzusuchen. Vermutlich wollte er sich persönlich überzeugen, ob sich nicht doch noch ein Ausweg aus der für Deutschland festgefahrenen Situation ergeben könnte. Das Ergebnis war für ihn ebenso enttäuschend wie für Erler und Carlo Schmid, die kurze Zeit später nach Moskau fuhren.

Das Ergebnis der Bundestagswahl vom September 1957 war im Verständnis vieler – nun auch vieler in der Partei – einem Debakel gleichgekommen. Zwar stieg der sozialdemokratische Stimmenanteil auf 31,8 Prozent, was ein Mehr an anderthalb Millionen Stimmen ausdrückte. Entscheidend aber war, daß die Union mit 50,2 Prozent zum ersten Mal die absolute Mehrheit erzielte; sie hatte nicht nur Rechts-, sondern auch Mittewähler in hohem Maße angezogen. Anders als 1953 setzte nun mit Vehemenz und ohne viel Rücksicht auf angestammte Besitztümer eine breite innerparteiliche Diskussion ein. Es brach auf, was sich längst schon angebahnt hatte und sich aus der Nachkriegsentwicklung ergab. Die Integration der Partei in Gesellschaft und Staat legte zwingend die Frage vor, wie die SPD eine Mehrheit gewinnen könne. Erich Ollenhauer hatte politisches Gespür genug und vor allem ließ ihm sein gelebtes Verständnis vom Dienst in der Bewegung – das viel mehr war als Parteiraison – keine andere Wahl, als sich, zunächst murrend und beinahe ungläubig, dann duldend und schließlich fördernd ins Unvermeidliche zu fügen: in die Reform an Haupt und Gliedern, die als Voraussetzung für den Sprung an die Macht galt und die sich in vier Kreisen vollzog – in der Bundestagsfraktion und in der Parteiführung, in einem neuen Grundsatzprogramm und in der Berufung einer Regierungsmannschaft mit einem Kanzlerkandidaten an der Spitze. Wie rasch sich Ollenhauer bewußt geworden war, daß wenig bleiben würde, wie es war, wurde sichtbar, als er – unmittelbar nach der 57er Wahl – in der Frage der Suhr-Nachfolge im Amt des Regierenden Bürgermeisters nicht Adolf Arndt, den Kandidaten des Berliner Parteichefs Franz Neumann, mit dem er verbunden gewesen war, unterstützte, sondern vernehmbar für Brandt plädierte, den er noch im Jahr zuvor nicht hatte im Parteivorstand hatte sehen wollen.

Innerhalb der Vorderbänkler der Fraktion bildeten zunächst Carlo Schmid, Fritz Erler und Herbert Wehner eine »Frühstücks-Fronde«. Während ihrer regelmäßigen morgendlichen Treffs bereiteten sie die Übernahme der Fraktionsführung vor – unter Wahrung von Ollenhauers Vorsitz – und legten im wesentlichen fest, was diese zu tun habe. Wilhelm Mellies, ein fleißiger, aufrechter und stiller Genosse aus dem Lippischen, der nicht nur im äußeren Habitus Ollenhauer ähnelte und seit 1952 dessen Stellvertreter im Fraktions- und Parteivorsitz war, wurde das erste Opfer der Reform, als die drei zu gleichberechtigten stellvertretenden Fraktionsvorsitzenden gewählt wurden. Hier wie wenig später, als die Erneuerung in der Parteispitze anstand, versuchte Ollenhauer, seinen langjährigen Getreuen zu ›retten‹, doch fand er sich rasch ab, als er keinen Erfolg hatte; Mellies hingegen zog die Konsequenz und verzichtete nach der Abwahl in der Fraktion auf eine erneute Kandidatur für das Parteiamt. In beiden Fällen, in Fraktion wie in Partei, wurde um die Person Ollenhauer »herum« reformiert, sei es, daß die Reformer sich – noch? – nicht an ihn herantrauten, sei es, daß sie lieber mit ihm als gegen ihn arbeiteten, zumal er weiterhin über starken Anhang in der Mitgliedschaft und vor allem im Funktionärkörper verfügte.

Warum sollte er sie, so mögen sie überlegt haben, in ihrem Bemühen hindern, den ›alten Trott‹ des Sich-selbst-genug-Seins zu überwinden, die Partei attraktiv und effektiv zu machen, sie zu modernisieren und sie nicht in einer fernen Zukunft, sondern bald an die Schalthebel der Regierungsverantwortung zu führen. Ollenhauer wollte ja, das war sehr schnell sehr deutlich geworden, sein Amt behalten; fürs Altenteil fühlte er sich viel zu jung, und was sollte ein Leben ohne Partei? *Wie* diese sich darstellte und *was* sie im einzelnen vertrat, war das unter allen Umständen wichtig? Aus der Sicht der anderen war es jedenfalls eine Frage der Zweckmäßigkeit, am Vorsitz Ollenhauers nicht zu rütteln. Nachdem in der Fraktion die Weichen gestellt waren, wurde das »Büro«, der »Apparat«, wie man auch sagte, Zielscheibe der innerparteilichen Kritik und Gegenstand des Erneuerungswillens; das »Büro« hatte seit dem ersten Nachkriegsparteitag in Hannover die Partei in nahezu gleichbleibender – homogener – Besetzung mehr verwaltet als geführt. Es bestand aus dem Vorsitzenden (Schumacher, dann Ollenhauer), seinem Stellvertreter (Ollenhauer, dann Mellies), dem Kassierer (Nau), dem Propagandachef (Heine), dem Organisationssekretär (Egon Franke, später Max Kukil), dem Bildungssekretär (Eichler) und der Frauensekretärin (Herta Gotthelf). Die Entscheidung, daß an die Stelle des »Büros« ein überwiegend nicht aus hauptamtlichen Funktionären bestehendes politisches Führungsgremium, das Präsidium, treten solle, war noch vor dem 58er Parteitag gefallen, doch damit sollte die alte Garde nicht davonkommen.

Die Delegierten verschafften sich dadurch Luft, daß sie den engsten Ollenhauer-Vertrauten, Fritz Heine, der für zwei erfolglose Wahlkämpfe mitverantwortlich gemacht wurde, ebensowenig wieder in den Parteivorstand wählten (und ihm damit den Boden für sein Amt entzogen) wie Herta Gotthelf, und daß sie dem Kassierer Nau, der als Schatzmeister noch bis 1975 im Amt bleiben sollte, einen

Denkzettel verpaßten. Wer den Sack schlägt, meint bekanntlich den Esel! Dafür schafften nun Alex Möller, Helmut Schmidt und, im dritten Anlauf, auch Brandt den Sprung in den PV. Ollenhauer, der selbst deutlich weniger Stimmen erhielt (319 von 380) als in den Jahren zuvor, mußte in Stuttgart weitere Einbußen hinnehmen: Nicht genug damit, daß Waldemar von Knoeringen, der bayerische Landesvorsitzende, schon im Vorfeld zu einem der beiden Stellvertreter bestimmt worden war; der Kandidat für den anderen Stellvertreter-Posten, Erwin Schoettle, erkrankte während des Parteitages und verzichtete.

Daß es aus der Mitte des Parteitages heraus eine Bewegung zugunsten Herbert Wehners gab, vermochte Ollenhauer nicht mehr zu verhindern. Wehner wurde gewählt und übernahm nun die Hauptverantwortung für die Parteiorganisation. Bis zum Tode Schumachers hatte er sich äußerste Zurückhaltung auferlegt, war seither aber mehr und mehr in den Vordergrund gerückt und nun der mächtigste Mann in der Führung der SPD; sein Verhältnis zu Ollenhauer war von Spannungen und Unsicherheiten nicht frei. Den außenpolitischen Kurs hatte er längst maßgeblich bestimmt, er tat dies nach der Stuttgarter Wahl erst recht – wenn auch noch lange nicht im Sinne einer deutlichen Kurskorrektur. Sein Deutschland-Plan von 1959, der auf eine Art Konföderation mit der DDR hinauslief und den er noch schneller wieder fallen ließ, als er ihn auf den Tisch gebracht hatte, war vielleicht der Höhe- und zugleich der Wendepunkt in den außenpolitischen Vorstellungen der SPD. Ollenhauer war an der Konzipierung des Plans schon nicht mehr beteiligt, ebensowenig wie an Wehners Bundestagsrede vom 30. Juni 1960, in der dieser das Gegenteil dessen vertrat, was er im Jahr zuvor zu Papier gebracht und was sich zu eigen zu machen er von der Partei verlangt hatte; dabei ist in Betracht zu ziehen, daß inzwischen die Pariser Gipfelkonferenz der Vier Mächte gescheitert war. Zwischen Wehner und Knoeringen entwickelte sich nach beider Wahl zu stellvertretenden Vorsitzenden nicht die Andeutung eines Vertrauensverhältnisses; Knoeringen zog 1962 die Konsequenz, weil er Heimweh nach München hatte und weil er mit Wehner nicht ›konnte‹.

Das Godesberger Programm hat eine Vorgeschichte, die bis in die Beratungen der Londoner Union und der Stockholmer Kleinen Internationale, nicht zuletzt in die Überlegungen des innerdeutschen Widerstands reicht. Nach dem Krieg gab es Ansätze zu einer programmatischen Neugestaltung, die die Partei fester in Staat und Gesellschaft verankern sollte. Doch Schumacher riet dringend, sich mit der Formulierung von Prinzipien nicht zu übereilen, solange man nicht wisse, wohin die Welt treibe und was aus Deutschland werde. So wurden erst im Zuge der Reformwelle 1957/58 die Vorarbeiten konkretisiert und der Programmparteitag noch für 1959 festgesetzt. Willi Eichler, der auch unter der neuen Organisationsstruktur verantwortlich für die Kulturpolitik blieb, führte die Feder – mit der Rückendeckung des Parteivorsitzenden. Ollenhauer hat zur inhaltlichen wie formalen Ausgestaltung des Programms wenig beigetragen, dennoch wäre es nicht so und nicht so früh auf den Weg der Vollendung gebracht worden, hätte er sich nicht, nachdem die Dinge nun einmal so weit gediehen waren, mit dem Unternehmen identifiziert. Ollenhauer nahm damit gegen jenen Teil der Reformer Stellung, der dazu neigte, zunächst überhaupt kein ausgewachsenes Programm zu verabschieden, sondern, gestützt auf Aktionsprogramme, erst einmal Politik zu machen; darüber war die Zeit rasch hinweggegangen.

Wichtiger und vielleicht entscheidend war Ollenhauers Engagement im Hinblick auf das Maß an Unverständnis und Ablehnung, das unter den, wie Annemarie Renger sie nennt, »Traditionalisten« vorherrschte. Sie bildeten 1958/59 immer noch die Mehrheit in der Partei und ließen sich nur mühsam von einem Programm überzeugen, in dem vieles ausgelassen und abgeändert wurde, was seit Jahrzehnten gültig gewesen war. In der Person Erich Ollenhauers – in wem sonst? – fanden die Zögernden so etwas wie einen Schutzengel, einen lebendigen Beweis dafür, daß man doch immer noch in derselben Sozialdemokratischen Partei war! In der verbreiteten Reserve lag vermutlich auch der Grund dafür, daß sich Herbert Wehner, anders als der Vorsitzende, bis zum letzten Augenblick, als auf dem Parteitag der Zug tatsächlich abfuhr und er sich nun auf die Lokomotive begab, bedeckt hielt; noch in einer Vorstandssitzung vor dem Parteitag hatte er einen Brief des IG-Metall-Chefs eingeführt, in dem sich Otto Brenner dagegen wandte, die Forderung nach Sozialisierung aufzugeben. Von noch so wichtigen Einzelheiten abgesehen: Wenn es Väter des Godesberger Programms gegeben hat, dann waren es, jeder auf seine Weise, Willi Eichler und Erich Ollenhauer.

Die praktische Politik, die die SPD 1960 einleitete, folgte dann allerdings auf das Programm, nicht aus dem Programm. Godesberg beinhaltete die Anerkenntnis, daß man Teil dieses Staates geworden war; das Ja zur Landesverteidigung, zur bewaffneten Macht also, gehörte ebenso dazu wie das Nein zur zentralen Verwaltungswirtschaft, und vor allem: Wer in einer offenen Gesellschaft wirken wollte, konnte sich nicht selbst abschließen, sondern war zum weltanschaulichen Pluralismus verpflichtet. Sowohl die Politik der vernachlässigten Gemeinschaftsaufgaben im Innern wie die Hinnahme der durch die Union geschaffenen Tatsachen im Äußeren waren nicht durch das Programm vorgegeben, sondern politische Strategien, die schnellstmöglich an die Macht führen sollten und die so oder auch anders hätten lauten können. Vor allem Wehners Gemeinsamkeitsrede vom 30. Juni 1960 war Mittel zu dem Zweck, daß die Partei eine Politik vertrat, die auf den mittlerweile inoffiziell bestimmten Kanzlerkandidaten zugeschneidert war.

Bereits im Frühsommer 1960 war Alfred Nau, nicht selten Mittelsmann auf eigene Verantwortung, nach Berlin gereist, um Willy Brandt, im Benehmen mit Ollenhauer, die Kandidatur anzutragen; nach der Sommerpause teilte ihm Waldemar von Knoeringen, damals noch stellvertretender Parteivorsitzender, die Entscheidung des Präsidiums gleichsam offiziell mit. Die Mitbewerber, Georg August Zinn und Max Brauer, hatten nur eine begrenzte Chance gehabt; die Auseinandersetzungen um Berlin und die Berliner Wahlerfolge fielen zu stark ins Gewicht. (Nicht ohne Sympathie hatte Theodor Heuss nach der Berliner Wahl 1958 den Kommentar Paul Hertz' registriert: »Niederlage von Adenauer und Ollenhauer«. So war es auch in weiten Teilen der sozialdemokratischen Anhängerschaft empfunden worden; kein Wunder also, daß der Berliner Bürgermeister als der gegebene Kandidat angesehen wurde.) Gekürt wurde Brandt auf dem ordentlichen Parteitag im November 1960 in Hannover, auf dem zum letzten Mal die alte und die neue Partei unvermittelt und unverhofft aufeinanderstießen. Eine reinliche Scheidung war dabei nicht auszumachen, die widerstreitenden Stimmungen gingen vielmehr durch die Delegationen und vieler ihrer Mitglieder hindurch. Man wollte, verständlicherweise, modern sein und doch traditionsbewußt bleiben! Was also passierte?

Erich Ollenhauer, der nun wie auch zwei Jahre später wieder eindrucksvoll im Parteivorsitz bestätigt wurde, hatte sich in seiner Rede mit allem Nachdruck gegen eine atomare Ausrüstung der Bundeswehr gewandt und dafür eine Ovation des Parteitages erhalten, die Brandt und seine Getreuen – Wehner, Erler, Carlo Schmid sowie seine unmittelbaren Ratgeber Schütz, Bahr und in sicherheitspolitischen Fragen Helmut Schmidt – nicht honorierten. Sie fanden, daß der Vorsitzende zu sehr vereinfache. Auch Brandt und seine »Gruppe« wollten die Bundesrepublik nicht zur Nuklearmacht emporsteigen lassen, sondern sie in die Lage versetzt sehen, auf die Strategie des Bündnisses einwirken zu können. 1960 war das Jahr, in dem Kennedy seinen Kampf um das Weiße Haus gewann. Schließlich wollten sie sich in die Westpolitik einfügen, um in der Folge an eine Ostpolitik herangehen zu können. Und wichtig war ihnen auch, daß jener Propaganda, die der SPD mindestens Unzuverlässigkeit in der Ost-West-Auseinandersetzung unterstellte, nicht neue Vorwände geboten würden. Moralische Bedenken ließ Erler ausdrücklich nicht gelten. Brandt versuchte in einem nach dem Ollenhauer-Auftritt eigens eingeschobenen Rede-Beitrag, seine flexible Atomwaffen-Position den Delegierten dadurch schmackhaft zu machen, daß er ihnen den Weg an die Macht wies; einmal an der Regierung, könne man dann um so besser für Abrüstung wirken. Auch er erhielt sehr viel Beifall, Beobachter schrieben damals, ungefähr ebensoviel wie Ollenhauer. Dennoch landete er bei der Wahl zum Beisitzer im PV weit hinten. Was nun Erich Ollenhauer veranlaßt haben mochte, sich so offen und unverblümt zu seiner von taktischen Nebenabsichten unbeeinflußten Haltung zu bekennen und damit deutlich zu machen, daß er die Macht unter den Bedingungen, unter denen sie allein zu haben schien, nicht wollte, beflügelte schon damals die Phantasie der Journalisten (die er nun wirklich noch nie beflügelt hatte).

Im »Spiegel«, der unter der Überschrift »Was wollte Erich?« den Ablauf nachzuzeichnen suchte, konstatierte Rudolf Augstein: »Sollte im Herzen dieses noblen Ollenhauer ein Fitzchen Rankünе gegen seinen potentiellen Nachfolger aufgeglommen sein, so wäre das nicht nur menschlich, sondern auch politisch verständlich.« Es sei nicht Sache Ollenhauers gewesen, noch loyaler zu sein, als er sich all die Zeit gezeigt habe! Wirklich nicht? Als der Beifall ihm entgegenbrandete, hatte er angestrengt und beschämt errötend auf sein Manuskript gestarrt. Kein Wort kam über seine Lippen, keine Geste aus seiner Hand, die den Beifall gesteigert hätte, im Gegenteil. Es kann kein Zweifel sein, daß Ollenhauer sich ein paar Sätze hätte abhandeln lassen, wenn sie ihm abgehandelt worden wären. Seine Rede hatte er zirkulieren lassen; daß Brandt und dessen Umgebung es nicht für nötig hielten, sie zu lesen, das war nun wirklich nicht auch noch seine Sache. Auf die Journalisten-Frage, ob denn Brandt seine Rede nicht gekannt habe, raunzte er denn auch nur: »Er hat sie erhalten.« Auf dem Parteiabend für die Delegierten und Gäste zogen sich Erich und Martha Ollenhauer mit Gleichgesinnten in eine Ecke zurück und sangen Lieder der Jugendbewegung. Brandt und Erler kamen zeitweise dazu, schließlich hatten sie in der SAJ die gleichen Lieder gelernt. Doch was für die einen immer noch Lebensinhalt und Gegenwart blieb, war für die anderen ein sentimentales Stück ihrer und der Partei Vergangenheit geworden. Die neue Partei ließ am Ende des Parteitages das Deutschlandlied singen. Als es verklungen war, stimmte Martha Ollenhauer auf der Tribüne, die Gitarre im Arm, »Wann wir schreiten Seit' an Seit'« an, und die alte Partei sang mit.

Der Dissens blieb und überlebte sich. Erich Ollenhauer hatte der Zustimmung, die Brandt gegen Ende des Hannoverschen Parteitages für seine durchaus unkonventionelle Kandidatenrede erhielt, beigepflichtet. Nach Hannover bemühte er sich nach besten Kräften,

Am Nachmittag des 14. Dezember 1963 nehmen Freunde aus der Partei in der Medizinischen Klinik auf dem Bonner Venusberg Abschied von ihrem langjährigen Vorsitzenden. Ollenhauer, der nie ein Staatsamt innegehabt hatte, wurde ein Staatsbegräbnis zuteil.

hilfreich zur Seite zu stehen. Im Wahlkampf engagierte er sich, als sei er selbst der Kandidat, der nicht mehr zu sein er vielleicht, irgendwo in seinem Innersten, froh gewesen sein mag. Als er sich am Wahlabend 1961 – die SPD hatte stattliche 4,5 Prozent hinzugewonnen, blieb aber von der Regierung weit entfernt – nicht den Hinweis verkneifen mochte, andere könnten eben »auch nur mit Wasser kochen«, wollte er damit zum Ausdruck bringen, daß nicht alles falsch gewesen sein könne, was er und die alte Partei vertreten und dargestellt hätten, daß es so einfach halt nicht sei, die SPD in die Regierungsverantwortung zu bringen, und daß die forschen Erneuerer nun vielleicht auf den Boden der Tatsachen zurückgeholt würden. Die Zusammenarbeit klappte im folgenden nahezu reibungslos. Man hatte sich wechselseitig miteinander abgefunden und sich arrangiert. Über Wehners Sondierungen in Sachen Allparteien-Regierung und Große Koalition wurde er ins Bild gesetzt; eine aktive Rolle spielte er darin nicht, aber er widersprach auch nicht. Als Knoeringen 1962 sein Parteiamt zur Verfügung stellte, forderte er nun Brandt von sich aus auf, wie Wehner stellvertretender Vorsitzender zu werden.

Und was auch immer gewesen sein mochte, 1963, als die Partei ihren hundertsten Geburtstag feierte, als sie in Hamburg ihr Deutschland-Treffen veranstaltete und die ausländischen Freunde aus der Sozialistischen Jugendbewegung dabei waren, mußte da nicht gerade er, der nur für die Partei gelebt hatte, Genugtuung empfinden? Im Herbst desselben Jahres schloß sich auch für ihn persönlich ein Lebenskreis: Er wurde Präsident der Sozialistischen Internationale. (Seine Antrittsrede gestaltete er zu einem leidenschaftlichen Appell für die Abrüstung in Ost und West; daß sich hinter der Gefahr des Wettrüstens alles sonst relativierte, diese Gefahr war ihm am Ende seines Lebens – 1963! – noch bewußt geworden.)

Die SI-Präsidentschaft hat er schon nicht mehr ausfüllen können. Er hatte seit 1958 gekränkelt und seinem belasteten Herzen mehrfach eine Kur gönnen müssen. Bald nach dem SI-Kongreß in Amsterdam im Herbst 1963 mußte er sich in die Universitätsklinik auf dem Bonner Venusberg bringen lassen. Die Partei erreichte die Nachricht von seinem Tod, auf den die engere Führung vorbereitet war, während eines Zusammentreffens mit Funktionären aus dem Bundesgebiet in Bad Godesberg.

Als Erich Ollenhauer zu Grabe getragen wurde, stand die SPD nicht weit von der Schwelle zur Regierungsverantwortung. In der an die Macht drängenden Partei mochte ihr Vorsitzender zuweilen wie ein Relikt aus längst vergangenen Tagen der Arbeiterbewegung wirken. Daran erinnert man sich, wenn seiner gedacht wird und niemand verstehen mag, wie er wurde, was er war. Erich Ollenhauer war der letzte Vorsitzende der Sozialdemokratischen Partei, der so sehr in ihr aufging, daß er keine deutlichen Spuren hinterlassen hat und auch nicht hat hinterlassen wollen. So liegt es in der Natur seiner Person begründet, daß er in Vergessenheit geriet. Dennoch: Der »Biedermann und Patriot« steht für einen erinnerungswürdigen sozialdemokratischen und deutschen Lebensweg.

Anmerkungen

1 Der Internationale Jugendbund war im Ersten Weltkrieg durch und um den Göttinger Philosophen Leonard Nelson entstanden. Ihn prägten Vorstellungen von strengem Rechtsbewußtsein und lebensreformerische Elemente, so die Bereitschaft zu pflichtbewußter Einordnung und zu internationaler Verantwortung. Die rührige Gruppe, aus der nach dem Parteiausschluß der ISK (Internationaler Sozialistischer Kampfbund) wurde, sollte unter der Führung Willi Eichlers in der Schlußphase der Weimarer Republik und im Exil, in der Illegalität und in der wiederbegründeten SPD einen Einfluß ausüben, den die kleine Zahl seiner Mitglieder nicht ohne weiteres vermuten läßt.

Drastisch und drollig schildert Mary Saran – 1925 noch Maria Hodann – in ihren Erinnerungen »Gib niemals auf« den Rauswurf aus der SPD, den damals der Vorstand verfügte. Über die Verfassung der Partei sagen ihre Zeilen mehr aus als manche Abhandlung: »Es war eine denkwürdige Sitzung, besonders wegen ihres unerwarteten abrupten Endes. Nelson erhielt zuerst das Wort. Er erklärte die Haltung des IJB. Als er erwähnte, daß er wie andere Mitglieder zunächst in der USPD war und dann in die SPD eintrat, unterbrach ihn Crispien, ein ehemaliger Vorsitzender der USPD, und schrie aufgeregt: ›Das ist nicht wahr – Sie waren nie in der USPD, dann würde ich das wissen!‹ Nelson bat den Vorsitzenden Otto Wels ganz ruhig, ihn gegen die Unterstellung, er sei ein Lügner, in Schutz zu nehmen; sonst hätte eine Fortsetzung des Gesprächs keinen Sinn. Der Vorsitzende rief aber seinen Vorstandskollegen nicht zur Ordnung, sondern forderte nur Nelson ziemlich ungeduldig auf, fortzufahren. Nelson wiederholte seine Bitte, vergeblich. So stand er wortlos auf, zog seinen Mantel an und verließ das Zimmer. Wir vier (Minna Specht, Willi Eichler, Max Hodann und sie selbst) folgten ihm. Als Ausdruck seiner Entrüstung warf Willi Eichler die Tür so heftig zu, daß das Gebäude zitterte. Nachdem sich der Parteivorstand von seinem Staunen erholt hatte, beschloß er den Ausschluß der IJB-Mitglieder.«

2 Durch die Lektüre dieser Arbeit, die in der DDR seit einigen Jahren nicht mehr zugänglich ist, bin ich auf die Spur der Protokolle gestoßen (Heinz Niemann. Otto Findeisen. Dietrich Lange. Karlheinz Wild, SPD und Hitlerfaschismus. Der Weg der deutschen Sozialdemokratie vom 30. Januar 1933 bis zum 21. April 1946. Diss. (masch.) Berlin (DDR) 1965). Meine Vermutung wurde zur Gewißheit, als der deutsch-schwedische Historiker Klaus Misgeld von einem DDR-Kollegen erfuhr, daß es solche Protokolle gebe, und darüber an Fritz Heine berichtete. Als ich Heine meine eigene Mutmaßung vortrug, konnte er sie bestätigen. Angesichts des objektiven Widersinns, daß Archivbestände der SPD in Ost-Berlin liegen und auch in Kopien (noch?) nicht im sozialdemokratischen Parteiarchiv bekannt sind, möchte ich an dieser Stelle Herrn Prof. Voßke dafür danken, daß ich die Protokolle im Archiv der SED durchsehen konnte.

3 Gerade dieser Punkt ist es, der im Umgang mit den Niederschriften zu äußerster Vorsicht hätte zwingen müssen. Denn immer wieder, vor allem in der ersten Phase der Emigration, wurden Namen von illegal arbeitenden Genossen unverschlüsselt genannt. Alfred Nau, der im Sommer 33 ein Verbleiben in Prag für sich abgelehnt hatte, zurück nach Berlin gegangen war, um dort in engem Kontakt mit den Pragern illegal zu arbeiten, brachte – nachdem er von den Protokollen Kenntnis erhalten hatte – die im Sommer 41 einsetzende Verhaftungswelle mit dem Fund von Paris in Zusammenhang. Nau (»Alfred«), der von 1934 bis 36 in Haft war, wird in den Protokollen häufig erwähnt. So hatte er großes Glück, daß er 1941 – er war inzwischen Soldat geworden – ungeschoren blieb.

4 Gustav Mayer, ein Historiker der Arbeiterbewegung, schildert in seinen »Erinnerungen« ein Gespräch mit Friedrich Meinecke unmittelbar nach dem Reichstagsbrand: »Jetzt konnte ich nicht mehr umhin, Friedrich Meinecke auf seine bange Frage: ›Epoche oder Episode‹ aus tief beschwertem Herzen die Antwort zu erteilen, auf die er vorbereitet war und der er schwer seufzend zustimmte: ›Epoche‹.«

5 Max Seydewitz und Kurt Rosenfeld, die beiden Gründer der SAP, hatten Anfang März 1933, als sie in ihrem eigenen Vorstand in die Minderheit zu geraten drohten, die Liquidation der Partei verfügt, die jedoch nicht durchgeführt wurde. Rosenfeld ging zur KPD, und Seydewitz erklärte, zur SPD zurückkehren zu wollen. Seinen eigenen Memoiren »Es hat sich gelohnt zu leben« zufolge hat Seydewitz sehr früh, noch 1933, Böchel gegenüber erklärt, im Einverständnis mit Rosenfeld sei er nicht mit in die KPD gegangen, »um meinen Einfluß bei oppositionellen Genossen in der SPD geltend machen zu können«. Er schreibt ferner, daß wegen seiner Stellung zur KPD er sich bei öffentlichen Auftritten »aus taktischen Gründen« im Hintergrund gehalten habe. Schließlich gibt er ein Glückwunschschreiben Walter Ulbrichts zu seinem 60. Geburtstag wieder: Ulbricht erinnerte daran, daß Seydewitz »der Partei Ernst Thälmanns im Jahre 1934« beigetreten sei. Auch seine Frau, Ruth Seydewitz, erwähnt in ihren Erinnerungen »Alle Menschen haben Träume« den frühen – geheimen – Wechsel zur KP, von dem nur drei Politbüromitglieder gewußt hätten. Selbst hat sich Max Seydewitz, der 1938 von Prag zunächst nach Oslo übergesiedelt war, erst in der schwedischen Emigration zur KPD bekannt. Unter den einstigen SAP-Freunden galt es allerdings seit seinem 1935 erschienenen Buch »Stalin und Trotzki« als ausgemacht, daß Seydewitz Kommunist geworden war. Angesichts der vorliegenden Memoirenbände von Ruth und Max Seydewitz ist es verwunderlich, daß in der Literatur immer noch unterstellt wird, sein Engagement bei den RS sei aufrichtig gewesen und der KP habe er sich erst später zugewandt.

6 Die Kluft in der extrem unterschiedlichen Sichtweise der spanischen Dinge ging mitten durch die emigrierte deutsche Sozialdemokratie hindurch. Auf ihrer Konferenz in Mährisch-Ostrau im Januar 1937 beschäftigte sich z. B. die SAP mit dem Bürgerkrieg und – damals schon! – den inneren Gegensätzen in der spanischen Linken. Einige SAPler fuhren nach Brünn und legten Otto Bauer dar, daß Vorbereitungen auf eine gewaltsame Auseinandersetzung im Lager der spanischen Arbeiterbewegung im Gange seien, und zwar mit unheimlicher Konsequenz und

Beschleunigung. Auf dieser Konferenz in Mährisch-Ostrau setzte die SAP Brandt nach Katalonien in Marsch, um authentische Berichte zu erhalten. Seine grauenhaften Erfahrungen gab er in einer Rede zu Protokoll, die er vor der erweiterten SAP-Leitung Anfang Juli 1937 – als Ollenhauer gerade in Spanien war! – in Paris hielt. Darin schilderte Brandt minutiös »die wahnwitzige Zielsetzung der Komintern«, »alle Kräfte zu vernichten, die sich ihr nicht gleichschalten wollen«, und er begründete seine Skepsis über den weiteren Kriegsverlauf.

7 In den Parlamentswahlen von 1935 hatte die Sudetendeutsche Partei unter Henlein zwei Drittel der deutschen Stimmen und 44 Mandate erhalten, die DSAP nur noch 300 000 Stimmen und 11 Mandate. In der Partei machte sich einerseits tiefe Niedergeschlagenheit breit (obwohl ihre Mitgliedszahl wie die der SPD am Ende der Weimarer Republik konstant blieb), andererseits wollte eine Gruppe sog. Jungaktivisten unter Führung von Wenzel Jaksch noch einmal Bewegung in die ihrer Meinung nach erstarrte Partei und ihre kleinmütige Führung bringen. Mit seinem 1936 erschienenen, gewisse Parallelen mit den Vorstellungen der jungen Rechten in der Weimarer SPD aufweisenden Buch »Volk und Arbeiter« hatte Wenzel Jaksch versucht, erstens die deutsche Arbeiterschaft und die nationale Frage auf einen Nenner zu bringen und zweitens auch nicht-proletarische Anhänger zu gewinnen. Gegen Jaksch's Konzeption eines »Volkssozialismus« zog mit besonderer Schärfe das NB-Mitglied Richard Löwenthal zu Felde. Jaksch wurde 1935 zum Stellvertreter von Czech gewählt, 1938 – der Parteitag konnte zum vorgesehenen Termin in Reichenberg schon nicht mehr stattfinden und wurde zwei Wochen später im März 38 in Prag abgehalten – setzte er sich nach schweren inneren Auseinandersetzungen endgültig durch und wurde Vorsitzender.

8 Die Schrift »Die Partei der Freiheit« ist ein bemerkenswertes Dokument, das im Zusammenhang der programmatischen Diskussion der SPD eine eingehende Auseinandersetzung lohnte, übrigens auch im Zusammenhang der persönlichen Entwicklung Rudolf Hilferdings und der Frage, wie sich sein Denken unter dem Eindruck der sich verfestigenden nationalsozialistischen Herrschaft entwickelt hat. Es werden bisweilen in der »Partei der Freiheit« Vorläufer jener Ansätze entdeckt, die zum Godesberger Programm führten. Ebensogut wäre jedoch nachzuweisen, daß in der »Partei der Freiheit« jene freiheitliche Substanz bloßgelegt wurde, die es in der Geschichte der deutschen Sozialdemokratie immer gegeben hatte. Nur in der einmaligen historischen Konstellation des Jahres 1939 konnte sie absolut gesetzt werden!

9 Erwin Schoettle war im August 1939 ebenso wie Richard Löwenthal nach London übergesiedelt, wo nun die NB-Auslandsleitung lag. Im Dez. 39, als NB-Chef Karl Frank in den USA unfreiwillig hängenblieb, wurde Schoettle Sekretär des Auslandsbüros und zugleich Leiter der Landesgruppe. Ihm war ein praktisch-politischer Verstand eigen, er wurde daher zum gegebenen Partner Ollenhauers. Der theoretische und publizistische Kopf blieb auch in London Richard Löwenthal, der zusammen mit Knoeringen und Helmut von Rauschenplat (d. i. Fritz Eberhard) am »Sender der Europäischen Revolution« wirkte und 1942 in die Dienste der Nachrichtenagentur Reuters trat. Willi Eichler, unbestrittener Führer des

ISK, war im April 1938 aus Frankreich ausgewiesen worden, dann nach Luxemburg gezogen und im Januar 39 schließlich in London gelandet.

Es sei der Erwähnung wert, daß die Österreicher, in Paris noch treibende Kraft eines Zusammenschlusses der deutschen sozialistischen Emigration, sich in keiner Weise an der Union beteiligten, ihre Beteiligung auch in keinem Augenblick zur Diskussion stand. Von den Pariser Mitgliedern der Avös, der Auslandsvertretung, waren nur Oskar Pollak, der ehemalige Chefredakteur der Arbeiterzeitung, und Karl Czernetz nach London gekommen, wo sie den Austrian Labour Club, eine Zweigstelle der Avös, eröffneten. Untereinander zerstritten und jeden anderen von der Mitarbeit ausschließend, dabei strikt auf dem alten Beschluß der Avös beharrend, keine Tätigkeit zugunsten österreichischer Unabhängigkeit zu entfalten – entschiedenster Verfechter dieser Linie war der in die USA übergesiedelte Friedrich Adler und entschiedenster Gegner der in Stockholm sitzende Bruno Kreisky –, vermochten sie keinerlei Wirksamkeit zu entfalten. Eine organisatorische und politische Sonderexistenz führten auch die sudetendeutschen Sozialdemokraten um Wenzel Jaksch. Nachdem Gespräche mit dem Exil-Präsidenten Benesch gescheitert waren, bemühten sie sich um britisches bzw. alliiertes Verständnis für ihre volkspolitischen Anliegen.

10 Für die rasche Bildung der Union mag ein Blick auf die Rolle der Internierung – kleine Ursache, große Wirkung! – aufschlußreich sein: Löwenthal und Eichler schlugen Sander vor, den Internierten aller Gruppen, auch der Sopade, und internierten gruppenlosen demokratischen Sozialisten »als Zeichen der Legitimierung« etwas Geld zukommen zu lassen; NB war immer noch ›flüssig‹. Sander, der zunächst sehr zögerte, hat später erklärt, noch nie sei ihm jemand – gemeint war Löwenthal – »so zäh mit einigen Pfund nachgelaufen«. Die gemeinsame Aktion kam also zustande und hatte, wie Löwenthal sich erinnert, »bei aller materiellen Bescheidenheit eine große moralische Wirkung auf die Empfänger«.

11 Willi Jesse, gelernter Parteisekretär aus Rostock, hatte nach gelungenem Attentat vom Generalkommando in Stettin einen Bescheid bekommen sollen. Statt dessen erschien einige Wochen später die Gestapo bei ihm zu Hause. Unter dem Vorwand, auf die Toilette gehen zu wollen, schnappte sich Jesse im Keller ein Fahrrad und fuhr zur Garage, stieg mitsamt Rad in ein Waren-Auto und fuhr, solange das Benzin reichte, Richtung dänische Grenze, die er von seiner Soldatenzeit her gut kannte, und die er unbeobachtet per Rad überquerte. In Fredericia traf er einen dänischen Genossen, der ihm eine Eisenbahnfahrkarte nach Kopenhagen verschaffte. Dort angekommen, fragte er etwas unüberlegt nach dem »Parteihaus« und wurde prompt zum Sitz des deutschen »Reichsbevollmächtigten« geschickt. Jesse irrte in der Stadt umher, bis er plötzlich und unvermutet einen Hinweis auf den »Socialdemocraten« fand. (In Dänemark hatte es die Besonderheit des Besatzungsregimes mit sich geführt, daß den gezähmten Sozialdemokraten ein Rest an Legalität zugebilligt wurde.)

In der Redaktion des früheren Zentralorgans herrschte große Skepsis, man vermutete einen Spitzel. In seiner Verzweiflung rief Jesse nach Karl Raloff, den er 1933 selbst nach Dänemark gebracht hatte. Auf dem telephonischen Weg über die schwedische Partei wurde Raloff schließlich auf Öland aufgespürt. Er gab nun nicht nur über Jesse Auskunft, sondern sorgte auch dafür, daß der nach Stockholm gelangte. Karl Raloff hat Jesses Flucht in seinen nur dänisch erschienenen Erinnerungen »Et bevaeget liv« eindrucksvoll festgehalten. Willi Jesse kehrte nach 1945 nach Rostock zurück, wurde Landessekretär der SPD für Mecklenburg und Pommern und, da er sich der Zwangsvereinigung mit der KP widersetzte, im April 1946 von der sowjetischen Besatzungsmacht verhaftet. Nach vierjähriger U-Haft landete er in einem sibirischen Schweigelager, aus dem er 1954 nach Berlin zurückkehrte. Bis zu seiner Pensionierung leitete er das Betriebsgruppensekretariat beim Parteivorstand der SPD in Bonn.

12 Es gibt Hinweise, daß Grotewohl einige Jahre später – noch zu Lebzeiten Schumachers – mit dem Gedanken gespielt hat, die DDR zu verlassen und sich aus der Politik zurückzuziehen, sich aber wegen mangelnder Reaktion auf geheim ausgestreckte Fühler entmutigt gefühlt hat. Grotewohls Persönlichkeit wäre es wert, differenzierter dargestellt zu werden, als dies bisher geschehen ist.

13 Egon Franke, der in der Strafeinheit 999 »gedient« hatte, war im Mai 45 in amerikanische Kriegsgefangenschaft ausgerechnet in Braunau am Inn gelandet. Die Amerikaner transportierten einen Teil der Gefangenen mitsamt Franke noch im Mai nach Hannover. Auf dem Fußmarsch zu seinem Elternhaus traf er einen alten SAJler, der ihm nur zurief: »Wir warten schon auf Dich.« Noch am selben Nachmittag begab er sich also in den sog. Wiederaufbauausschuß, wurde von diesem ins Rathaus geschickt, um hier zu erfahren, in Linden sitze ein ehemaliger Reichstagsabgeordneter, der sich ›irgendwie‹ um den Aufbau der Partei bemühe; zu dem solle er mal gehen. So wurde Franke zwei Tage, nachdem er aus Krieg und Gefangenschaft heimgekehrt war, die rechte Hand jenes Mannes, von dessen Existenz er noch nie gehört hatte, von dem er aber einen starken Eindruck gewann und einfach »fasziniert« war. (Bis zu diesem Augenblick hatte Schumacher, eher zufällig, einige hannoverschen Kräfte zur Seite gehabt. Nicht zuletzt war ihm Lance Pope, ein englischer, politischer Offizier – in den kommenden Jahren auch Ollenhauer – in ungewöhnlicher Weise behilflich.) Egon Franke betätigte sich im Laufe des Sommers 1945 als ›Aufbaukommissar‹ und bereiste die nähere und weitere Umgebung Hannovers, um Genossen aufzuspüren. So meldete sich auf einer Versammlung in der Heide Fritz Wildung, der frühere Vorsitzende des Arbeitersports; seine Tochter Annemarie Renger nahm Franke sogleich mit nach Hannover. Auf die gleiche Weise – Franke kündigte per Anschlag ein Treffen von Sozialdemokraten an – meldeten sich in Duderstadt Herbert Kriedemann und in Osterrode im Harz Alfred Nau. Vor der Wahl, seine Karriere im Versicherungswesen fortzusetzen oder die Kasse der wieder lebenden Sozialdemokratie zu übernehmen, fackelte der nicht einen Augenblick und zog mit Franke in die Jacobsstraße. Dies also war die Crew, die mit Schumacher die engere Parteiführung bildete und zum Zeitpunkt von Wennigsen bereits ›stand‹: Frau Renger als Chefsekretärin, Nau als Kassierer (die feinere Bezeichnung »Schatzmeister« kam erst Ende der fünfziger Jahre auf), Kriedemann als Mitarbeiter für in erster Linie wirtschaftliche Texte, Franke als Organisationssekretär.

Namenregister

Kursive Ziffern beziehen sich auf die Abbildungen

Nachweis der Abbildungen
Heinrich von der Becke, Berlin: 269; J. H. Darchinger, Bonn: 260; dpa 308; Institut für Marxismus-Leninismus beim ZK der SED: 81, 82, 107; Robert B. Lebeck, Frankfurt: 242; alle anderen Abbildungen aus dem Archiv der sozialen Demokratie – Friedrich-Ebert-Stiftung, Bonn.